KB090605

빙의와 인간의 마음

의식과 무의식

II

일러두기

본문의 내용은 일반적인 종교나 기타의 수행단체와 무속, 민속 신앙 등과 일체의 관련이
전혀 없음을 미리 밝혀드립니다. 따라서 인간이라는 생명체에게 나타나는 무수한 상황을
A=A라고 정형화하여 말할 수 없는데 그것은 사람마다 환경과 마음이 다 달라서 나타나는
것이어서 이 책을 보면 그동안 여러분이 알고 있는 전반적인 개념과 옳고 그름의 차이를
이해할 수 있을 것이고 여러분이 왜 존재하는가 그 이유를 명확하게 정립할 수 있을 것입
니다.

마음(빙의)작용의 이해

빙의와 인간의 마음
의식과 무의식
Ⅱ

| 천산야 지음 |

맑은샘

우리가 교복을 입고 똑같은 학교에 다닙니다. 그런데 교문 밖을 나서서 각자의 인생이 전개되는 과정을 보면 학교 때와 같이 똑같은 상황에서 인생을 살아가는 사람이 하나도 없이 각자의 환경은 다 다릅니다. 또 결국 인간으로 태어날 때도 누구는 몸이 온전하고, 누구는 태어나면서부터 몸, 혹은 정신에 이상을 갖고 태어나기도 합니다. 결국, 지구 상 70억의 인간이 존재하지만, 생김새도 다 다르고 마음도 똑같은 사람이 하나도 없는데 누구도 이 부분에 대한 답을 명확하게 정리하지 못하고 있다는 것은 매우 안타까운 일입니다.

그동안 수많은 사람이 제각각 사상, 관념을 주장하며 무수한 말들을 하고 있지만 내가 세상에서 처음으로 말하는 부분이 상당하게 있고, 그동안 여러분이 얼마나 허황한 말, 이치에 벗어난 말에 끄달려 살아가고 있었는지는 이 한 권의 책을 통해 이해되고 또 많은 의혹이 해소될 것으로 생각합니다. 많은 사람들이 '빙의(憑依)'라는 말을 무수하게 하는데 사실 이 말은 매우 무서운 말이고 인간의 입에서 오르내리면 안 되는 단어인데 현실에서 아무렇지 않게 이 말을 사용한다는 것은 매우 안타까운 현실입니다.

거듭 말하지만, 이 '빙의'라는 것은 죽은 사람의 마음이 살아 있는 인간, 혹은 동물들을 지배하고 있다는 것이 진리적 입장이고 이로 인해 무수한 사회적 문제들, 혹은 개인적인 문제들이 발생하는 것입니다. 또 하나는 여러분이 아는 성인(聖人)이라는 것도 막연하게 감성적으로 듣기 좋은 말이라고만 생각을 해서 성인이라고 생각하는데, 문제는 무수한 성인이라는 사람들이 한 말과 내가 말하는 것을 비교해보면 어떤 말이 논리에 맞는가, 이치에 맞는 말인가를 알 수 있을 것입니다.

　인간으로 태어나 인생을 영위하면서 살아갈 때 제각각의 마음을 가지고 그 마음이 움직이는 대로 인생을 살지만, 이 책의 내용을 보다 보면 인간으로서의 마음, 빙의의 마음과 작용, 존재의 이유, 왜 살아야 하는가, 각자의 삶이라는 것이 뭔가를 이해하게 되고, 여러분의 마음 한 편에 남아 있는 수많은 의구심이 해소될 것이고 이에 따라 점차 여러분의 마음이 편안해짐을 느낄 것입니다. 이 한 권의 책이 인생을 사는 여러분에게 허(虛)와 실(實)을 깨닫게 할 것이고, 여러분 마음에 깊은 울림이 있는 삶의 이정표가 되었으면 하는 마음입니다.

2022.11

저자 김산야

차례

마음

　'한결같은 마음'이라는 것, 여러분은 쉽게 생각하겠지만 사실 태어나서 죽을 때까지 변하지 않는 마음을 가지고 산다는 것은 매우 어렵습니다. 물론 이때의 마음이 이치에 맞는 마음이든 아니든 간에 일단 변하지 않는 마음을 가지고 산다는 것 쉽게 생각하겠지만 그렇지 않습니다. 남녀가 사랑이라는 것을 시작하면서 '한마음'이라는 말 많이 하는데 대단한 착각입니다.

　물론 이치에 1%에 맞는 마음이라도 가지고 사는 사람과, 0%의 마음을 가진 사람, 악의 마음을 가진 사람, 혹은 선의 마음을 조금이라도 가지고 사는 사람도 있을 것이고, 이 세상에 존재하는 사람들을 보면 다양한 마음을 가지고 살아가지만 이러한 마음은 각자가 지은 업의 유통기한에 따라 언제라도 변할 수 있지만, 반대로 죽을 때까지 1도 변하지 않고 살아가는 사람이 있습니다.

　얼마 전 사회적으로 이름나 있는 사람이 죽었습니다. 나는 이 장면을 보면서 평소에 '내가 그랬다, 잘못했다.'라고 말 한마디 해버리고 사회적 용서를 구하고 죽었어야 했는데 그렇지 않았습니다. 그렇다면 이 사람은 정리되지 않은 마음을 가지고 죽었으니 사회적으로 엄청난 문제를 야기하다가 죽은 그 사람은 어떻게 될까? '악(惡)의 종자'니는 것은 인세니로 나시 닉의 종사로 내어날 수 있고, 사람이 인생을 살면서 마음에 남은 흔적을 지우고 살아야 하는데 그 흔적을 지우지 않고 살아가면 그것은 이생에, 혹은 다음 생에, 분명하게 그가 그 마음에 흔적을 그대로 되받게 되어 있습니다.

그래서 이 개념으로 여러분의 삶을 보면 뭔가에 괴로움이 있다고 한다면 그것은 전생에 그 흔적을 지우지 않아서 이생에 그대로 되받고 있는 것이라고 해야 맞는 말이어서 나는 이생을 잘사는 것은 '마음에 흔적'이라는 것을 지우고 사는 것이 잘사는 인생이라고 말한 것입니다.

마음에 흔적을 지워갈수록 여러분의 환경은 반드시 변합니다. 마음을 고쳐가면서 얻어지는 변화를 스스로 인지해야 마음에 희열이라는 것이 생겨서 신심이라는 것이 더 나게 되어 있고, 이 과정에 각자의 삶의 환경은 반드시 좋아지게 되는데 이것을 인지하는 사람이 있고, 인지하지 못하는 사람도 있는데 이것도 각자의 마음이 얼마나 단단한가에 따라 이 부분을 느끼는 사람도 있고, 느끼지 못하는 사람도 있어서 마음을 고쳐가며 얻어지는 이러한 변화를 느끼는 것을 '진리의 체득'이라고 하는 것입니다.

여러분은 진리의 체득이라고 하니 천지가 개벽 되는 상황이 일어나야만 개벽이라고 생각하는데 대단한 착각이고 잘못된 인식입니다. 왜 여러분이 그런 생각을 하는가? 그것은 종교들이 다 그렇게 만들어 버린 것인데 무슨 도(道)라는 것을 수행하면 허공에 붕붕 떠다니는 것쯤으로 생각하는데 안타까운 일입니다.

오래전 어떤 종교의 문이 개방되어 있어서 들어가 봤더니 그 종교가 말하는 것을 수행하면 허공에 자신의 몸이 붕붕 뜬다고 말합니다. 많은 사람이 실제 그런 수행을 하고 있기도 해서 내가 물었습니다. '수행해서 실제 몸이 허공에 뜨는 사람을 봤는가'라고 하니 보지는 못했고, 그렇게 된다는 말만 합니다. 그래서 사람이라는 것은 어떤 관념을 가지고 있는가는 매우 중요한데 이치에 맞지 않는 것을 마음에 두고 평생 그렇게 살아가는 사람들 이 세상에 무수하게 존재합니다.

금색으로 글씨를 쓴 염불이라는 것을 집 안에 걸어두고 그런 것을 해두었으니 자기 집은 만사형통 될 것으로 생각하고 사는 사람도 있고, 염주라는 것을 손목이나 목에 걸치고 다니면 사업이 잘되고 액땜이라는 것을 해주는 것으로 알고 사는 사람도 무수합니다. 그러니, 이런 상황에서 나는 '마음을 고쳐야 한다'는 말을 하니 모두 물질의 형상에 끄달려 사는 입장에서 내 말이 여러분의 귀에 들어오겠는가?

이 말의 의미를 여러분이 알지 못하면 내 말 죽을 때까지 들어봐아 별 의미 없고, 그 말이 그 말이라고 생각하게 되어 있고 물질을 대입해서 말하는 것에 쉽게 마음이 끄달리게 되어 있습니다. 따라서 마음을 고쳐가면서 얻어지는 편안함, 변화된 마음을 아는 사딤과 알지 못하고 요행만을 바라는 사람의 차이는 여러분의 행동으로 현실에서 다 나타나게 되어 있습니다.

그래서 타고난 마음을 가지고 이생을 살아가는 여러분 입장에서 마음을 고친다고 하는 것은 몹시 어려운 것인데 그 이유는 내 마음이라고 하는 그 마음을 기반으로 수천 년을 살아온 그 세월이 있고, 그 시간 얼마나 여러분의 마음이 단단하게 굳어져 있을까? 그런 마음을 가지고 이생에 태어난 것인데 이생에서 단박에 해결되는 마음 공부라는 것을 말하고, 또 해탈을 이야기하는 것은 꿈같은 이야기에 불과합니다.

1239   마음의 종류

우리가 사는 이 세상에는 온갖 종류의 마음을 가지고 살아가는 사람들이 섞여 있어서 이것도 그렇게 될 수밖에 없는 '자연'이라고 해야 맞는 말이 됩니다. 그래서 사람이라는 것은 그때그때 각자가 필요한 아상(我相)에 따라 자신을 합리화시켜가는 말 무수하게 하고 사는 것이 일반적입니다. 각자의 목적이 이루어지거나 이루어지지 않는다면 지금의 그 마음은 언제라도 변할 수 있는 것이 인간이 가진 마음이라는 것이고, 인간이 아닌 강아지는 한번 주인은 평생 주인으로 생각하는데 그 차이가 뭔가를 생각해봐야 할 것입니다. 오죽하면 '개만도 못한 사람'이라는 말이 만들어졌겠는가를 생각해보라는 이야기입니다.

짐승만도 못하다는 말 여러분도 많이 들어 봤을 것인데 정작 '나는 그런 사람이 아닐까?'를 되돌아보고 사는 사람은 없을 것입니다. 고작 해봐야 어떤 사람이 인간으로서 하지 않아야 할 행동을 했을 때 우리는 그 사람에게 손가락질하면서 '짐승만도 못한 사람'이라 하는데 내가 말하는 것은 이 글을 보는 여러분도 한순간 마음이 바뀌면, 돌아버리면 여러분도 그렇게 될 수 있다는 것을 알아야 하고, 그렇게 되지 않기 위해서 반드시 의식이라는 것을 바르게 가지고 살아야 함을 나는 말하는 것입니다.

처음으로 이 법당에 와서 '이 법이 좋다.'라고 말한 사람이 결국 그 초심마저 잃어버리고 각자의 본성대로 행동하는 것도 '처음에 자신이 한 말'은 앞서 말한 대로 법을 이해해서 좋다고 한 것이 아니라 자신의 목적을 이루기 위해서 가식적으로 한 말이라고 해야 맞는 말이 됩니다. 그래서 사람의 마음이라는 것은 갈대와 같은 것이고, 흔들리는 그 마음은 분명하게 각자가 지은 업과 깊게 관련 있습니다. 사람을 사귈 때도 그 마음은 언제라도 각자의 업에 따라 변할 수 있고, 또 이 법을 이해하고 온전하게 마음에 담는다는 것도 매우 어려운데 그 마음은 언제라도 변할 수 있어서 그렇습니다.

이게 무슨 차이인가 하면 보통 사람들은 종교와 생계를 위한 일이라는 것을 나누어 생각하기 때문에 그렇고 나는 똑같은 일을 하지만 그 상황에서 마음을 어떻게 쓰고 살아야 하는가를 말하는 것이어서 일과 법이라는 것은 구분을 짓는 것이 아니라 하나라고 말하고 있어서 이 부분은 여러분이 종교를 생각하는 것과는 다릅니다. 이와 비슷한 닐노 붕교에서 아는네 '서서붐싱 사사붐항(阮阮怖懊 事事怖供)'이라는 말이 그것입니다.

이 말은 곳곳에 부처가 있으므로 일마다 불공을 드리자는 의미로 이런 말 하는데 사실 여러분이 아는 부처라는 것은 존재하지 않기 때문에 이런 말은 여러분에게 아무런 의미가 없습니다. 내가 말하는 것은 평범하게 일상을 사는 그 자체가 수행이기 때문에 이치에 맞는 행을 하면 여러분의 삶은 이치에 맞게 변할 뿐이라고 하는 말이어서 이 말 새겨봐야 할 것입니다.

여러분에게 직설적으로 '삶이 뭔가? 인생이 뭔가?'라는 것을 묻는다면 여러분은 한마디로 뭐라고 답을 할 수 있을까? 태어나서 오늘날까지 살아온 세월을 되돌아보면 자신이 살아온 삶의 흔적이 그대로 보일 것입니다. 사실 무수한 사람들도 '삶이 뭔가? 인생이 뭔가?'라는 말을 묻고 있지만, 이 부분에 대한 답은 그 누구도 말하지 못했고, 또는 각자 입장에 따라 이 말의 정의를 나름대로 말할 것이나 어찌 되었든 그것은 말장난에 불과할 뿐이고, '삶이 뭔가? 인생이 뭔가?'에 대한 답은 '업(業)이 있어서 존재할 뿐이다.'라고 해야 맞는 말이 됩니다.

어떤 신문에서 '인간에게 병(病)이 있는 것은 죄가 아니다.'라는 말을 했는데 이 얼마나 웃기는 이야기인가? 여러분은 이 말 어떻게 생각하는지 모르겠지만 일단 인간에게 어떠한 병(病)이 있다면 그것은 반드시 내가 자업자득으로 지어서 인과응보로 나타나는 현상이어서 '인간에게 병(病)이 있는 것은 죄가 아니다.'라는 말은 감성적인 말에 불과합니다.

문제는 여기서 병(病)이라고 하는 것이 문제인데 어디까지를 병이라고 봐야 할 것인가는 포괄적으로 '인간이나 생명체로 태어나는 자체가 병이 있어서 태어나는 것이다.'라고 해야 맞고 만약 신문사에서 기사로 말하는 것과 같이 '병이 있는 것은 죄가 아니다.'라고 생각한다면 그 의식으로 내가 말하는 것 이해할 수 없습니다. '나는 왜 존재하는가?'에 대한 답은 '업(業)이 있어서 존재하는 것이다'가 정답입니다. 따라서 내가 위대해서, 잘나서, 부모가 연애해서 등 그 어떤 말을 해도 의미 없으며 자신이 태어나야 할 이유가 반드시 있어서 존재하는 것이고, 그 이유를 아는 것이 '나를 알자'입니다.

그리고 어떤 경우든 인간 생명체로 태어나지 않는 것을 해탈이라고 하는 것이어서 이 부분을 정립하지 못하고 여러분 자체를 합리화, 정당화시켜가는 것은 이치에 맞지 않으며, 나는 여러분이 태어나야 할 이유를 알기 때문에 그 흠결을 고쳐가도록 각자에게 말하는 것이고 궁극적으로는 괴로움에서 벗어나는 길을 제시하고 있는 것이 전부입니다.

1240　　　　　　　　　　　　인간의 전생

여러분이 전생(前生)이라는 것을 매우 궁금해합니다. 전생만 알면 여러분의 모든 문제가 해결될 것으로 생각하는데 이 마음 법당 말고 그 어디서도 여러분의 전생을 알 수는 없는데 그 이유는 '마음'이라는 것이 뭔가를 모르면 전생뿐 아니라 여러분의 현재, 미래도 알 수 없고, 그동안 무수한 인간들이 말해왔던 그 말만 믿고 살 것이기 때문에 그런 관념에 찌들어 있는 여러분의 입장에서 나는 '태어나야 할 이유가 반드시 있어서 여러분은 존재하는 것이고, 그 이유를 아는 것이 나를 아는 것이다.'라고 말하니 이 말 생소하게 들릴 것입니다.

그래서 이 세상에는 말 그대로 '우연히 존재하는 것'이라는 것은 유정물의 입장에서 사실 하나도 없습니다. 이 부분이 안타까운 부분인데 불교도 연기법(緣起法)을 말하면서 '이것이 있어 저것이 있다'는 논리를 무수하게 말하지만 정작 '나는 왜 존재하는가?'에 대한 부분은 일절 말하지 못하고 있는데 이 부분 여러분은 어떻게 생각하는가?

다시 말하지만 '여러분은 왜 존재하는가?'라고 물으면 여러분은 뭐라고 대답할 것인가를 한 번 깊게 생각해보라는 이야기입니다. 참으로 안타까운 것이 이생에 어찌어찌해서 인간으로 태어나 지금과 같이 각자의 환경에 살지만, 그 업에 따라 삶의 질, 환경이 더 좋지 않은 국가에 태어나거나, 혹은 같은 동물이라도 천한 동물로 태어나 막말로 개고생해봐야 내 말이 무슨 말이고, 얼마나 깊은 의미가 있는가를 알게 됩니다.

물론 빈천한 환경에 지저분하게 삶의 고통을 느끼며 사는 사람도 입으로는 '내가 무슨 업을 지었기에'라는 생각을 할 것입니다. 이것은 현실적인 고통이 있어서 이런 말을 하는 것이고, 문제는 이생에서 죽음의 문턱에 이르면 내 말이 무슨 말인가를 본인이 직접 체득하겠지만, 이때는 이미 강을 건넌 후이기 때문에 잘못 살아온 자신의 인생을 후회해도 아무런 의미 없습니다.

죽으면 돈으로 극락, 천당이라는 곳에 가는 표를 사고파는 세상입니다. 사주팔자를 보는 것도 자격증을 따는 세상에 여러분은 살고 있습니다. 아무 의미도 없는 염불이라는 것을 하는 사람을 여러분은 뭔가 도를 깨달은 사람으로 생각하는 세상입니다. 옷의 차림새가 뭔가 있어 보이게 차려입은 사람을 좋아하는 세상이고, 나처럼 연장, 공구를 들고 작업복 입고 생활하는 사람은 여러분이 보기에 허접한 사람쯤으로 생각하는데 참으로 안타까운 일입니다.

누더기 옷 하나로 평생을 살았다는 그 사람을 대단한 도인쯤으로 생각하는 세상이고, 지극히 감성적인 말로 여러분의 감성을 눈물나게 자극하는 사람을 좋은 사람이라고 생각하는 세상입니다. 결국, 이런저런 것에 갈대처럼 끄달리고 사는 세상이 아비규환의 세상이 아닌가? 그리고 다들 그런저런 사연 만들고 그 사연 한 보따리씩 가지고 죽음에 이른 것이 지난날 보통 사람들의 삶입니다.

동네에서 어떤 사람이 나라의 무슨 서기관이라도 되면 대단한 것처럼 현수막을 걸어 그 사람은 좋은 사람, 대단한 사람쯤으로 자랑거리로 삼는 세상에 살고 있습니다. 어떤 사람이 선거철이 되니 '부모 된 마음으로 여러분을 응원한다'는 말을 하는데 이런 말 들으면 여러분은 '저 사람은 좋은 사람이다.'라고 생각하게 되어 있고, 과거 시골 동네에서 학교나 나온 사람이 하나 있으면 그 사람이 하는 말과 행동은 모두 맞는 것으로 생각하고 살아왔고, 오늘날에도 어떤 지위나 권력을 가지고 있으면 여러분은 그 사람이 하는 모든 행동과 말이라는 것이 다 맞는 것으로 생각합니다.

또 어떤 연예인이 무엇으로 이름 좀 알려지면 어리석은 인간들은 그들이 살아온 삶의 방식이 맞고, 표준이 된다고 생각하고 그들의 모든 것을 따라 하는 세상입니다. 그러나 그 연예인에게 뭔가 문제가 있으면 하루아침에 그 사람은 '나쁜 사람'으로 둔갑을 해버리고 세상에서 배척당해버리게 되는데 이런 부분 여러분은 어떻게 생각하는가? 이런 현상의 원인은 마음이 길을 잃어서, 마음의 의지처를 찾지 못해서, 마음에 중심이 없어서 그렇습니다.

1241　빙의 세상

누구는 이 세상이 갈수록 좋아지고 있다는 말을 많이 합니다. 그러나 나는 '빙의들의 세상이 되었다'고 말하고 있어서 이 세상이 좋다고 말하는 사람과는 다른 차원의 말을 하고 있습니다. 다시 말하지만 지금 이 세상은 인간 세상이 아니라 빙의들의 천국, 도깨비들이 날뛰는 세상이라는 이 말 여러분은 어떻게 생각하는지 모르겠지만, 만약 이 말을 믿지 못한다면 이 세상 사람들이 하는 행동을 보면 내가 무슨 말을 하는가 이해하게 될 것입니다.

사람이 사는 세상은 인간다운 마음씨를 가진 인간이 있어야 하는데 인간다움의 기본 마음씨가 없다는 것은 무엇을 의미하는가? 이같이 말하면 여러분은 '나는 인간다움이 있다'고 생각하는 사람이 있을 것이나 그렇지 않습니다. 스스로 자신의 마음을 되돌아보면 과연 인간다움이라는 것, 인간성이 넘쳐나는가를 되돌아보면 내 말이 어떤 의미인가를 알 수 있을 것입니다.

그러니 온 세상 사람들이 말 그대로 꿈과 희망적인 말을 하는 입장인데 내 말이 여러분 귀에 들어오지 않을 것입니다. 요즘 선거철이 되었는데 정치를 하는 사람들이 하는 말을 보면 모두 다 환상적인 말, 희망 사항, 꿈과 같은 말들을 하면서 여러분은 현혹됩니다. 그렇다면 그들이 하는 말이 다 실천 할 수 있고, 또 100%다 그대로 실행이 되면 여러분의 삶은 더 좋아질까? 한 가지만 예를 들면 과거 논에 벼를 심을 때는 사람이 줄을 서서 손으로 벼를 심었습니다.

하지만 요즘에는 콤바인(Combine)이라는 기계로 벼의 모종을 심고 있는데 이처럼 사람 살기 좋은 세상이라고 말할 것이나, 내가 말하는 논리는 물론 힘든 것을 기계가 하는 것이야 어쩔 수 없겠지만, 문제는 인간성, 인간미라는 것은 모두 사라졌다는 것을 나는 말하고 있어서 기계로 편해졌다는 것에 이면에는 반드시 인간성, 인간의 정이라는 것은 사라지게 되어 있습니다.

과거 여자들의 삶을 보면 동네 앞 우물터나, 개울가에 삼삼오오 노니 손빨래를 하면서 인간식인 대화도 교류했습니다. 마음을 교류하면서 서로를 알아갔는데 요즘에는 시골이라고 해도 모두 세탁기가 있어 손가락 하나만으로 세탁을 하는 세상이 되었습니다. 이렇게 세상이 디지털로 변했고 이것은 인간성, 인간미라는 것이 사라져 버렸다고 한다면 반대로 아날로그 시대에는 인간성과 인간의 정이 있었다는 두 가지의 상황을 말하고 있는데 그렇다면 요즘 사람들은 손가락 하나만 까닥하면 모든 것을 다할 수 있는 세상이라서 갈수록 세상 좋아진다고 말할 것이나 대단한 착각입니다.

과거 물질문명이 발달하지 않았던 시기에는 육체적인 노동이 힘들기는 했지만, 그때는 인간성, 인간미라는 것이 충만했던 시기였다면 오늘날에는 기계가 발달 되었고, 그럴수록 인간미는 다 사라진다는 이 두 가지의 상황을 여러분이 정립해봐야 할 것입니다.그 결과 나타나는 사회적 현상이 뭔가? 코로나라는 질병이 만연해지니 결국 정부에서 돈을 국민들에게 무작위로 뿌립니다. 물론 주어야 할 상황이 있겠지만 내가 말하는 것은 무슨 일만 생기면 돈이라는 물질로 모든 것을 해결하려고 하는데 참으로 안타까운 것이 당장 얼마간의 돈을 주니 좋아 보이겠지만 그 이면에는 인간성, 인간미라는 것은 반드시 사라지게 되어 있습니다.

그러니 앞으로 사회적으로 어떤 문제가 생기면 정부에서 돈을 나눠주면 의식 없는 사람들은 '그 사람이 좋은 사람'이라고 생각하게 됩니다. 돈이면 모든 것을 할 수 있다는 이 관념, 의식을 여러분은 어떻게 생각하는가? 따라서 직설적으로 물질이 풍족하여 살기 좋은 세상이라고 여러분이 생각한다면 대단한 착각을 하고 있다는 점 명심해야 할 것입니다. 내가 말하는 것은 세월의 흐름 속에 물질이라는 것은 발달할 수밖에는 없지만, 기본적으로 인간들의 정(情)이라는 것은 사라지고, 이기주의가 만연한 세상으로 변하고 있어서 갈수록 살만한 세상은 아니라고 해야 맞습니다.

과거 학교에서 가르치는 것을 보면 윤리·도덕, 인간의 가치관들을 가르치는 과목이 있었지만, 오늘날에는 '남보다 우월해지는 방법'만을 가르치는데 여러분은 이 부분을 어떻게 생각하는가? '사람이 태어나면 서울로 보내고 말은 제주도로 보낸다'고 하는데 이 말이 맞는다고 생각한다면 여러분의 의식은 깨어나지 못합니다.

내가 말하는 것은 말도 서울에 가서 살 수 있고, 사람도 제주도에 가서 살 수 있어서 나 자신의 상황에 맞는 삶을 선택하면 되는데 어떤 사람이 '사람이 태어나면 서울로 보내고 말은 제주도로 보낸다'는 말을 했는지 모르겠지만 안타까운 일이고, 문제는 이런 말이 마치 맞는 말처럼 걸핏하면 이런 말을 앞세우며 자기 자식을 서울로만 보내려고 집 팔고 소 팔고, 논 팔아서 공부라는 것을 가르치는데 매우 잘못된 행동입니다.

나는 지식이 많으면 아상(我相)이 커진다고 말했고, 인간성과 인간미는 사라진다고 말했는데 다들 물질에 미쳐 사는 세상이 아비규환의 세상, 도깨비 세상이라고 해야 맞는 말이 됩니다. 입으로는 나보다는 서로를 생각하는, 윤리·도덕·양심이 살아 있는 세상을 만들자는 말을 무수하게 하지만 정작 이런 세상을 어떻게 만들 것이냐는 구체적인 말은 하지 못하고 있고, 감성적인 말만 무성하게 나열하는 세상이 되었습니다.

다시 말하지만 지금 학교에서 가르치는 교육을 보면 물질에 대한 지식만을 교육하는 것이 전부가 아닌가? '네가 이런 것을 배워야 남보다 앞설 수 있다'는 이 논리가 전부 아닌가? 실제 여러분이 자식을 낳아 기르고 있겠지만, 그 자식에게 인간답게 살라는 말을 했을까? 아니면 윤리·도덕·양심이라는 것이 뭔가, 아니면 인간이 어떠한 마음씨를 가지고 살아야 하는가를 깊이 있게 말해본 적이 있는지 생각해보라는 이야기입니다.

1242 윤리·도덕·양심

요즘 젊은 사람들이나 어린 사람들에게 윤리·도덕·양심이라는 것을 이야기하면 구린 냄새가 난다, 그런 것이 뭐가 필요하냐는 식의 말을 할 것이고 세월에 뒤처진 이야기, 호랑이 담배 피우던 시절의 이야기라고 말할 것입니다. 여러분이 한 가지 알아야 할 것이 빙의가 작용해도 표면적으로 나타내는 것 중의 하나는 '자식'을 인간적으로 많이 생각한다는 점입니다. 다시 말하면 빙의가 작용한다고 해도 다른 사람이 보면 자식을 많이 생각하기 때문에 '그 사람은 좋은 사람'이라고 인지하게 합니다.

만약 빙의가 자식을 낳았다고 하면 그 자식을 애지중지하면서 키우는데 이것을 다른 사람이 표면적으로 보면 '저 사람은 자식을 무지하게 사랑하는구나'라고 보이게 만든다는 이야기입니다. 겉으로 보면 '좋은 사람'으로 보이지만 이런 가정에서는 그 아이에게 윤리·

도덕·양심이라는 것은 찾아볼 수 없는데 이게 무슨 의미인가?

만약 빙의가 윤리·도덕·양심이라는 것을 입으로 말한다면 그나마 원만한 빙의(원만하다는 것은 빙의도 종류가 다르다는 의미)라고 할 수 있지만, 문제는 빙의 입으로 이런 말 입으로 올리기는 매우 어렵습니다. 어떤 사람이 자식을 학대하여, 사회문제가 되었을 때 그 사람 입에서 반드시 하는 말이 있는데 그 말은 '그 자식을 애지중지하고 사랑한다'는 말을 반드시 말합니다. 인간적으로 해서는 안 되는 행위를 처음부터 하지를 말든지 아니면 나중에 그 아이를 어떻게 생각한다는 식의 말을 하지 말든지 해야 할 것이 아닌가?

이 말은 못된 행위를 할 때는 눈에 보이는 것이 없는 빙의 작용으로 그런 행동을 하고, 사람들이 보는 앞에서는 그 아이를 무지하게 생각하고 있는 것처럼 이중적인 태도를 보이는 것도 빙의 현상입니다. 그래서 나는 사람의 의식이라는 것이 매우 중요하다는 말을 한 것이고, 이것은 아무리 학교 공부를 잘한다, 잘했다고 해도 그것과는 별개로 정립해야 합니다.

다시 말하면 만약 학교 공부(물질 이치에서)를 아수 살한 사람이 모두 의식이 바르고, 정상이라고 한다면 공부를 잘한 사람은 도를 깨달은 사람이 되기 때문에 여러분도 모두 좋은 학교를 나오면 문제는 간단하게 해결됩니다. 이 개념으로 요즘 자식들을 보면 보부 내 학이라는 것을 대부분 다 나오는데 이 말은 그만큼 이 사회는 혼란스러워졌다고 해야 맞는데 이같이 말하면 누구는 또 '무슨 소리냐?'

하겠지만 이 사회가 혼란스러워지는 것을 보면 결국 배웠다는 사람, 지식이라는 것이 많은 사람들이 사회를 이렇게 만들어가고 있음을 알 수 있을 것입니다.

그래서 나는 '지식'이라는 것은 아상의 논리고, 지혜와 지식이라는 것은 다르다는 말을 한 것입니다. 개인의 이기주의가 우선하는 이 사회는 타인을 위한 배려라는 것은 없습니다. 타인을 배려한다고는 말하지만, 그 속에는 반드시 〈나의 이기주의〉가 만연해 있다는 점 역시 명심해야 할 것입니다. 다시 말하지만, 빙의들이 판치는 세상은 표면적으로는 듣기 좋은 감성적인 말을 무수하게 합니다. 그러나 그 행동을 보면 나만을 생각하고 위하는 이기적인 행동과 말이 다 들어 있습니다. 문제는 이 세상에는 이런 것을 구분하고 분별할 수 있는 사람이 없다는 점입니다.

부모가 자식을 위하는 것을 보면 대부분 '좋은 사람, 좋은 부모'라고 스스로 생각하는데 내가 보는 관점은 다릅니다. 이것은 여러분이 길 가다 부모가 자식을 데리고 다니면서 하는 행동을 가만히 들여다보면 쉽게 알 수 있는데 물론 이것을 분별하지 못하는 것이 대부분일 것입니다. 그 이유는 아상에 찌들어 있으면 이런 것들을 알 수 없고, 아상(我相)이 없으면 이런 모순은 얼마든지 쉽게 알 수 있어서 이 '아상'이라는 것이 문제입니다.

아상에 찌들어 있는 사람은 자신의 의욕만으로 세상에 모든 것을 다 이룰 것으로 생각하고 삽니다. 그러다 마음대로 뜻대로 되지 않으면 '그래서 인생 사는 게 별거 없다. 다 그게 그거다'는 식으로 생각하는 사람도 상당한데 참으로 안타까운 일이 아닐 수 없습니다. 이생에 인간으로 태어나 사는 것은 결코 '그게 그거가 아니다.'라고 해야 맞는 말이 되고, 살면 살수록 어렵고 힘든 것임을 알고 삽니다. 여기서 어렵다는 말은 물질 이치에서 몸으로 힘을 쓰는 것을 '힘들다'고 말하는 것이 아니라 '마음을 어떻게 쓰고 살아야 하는가'를 힘들다고 하는 것이고, 아상에 찌들어 있는 사람은 자신이 마음먹은 대로 안 되니 힘들다고 하는 것이어서 이 부분 새겨봐야 할 것입니다.

따라서 아상에 찌들어 있는 사람은 지금 내가 말하는 것이 무슨 말인가 의아해 할 것이고, 이런 사람은 자신이 죽음에 이르면 지금 내가 하는 말이 뭔가 알 수 있을 것입니다. 아상이 적은 사람은 살아서 내 말을 긍정하고 이해하게 되는 차이가 반드시 있어서 인간으로 태어나 어떤 의식으로 한세상 살다 죽을 것인가는 여러분이 죽어보면 알게 되지만 이것은 죽음 이후의 문제이고 살아 있을 때 의식을 깨어나게 한다는 것은 매우 어렵고 이 과정을 나는 화현의 부처님 법에서의 수행이라고 말하고 있는 것입니다.

분명하게 다시 말하지만, 인생 물질만 추구하며 그것을 인생의 잣대로 삼고, 장난으로 즐기면서 재미로 사는 것이 결코 아니라는 점 명심해야 합니다. 물질은 몸을 가지고 사는 입장에서 필요한 부분이기도 하지만, 반대로 물질만으로 자신의 영생을 보장할 수 없음을 명심해야 할 것입니다.

꿈

다들 인생을 살면서 물질에 대한 애착을 갖지 말자, 혹은 갖지 않겠다는 식의 말을 무수하게 합니다. 그러나 과연 그렇게 말하는 사람들의 인생관과 의식은 그들이 말한 대로 그러한 삶을 살고 있을까를 생각해보면 그렇지 않음을 알 수 있을 것입니다. '내가 어떻게 해서 번 돈인데, 혹은 내 자식을 위해, 내 가족을 위해' 등의 명분을 앞세워 말은 그렇게 듣기 좋게 말하지만, 현실은 한 푼이라도 더 가지려고 하는 것이 보통인데 문제는 이치에 맞게 벌고, 이치에 맞게 쓴다는 것을 알고 인생을 사는 사람은 없다고 해도 무리는 없을 것입니다.

이 말은 인생을 살면서 가질 수 있는 재물(財物)이라는 것은 반드시 전생에서나 이생에서 선업(이치에 맞는 행위)에 따라 되받아지는 것이어서 받을 것이 없는데 '나'라는 아상의 논리로 용쓴다고 해서, 아등바등한다고 해서 부(富)라는 것을 가질 수는 없음을 명심해야 합니다.

이런 이치를 모르고 많은 사람이 '하면 된다, 꿈은 이루어진다'는 식으로 합리화해 가는데 안타까운 일입니다. 그렇다면 여기서 말하는 부(富)라는 것은 무엇을 의미하는가? 이 부분은 지구 상에 살아가는 사람들의 모습을 보면 재물을 가지고 있는 상황도 사람마다 다 다릅니다. 따라서 얼마큼 그 이상을 가져야 부를 가졌다고 단답형으로 정형화해서 말할 수도 없는데 이것도 '자연스러운 현상이다.'

라고 해야 맞는 말이 됩니다. 따라서 사람이 살아가는 삶에 환경도 피라미드의 구조와 같아서 그에 따른 재물도 마찬가지이며, 또 마음이라는 것도 이와 이치는 똑같습니다.

결국, 인간이라는 이름은 같지만, 각자가 살아가는 삶 또한 모두 다르기에 부를 가지고 사는 것도, 마음이 제각각 다른 것도, 환경 등 모든 것은 결국 내가 행동한 행위의 결과로 인생을 사는 것이기 때문에 이생에 자신이 처한 상황을 보면 전생에 내가 어떠한 행위를 하고 살았는가는 쉽게 알 수 있습니다.

이런 부분을 통해 여러분 자신을 알아가는 것이 '나를 알자'이며 '너 자신을 알라'는 의미가 됩니다. 따라서 어떤 사람이 남들이 하는 식당이 잘되니 있는 돈 없는 돈 다 끌어다 식당을 합니다. 한 6개월 쯤 지나면서 손님은 없고, 가진 것으로 꾸려가더니 결국 다 까먹고 문을 닫습니다. 사실 이런 것은 회사를 하든 붕어빵 장사를 하든 다 마찬가지인데 이것도 각자의 업에 따라, 마음에 따라 나타나는 자연스러운 현상입니다.

여러분이 꽃이나 나무를 보면서 자연이라는 말을 하는데 매우 치우친 의식이어서 잘못되었고, 앞서 말한 대로 인간사회를 보면서 여러분이 자연의 개념, 의미를 다시 한 번 새겨봐야 할 것입니다. 그래서 어차피 되받을 것이 없다면 이생이라도 이치에 맞는 마음을 만들고 그에 맞는 행동을 실천하면 반드시 그 마음에 맞게 여러분의 환경은 변합니다.

이 말은 어떤 상황이든 반드시 〈때〉라는 것이 있고 그때 맞게 진행되는 것이어서 이 흐름은 여러분의 마음을 보면 쉽게 알 수 있습니다. 다시 말하면 보통 사람들이 '모든 것을 놓아라, 놓고 살아야 한다. 마음을 비우고 살자.' 등의 말을 무수하게 하는데 이것은 물질 이치에서 자신이 감당할 수 없는 상황에서 하는 감성적인 말이고, 내가 말하는 것은 여러분이 어떤 노력을 해도 인생은 나만의 관념, 운명에 따라 흘러가게 되어 있습니다.

그래서 이 마음이라는 것에 흐름을 알면 앞으로 다가올 각자의 업이 있어서 그것을 알고 미리 이치를 바꾸어버리면 가래로 막을 것 호미로 막게 됩니다. 이 부분도 전무후무한 일이라고 해야 맞는데 보통은 이같이 하지 않고, 뭔가의 괴로움이 현실적으로 나타나야만 그 괴로움 때문에 부랴부랴 뭔가를 찾는 것이 일반적인데 이것은 '사후약방문(死後藥方文)'이라고 해서 의미 없습니다.

내가 말하는 것은 아프기 전에 미리 예견하고 그에 맞는 약을 먹고 몸을 만드는 것을 말하며 이 부분 새겨봐야 할 것입니다. 이같이 말하면 누구는 이치를 바꾸면 된다고 하니 이치를 바꾸면 마치 미꾸라지가 용이 되는 것으로만 생각하는데 그게 그렇지 않습니다. 물질 이치에서 몸에 상처가 나면 눈에 보이기 때문에 어떤 식으로든 해결할 수 있지만, 마음 작용으로 나타나는 것은 비물질이라서 물질처럼 그렇게 해결할 수는 없으며, 오로지 그 마음이 어떻게 흘러갈 것인가로 각자의 운명을 아는 방법 말고는 없고, 그래서 다가올 각자의 인생의 흐름은 인간의 사상으로 만들어낸 주술이나, 사주팔자 등과 같은 것으로 알 수도 없고, 진리의 기운 속에 사는 처지이기 때문에 마음에 흐름, 진리의 흐름을 보면 어떻게 여러분의 인생이 흘러갈 것인가는 매우 쉽게 알 수 있고, 이런 부분도 전무후무한 일이라고 해야 맞습니다.

모든 종교가 말하는 창조, 시작 등의 말을 여러분은 어떻게 생각할지 모르겠지만, 내가 말하는 요지는 창조가 있다면 이것은 시작을 의미하고, 시작이 있다는 것은 반드시 끝이 있다는 이야기입니다. 반대로 시작이라는 것이 없으면 끝이 없는 것은 당연한데 문제는 세상 모든 종교는 모두 그들이 신앙하는 대상이 만들었다고 하니 이것은 곧 '시작'을 의미하는 것이 아닌가? 그렇다면 시작의 반대는 끝이기 때문에 끝, 종말이라는 것은 반드시 존재한다는 말이 되고, 이것은 누구라도 조금만 생각해보면 쉽게 알 수 있는 부분인데 문제는 이 끝이라는 것도 그들의 사상에 따라 인위적으로 만듭니다.

지난 세월을 보면 종말을 이야기한 종교와 사람도 상당히 많았지만, 요즘은 그런 사람들이 자취를 감추었는데 이 말은 곧 '만들어서 사용할 수 있는 말'은 세상에 다 드러났음을 의미하는 것이 아닌가? 이처럼 나는 진리적으로 이 세상에 드러나야 할 것들은 모두 드러났다는 말을 오래전에 했는데 이 말 여러분이 어떻게 생각할지 모르겠지만, 매우 깊은 의미가 있다 할 것입니다. 다시 말하지만, 먼바다에서 파도가 만들어져 밀물로 육지로 다가온 상황에서 이변서닌 혼란이 찾아옵니다.

이것은 그동안 지구 상에서 일어났던 모든 것을 포괄적으로 생각해보면 내가 무슨 말을 하는가를 알 수 있을 것입니다. 따라서 그동안 세상에 출현했던 무수한 사상가, 종교, 인물, 장수 등이 그것이고, 이제는 더는 이 세상에 드러나야 할 것들은 없고, 썰물이 되어 물이 빠지니 조무래기들이 서로 잘났다고 서로 목에 힘주면서 아웅다웅 대장 노릇을 하는 것이 지금의 이 시국입니다.

우리나라만 하더라도 과거 대통령들은 그 나름대로 카리스마 같은 것이 있었는데 요즘 사람들을 보면 흐리멍덩하여 그런 것 찾아볼 수 없습니다. 물론 과거 사람들이 모두 옳은 행동을 했다는 이야기가 아니라 그들만의 '특징'을 말하는 것이고, 이 말은 어떤 것을 실행할 때 보편적으로 '그 행동이 맞다'라고 하면 힘으로 밀어붙였는데 요즘에는 그런 것은 없고, 이 사람, 저 사람이 목청을 높여 짖어대면 그들의 비위를 다 맞추어줍니다. 이같이 하므로 이 세상이 혼란스러운 것이고, 인간의 아상이라는 것은 힘으로 강하게 다스릴 때는 다스려야 하는데 지금은 그렇지 않습니다.

공장에서 노동자 한 사람이 죽으면 인권이니 뭐니를 들이대면서 무수한 법이라는 것을 만드는데 과연 그렇게 한다고 해서 그런 일들이 하나도 일어나지 않으며, 또 무수한 법이라는 것을 만든다고 해서 그런 것들이 해결될 것으로 생각한다면 대단한 착각입니다.

예를 들어 담뱃값을 올릴 때만 해도 부수적으로 얻어지는 수입으로 국민 건강이 상승하고, 흡연 인구가 줄어든다고 대대적으로 홍보

해가며 담뱃값 올리는 것을 합리화했고, 많은 사람이 좋은 일이라고 생각했는데 현실은 과연 그 말대로 진행되었는지 생각해보면 사회의 모순, 인간의 아상이라는 것이 뭔가를 알게 됩니다. 그러니 과거에는 자율적인 것이 오늘날에는 모든 것에 감성을 대입해서 법이라는 것을 만들고 규제를 하려고 하는데 이 말도 결국 세상에 드러나야 할 것이 다 드러났다는 의미가 됩니다. 음식만 보더라도 새로운 음식 재료가 없지 않은가? 이러한 사회적인 현상은 결국 '지구의 종말'과도 깊게 관련이 있는데 진리적인 부분을 지금 시점에 다 말해봐야 의미가 별로 없고, 앞으로 이 법이 퍼져나가기 시작하면 종말이 가까워지면 내가 무슨 말을 하는가를 이해하게 될 것입니다.

1244   인간의 입

사람의 입(口)이라는 것이 세상에서 제일 무서운 것이고, 귀신이 무서운 것이 아니라 마음을 가지고 움직이는 인간이 제일 무섭다는 말을 나는 했습니다. 그 이유는 인간의 마음이라는 것은 수시로 변하기 때문에 그렇고, 또 그 마음이 변하면 사람이 돌변하기 때문에 그렇습니다. 그래서 '요물단지'라고 하여 귀신이나 도깨비 등의 의미로 생각하는 것은 잘못되었는데 그 이유는 이런 것은 존재하지 않고 '빙의' 작용만 존재하기 때문에 시도 때도 없이 변하는 여러분 마음이 요물단지라고 해야 맞는 말이 됩니다.

요즘 질병으로 사회적 거리 두기를 하는데 이 질병의 원인도 결국 인간의 마음이 원인인데 인간이 가진 마음을 잘 사용하지 못한 결과이기 때문에 조금만 참으면 지금의 질병은 없어진다고들 말하는데 대단한 착각입니다. 이것은 이미 지구의 종말 과정에서 나타나는 것이어서 '조금만 참으면 없어진다'는 것은 말 그대로 감성적인 말이고, 진리 이치를 모르고 하는 말에 불과합니다.

설령 이 질병이 잠잠해진다고 하면 다시 새로운 질병이 나타나게 되어 있어서 앞으로 남은 시간은 질병과 공존할 수밖에는 없을 것입니다. 사람이 인위적으로 무엇을 할 수 없는 경우에는 결국 그것을 가장 합리적으로 꾸미는 말을 하게 되어 있는데 예를 들어 바다에 고기를 잡으러 간 사람이 마음대로 고기가 잡히지 않자 하는 말이 '순리에 따른다, 주는 만큼만 잡는다.'라고 말을 하는 것도 자신들이 물고기를 마음대로 할 수 없는 상황이어서 이런 식으로 말을 하는 것이지 만약 마음대로 물고기를 잡을 수 있다고 한다면 아마 배가 뒤집힐 정도로 고기를 잡아올 것입니다.

왜 이런 말을 하느냐면 인간의 힘으로 어떻게 할 수 없는 상황이면 사람은 그 상황을 자신에게 유리한 쪽으로 정리하기 때문이고, 하늘에서 비가 내리지 않거나, 혹은 많이 내려 현실에서 문제가 되면 비를 인위적으로 할 수 없어서 그 상황에 순응하는 것처럼 말할 수밖에는 없을 것입니다.

이와 관련하여 죽음이라는 것도 인간의 힘으로 어찌할 수 없어 죽음에 대해서 '그 무엇'이라는 대상을 설정하고 그에 사상적인 말을 만들고 그 말을 따르게 하는 것이고, 자연 앞에 어쩔 수 없다는 사람의 심리를 이용해서 종교적으로 무수한 말들이 만들어진 것이 전부인데 예를 들어 바다에는 용왕, 하늘에는 옥황상제 등이 그것입니다. 그런데 진리 이치를 알면 이런 말들이 사실인가 아닌가의 모든 것을 다 알 수 있지만, 진리 이치를 모르면 이런 말들이 사실인 것으로 압니다. 따라서 자연의 섭리를 알고 그에 순응하는 삶을 살아야 하는데 앞서 말한 대로 대자연의 작용에는 인간이 어찌할 수 없어서 이런저런 말로 합리화하는 말을 무수하게 하는데 안타까운 일이 아닌가? 그래서 진리의 작용이 있다는 것을 알고 인생을 사는가? 모르고 사는가의 차이는 엄청난 것입니다.

길을 알고 가는 사람은 마음을 정리하고 살 수 있지만, 모르고 가는 사람은 우왕좌왕할 수밖에는 없다는 이야기입니다. 따라서 요즘 코로나가 장기화하면서 문제가 되는 것이 '사회활동의 제약'인데 우선 먹고 즐기는 것부터 제약하고 있는데 이 부분도 기본적으로 먹어야 할 것만 먹고 살면 된다는 자연이 주는 경고입니다. 그런데 문제는 '즐기는 것'에 지장을 받으니 사람들이 난리를 치는 것이 아닌가?

다시 말하면 인간이 아닌 다른 동물들은 '즐기는 것'이라는 것이 없는데 유독 마음을 가진 인간만이 '즐긴다'는 말을 하는데 이런 부분이 인간이 가진 '아상'이라고 하는 것입니다. 이같이 되니 한쪽에서는 즐기는 상황이 줄어들게 되자 한쪽에서는 생업에 지장이 있는 사람들은 불공정한 제도의 피해자라며 인정을 못 하고 불만만을 이야기합니다.

자, 이런 상황에서 어느 장단에 춤을 추어야 하는가의 문제인데 내가 말하는 것은 기본적인 의식주만 해결하고 불필요한 행동, 행위는 하지 말고 살라는 자연이 주는 경고인데 이 자체를 인지하지 못하고 있습니다. 한 푼이라도 더 벌어야 먹고 산다는 논리, 여러분은 어떻게 생각하는가? 나는 '그 상황에 맞게 행동하고 살라'는 말을 많이 합니다. 이 말은 현실적으로 인간의 힘으로 어떻게 해결할 수 없는 것이라면 나 자신이 그 상황에 맞는 삶을 살아가도록 스스로 노력해야 합니다.

500만 원을 버는 사람이 사회문제로 100만 원만 번다면 100만 원에 맞는 삶을 살면 간단합니다. 그런데 여러분은 얼마나 있어야 산다는 기준을 이미 정하고 그 기준에 미달이 되면 죽겠다고 아우성을 치는데 이거 매우 잘못된 의식입니다. 앞서 말한 바와 같이 인간의 힘으로 어찌할 수 없는 '자연재해'와 같은 상황이라면 인간이 그에 순응하는 삶을 사는 것이 마땅하지 않은가를 생각해보라는 이야기입니다.

인간의 힘으로 어찌할 수 없는 상황에 자연에 순응하며 산다는 논리와 자연의 섭리를 알고 그 상황에 순응하고 부합하는 삶을 사는가의 차이는 분명하게 다릅니다. 사람들이 어리석은 것이 자신의 인생을 어떻게 살아야겠다고 이미 정해 버리고, 그 틀에 벗어나는 상황이 오면 몸부림을 치는 것이 인간입니다. 그래서 성장을 하면서 내가 살아야 할 집이 어떻게 생겼어야 하고, 직장, 돈은 얼마를 벌어야 하고, 이성적인 상대는 어느 정도 되어야 한다는 식으로 미래를 예측하고 그 꿈을 가지고 삽니다.

사실 나는 이 나이가 되도록 〈꿈〉이라는 것을 한 번도 가지고 살지 않았고, 하루하루를 현실에 맞게 살려고, 그 상황에서 최선이 뭔가를 노력했을 뿐입니다. 오늘이야 눈이 떠 있으니 오늘이 있고, 오늘을 넘겨 내일이라는 것은 오늘을 어떻게 살았는가에 따라 전개되기 때문에 나는 오늘을 살면서 내일이라는 것의 기대, 꿈같은 것을 생각하고 그 생각대로 되기만을 바라지도 않았습니다.

1245　　　　　　　　　　　　　　　인간과 꿈

물론 인생을 살면서 미래에 대한 부분을 생각 안 할 수는 없겠지만 내 말은 도화지 위에 그 꿈을 미리 그려서 확정하지 말라는 이야기입니다. 그래서 자식을 낳으면 인간으로서 오늘을 어떤 마음가짐으로 살아야 하고, 어떤 행동을 해야 하는가를 가르쳐야 하는데 요즘 사람들 이런 것 가르치지 않습니다. 어떻게 하면 남보다 우위에 서서 남을 이길 것인가, 어떻게 남을 밟고 일어서야 하는가만 가르치는 세상이 되어 버렸습니다.

결국, 태어나 욕망을 키우다 보니 인간사 뜻대로 안 되고 나이는 들어가고 결국 남는 것은 회한이고, 한다는 말이 '인생을 사는 게 별거 없다, 다 그게 그거다'라는 이상한 관념을 갖고 살다가 죽어가는 것이 보통 사람들의 삶입니다. 과연 인생 사는 거 별거 없는가? 여러분은 별거 없다고 생각하는지를 되돌아봐야 할 것입니다. 지금까지 지구 상에 알 수 없는 인간들이 태어나서 죽었고, 여러분도 때가 되면 다 죽습니다.

이같이 돌고 도는 윤회의 과정에서 오늘을 사는 이 시간이 여러분에게 별거 없는 시간인지를 생각해보라는 이야기입니다. 인간의 몸을 가지고 있으니 인간으로서 해봐야 할 것은 다 해야 후회는 없다는 말 무수하게 말하고, 또 꿈은 반드시 이루어지고, 마음을 먹으면 그대로 된다는 식의 논리를 가지고 사는 사람들이 무수한데 각자의 인생 각자가 알아서 살면 되는 것이기 때문에 내가 강요할 일은 아니지만, 그러나 문제는 이 시간이 지나고 훗날 자신의 인생을 되돌아보면 얼마나 뜬구름을 잡고 살았는가를 알게 됩니다.

따라서 이생에 잘 나가던 사람이 죽어서 빈천한 곳에 태어나 사는 것을 무수하게 보는데 이생에 잘나갔으면 다음 생에는 더 좋은 곳에 태어나 살아야 마땅하지 않은가? 근데 그것이 그렇게 되지 않습니다. 물론 빈천한 곳에 태어난 사람이 전생에 나는 잘나갔다는 것을 스스로는 알 수 없습니다.

그저 그렇게 그 환경에 태어났으니 그렇게 인생 사는 것이 전부입니다. 사실 외국의 빈천한 나라, 아니 이것은 꼭 외국이 아니라고 해도 우리나라에서도 얼마든지 빈천한 집안에 태어날 수 있지만, 그 당사자는 전생에 무엇을 어떻게 했는가, 전생에 삶이 어땠는가는 전혀 모르고 삽니다. 주어진 자신의 업에 따라 그저 그렇게 살아가는 것이 '윤회'라고 하는 것이고, 이것에서 벗어나는 것을 해탈이라고 하는 것인데 이것은 여러분이 얼마든지 체득할 수 있는 부분인데 수차 한 말이지만 지금 현실에 존재하는 여러분의 삶을 보면 전생의 모습을 그대로 가지고 있고, 지금의 환경도 각자가 만든 전생에 이치에 따라 전개되는 것이어서 이것을 여러분 스스로 아는 것이 '나를 알아가는 것, 나를 알자'입니다.

그러니 이런 것을 알려고 하지 않고 마음대로 살다가 뭔가가 마음에 들지 않으면 괴롭다고 하면서 전생과 운명이라는 것만 알려고 하는데 안타까운 일이 아닌가?

결혼해서 부부가 살지만 살아가는 도중에 크고 작은 문제들이 생기고, 사네 죽네를 말하면서 원수처럼 생각하는 사람도 있는데 이것은 그 두 사람이 전생에 지은 업의 흔적으로 나타나는 것이어서 이런 부분 신, 부처, 절대자가 해결해 줄 수는 없습니다. 자업자득(自業自得), 인과응보(因果應報)의 이치에 따라 나타나는 것이기 때문에 그렇습니다. 그래서 나는 이런 전생의 이치, 업의 이치를 여러분이 먼저 이해하는 것이 중요하고 이 바탕 위에 '그럼 어떻게 할 것인가?'를 정립해가면 반드시 두 사람의 이치는 바뀌게 되는데 이런 이치를 세상에서 말하는 것도 '전무후무한 일이다.'라고 해야 맞는 말이 됩니다. 그런데 여기서 '이치는 바뀐다'고 하니 극단적인 상황으로 되는 것만 생각하는데 그게 그렇지 않습니다. 물론 극단적으로 이혼해야 할 상황도 있을 수 있지만, 더 좋은 관계로 변할 수도 있는데 이것은 두 사람의 마음이 어떻게 변하는가에 따라 달라집니다.

'이치를 바꾼다, 이치는 수시로 변한다.'라는 말 여러분이 처음 듣는 말일 수 있는데 보통은 각자에게 무슨 일이 있으면 신이나 부처, 보살을 찾아 울고불고 매달릴 것이나 만약 기도해서 이런 문제가 해결된다고 하면 지구 상에 존재하는 모든 인간이 다 기도하면 아무 문제 없을 것이기 때문에 이것은 진리 이치에 맞지 않습니다. 그 이유는 자력, 타력 이 두 가지 상황에서 오늘 여러분에게 전개되는 모든 상황은 '자력'의 논리에서 자업자득, 인과응보의 이치에 따라 그대로 전개되기 때문에 각자의 인생, 누구에게 원망할 것 하나도 없습니다.

이치는 바뀐다고 말하는 것도 여러분이 실제 체득하기가 어려운데 그 이유는 뭔가 이치가 바뀐다고 하면 천지가 개벽하는 것과 같이 뭔가 급격하게 완전히 바뀌는 것이 아니어서 그렇습니다. 어둠에서 아침으로 바뀌는 것도 시간이 흐르면서 점진적으로 아침이 되는 것이지 방안에 불을 켜듯이 반짝하고 바뀌는 것은 없다는 이야기입니다. 그래서 세상에서 제일 어리석은 사람이 나 자신은 변하지 않으려 하면서 그 뜻대로 뭔가가 이루어지기를 바라면서 종교적인 의식, 행위를 하는 사람이라고 해도 무리는 없을 것입니다.

아무것도 없는 허공에 그 무언가 있다고 설정하고 그것을 따르는 것은 매우 잘못된 의식입니다. 대표적인 것이 관세음보살인데 '원하노니 사생육도(四生六道) 모든 중생이, 다생(多生) 동안 지은 죄 참회(懺悔)하오니, 온갖 장애 남김없이 소멸하옵고, 세세생생(世世生生) 보살도(菩薩道)를 닦아지이다.'라는 말처럼 이치에 맞지 않게 감성적인 말을 하는 이 자체가 모순이라는 것이고, 듣기에는 좋겠지만 이런 말 들여다보면 지극히 감성적인 말에 불과합니다.

운명

다시 말하지만, 불교는 윤회라는 것을 말하면서 '운명'이라는 것을 부정하고 있는데 윤회한다고 하면 반드시 윤회의 주체가 되는 것이 있어야 하는데 불교는 죽으면 무(無)와 공(空)으로 다 없어진다, 흩어진다는 말을 하면서 '닷새 동안 지은 죄 참회한다.'는 말을 하는데 이 한마디로 불교의 모든 말은 모순이라고 해도 무리는 없을 것인데 여러분은 어떻게 생각하는가? 다생(多生)이라는 말을 하는 것은 윤회를 돌기 때문에 여러 생의 의미로 이 다생(多生)이라는 말을 하는 것입니다. 그렇다면 여러 생을 돌고 도는 입장이라면 돌고 도는 것, 윤회의 주체가 반드시 있어야 하는 것이 아닌가?

무와 공으로 다 흩어져 버렸다고 한다면 아무것도 없다는 이야기인데 그래서 무와 공이라는 논리와 '다생'이라는 말은 서로 배치되는 말이어서 이 부분 새겨봐야 할 것이고, 이런 것을 정립해가는 것이 내가 말하는 화현의 부처님 법을 배우는 것이고, 여러분의 의식을 깨어나게 하는 것입니다.

그런데 『법화경(法華經)』이라는 것을 보면, '관세음보살의 이름을 마음에 간직하고 염불하면 큰불도 능히 태우지 못하고, 홍수에도 떠내려가지 않으며, 모든 악귀도 괴롭힐 수 없다. 칼과 몽둥이는 부러지고 수갑과 항쇄족쇄(項鎖足鎖)는 끊어지고 깨어진다. 또, 중생의 마음속에 있는 불안과 두려움을 제거하고 탐욕과 성냄과 어리석음의 삼독(三毒)을 여의게 하며, 아들이나 딸을 바라는 이는 뜻에 따라 자식을 얻게 한다. 그리고 방편의 힘으로 33가지 몸으로 나타나 중생을 제도한다고 한다.'라는 말이 있는데 이런 말에 따라 여러분은 실체 하지도 않는 보살이 이런 능력을 갖추고 있는 것으로 믿고 울며불며 이런 보살 찾아 빌 것인데 이치에 맞지 않는 것 마음에 담고 살아봐야 빙의들만 들끓게 되어 있습니다.

그래서 사람이 온 신경을 다 써서 이런 보살을 오랜 시간 찾으면 그 사람의 의식에는 실제 이런 보살이 있는 것으로 착각하게 되고, 이런 현상이 나타나면 '나는 보살을 봤다, 한 소식 했다'는 말을 하게 되어 있고, 실제 주변에는 이런 사람들이 있는데 이런 것은 모두 빙의 현상입니다.

왜 이런 말을 하느냐면 도를 얻는다, 도를 깨닫는다고 일반적으로 말하는 것은 모두 잘못되었기 때문에 그렇습니다. 다시 말하지만, 도(道)라는 것은 '길'을 말하는데 여기서 '길'이라는 것은 '이치에 맞는 말, 행동'이 화현의 부처님 법에서 도(道)가 되기 때문에 이것이 아닌 종교적 사상으로 만들어진 수행이라는 것을 해서 도(이치에 맞는 길)를 찾을 수는 없고, 바른 의미에서 도(道)라고 할 수는 없습니다.

그래서 이 세상에는 이치에 맞는 말이라는 것이 전무하기 때문에 무수한 사람들이 말하는 도라는 것은 모두 잘못된 것인데 여러분은 이름 좀 났다고 하는 사람들이 거하게 한마디씩 하면 그 말이 맞는다고 생각하는데 안타까운 일이 아닌가? 왜 이치에 맞는 말이라는 것이 필요한가 하면 거꾸로 말해 만약 여러분이 이치에 맞게 살았다면 이생에 인간으로 태어나지 않아야 하므로 그렇습니다.

그래서 인간으로 태어났다고 하는 자체는 이치에 맞지 않는 행위를 해서 그 결과에 따라 존재하는 것이라고 해야 도(道)에 맞는 말이다. 도라고 하는 것이라고 해야 맞는데 이 부분 여러분은 어떻게 정리할 수 있는가? 윤회하는 입장이라는 것은 여러분도 다 알 것입니다. 그런데 만약 이 글을 보는 여러분이 '소'로 태어났다고 합시다. 그러면 한 마리의 소는 인간에게 이끌려 도살장에 갈 것이고 결국 고깃덩어리로 남고, 사람들은 부위별로 여러분의 몸을 갈기갈기 찢어 먹을 것입니다.

그러면서 어느 부위가 맛있다고 쩝쩝거리면서 목구멍으로 넘길 것이 아닌가? 윤회하는 입장이라면 지금 내가 말하는 것 이상할 것 하나도 없지 않은가? 만약 이 지체를 부정한다면 그런 정신으로부터 여러분의 의식은 절대로 깨어날 수는 없습니다. 따라서 한 마리의 소가 도살장에 끌려 들어갈 때 그 소를 지배하는 참(眞) 나는 그런 자신의 신세를 잘 압니다.

다만, 여러분이 그 소의 마음을 모르기 때문에 문제가 되는데 만약 그런 소의 심정을 여러분이 직접들을 수 있다면 아마 치가 떨릴 것입니다. 그들은 인간이 알아들을 수 없는 말을 하기 때문에 그런데 만약 인간을 그런 식으로 죽인다면 그 인간의 절규는 차마 여러분이 들을 수 없을 것이 아닌가? 그래서 나는 먹이 사슬에서 인간이 어떤 것이라도 먹을 수는 있지만, 호들갑 떨지 말고 먹으라는 말을 한 것입니다. 실제 여러분이 보는 방송이 사람을 병들고 의식을 흐려지게 하는데 예를 들어 앞서 말한 대로 소고기를 가져다 놓고 해부를 하면서 '여기가 무슨 부위이고, 맛이 어떻고' 등의 말 무수하게 합니다. 그러면 여러분은 방송에서 여기가 제일 맛있다고 하니 그것을 따라 행동을 그대로 합니다. 역지사지 입장에서 만약 여러분을 그렇게 해부하고 어떤 부위가 맛있다고 한다면 여러분의 입장은 어떻겠는가?

여러분도 인생을 살면서 '역지사지(易地思之)'라는 말 많이 합니다. 이 말은 뭔가 '다른 사람의 처지에서 생각하라는 뜻의 한자성어'가 아닌가? 그런데 여러분은 앞서 내가 말 한 것과 같은 생각을 한 번이라도 하면서 인생을 살고 있는가를 되돌아보면 얼마나 여러분은 나라는 이기주의에 빠져 있는가를 쉽게 알 수 있을 것입니다.

아무 느낌이나 감각 없이 주어진 고기 한 점을 먹는다면 그 정신은 아직 깨어나려면 멀었습니다. 바다에서 나는 생선을 회 처먹는데 그 고기는 무참하게 난도질을 당하면서 자신의 살점을 인간에게 내어줍니다. 이것도 역지사지의 입장에서 생각해보면 내가 무슨 말을 하는가를 알게 됩니다. 이 개념으로 이 세상 사람들이 하는 행동을 보면 얼마나 징글징글한 마음을 가지고 있는가를 알 수 있는데 이런 상황으로 윤회하지 않으려면 결국 윤회에서 벗어나는 해탈이라는 것을 해야 하는데 나는 해탈의 방법으로 '이치에 맞게 살라'는 아주 쉽고 간단한 말을 하는 것이고, 그 방법을 이야기하고 있는 것입니다.

1247 　　　　　　　　　　　　　　　　해탈

앞장에서 나는 윤회에서 벗어나는 방법을 말한다고 했습니다. 사실 오늘을 사는 여러분의 입장에서 '해탈을 하자'라는 말이 여러분 귀에 쉽게 들어오지 않을 것입니다. 다시 한 번 여러분이 정립해야 할 부분이 윤회, 해탈을 말하면 꼭 죽어서만 해당하는 것으로 아는데 대단히 잘못된 생각입니다. 내가 말하는 윤회와 해탈이라는 것은 죽어서 만을 말하는 것이 아니라 이 현실에서 윤회와 해탈이라는 것이 시시각각 이루어지고 있음을 말하는 것이고, 궁극적으로는 죽어서 윤회를 벗어나 해탈을 하는 것이 맞지만, 그것은 너무나 거창한 말이 되기 때문에 오늘 이 현실 속에도 윤회, 해탈이라는 것이 항상 이루어지고 있어서 꼭 죽음 이후만을 말하는 종교 논리는 잘못된 것입니다.

오늘을 사는 여러분이 어떤 사안에 대하여 어떻게 처리하는가에 따라 그 결과는 당장 나타나게 되어 있어서 이것도 윤회의 개념입니다.

남에게 해(害)를 주었다면 그 결과는 당장 나에게 나타나지 않는가? 이것이 윤회의 개념이라는 이야기입니다. 이 개념으로 볼 때 부부 사이에 문제가 있다고 한다면, 그 문제가 지속된다면 그것은 윤회의 개념에서 그 상대와 업연의 고리를 끊지 못해서 돌고 도는 괴로움으로 나타나 지속되는 것이 아닌가를 생각해보면 내가 말하는 윤회의 개념을 이해할 것입니다. 따라서 지금 여러분의 마음에 흔적을 지우면 그것에 대해 괴로움은 없어지는데 이것이 해탈(解脫)의 개념입니다. 해탈이라는 것을 종교적으로 '모든 속박에서 벗어나 자유롭게 되는 것. 인간의 근본적 아집·집착으로부터의 해방을 말한다'고 되어 있는데 이것은 죽고 난 이후만을 말하는 것이어서 매우 잘못된 논리입니다.

이치에 맞지 않는 말 나열하고 하는 말이 뭔가? '범부·중생은 탐욕·애착·분노·어리석음 등 온갖 구속과 속박으로부터 해방되어 자유를 얻는 것이 해탈이다. 해탈을 얻기 위해서는 선정(禪定)을 닦아 반야(般若)의 지혜를 증득(證得)해야 한다. 해탈이 곧 불법 수행의 궁극 목적이 된다'고 말하면서 자신들의 사상을 믿으라고 말하는데 웃기는 소리가 아닌가?

내가 말하는 해탈이라는 것은 찰나에 이루어지는 모든 일이 이치에 맞게 풀리면 그 자체가 해탈이라는 것을 나는 말하고 있는데 여러분이 어떤 문제에 대하여 괴로움이 있다면 그 문제를 이치에 맞게 풀면 그 자체로 그 문제에서 벗어나는 해탈을 하는 것입니다. 이 말 어떻게 생각하는지 모르겠지만, 이 개념을 이해하면 오늘을 살면서 무수한 상황을 겪고 있는 입장이기 때문에 그 문제를 이치에 맞게 정리를 하면 여러분은 작지만, 해탈하는 것이라고 해야 맞습니다.

따라서 순간의 문제를 이치에 맞게 풀지 않으면(마음에 흔적을 지우지 않으면) 결국 여러분은 괴로움의 늪인 윤회에서 벗어날 수 없다는 말이 됩니다. 그래서 나와 선율이는 여러분의 일상을 보면서 작고 소소한 것에서부터 '그 마음이 잘못되었다.' 혹은 '이것은 이렇게 해라'는 식의 말을 하는데 그렇게 말하는 이유는 앞서 말한 대로 여러분의 행동 속에는 괴로움의 씨앗이 들어 있어서 그렇습니다.

이같이 말하면 여러분의 입장에서 '내 행동에 뭐가 문제가 있지.' 라고 의아해 할 수 있는데 가만히 그 문제를 되돌아보면 여러분이 얼마나 오만무도(傲慢無道)한 마음을 가지고 있는가를 알게 됩니다. 실제 이런 부분은 법당과 가깝게 접촉을 하는 사람은 지금 내가 무슨 말을 하는가를 알 수 있을 것이고, 법당에 오지 않고 글만 보는 사람은 이게 무슨 말인가 할 것입니다. 그래서 나는 글만 보고 자신의 머리로 정리하는 것은 바람직하지 않고, 그렇게 해서 여러분 스스로 자신을 고쳐간다는 것은 매우 어렵다는 말을 한 것입니다.

결국 '네 마음을 고쳐라.'고 하니 그렇게 하기 싫고, 자신의 어떤 부분에 대하여 지적당하기 싫으니 이 법당에 오지 않고, 이 법당을 떠나는 사람도 있는데 결국 그런 사람은 앞서 말한 대로 한 점의 고기가 되는 삶을 살 수밖에는 없을 것이고, 마음에 흔적 지워갈 수 없으며, 윤회에서 벗어나는 해탈이라는 것은 이룰 수 없는 꿈에 불과함을 명심해야 할 것입니다.

'해탈'이라는 것은 괴로움의 윤회에서 벗어나는 것인데 종교는 꼭 죽음 이후만 가지고 해탈에 대한 의미를 이야기하는데 대단한 착각임을 다시 한 번 정립해야 할 것입니다. 그래서 현실을 사는 인간의 입장에서 지금 내가 겪고 있는 아픔이 있다면 그 원인을 알고, 그 아픔에서 벗어나는 것이 진정한 의미의 해탈(괴로움에서 벗어나는 것)이라고 해야 맞는 말이 된다는 점 명심해야 할 것입니다.

따라서 내 말을 꾸준하게 보고 나를 만나서 자신에게 지적하는 것을 받아 드리고, 가급적 이치에 벗어난 행동을 하지 않으면 그 마음은 점차 편안해지게 되는데 이것이 작은 의미로 해탈이라고 하는 것인데, 이같이 해서 시간이 지나면 결국 은연중에 '마음의 편함'으로 여러분은 인식합니다. 사실 이 부분은 체득하면 쉽게 알 수 있는데 변화가 있는지 없는지조차도 인지하지 못하고 있다면 지금 내가 이 말을 하는 의미도 모르게 되어 있습니다.

참으로 답답한 부분이 뭔가 하면 앞에서도 말했지만, 인간으로 산다는 것은 반드시 인간으로 태어나야 할 업(業)이 있어서이며, 이것은 윤회의 개념으로 보면 전생에 지은 업이 있어 이 현실이 각자 앞에 펼쳐져 있는 것이 아닌가? 뭐 이 정도는 윤회를 믿는 입장이라면 누구라도 이 부분은 생각하고 살 것입니다. 이런 말 불교도 다 말하는 부분인데 그렇다면 여러분이 꼭 죽어서만 어떻게 되길 바라고 부처에게 비는 것인가의 문제가 남을 것입니다.

그런데 여러분은 당장 내 앞에 있는 문제도 해결하지 못하고 있으면서 죽음 이후만 가지고 왈가왈부하는데 이 부분 여러분은 어떻게 정리하고 있는가? 내가 말하는 것은 오늘을 어떻게 풀어갈 것인가에 따라 내일이라는 것이 그것에 맞게 펼쳐지기 때문에 이것이 진정한 윤회의 개념이 아닌가를 생각해보라는 이야기입니다. 인간이 참으로 어리석은 것이 오늘 자신 앞에 펼쳐져 있는 것도 이치에 맞게 풀어가지 못하는 주제에 해탈하자, 부처가 되자는 말만 무성하게 하는데 매우 어리석은 생각입니다.

1248　　　　　　　　　　　　　　　윤회

〈윤회와 해탈〉이라는 말은 불교의 주된 사상인데 이것에 대하여 불교는 '인간의 근본적 아집(我執)으로부터의 해방을 의미한다. 인도사상(印度思想)·불교는 이것을 종교와 인생의 궁극 목적으로 생각하였다. 즉 범부(凡夫)는 탐욕·분노·어리석음 등의 번뇌 또는 과거의 업(業)에 속박되어 있으며, 이로부터 해방이 곧 구원이라고 한다. 그러나 그 구원은 타율적으로 신에게서 오는 것이 아니라 지혜, 즉 반야(般若)를 증득(證得)함으로써 이루어지는 것이라고 하는 데 특징이 있다. 결국, 번뇌의 속박을 떠나 삼계(三界: 欲界·色界·無色界)를 탈각(脫却)하여 무애자재(無礙自在)의 깨달음을 얻는 것을 가리킨다'고 정의하고 있는데 이 부분을 여러분은 어떻게 생각하는가? 내가 말하는 것은 이것은 포괄적인 말들을 주워다 사상으로 꾸며진 말이고, 이 내용 하나하나를 파고들어 가면 이 모든 말이 앞뒤 맞지 않는 말, 모순된 말임을 알게 됩니다.

사실 여기서 이 부분에 대하여 깊게 다 말할 수는 없기 때문에 여러분이 위 말에 대한 단어의 의미를 하나하나 새겨보면 이런 말들이 여러분 귀에 듣기는 좋을지 모르겠지만 쓸데없는 말장난에 불과하다는 점 명심해야 할 것입니다. 앞에 지혜, 즉 '반야(般若)를 증득(證得)함으로써 이루어지는 것'이라는 말이 있는데 여기서 말하는 지혜라는 말은 무엇을 의미하는가? 무엇을 지혜라고 하는가의 문제이며, 또 반야라는 것도 진리 이치를 다 아는 경지가 화현의 부처님 법에서의 반야라고 해야 맞는 말이 됩니다.

또 '번뇌의 속박을 떠나 삼계(三界: 欲界·色界·無色界)를 탈각(脫却)하여 무애자재의 깨달음을 얻는 것을 가리킨다'는 말도 마찬가지인데 무애자재라는 글자의 의미는 '무엇에도 방해받지 않고 자유자재(自由自在)한다'는 의미로 이런 말을 하는데 그렇다면 인간이 어떤 그 무엇에도 방해를 받지 않으려면 어떻게 해야 하는가의 문제가 남습니다.

따라서 내가 말하는 무애자재라는 것은 진리 이치를 다 알았을 때를 무애자재의 마음이다, 어떤 것에도 걸림이 없는 마음이 된다고 해야 맞음으로 이 부분 깊게 정립해야 할 것이고, 이것이 아닌 불교의 논리에서 무애자재라는 것은 종교가 인위적으로 만들어낸 사상적인 말임을 알아야 할 것입니다. 다시 한 번 말하지만 '번뇌의 속박'이라는 말은 먼저 여러분에게 각자의 번뇌라는 것이 어떻게 만들어졌으며, 어떻게 이생에 작용하는가를 말해야 하는데 이 부분에 대한 구체적인 말이 없습니다.

따라서 보통 사람들이 사는 인생살이가 괴롭다는 것을 대부분 인식하고 있기 때문에 '번뇌의 속박'이라는 말을 하는 것이고, 또 삼계(三界: 欲界·色界·無色界)라는 것도 진리적으로 존재하지 않는데 이같이 삼계가 있다고 말하는 자체가 모순인데, 나는 같은 인간이라도 육도(六道)의 이치가 다 이 현실에 있다고 말했는데 이 말은 이 현실을 떠나 우주 어디에 이 삼계라는 것은 없다는 것입니다.

그래서 불교의 말을 들으면 여러분은 그럴듯한 말로 들리겠지만 앞서 내가 말한 대로 하나씩 따지고 들어가면 불교의 말은 붕어가 없는 붕어빵과 같은 말만 무성하게 하고 있음을 알게 됩니다. 그래서 불교의 말로 여러분의 문제 절대로 해결할 수 없음을 알게 될 것이고, 따라서 '탈각(脫却)하여 무애자재의 깨달음을 얻는 것'이라는 말도 아무런 의미 없습니다.

다시 말하지만 돌고 돈다는 윤회의 개념에서 해탈이라는 말은 오늘은 어제의 삶이 이어져 오는 것이어서 이 개념이 윤회의 개념이고, 오늘 내 마음에, 내 삶에 괴로움이 있다면 그 원인이 되는 마음에 흔적을 지워감으로써 그 흔적이 없어지는 개념이 내가 말하는 해탈의 개념입니다. 그래서 인생을 살면서 마음에 흔적을 만들지 게워가면 여러분의 마음은 그것에 맞게 편안해지고 이것이 확정되면 여러분의 삶의 환경이 반드시 변하게 되어 있습니다.

이렇게 진행되어 마음에 흔적을 50%를 지운 상황에서 죽는다면 다음 생은 이생보다 50%가 다른 새로운 환경에서 태어나는데 이것이 진급의 개념입니다. 그래서 과거 마야시대부터 화현의 부처님은 이 논리를 말했고, 실제 각자의 삶이 좋아지게 되자 많은 사람들로부터 반향을 일으키게 되어 마야시대라는 거대한 문명을 만들어내게 됩니다.

그런데 이런 말을 한 사람을 인간의 아상으로 살해했으니 그 업이 얼마나 크겠는가? 이것 한 번으로 끝난 것이 아니라 석가시대에도 그랬으니 참으로 안타까운 일입니다. 지금이야 현실적인 실정법이 있으니 과거와 같이 무대뽀로 죽일 수는 없겠지만 과거에는 권력과 세력을 가지고 있으면 일가족 하나 몰살을 시키는 것이 식은 죽 먹기보다 쉬웠을 것이 아닌가?

요즘 코로나로 인해 매우 심각한 상황이 전개되고 있고, 코로나 변이로 인해 세상이 어수선합니다. 처음에는 코로나 하나만 어떻게 하면 된다고 해서 그것만 해결되기만을 기다렸는데 다시 변이가 무수하게 생겨나 공기로 전파가 된다고 말하고 있는데 사실 이 부분은 코로나라는 것이 막 생겨났을 때 나는 여러분에게 '만약 공기, 피부' 등으로도 전파가 될 수 있다, 그렇게 되면 어떻게 할 것인지 말을 많이 했는데 현실적으로 사람들이 물질(과학의 논리)로 해결하고자 노력을 하는 것은 맞지만 분명한 것은 인간이 마음을 잘 사용하지 못해서, 마음에 병으로 나타나는 진리적인 현상은 물질의 노력만으로 결코 해결할 수 없습니다. 이런 개념도 윤회의 입장에서 보면 진리 이치를 말하는 자, 진리의 종자를 인간이 죽인 인과응보의 결과이며 이로 인해 나타나는 진리적인 현상이기 때문에 누구 탓할 거 하나도 없습니다.

1249   감성

　다시 말하지만, 이 세상에 존재하는 모든 말들은 듣기 좋아지라고 하는 말 '감성적인 말'이 대부분이고, 진리 이치, 물질 이치에 맞는 말은 거의 없다고 말한다면 여러분은 어떻게 생각할 것인가? 내놓으라고 하는 사람들이 무수한 말을 했기 때문에 단편적으로 이런 말을 하는 내가 정신이 나간 놈으로 쉽게 생각할 것인데 이 부분은 각자가 알아서 정리하는 수밖에 별도리 없고 나는 내 입장에서 말하는 것이니 판단은 각자가 하면 됩니다. 다시 말하지만 나는 이치에 맞는 말을 하는 것이고, 일반 사람들은 생각으로 지어낸 말(이것을 사상적인 말이라고 함)을 하는 것이어서 이 두 가지의 개념을 여러분이 정립해야 할 것입니다.

　따라서 막연하게 '진리를 깨달아 부처가 되었다'는 말만 하는데 그렇다면 여기서 말하는 '진리'라는 것은 무엇을 말하는 것일까? 사전에는 진리(眞理)에 대하여 '참된 이치 또는 참된 도리. 만고불변(萬古不變)의 진리'라고 되어 있고 종교적으로 이 '진리'라는 말에 무수한 말을 더 끌어다 말하고 있는데 '인간의 본성과 우주의 근본 이치, 우주 만물을 생성 변화시키는 근본을 진리라고 한다.

우주의 성주괴공(成住壞空), 만물의 생로병사(生老病死), 인간의 선악 시비의 근본이 곧 진리이다. 진리는 우주에 가득 차 있다. 이 진리에서 우주 만물이 생성 변화 발전한다. 진리는 인간이 가질 수 있는 최고의 가치이며, 언제 어디서 누구에게도 바르다고 인정되는 참된 도리이다. 우주에 가득 차 있는 진리를 부처님·하나님·도·법·태극·무극·마음 등 여러 가지로 표현하고 있다'고 말하는데 이 모든 것은 사상적인 말이고 아무 의미 없습니다.

내가 말하는 것은 진리를 말하는 것이 아니라 진리의 작용(진리 이치)을 말하는 것이어서 가만히 있는 진리를 가지고 왈가왈부하는 자체는 모순입니다. 진리를 깨닫는다고 일반적으로 하는 말은 진리의 작용인 '진리 이치를 깨닫는다'고 해야 맞는 말이 됩니다. 예를 들어 태양을 가지고 왈가왈부하는 자체는 모순이고, 태양의 작용을 말하는 것이 맞는다는 이야기입니다.

따라서 종교적으로 '인간의 본성과 우주의 근본 이치, 우주 만물을 생성 변화시키는 근본을 진리라고 한다'는 말은 의미 없고, 진리가 작용하여 나타나는 현상을 아는 것을 나는 '깨달음'이라고 말하는 것이기 때문에 불교에서 말하는 깨달음과는 다릅니다. 따라서 '우주의 성주괴공, 만물의 생로병사, 인간의 선악 시비의 근본이 곧 진리이다.'라고 말하는 것은 이치에 맞지 않고, 사람마다 다 다른 생로병사는 왜 차이가 있는가를 아는 것이 깨달음이라는 이야기입니다.

또 '진리는 우주에 가득 차 있다. 이 진리에서 우주 만물이 생성 변화 발전한다. 진리는 인간이 가질 수 있는 최고의 가치이며, 언제 어디서 누구에게도 바르다고 인정되는 참된 도리다.'라는 말도 마찬가지인데 진리의 작용은 온 우주에 다 있는 것이 아니라 자연이 있는 지구만 진리의 기운이 있어서 포괄적으로 우주를 끌어드리는 자체는 모순입니다. 이같이 우주를 끌어들여서 하는 말이 '우주에 가득 차 있는 진리를 부처님·하나님·도·법·태극·무극·마음' 등 여러 가지로 진리를 표현하는데 이것은 어리석은 것이고, '진리의 작용'을 알면 살아 있는 생명체의 뿌리, 근본을 알게 되기 때문에 종교적으로 진리에 대한 무수한 말은 사실 여러분의 의식을 흐려지게 하는 말 잔치에 불과합니다. 나는 아주 간단하게 진리 이치에 맞는 행동을 하면 괴로움에서 벗어나고 궁극적으로 해탈이라는 것을 하게 된다는 아주 간단한 논리를 말하고 있어서 종교들이 하는 말과는 차원이 다릅니다.

다시 말하지만, 불교의 궁극적 목표로 윤회(輪廻)에서 벗어나는 것을 해탈이라고 말합니다. 이 말의 의미는 '늦춘다. 풀어놓는다. 자유로워지게 한다'의 뜻이 있는데 문제는 이런 말을 만들어낸 동기로 불교에서는 인간은 삶과 죽음 등 갖가지 제한으로 속박되어 있다고 보는 관점에서 윤회, 해탈이라는 말을 만들어낸 것이고, 이 세상에서의 괴로움, 늙음, 질병, 근심, 슬픔 등에서 벗어나 평온함이 있는 세계를 구하고, 그것이 이루어진 상태를 해탈이라고 보고 있는데 이같이 말하면 여러분은 맞는다고 생각하겠지만, 문제는 이 말이 맞는다고 한다면 여러분은 감성에 빠져 있다 할 것인데 그 이유는 괴로움, 늙음, 질병, 근심, 슬픔 등은 사실 누구라도 느끼는 보편적인 감성이기 때문에 그렇습니다.

내가 말하는 것은 '괴로움'이라는 것이 생기는 원인이 뭔가를 말하는 것이고, 또 늙음이라는 것은 인간뿐 아니라 모든 생명체가 다 겪는 자연스러운 것이고, 질병이라는 것도 어떤 질병인가의 본질을 이야기해야 하는데 불교의 말 어디를 봐도 이 부분에 대해 뿌리는 말하지 못하고 있기 때문에 막연하게 '근심과 슬픔'이라는 것을 말하면 안 됩니다. 이것은 사람마다 다 느끼는 것이 다르기 때문에 막연하게 괴로움, 늙음, 질병, 근심, 슬픔 등을 말하면 안 됩니다.

1250 환생

전생에 지은 업(業)이 있어 이 세상에 존재한다는 것은 부정할 수 없기 때문에 막연하게 '근심과 슬픔'을 없애는 것이 해탈이고, 윤회에서 벗어나는 것이라고 하는 것은 '결과'입니다. 내가 말하는 것은 '근심과 슬픔'이라는 것이 왜 사람마다 다 다른가, 그리고 그 '근심과 슬픔'의 원인은 뭔가? 왜 사람마다 다 다르게 생겨나는가? 등의 본질을 알고 말하는 것이어서 불교에서 말하는 것은 이 과정을 말하지 못하고 있어서 이 부분 여러분이 깊게 정립해야 합니다.

따라서 현실적으로 여러분이 인생살이를 할 때 느끼는 '근심과 슬픔'이라는 것을 해소하기 위해 종교를 찾았겠지만 그렇게 해서 그 '근심과 슬픔'이라는 것을 해소했는가? 이처럼 과정을 말하지 못하고 결과만 이야기하는 자체는 모순이 아닌가를 생각해봐야 할 것입니다. 다시 말하지만 돌고 도는 윤회의 과정에 오늘 여러분은 인생을 사는 것이고, 왜 나는 윤회하여 오늘에 존재하는가의 과정을 아는 것이 깨달음입니다.

그런데 문제는 인생을 살면서 여러분은 고작 해봐야 인간적이고, 감성적인 말로 위안 삼고 돌아온 것이 전부 아닌가? 사실 나도 진리이치를 깨닫기 전에 하나의 인간으로서 삶을 사는 과정에 대한 의구심이 들었고, 유명하다는 사람 다 찾아다니면서 내가 왜 괴로운가를 물었지만, 이것에 대한 답은 시원하게 듣지 못했고, 한다는 말이 운 맞이를 하면 괴로움은 없어진다고 하고, 백일기도를 얼마 내고 하면 소원이 이루어진다는 식의 말을 무수하게 들었고, 심지어 유명하다는 '기도 터'를 찾기도 했습니다.

이러한 행위를 하고 나면 그 사람들이 꼭 물어보는 말이 있는데 '좋은 꿈 꾸었느냐, 꿈을 꾸었느냐.' 등의 말을 물어보는데 이 말은 꿈속에 뭔가가 나타났다고 하는 말을 듣고자 함인데 이들이 기도하면 뭔가가 꿈에 나타나 예지를 준다고 하는데 이런 말은 모두 빙의 현상에 불과합니다. 그래서 유명하다는 곳 어디를 가면 누가 꿈에 무슨 꿈을 꾸어 이 자리에 절간을 지었다고 말하는데 이거 대단히 잘못된 말이고 사실 그런 말들은 사람들이 만들어 낸 말에 불과합니다. 사실 인생을 살면서 여러분도 무수한 꿈을 꾸는데 그들이 꾼 꿈은 맞는 것이고, 여러분이 꾼 꿈은 맞지 않는다는 이야기가 되는데 잘못된 것입니다.

예를 들어 한쪽에 치우친 마음이 강하면 빙의는 그 마음에 쉽게 작용하는데 이것이 한 번으로 끝나는 것이 아니라 지속해서 작용하여 그 꿈에 석가의 불상이 계속 나타나 보이게 하면 그 사람은 자신이 마치 도라는 것을 잘 닦아서 깨달음을 얻은 것으로 생각하게끔 되어 있는데 실제 이런 빙의 현상에 빠져 있으면서도 그 자체를 인지하지 못하고 그 사람은 계속해서 그런 꿈을 꾸어지는 것을 바랍니다. 이것 보고 허상에 빠져 있다고 해야 맞고 허상을 봤으니 그 사람 입에서 나오는 말은 당연히 허구(虛口)의 말이 되지 않겠는가?

그런 사람들은 현실을 바로 보지 못하고 그 자신이 빠져 있는 허상 속에 인생을 살 게 되어 있습니다. 이것은 마치 영화를 보는 것과 같은데 현실적이지 않은 상황을 자신의 상상력으로 재창조해서 자신만의 사상을 만들어내는 것이 허구입니다. 나는 우리가 사는 이 현실을 어떻게 살아야 하는가를 말하는 것이고, 종교가 하는 말은 모두 허구(虛口)의 말이라고 해도 무리는 없는데 이 부분은 여러분이 종교가 하는 말을 가만히 들어보면 얼마나 그 말이 모순된 것인가를 알게 됩니다.

문제는 모순된 허구의 말이 온 세상에 깊게 뿌리를 내리고 있어서 이것을 지금 와서 바로 잡는다는 것은 사실 불가능합니다. 그렇기에 이제는 그 결과로 '지구의 종말'만 남은 것이고, 나는 화현의 부처님 법을 마무리하고 있다고 말했는데 인생을 사는 여러분의 입장에서 어떤 것을 마음에 담고 살든 그것은 여러분의 자유이기 때문에 판단은 각자가 알아서 하면 됩니다.

불교는 해탈(解脫)에 대하여 두 가지로 이야기합니다. 하나는 심신(心身)이 아직 이 세상에 남아 있는 유위(有爲) 해탈과 심신이 소멸하는 무위(無爲) 해탈 이 두 가지로 해탈을 이야기하는데, 문제는 이 두 가지에 대한 본질은 말하지 못하고 있는데 이것을 정리해보면 '심신(心身)이 아직 이 세상에 남아 있는 유위(有爲) 해탈'이라는 것은 인간의 몸을 가지고 있지만, 그 마음에 걸림이 없는 마음, 아상이 없는 마음을 가지고 있는 사람은 '유위(有爲) 해탈'이라고 해야 맞습니다.

이 부분은 내가 모임 때마다 많이 하는 말인데 '내 몸은 여기에 있지만 나는 여기에 없다'는 말을 생각해보면 유위(有爲) 해탈이라는 것이 뭔가를 이해하게 될 것입니다. 나라고 하는 아집이 없으면 그 자체로 그 사람은 유위(有爲) 해탈을 한 사람이라고 해야 맞는다는 이야기입니다. 거꾸로 나라고 하는 아집, 아상이 많은 사람은 절대로 유위(有爲) 해탈이라는 것을 할 수 없다 할 것입니다.

또 하나는 '심신이 소멸하는 무위(無爲) 해탈'이라는 것은 죽고 난 이후에 윤회에서 벗어나는 해탈을 한 것을 말하는데 이것은 사실 여러분의 입장에서 확인할 길이 없고, 그 사람의 마음을 알면 쉽게 알 수 있는 부분입니다. 살아 있는 사람에게 유의 해탈이라는 것은 몸이 이 현실에 있기 때문에 그 사람이 하는 말을 보면 그 사람이 해탈을 한 사람인가 아닌가를 알 수 있습니다.

하지만 몸이 없는 무위(無爲) 해탈이라는 것은 몸도 없고, 마음도 보이지 않기 때문에 여러분이 이 사람이 해탈을 한 것인지 아닌지는 알 수 없다는 이야기입니다. 그래서 나는 몸을 가지고 있는 여러분이 행동하는 것을 보면 여러분의 마음이 어떤 것인가를 쉽게 알 수 있다고 말했고, 이 말을 앞서 한 말에 대입해보면 각자의 마음이 어떤 상태인가는 매우 쉽게 알 수 있습니다.

마음을 본다는 것, 안다는 것은 마음을 기반으로 여러분이 움직이기 때문에 그 행동만 보면 여러분의 마음은 어떤 마음의 상태인가를 쉽게 알 수 있는데 다시 말하면 입으로는 거창한 말을 하지만 실제 그 마음은 그것이 아닌 마음이라면 이 사람은 이중적이고 가식적인 행동을 하고 있음을 알 수 있습니다. 그래서 나는 마음은 비물질이지만 마음이 보인다, 알 수 있다는 말을 한 것이어서 이 부분 깊게 고찰해봐야 할 것입니다.

1251   삶과 괴로움

앞에서 해탈(解脫)에 대한 말을 했는데 이 부분은 매우 중요한 말이어서 다시 한 번 정리하면 여러분은 보통 '죽어서 윤회에서 벗어나자'는 정도만 알고 있을 것이고 불교도 이런 말을 하는데 이런 말이야 불교를 조금 다녔다는 사람은 다 아는 내용입니다. 그런데 해탈에 대한 것을 다시 구분하여 '심신(心身)이 아직 이 세상에 남아 있는 유위(有爲) 해탈'이라는 것은 인간의 몸을 가지고 있지만, 그 마음에 걸림이 없는 마음, 아상이 없는 마음을 가지고 있는 사람은 '유위(有爲) 해탈'이라고 또 말을 만드는데 이 말이 잘못된 것이 뭔가 하면 말이야 이같이 유위, 무위 해탈이라는 것으로 구분했지만, 실제 이 말의 본질에 대한 설명은 없습니다.

그 이유는 뭘까? 이 글을 보는 여러분이 무위, 유위 해탈이 있다고 한다면 무엇이 유위이고 무위인가를 알아야 하는데 이 부분에 대한 말은 구체적으로 불교의 말 그 어디에도 없습니다.

따라서 다시 정리하면 '심신(心身-몸)이 아직 이 세상에 남아 있는 유위(有爲) 해탈'이라고 하는 것은 이생에 인간의 몸을 가지고 있지만, 그 마음이 어떤 것에도 걸림이 없는 마음, 나라고 하는 아집 된 아상이 없는 마음을 가지고 있는 사람은 '유위(有爲) 해탈'을 한 사람이라고 해야 맞는데 여러분은 이 부분 어떻게 생각하는가? 이것이 아니라면 여러분은 무엇, 어떤 상황을 보고 유위 해탈이라고 생각하는가? 따라서 여러분이 오랜 시간 도를 닦았네, 수행했다고 말하면 여러분은 그 사람이 깨달은 자라고 생각하는 것이 일반적인데 대단한 착각입니다.

그래서 지난 세월 누가 깨달음을 얻었네, 도를 깨달았네 라고 말하는 사람들 여러분은 막연하게 죽어서 해탈했을 것으로 생각한다면 이 자체가 잘못된 의식입니다. 왜 그럴까? 예를 들어 석가가 보리수나무 아래에서 도를 깨달았다고 말하는데 그렇다면 그가 보리수나무 아래서 깨달은 도라는 것이 뭔가를 보면 그가 도를 깨달았는지 아닌지는 쉽게 알 수 있습니다.

천상천하 유아독존(天上天下 唯我獨尊)이라는 말 여러분은 들어 봤을 것입니다. 이 말에 의미는 '이 우주 가운데에서 자기보다 더 존귀한 것이 없다'는 뜻으로, 석가모니가 탄생하자마자 한 손으로 하늘을 가리키고 또 한 손으로 땅을 가리키며 동·서·남·북 사방으로 일곱 걸음을 걸어가 천상천하 유아독존이라는 게(偈)를 외쳤다고 사람들은 말하는데 그렇다면 인간이 세상에 태어나면 석가와 같이 말을 할 수 있고, 바로 걸음걸이를 걸을 수 있다는 것인가?

불교가 이 부분에 모순을 자인하고 있는데 사람으로서 할 수 없는 행위를 하는 것은 '위대한 성인'이 태어났음을 강조하기 위해 거창하게 이런 말을 했을지 모르겠지만, 과거 인간의 의식이 무지했던 시절, 호랑이가 담배 피우던 시절에는 이런 말이 통했을지 모르겠지만, 오늘날 지식이 넘쳐나는 세상에 이런 말을 한다면 현실적으로 사람들이 믿을까?

그래서 과거에는 이런 말을 듣고 자신도 도라는 것을 깨달으면 이렇게 되는 줄 알고 도 닦는 사람들이 있었겠지만, 현실에서 불가능한 것임에도 도(道)라는 것을 끌어들여 이같이 말하는 자체가 모순입니다. 또 하나는 마야 부인은 석가를 잉태했을 때 옆구리로 흰 코끼리가 들어오는 꿈을 꾸고 석가를 임신했다고 말하는데 이 얼마나 웃기는 말인가? 자식이 생기는 것은 정자, 난자가 자궁 속에서 만나야 자식이라는 생명체가 만들어집니다. 그런데 성행위를 하지 않고도 자식을 잉태할 수 있다는 이 말 여러분은 또 어떻게 생각하고 있는가?

만약 이런 말을 듣고 위대한 사람들은 모두 그렇게 태어날 수 있다고 생각하고 있다면 여러분의 의식은 상당히 흐려져 있다는 것을 알아야 할 것입니다. 그래서 과거 학교에서 박혁거세가 알에서 깨어나 인간이 되었다고 하는 말, 또 이 세상에 아담과 이브가 존재하면서 인간의 씨를 뿌렸다고 하는 말 등등 무수하게 많은 신화 같은 것이 있는데 이런 말들이 모두 인간의 의식, 여러분의 의식을 흐트려왔다고 해야 맞습니다.

그래서 하늘에는 선녀가 있고, 산타라는 사람이 해마다 여러분에게 선물을 준다는 논리, 영화 같은 것을 보면 히어로 같은 존재들이 등장하는데 참으로 안타까운 일입니다. 불교의 말도 대부분이 이같이 판타지 같은 말로 꾸며져 있고, 여러분이 아는 팔만대장경(八萬大藏經)이라는 것도 모두 진리를 깨달은 자의 말이 아닌, 인간의 생각으로 지어낸 말이라고 해야 맞습니다.

다시 말하지만, 석가가 보리수나무 아래서 도를 깨달았다고 한다면 생명체의 본질을 말해야 하는데 이 부분에 대한 말은 그 어디에도 없다는 것은 무엇을 의미하는가? 모든 말을 '아난이 석가의 시자로 있으면서 석가가 한 말을 듣고 외워서 전한 말'로 말하고 있는데 참으로 안타까운 일이 아닌가? 그 이유는 아난은 석가의 사촌도 아니었기 때문에 이런 말은 모두 꾸며진 말이라는 것입니다.

또 한편에서는 '이 우주에서 인간의 성품, 곧 진리를 깨친 마음이 가장 존귀하다는 뜻'으로 또 '처처불상(處處佛像)과 인권존중의 사상을 강조하고 있는 것' 누구나 마음을 깨치면 가장 존귀한 존재이기 때문에 처처불상이 되고, 처처불상이기 때문에 사사불공(事事佛供)의 생활이 되어야 하는 것, 정치적 인권보다 도덕적 인권을 존중하는 데에서 진정한 인권 평등이 실현될 수 있는 것이라는 논리로 말하는데 웃기는 이야기가 아닌가? 말이라는 말은 다 끌어다가 〈석가＝부처〉라는 공식을 만들어가는데 여러분은 이 말 어떻게 생각하는지 모르겠지만, 말장난에 지나지 않습니다. 직설적으로 세상에서 가장 존귀한 사람은 '진리 이치를 깨달은 자이다'라고 해야 맞고, 인간의 몸을 가지고 있으면서 나라고 하는 아상이 없는 사람을 유위열반에 든 사람이라고 해야 맞는 말이 되므로 이 말 깊게 새겨봐야 할 것이고, 만약 이 글을 보면서 석가는 부처라는 생각을 버리지 못한다면 여러분의 그 의식은 깨어나려면 아직 멀었습니다.

1252 부처와 깨달음

아이러니한 것이 부처가 무엇인가? 도(道)라는 것이 무엇인가를 하나씩 정리해가지 못하면서 막연하게 〈석가＝부처〉라는 공식을 가지고 인생을 사는 사람 이 세상에 넘쳐납니다. 그리고 누가 어떤 의미로 만들었는지도 모르는 말 한 구절 가지고 금색으로 글씨를 써주면 여러분은 그것에 뭔가 상당한 의미가 있는 것으로 생각하고 애지중지하는데 이 또한 안타까운 일이 아닌가? 나는 한 달에 한 개씩 이치에 맞는 말을 배워가면 1년이면 12가지, 10년이면 120가지 이치를 깨닫는다고 말했습니다.

이런 과정을 '돈오점수(頓悟漸修)', 즉 점진적으로 도(이치)를 깨닫는 방법이라고 말했는데 내가 10년을 이런 법을 말해왔는데 여러분은 과연 내 말에 따라 실천하고 산 사람이 있을까? 답은 직설적으로 '없다'고 해도 무리는 없을 것입니다. 여러분 혼자 인생살이를 헤치고 살아가면서 자신의 힘으로 안 되는 것, 알 수 없는 그 무엇이 있어서 그것만 해결되었으면 하고 내가 말하는 글을 보는 것이 아닌가?

부부 사이에 문제가 있으면 그 문제만 각자가 원하는 바대로만 해결되었으면 하는 마음이 전부 아닌가? 그러면서 마음공부는 무슨 마음공부를 한다고 호들갑을 떠는가를 생각해보라는 이야기입니다. 현 사회에서 교육에 문제가 있는데 사람들은 그 자체를 인지하지 못하고 있는데 그것은 교육과정에서 〈신화〉와 같은 것들은 전부 없애야 하고, 현실적인 논리에서 맞는 것만 아이들에게 교육하는 것이 맞습니다.

이런 말 여러분은 어떻게 생각하는지 모르겠지만, 설령 내 말이 맞는다고 해도 이제는 이 사회를 바꾼다는 것은 불가능합니다. 그래서 나는 답 없는 답을 찾아 인간들이 방황하는 것이 오늘의 현실이라고 정리한 것입니다. 다시 말하지만 천상천하 유아독존(天上天下 唯我獨尊)이라는 말은 '지구 상에 진리 이치를 아는 자보다 더 존귀한 것이 없다'고 말을 바꾸어야 하는데 여러분은 이 말을 어떻게 생각하는가?

따라서 현실적으로 이치에 맞지 않는 존재를 상정하고 그 존재를 위대한 자라고 만들기 위해 무수한 말을 하는 이 현실을 여러분은 반드시 정립해야 할 것입니다. 또 하나는 12간지라고 해서 해마다 특징 있는 동물을 내세워 '무슨 해'라고 말을 하는데 이 부분 또 어떻게 생각하는가? 다들 실체 하지 않은 허상, 허구의 말에 빠져 있지 않은가를 생각해보라는 이야기입니다.

그래서 사주단지를 주고받았다는 것은 과거 얼굴을 보지 못한 상대를 만나야 해서 그 상대를 알게 하는 차원에서 태어난 년, 월, 일, 시를 주고받는 것인데 이것이 어떻게 되어서 '사주팔자'라는 것으로 변질이 되었는지 모르겠지만 참으로 안타까운 일이 아닌가? 요즘에야 사실 다들 카메라(무전기) 하나씩은 다 가지고 있는 상태에서 사진 한 장이면 끝나버리는 세상이 아닌가? 그래서 상대의 얼굴을 보고 마음에 든다, 안 든다를 결정하는데 이 과정에 사주라는 것이 왜 필요한가?

사실 요즘 젊은 사람 사주라는 것을 먼저 생각하고 상대를 사귀지는 않습니다. 마음에 든다고 하면 사주팔자를 떠나 연애를 먼저 해버리는 시대가 아닌가? 이때 나이가 든 어른의 입장에서 자신이 사주팔자를 보고 결혼을 했으니 자식에게도 똑같이 하기를 강요하지만, 자식은 그 말을 따르지 않습니다. 왜 이런 말을 하느냐면 앞서 말했지만, 세월이 바뀌어서(마음이 변해서) 그렇습니다.

이같이 볼 때 과거에는 사주팔자라는 것을 당연히 봐야 하는 것으로 알았지만, 이것이 이치에 맞지 않는다는 것을 안 사람들은 그런 것 별로 마음에 두지 않는데 여기서 '이치에 맞지 않아서'라는 말은 그들이 이치를 알아서 그런 것이 아니라 지식으로 생각해볼 때 이런 것은 확실치 않다는 것을 알아서 그런 것입니다. 그래서 요즘 젊은 사람들은 사주팔자라는 것을 '미신'이라고 생각하기도 합니다.

어찌 되었든 과거에는 문명이 발달하지 않아서 얼굴을 보지 못하고 사주단지로 혼인했다면 요즘에는 사진으로 상대의 얼굴을 보는 세상이어서 사진을 보고 마음에 든다, 들지 않는다를 결정해버리는 환경으로 바뀌었고, 이것은 '기운의 변화'라고 정리하면 될 것입니다. 그래서 과거 어른들이 살았던 세상과 오늘날 인간들이 살아가는 세상을 보면 실로 엄청난 변화가 있다는 것을 알 수 있고, 이것을 보면 물질 이치에서 물질의 변화도 있지만, 진리 이치에서 인간의 마음이 그만큼 변했다는 것을 알 수 있는데 변한다는 것은 곧 끝이 있다는 것을 의미하고 끝이 없는 것은 절대로 변하지 않는다는 이야기입니다.

그래서 이 지구를 누가 창조했다고 말하는데 원칙적으로는 창조한 것이 아니어서 이 말은 의미 없고, 만약 창조했다고 한다면 시작을 의미하고, 시작이 있다면 끝이 있다 할 것입니다. 세상에 참으로 말 잘하는 말쟁이들이 존재했고, 그들은 자신들의 처지에서 무수한 말들을 했지만 모두 진리 이치에 맞는 말은 아니라고 해야 맞습니다.

물론 이치에 맞는가, 아닌가를 판단하는 것은 여러분의 몫이지만 이 판단을 하지 못하면 결국 의식 없이 살아가게 되어 있는데 예를 들어 '모든 것에 감사하고 산다'는 사람들이 있는데 여러분은 이런 사람처럼 매사에 감사를 생각하고 사는 것이 맞는다고 생각하는가? 참으로 안타까운 일인데 이 글을 보는 여러분도 '모든 일에 감사'를 생각하고 산다면 여러분의 의식은 흐려 있음을 알아야 할 것이고, 그런 의식으로 사리 판단을 명확하게 할 수 없습니다. 왜 그럴까? 사실 감사를 해야 할 곳에는 감사해야 함이 맞는 것이고, 감사하지 않는 것에는 감사를 표현하지 않는 것이 맞는데 이것을 분별하지 못하고 모든 것에 '감사'라는 것을 붙이고 사는 것은 매우 잘못된 의식입니다.

1253 　　　　　　　　　　　장사

　어떤 식당에 밥을 먹으러 들어갔는데 그 식당 안에 '매사에 감사하라'는 말이 걸려 있습니다. 밥 같지 않은 밥 '개밥보다 못한 밥'을 먹고 나오면서 계산을 하는데 가격표를 보니 1인분에 12,000원 둘이 먹었으니 24,000원이고, 공깃밥이 별도라고 해서 2,000원을 추가하면 26,000원이면 되는데 이놈에 여자가 38,000을 긁었습니다. 만약 내가 영수증을 확인하지 않고 나왔으면 그대로 다 주어야 하는 상황인데 영수증을 보고 이상해서 "잘 못 계산한 것이 아닌가?"라고 하니 그제야 "그럼 8,000원만 내드리면 되죠"라고 말합니다. 이 계산이 맞는가? 12,000원을 더 주어야 한다고 말하니 어슬렁거리면서 돈을 가지고 나옵니다.

그 돈을 받고 나오면서 여러 가지 생각이 들었는데 만약 영수증 확인을 하지 않았으면 12,000원은 그대로 주었을 것이고, 나중에 그 사실을 알았다고 하면 그 돈을 돌려 달라 어쩌라 하면서 괜한 시간을 허비했을 것입니다. 이런 행위가 의식 없는 행동이고 사람을 기만하는 행위이고 사기를 치는 행위가 아니고 무엇인가?

어찌 되었든 그 식당에 '매사에 감사하라'는 종교적인 문구를 걸어두고 장사를 하는 입장인데 얼마나 그 여자의 의식이 흐려 있으면 맹한 정신으로 음식을 만들고 밥 팔아먹으며 손님의 등을 치겠는가? 나는 음식은 음식다워야 한다고 말했습니다. 다시 말하지만, 길거리에서 남에게 돈을 그냥 달라고 하면 강도질을 하는 것이 될 테니 명분상 음식점을 차리고 형식적으로 장사하면서 한 푼이라도 더 뜯어내려고, '네다바이(ねたばい)'(남을 교묘하게 속이고 금품을 빼앗는 것)를 하는 것이 아닌가? 이같이 말하면 누구는 '사람이 그럴 수도 있지 뭐'라고 관대하게 생각할 수 있을 것이나 대단한 착각입니다. 사람이 실수하는 경우, 물론 있지만 반대로 어떤 것은 반드시 실수하면 안 되는 경우가 있고, 특히 식당같이 단순한 계산에서의 실수라는 것을 현실적으로 하면 안 됩니다.

그래서 나는 여러분에게 어디 가서 무엇을 사거나, 먹거나 어떠한 거래를 할 경우 반드시 영수증을 받아오고 확인을 해야 한다는 말을 상소에서 빌하기노 했는데 장사는 안되니 종교 상징물 걸어두고 부적, 명태 한 마리 실에 감아서 출입구 위에 걸어두고 이같이 했으니 장사가 잘될 거로 생각하고 실제 자신의 행동은 무의식의 행동, 개만도 못한 행동을 하는 사람 이 세상에 넘쳐납니다.

그래서 나는 어떤 것을 하더라도 영업을 하는 장소에는 종교 상징물을 절대로 걸어두지 말라는 말을 한 것인데 이것은 현실적으로 A 종교를 다니는 사람은 B 종교의 상징물을 싫어하는 사람이 있고, 반대로도 마찬가지입니다. 종교는 지극히 개인적인 영역인데 장사나 사업을 한다는 것은 공공성이 있고, 이런 장소에다 개인적인 사상을 앞세울 필요는 없다는 이야기입니다.

이같이 말하면 누구는 또 '종교는 인간 잘되라고 있는 것이어서 이러한 행위는 종교의 자유, 신앙의 자유가 아닌가?'라는 말을 하는 사람도 있을 것이나 내가 말하는 것은 여러분의 '그런 의식'은 잘 못되었다는 것을 말하는 것이어서 이 부분 새겨봐야 할 것입니다. 종교는 '인간 잘되라고 존재하는 것이다'라고 생각한다면 여러분의 의식은 문제가 있는데 그 이유는 감성적으로 듣기 좋아지라고 하는 말은 반대로 여러분의 의식을 흐려지게 한다는 점을 명심해야 할 것입니다.

사실 우리가 사는 이 세상에는 감성적인 말 무수하게 많은데 그런 말에 빠져 살면 현실을 제대로 인지하지 못하고 살게 되어 있다는 이야기입니다. 여기에 그 말을 다 적을 수는 없지만, 여러분이 아는 말, 문장들을 하나씩 생각해보면 얼마나 감성적인 말이었는가를 알게 되는데 이 부분을 이해하지 못한다면 그 마음에 내가 지금 하는 말이 귀에 들어오지 않을 것입니다.

근본도 없는 말, 뿌리도 없는 말, 듣기에는 좋을지 모르겠지만 쓸데없는 말에 여러분 의식은 알게 모르게 흐려진다는 것을 명심해야 합니다. 그중의 하나가 열반(涅槃)이라는 말인데 이 말의 의미는 단순하게 죽음이라는 말을 높여서 하는 말에 지나지 않습니다. 그런데 불교는 열반에 들었다는 것을 마치 '도(道)'라는 것을 깨달은 사람만이 이 열반에 이르는 것으로, 이를 수 있다는 의미로 열반을 말하는데 이런 말들이 듣기 좋은 감성적인 말이라는 점입니다.

　만약 누구네 부모가 죽었다고 가정하면 '누구네 부모가 죽었다'고 하면 듣기 사나울 수 있어서 '누구네 부모가 열반에 들었다'고 하면 소위 말해 '품격있는 말'이 될 뿐이기 때문에 종교적 수행을 잘해서 열반에 들었다는 것은 아니라는 이야기입니다. 이같이 여러분이 아는 단어나, 문장 하나씩을 깊게 정립해보면 그 말이 얼마나 감성을 자극하는 말인가를 알 수 있을 것입니다.

　사람이 인생을 살아가지만 언젠가는 한 번은 죽습니다. 그래서 살았을 때 나 자신의 의식이 얼마나 깨어나는가가 중요하고 죽어 버리면 그 어떠한 행위를 해도 의미 없는데 현실을 보면 죽고 난 사람을 향해 무수한 의식(儀式)을 하는데 다 의미 없다는 이야기입니다. 죽으면 의식(意識)이라는 것이 없고, 무의식에 '마음'이라는 것만 남기 때문에 살아서의 행동, 행위가 중요할 뿐이고, 죽은 사람에게 하는 어떠한 의식도 사실 인간적인 마음에서 그렇게 하는 것이지 근괴적으로는 아무런 의미가 없다는 점을 깊게 정립해야 할 것입니다.

살아 있어서 말귀를 알아듣지 못한 사람인데 죽고 난 다음에 '좋은데 가라 이것이 부처의 말이다.'라고 주문을 한들 죽은 그 사람은 몸이 없는데 죽은 사람이 그 말을 알아들을까? 알아듣고 그래 '좋은데 갈게'라고 하고 좋은데 라는 곳으로 간다고 생각하는가? 그런데 다들 그렇게 가는 줄 알고 있는 돈 없는 돈 처들여 가면서 종교적 의식을 치르고 있는데 이런 종교 논리가 맞는다면 그 정신으로 내 말 들어봐야 아무런 의미 없습니다.

1254 　　　　　　　　　　　　　　　죽음

이 글을 보는 여러분 집안에서도 많은 사람이 죽어 나갔을 것입니다. 그리고 제각각 믿는 그 종교의 의식을 했을 것이고, 여러분은 그러한 행위를 했기 때문에 그들이 '좋은 곳'이라는 곳에 갔을 것으로 생각한다면 여러분은 뭔가 대단한 착각을 하고 있음을 명심해야 할 것입니다. 이런 것을 믿기 때문에 돈이 있는 사람은 죽은 사람을 위해 거대한 의식을 많은 돈을 들여서 쓸데없는 행위를 하는데 안타까운 일입니다.

물론 이같이 하면 보기에는 뭔가를 해준 것으로 여러분은 이해하고 하겠지만 사실 진리적으로는 쓰잘머리 없는 행위에 불과하고, 지난 세월 여러분은 얼마나 많은 짓을 해왔는가를 생각해보라는 이야기입니다. 죽은 사람은 말 그대로 의식이라는 것이 살아 있는 사람처럼 없어서 어떠한 행위를 해도 그가 알아듣지 못합니다. 그런데 여러분은 죽은 사람을 〈모셔다가〉 어떠한 행위를 하면 그가 '알았다'고 하면서 오고 갈 수 있는지 생각해보라는 이야기입니다.

그래서 지금까지 지구 상에서 죽은 사람을 대상으로 무수한 행위를 했는데 직설적으로 허튼짓, 쓸데없는 행위를 했을 뿐이고, 그러한 행위를 하면서 종교적으로 '좋은 곳에 갔다'고 말하는 것은 인간적인 행위에 불과하고, 인간적인 생각일 뿐 진리적으로 그에게 아무런 영향을 주지 않음을 명심해야 할 것입니다. 실제 돈 많은 집안에서 누가 죽으면 많은 돈을 들여 그들에게 가져다 바치고 거창한 의식을 하면 당사자는 이렇게 했으니 좋은 곳으로 갔을 것으로 생각하는데 대단한 착각입니다.

만약 이런 논리가 맞는다면 돈이 없는 가난한 집안에서 죽은 사람은 현실적으로 아무것도 할 수 없으니 좋은 데라는 곳에 갈 수 없다는 논리가 되는데 이게 평등의 개념에서 맞는가를 생각해보라는 이야기입니다. 돈이 있으면 좋은 곳에 가고 돈이 없는 사람은 죽어서도 '좋은 곳'이라는 데를 가지 못한다는 이 논리가 맞는가를 정립해 봐야 할 것입니다.

문제는 종교들이 말하는 '좋은 곳'이라는 것이 무엇인가의 문제인데 여러분은 '좋은 곳'이라고 하면 죽어서 그 어떤 존재가 있는 곳을 말아셨시난 그딘 곳은 없습니다. 이것은 지금까지 여러분이 잘못 알고 있는 부분인데 내가 말하는 '좋은 곳'이라고 하는 것은 현실적으로 이생에 마음 편하게 사는 곳이 좋은 곳이고, 이보다 더 '좋은 곳'은 윤회하지 않는 것, 윤회에서 벗어나 해탈을 하는 것이 진정한 '좋은 곳'이기 때문에 보통 사람들이 말하는 '좋은 곳'이라는 것은 모두 진리 이치에 맞지 않는 말, 감성적인 말에 불과함을 명심해야 하고, 만약 이런 곳이 있다고 생각한다면 무명의 존재가 말하는 내 글을 봐야 할 이유 없고, 그들의 말에 따라 '좋은 곳'으로 가는 방법을 찾아가면 됩니다.

여러분이 내 글을 보면 지금까지 무수한 사람들이 하는 말이 이치에 맞지 않는다, 감성적인 말이라고 하니 이게 무슨 말인가 하고 반신반의할 것입니다. 여러분이 생각하기에 무시무시한 절대자, 신 등이 있고, 부처가 무수한 말을 했는데 나는 그런 말들이 모순이라고 말하니 내 말 쉽게 이해하지 못할 것이고, 그들의 말이 맞는다고 한다면 그들의 말에 따라 여러분의 인생사 문제 다 해결하고 살면 문제는 아주 간단하고 그런 고정관념을 가지고 내 말을 들어봐야 의미 없다는 이야기입니다.

그래서 나이가 많은 사람들은 더군다나 내 말 쉽게 긍정하지 못하겠지만, 나이가 젊은 사람들은 내 말 쉽게 받아들일 수 있는데 이것은 나이가 많은 사람은 그동안 살아온 세월이 있고, 그 세월 동안 기존의 말에 찌들어 있는 상태이기 때문에 굳어진 그 마음, 그 의식을 깨어나게 한다는 것은 매우 어렵습니다. 젊은 사람에게 이 논리와 저 논리가 있는데 어떤 논리가 맞느냐고 하면 대부분 어떤 논리가 맞는다고 간단하게 정립하지만, 나이 든 사람은 소위 고지식해서 기존에 알고 있는 것에 반하는 것이라면 앞뒤 따지지 않고 반발,

거부감을 먼저 가지게 되어 있습니다.

　지금 내가 말하는 것도 나이가 많은 사람이 보면서 정리하는 것과 젊은 사람이 보면서 정립하는 차이가 다른데 그것은 젊은 사람은 마음이 현실적으로 덜 굳어져 있어서 그렇습니다. 그래서 나는 '분재 나무'는 어릴 때 틀을 잡기가 쉽고, 고목이 된 분재 나무(업이 다 성숙하여진 것)는 틀을 잡는 게 어렵다는 말을 오래전에 말했는데 여러분은 이런 말 어떻게 정립할 수 있겠는가? 업이 성숙하지 않은 사람은 '이것이 맞는가? 맞지 않는가?'라는 것이 쉽게 정립을 합니다. 물론 말귀를 알아듣지 못하는 경우도 있지만, 말귀만 알아들으면 논리 중에 이것이 맞고, 저것은 틀렸다는 것은 비교적 쉽게 정립합니다.

　그래서 자식을 낳으면 어릴 때 말귀를 알아들을 때부터 논리를 말하고 그 말에 분별하는 분별심의 마음을 길러주는 것이 영어나 수학 과외공부를 하나를 더 가르치는 것보다 좋다고 나는 말한 것입니다. 어떤 나라의 주교가 '산타는 없다'고 말하니 그 종교 사람들이 그를 비난했는데 비난의 이유가 '아이들의 동심을 뺏는 말이다'입니다.

　여러분은 이런 말 어떻게 생각하는가? 아이들의 동심 때문에 산타가 있다고 말해야 한다는 이야기인데 이게 말이 되는가? 이것을 확대해보면 결국 '인간의 감성' 때문에 무수한 종교의 말이 만들어졌다는 것이 아닌가? 그래서 죽음을 두려워하는 인간의 감성에다 '죽으면 천당, 극락에 간다'라는 말이 만들어졌다는 이야기입니다. 그러니 나는 '네 마음이 잘못되었다'고 하니 쉽게 내 말을 수긍하겠는가? 괴로움이라는 것은 삶을 사는 입장에서 보편적으로 느끼는 것이어서 이 괴로움에서 벗어나려면 해탈이라는 것을 하면 된다는 말도 감성적인 말입니다.

그러니 여러분은 얼마나 감성에 빠져 있는가를 되돌아봐야 할 것인데 이렇게 되돌아보고 '내가 감성에 깊게 빠져 있구나'를 스스로 아는 것이 '나를 알자, 나를 알아가는 방법'입니다. 거꾸로 감성에 빠져 있으면서 그 자체를 인지하지 못하고 있다면 절대로 여러분은 '나 자신을 알 수 없다.'라고 말해야 맞는 말이 된다는 이야기입니다.

1255 인생

여러분이 인간으로 태어나 인생을 살지만 분명하게 알아야 할 것이 '감성적인 말'과 '이치에 맞는 말', 이 두 가지를 분별할 수 있어야 하는데 이것을 여러분이 분별하지 못한다면 여러분의 의식은 깊게 흐려 있다는 점을 명심해야 합니다.

이 글을 보는 여러분은 과연 이 두 가지를 분별할 수 있는가? 예를 들어 '부처의 유훈(遺訓)'에 대하여 다음과 같이 불교는 말합니다. 〈아난다여, 이제 나는 늙어서 노후하고 긴 세월을 보냈고, 노쇠하여 내 나이가 여든이 되었다. 마치 낡은 수레가 가죽끈에 묶여서 겨우 움직이는 것처럼 나의 몸도 가죽끈에 묶여서 겨우 살아간다고 여겨진다. 그만하여라, 아난다여. 슬퍼하지 말라, 탄식하지 말라, 아난다여. 사랑스럽고 마음에 드는 모든 것과는 헤어지기 마련이고, 없어지기 마련이고, 달라지기 마련이라고 그처럼 말하지 않았던가. 아난다여, 태어났고, 존재했고, 형성되는 것은 모두 부서지기 마련인 법이거늘 사라지지 않는다는 것은 있을 수 없는 일이다. 그런 것을 두고 "절대로 부서지지 마라."고 한다면 그것은 있을 수 없는 일이다.〉

〈아난다여, 그런데 아마 그대들은 이렇게 생각할지도 모른다. 이제 스승은 계시지 않는다, 스승의 가르침은 이제 끝나버렸다. 아난다여, 내가 가고 난 후에는 내가 그대들에게 가르치고 천명한 법과 율이 그대들의 스승이 될 것이다. 아난다여, 그대들은 자신을 섬으로 삼고, 자신을 의지하며 머물고, 남을 의지하며 머물지 마라. 진리를 섬으로 삼고, 진리에 의지하여 머물고, 다른 것에 의지하며 머물지 마라. 내가 설명한 것은 무엇인가. 이것은 괴로움이다. 이것은 괴로움의 원인이다. 이것은 괴로움의 소멸이다. 이것은 괴로움의 소멸에 이르는 방법이다. 참으로 이제 그대들에게 당부하노니, 형성된 것들은 소멸하기 마련인 법이다. 게으르지 말고 해야 할 바를 모두 성취하라. 이것이 여래의 마지막 유훈이다.〉라는 말이 있는데 이같이 밀하면 여리분은 실제 석가가 아난에게 이런 말을 했을 것으로 생각하게 되어 있습니다.

그 이유는 이런 말은 지극히 삼성석힌 밀이끼 때믄에 그렇습니다. 어찌 되었든 이 말을 가만히 보면 진리를 깨달은 자의 말이라고 생각하겠지만 사실 이런 말은 아무 의미 없고, 실제 화현의 부처님 자식인 아난존자는 석가와 아무 관계도 아니기 때문에 이런 말은 모두 꾸며진 말에 불과합니다. 모두가 아난을 석가의 사촌이라고 말하고 있는 마당에 나는 아니라고 하니 이 자체로 여러분은 갈등이 생기게 되는데 그 이유는 온 세상 사람들이 이같이 말하고 있는 입장에서 나는 '아니다.'라고 정반대의 말을 하니 여러분의 입장에서 무명의 존재가 말하는 것을 믿기 쉽겠는가?

아니면 온 세상 사람들이 하는 말을 더 믿겠는가를 생각해보면 석가는 부처라고 말하고 있는 사람들의 말에 마음이 더 끌릴 것입니다. 앞에 석가가 죽기 전 아난에게 한 말을 보면 지극히 인간적이고 감성적인 말로 여러분은 그 죽음을 안타까워할 것이고 동정심의 마음이 일어날 것입니다.

과연 석가는 죽기 전 이런 말을 한가하게 말하고 죽었을까 인데 그렇지 않습니다. 석가는 성주의 아들이었기 때문에 '왕자'라는 신분을 가지고 태어난 것은 맞지만, 그의 정신이 온전치 못했기 때문에 앞서 말한 대로의 말은 할 수가 없는 사람이고, 죽을 때도 성 밖에 있는 숲 속에서 홀로 죽어 갔고, 이 시신을 나중에 사람들이 찾아내게 됩니다. 그런데 어떻게 해서 그가 죽는 순간에 아난에게 이런 말을 했다고 사람들이 말을 만들었는가?

따라서 당시 화현의 부처님이 이치에 맞는 말을 하고 있었고, 그 말에 많은 사람들이 따르게 되자 결국 석가의 몸종인 가섭(迦葉)이라는 존재가 석가의 배경을 이용해서 석가 부인과 함께 화현의 부처님 말(법, 法)을 뺏기로 했고, 화현의 부처님의 자식인 아난을 앞에 말처럼 끌어들여 아난은 석가의 사촌이라고 말을 만들어 버린 것입니다.

석가는 왕자의 신분이었지만 정상인은 아니었고, 그렇지만 왕자의 신분이어서 얼마든지 많은 후궁을 둘 수 있었습니다. 그래서 처음 이 법을 뺏고자 했을 때는 화현의 부처님에게 인간적으로 접근하여 선율이를 후궁으로 들여가겠다고 좋게 접근을 했고 결국 석가의 후궁으로 궁에 들어가게 됩니다. 그렇게 했음에도 이 법을 뺏지 못하자 결국 선율이를 다시 궁 밖으로 쫓아내게 되고 자객을 시켜 화현의 부처님을 살해하게 됩니다. 다시 말하지만, 이 법(이치에 맞는 말)이라는 것은 물건처럼 강제로 뺏는다고 해서 들고 나올 수 없고, 오직 진리 이치를 아는 자 한 사람만 이 법을 말할 수밖에 없어서 석가 궁에서 이런 것을 모르고 물건처럼 뺏으려 했는데 이 자체가 잘못된 것입니다. 만약 어떤 사람이 영어를 잘한다고 할 경우 이 사람의 머릿속에 들어 있는 영어를 단번에 빼내 올 수 있는가? 사람의 머릿속에 든 것은 빼 올 수 없고, 더군다나 마음속에 있는 것을 빼 온다는 것은 더더욱 어려운 것입니다.

이 개념으로 여러분이 일상을 살면서 '나는 누구의 마음을 안다'라고 말하는 것은 표면적으로 드러나는 아상(我相)의 마음을 아는 것을 말하는 것이지 그 사람의 본성을 다 알아서 누구의 마음을 안다고 말하는 것은 아닙니다. 그래서 심리학이라는 것은 아상의 논리에서 상대의 심리를 말하는 것이어서 내가 말하는 그 사람의 본성된 마음을 아는 것은 아니라고 해야 맞는 말이 됩니다. 심리, 철학과 같은 것으로 인간의 본성을 알 수 없다고 정립해야 할 것입니다.

어떤 사람이 무당집에 갔는데 '그 사람이 족집게처럼 내 마음을 다 알더라'고 말하는 것은 무당도 빙의가 있어서 어느 부분은 맞춰 말할 수 있겠지만, 문제는 그 빙의도 인간이었을 때 진리 이치를 깨닫지 못한 사람이어서 이 사람이 다른 사람의 마음을 다 안다고 말할 수는 없습니다. 마찬가지로 여러분도 이생에서 누구와 대화를 해보면 '저 사람의 마음은 대충 이런 것이구나'라고 어림잡아 생각할 수 있는 것과 이치는 똑같습니다.

1256 　　　　　　　　　　　　　빙의

부부가 살면서 상대를 보고 '나는 저 사람의 마음을 모르겠다, 알 수 있다'는 식으로 말하는 데 이것도 상대의 마음에 빙의가 있으면 그 마음이 오락가락해서 상대의 마음을 알 수 없고, 안다고 하는 그것은 수시로 변할 수 있으며, 혹은 상대방 자신의 업에 따라 그 마음이 수시로 변하기 때문에 알 수 없기도 합니다. 또 '상대의 마음을 안다'고 할 경우 그것은 상대의 행동을 오랫동안 봐왔기 때문에 어림잡아 상대의 행동을 보고 '이럴 것이다'고 생각하는 것이 전부입니다.

내가 말하는 마음을 안다는 것은 그 상대의 타고난 성향의 마음을 안다는 것이고, 사람이 어떠한 말이나 행동을 하는 것을 보면 그 사람의 마음을 알 수 있고, 또 몸은 마음을 기반으로 만들어져 있어서 몸의 형태를 보면 그 사람의 마음이 어떤 마음인가는 매우 쉽게 알 수 있습니다. 따라서 일반적으로 여러분이 다른 사람의 마음을 안다는 것과는 차원이 다른 것이어서 이 부분 새겨봐야 할 것입니다.

내가 '마음을 안다.'라고 말하니 보통 사람들도 이런 말을 하므로 다 같은 말쯤으로 여러분은 생각하는데 참으로 안타까운 일입니다. 나는 코로나 원인의 중심에는 '인간이 있고 그 중심에는 인간의 마음이 작용하고 있어서 오늘날 이 부분에 대한 책임은 인간에게 있다.'는 말을 많이 했습니다. 따라서 이것이 애당초 어디서 발생을 했는가는 사실 중요하지 않고, 왜 이런 질병이 생겨났는가의 본질을 말해야 하는데 현실에서는 네가 잘했네, 잘못했다는 말만 무성하게 하는데 이것은 본질을 알지 못하고 아상의 논리에서 하는 말장난에 불과합니다.

진리의 기운(마음-공기)이라는 것은 이 지구 상에만 존재합니다. 이같이 보면 지구 상에 진리의 기운 영향을 받아 사는 모든 인간이 해당하는 것이기 때문에 사람들 사이에 코로나에 대하여 각자 입장에서 왈가왈부할 수는 있겠지만, 결론은 모든 인간이 지금의 질병 문제의 책임이 각자에게 있어서 '나는 잘못 없고, 이상 없다'고 생각한다면 그 자체가 문제라는 이야기입니다.

마트나 시장 같은 데 가보면 참으로 안타까운 것이 코와 입을 가리고 눈만 내놓고 먹고 살겠다고 먹을 것을 찾는데 이런 광경을 여러분은 어떻게 보고 있는가? 병원에서 코로나 주사를 맞는데 그것도 서로 맞으려고 아웅다웅하며 이리 밀치고 저리 밀치고 하면서 서로 먼저 맞겠다고 아우성을 치는데 바로 이런 상황이 지옥의 상황이고 아비규환의 세상이 아닌가를 생각해보라는 것이고, 만약 선착순으로 죽는다고 하면 서로 먼저 가지 않으려고 발버둥을 칠 것입니다.

여러분은 이런 상황을 보고 무슨 생각을 할 수 있겠는가? 이것은 나와 다른 이야기고 내 마음과는 아무 관련이 없다고 생각한다면 그 의식에 상당한 문제가 있다 할 것입니다. 따라서 인공적으로 만들어 내지 않은 질병의 창궐이라는 것은 모두 자연에서 그 원인을 찾아야 하는데 현실은 그렇지 않습니다.

어떤 질병이 지구 상에 퍼지면 반드시 그 병이 시작되는 장소가 있기 마련이고, 이것은 진리적으로 깊게 관련이 있는데 여기서 이와 관련된 말을 해본들 무슨 의미가 있겠는가? 어찌 되었든 코로나로 인해 사회문제가 되는 이 상황에서 정부에서 돈을 주어 생활을 하도록 하는 것도 사실 부분적으로 타당성은 있지만, 한편으로 생각하면 그렇게 돈을 준다면 인간의 의식은 더 흐려지게 되어 있습니다. 그래서 자연적으로 나타나는 현상에 대하여 사람들이 결국 '정부보고 책임을 져라'고만 말하는데 그 이유는 장사도 안되고, 집세도 내기 어렵고, 먹고 살기 어렵다는 것이 명분인데 내가 말하는 것은 상황에 맞게 각자의 삶을 정리해야 하는 것이 순리에 따르는 삶이 된다 입니다.

 가령 코로나가 지속하는 앞으로의 환경에서 언제까지 정부에서 나랏돈을 풀어먹여 살려야 하는가의 문제인데 그렇게 하면 결국 정부의 지출만 많아지고 그 책임은 결국 여러분 자신에게 되돌아갑니다. 당장은 돈을 얼마씩이라도 받으니 버틸 만하다고 생각할지 모르겠지만 단방에 끝낼 상황이라면 모르겠지만, 앞으로 코로나와 같은 상황은 상당 기간 지속할 것이어서 이 부분 여러분이 정립해봐야 할 것입니다. 돈으로 금방 해결해야 할 부분도 있지만, 자연적으로 나타나는 현상은 무한정으로 정부에서 돈을 줄 수도 없는 모순에 빠지게 됩니다.

 그래서 나는 현실에 맞게 각자의 상황에 맞게 생활의 환경을 만들어가고 그 상황에 맞게 줄여가는 노력을 해야 한다고 말했는데 문제는 대부분 사람은 지금의 상황을 그대로 유지하려고 하고 있으면서 그에 맞추어 정부에다 대고 모든 것을 해결해달라고 하는 것은 잘못된 의식입니다. 예를 들어 10억 아파트에 살면, 5억짜리로 줄여가고 그것도 유지 못 하면 1억 혹은 시골로 내려와 밥을 끓여 먹고 살면 됩니다.

 이같이 먼저 내 삶의 환경을 내 분수, 처지에 맞게 맞추어가는 것이 우선인데 이같이 하시 않고, 서둠으로 일구어진 지금 각자의 상황을 유지하려고만 하는 생각은 이치에 맞지 않습니다. 평수를 줄이고, 차를 줄이고 지출을 줄여가면서 나 자신이 살아야 할 환경을 찾아가는 것이 최선이라는 것을 나는 말하는데 여러분은 이 부분 어떻게 정립하고 있는가? 어찌 되었든 인간의 힘으로 어찌할 수 없이 발생하는 질병이라는 것은 인간이 자연의 섭리, 이치를 거슬러서 그렇게 발생하는 것이고, 또 이 병으로 죽는 사람도 있는데 이것도 진리적으로 깊은 관련이 있지만 여기서 다 말할 수는 없습니다. 한 가지만 이야기하면 사람이 인생을 사는 처지에서 순간마다 펼쳐지는 것에는 반드시 각자에게 어떠한 동기, 계기가 반드시 생기는 것이고, 이것은 개인적인 업(業)과 깊게 관련이 있어서 이 개념으로 보면 질병으로 혹은 어떠한 사고 등으로 죽는 사람도 진리적으로는 말 그대로 '우연히, 재수가 없어서'라는 것은 없습니다.

운명 아는 법

1257

여러분이 정립해야 할 것이 진리적인 업(業)이 있어 존재하는 입장이어서 그 업의 흐름을 알면 현실에서 여러분의 삶이 어떻게 진행되겠다는 것은 매우 쉽게 알 수 있고, 이것은 사주팔자 같은 것, 종교적 사상 등으로 알 수 없다는 점을 알아야 할 것이고 이런 이치를 알고 법(法-자연의 섭리, 이치)을 말한 사람은 화현의 부처님 말고는 존재하지 않았고, 나는 마야시대, 석가 시대에 화현의 부처님이 말하지 못했던 것, 마무리하지 못한 것을 마무리하고 있는 입장에서 얼마나 내 말을 여러분이 이해하는가, 하지 못하는가는 여러분의 판단에 맡기는 것이고, 이런 말을 믿으라고 여러분에게 어떠한 강요도 하지 않습니다.

이 부분도 온 세상 사람들은 자신들의 종교를 믿어라, 자신들의 말을 믿어야 한다고 강요하고 있는 입장에서 보면 무슨 배짱으로 나는 이렇게 말하는가 할 것이나 그 이유는 진리 이치를 다 알면 믿든 말든 그것은 각자의 선택, 의식에 달린 것이기 때문에 강요한다고 해서 될 문제는 아닙니다.

내가 말하는 논리가 이것이다, 라고 말할 뿐이고, 선택은 여러분이 하면 되고, 이생에 나는 과거 화현의 부처님 법과 얽혀진 그 업연의 고리를 정리하면 이생에서 나와 선율이가 할 일은 다 하게 되어 있고, 여러분도 이생에 각자의 업의 이치에 따라 살다가 그 업이 다하면 여러분도 이생에서의 삶은 마무리가 되는 것이어서 이 이치는 나나 여러분이나 똑같고 다만, 진리적인 마무리를 해야 하는 내 업과, 개인적인 여러분의 업을 마무리하는 그 차이만 존재합니다. 이런 이치를 알고 이 아비규환의 세상을 보는 내 마음은 어떻겠는가? 죽어야 할 사람은 반드시 진리적으로 그 이유가 있고, 살아야 할 사람은 살아야 할 이유가 반드시 있고, 진리 이치를 알면 이런 것은 매우 쉽게 알 수 있지만 이런 부분을 세상에 구체적으로 말하면 비난을 받을 것입니다.

물론 다른 사람들도 '죽어야 할 이유가 있어 죽는 것이다.'라는 식의 말을 내가 말한 것과 같이 비슷하게 말하겠지만 나는 그 사람이 왜 그렇게 죽어야 하는가의 뿌리, 원인을 알고 말하는 것이고 일반적으로 말하는 것은 막연하게 뚫어진 입(口)이 있으니 무슨 말인들 못 하겠는가. 따라서 막연하게 입으로 뱉는 말이기 때문에 말 표현은 같을지라도 의미는 다릅니다.

사실 이런 부분을 여러분이 마음으로 이해한다면 내가 하는 말 한 마디가 예언이고, 천기누설이 되는데 과연 여러분이 얼마나 내 말을 이해할까? 사실 과거와 비교해 인터넷이라는 것이 발달하여 있어서 지금 내가 카페에 남기는 말은 나와 선율이가 죽더라도 누군가는 지구가 멸하는 순간까지 볼 것이기 때문에 나는 내가 할 말만 하고 가면 되고, 이 법이라는 것이 없으면 현실적으로 여러분은 마음의 의지처를 잃어버리게 될 것이어서 이 법을 알기 전의 상황을 되돌아보면 이 법이라는 것, 마음에 의지처라는 것이 뭔가를 알 수 있을 것입니다.

직설적으로 오늘날의 세상은 '이 법이 세상에 알려지기 위해서 사전정리 작업을 하고 있다'고 직설적으로 이해하면 됩니다. 나는 이 부분을 오래전에 지금의 형국은 '나무 가지치기와 같은 상황으로 세상은 바뀌고 있다'는 말을 했습니다. 이 말은 진리적으로 그 이치에 따라서 일어난다는 의미로 말했습니다. 법이 세상으로 드러나기 위해 오늘날 상황은 '사전 정지작업'을 하고 있다고 이해를 하면 될 것인데 요즘 돌아가는 세상을 보면 내가 무슨 말을 하는가를 알 수 있을 것이고, 요즘 돌아가는 세상이 인간 살만한 세상이라고 생각하고 사는 입장이라면 내가 무슨 말을 하는가를 모를 것이고, 이것도 각자의 의식으로 정립하면 됩니다.

다시 말하지만, 세상에 일어나는 일은 절대 우연이라는 것은 없고, 그때에 맞추어 그렇게 되어야 할 이유가 있어서 자연의 변화는 일어나는 것이고, 그 중심에는 인간이 진리를 해하게 했으니 그에 대한 인과응보, 인과응보의 이치에서 이 고통을 되받고 있는 것이라고 정립하면 됩니다.

화현의 부처님이 맨 처음 한 말 중에 '시시때때로'라는 말을 했는데 이 말도 앞서 말한 것과 같은 의미로 이해하면 될 것입니다. 마찬가지로 인생을 사는 여러분의 입장도 반드시 그렇게 되어야 하는 '때'라는 것이 있어서 무심히 여러분의 삶이 진행되는 것이 아니라 그렇게 되어야 할 〈때〉라는 것이 있어서 그 틀에 맞게 진행되고 있어서 말 그대로 '우연히'라는 것은 존재하지 않음을 깊게 정립해야 할 것입니다.

따라서 여러분이 아무리 몸부림을 쳐봐도 각자가 지은 업(業)에 따라 한 치의 오차도 없이 진행되고 있어서 안 되는 것에다 용쓰고, 허튼짓하며 사는 사람들을 보면 안타까운 마음이 드는데 지어놓은 것이 없음에도 무엇을 받으려고 용쓰는데 그게 그렇게 해서 될 문제는 아닙니다. 그래서 〈그때〉가 되어 화현의 부처님은 스스로 존재를 드러낸 것이고, 진리적인 흐름에 따라 나는 이 시점에서 법이라는 것을 말하고 있습니다.

인생을 사는 여러분 개인은 여러분이 살아가야 할 수순이 있고, 이 법이라는 것도 개인적인 것이 아닌 진리적인 수순에 따라 지구는 흘러가고 있다고 정립해보면 개인적인 수순으로 사는 여러분과 내가 말하는 진리적인 부분의 이치는 똑같다 할 것이어서 개인적인 영역이냐, 아니면 진리적인 영역이냐의 차이만 있습니다. 진리적인 수순을 알면 개인적인 여러분의 수순은 매우 쉽게 알 수 있고, 아직 다 말하지 못한 부분이 진리적으로 상당한데 이것은 그 상황(때)이 되면 그 상황에 맞게 마무리를 하게 되어 있는데 이것도 '시시때때로'와 관련이 있습니다.

따라서 여러분이 인생을 살면서 마음먹은 대로 되기만 바라는 것도 반드시 '시시때때로'라는 것이 있어서 지은 업이 있다면 그때가 되어 되받을 것이고, 지은 업이 없다면 '시시때때로'라는 것도 없다는 이야기입니다.

따라서 앞서 말한 '시시때때로'라는 것의 흐름을 알 수 있는 것은 각자의 마음(진리의 기운-흐름)을 알아야만 알 수 있고, 이 마음에 흐름을 알지 못하면 여러분의 운명이라는 것도 알 수 없다는 이야기가 됩니다. 그래서 여러분이 무당집에 가서 무엇을 물어보는 것도 각자의 운명을 알고자 하는데 그게 그렇게 해서 그들이 여러분의 운명을 알 수는 없는데 빙의라는 것도 그 자신이 진리 이치를 깨달았다면 그 빙의가 하는 말이 맞겠지만, 그들도 진리 이치를 모르고 죽은 처지이기 때문에 자신의 운명도 모르는 입장에서 여러분의 운명을 말할 수 있겠는가?

나는 이 부분을 '빙의들의 불문율'이라는 논리로 이미 여러분에게 말했습니다. 그래서 '여러분이 무당에게 가서 자신의 이야기를 하면 빙의들도 진리 이치를 모르기 때문에 진리적인 말을 하지 못한다'고 말했으므로 이 말 새겨봐야 할 것입니다.

따라서 '나 자신이 왜 존재하는가?'라는 것을 스스로 알지 못하는 사람이 어떤 사람이 왜 존재하는가를 말할 수 있겠는가? 이것은 스스로 구구단을 모르면서 타인이 자신에게 구구단을 가르쳐 달라고 하면 가르치지 못하는 것과 이치는 똑같습니다. 다시 말하지만, 이 세상에 무수하게 많은 사람이 태어나고 죽습니다. 결국, 현재 여러분이 이 글을 보다가 죽는다고 할 경우 지금 여러분이 안만큼의 마음만 남게 되는데 그런 사람이 다른 사람에게 빙의로 와있을 경우 그 사람이 어떤 말을 할 수 있겠는가?

다시 말하면 어떤 사람이 이 세상을 살다가 죽으면 그 사람도 결국 진리 이치를 알지 못하고 죽습니다. 그런데 그 사람이 죽어서 빙의가 되었다고 한다면 그 사람 역시 이생에 자신이 안만큼의 마음을 가지고 죽고, 그 마음만 남아 다른 사람에게 빙의 작용을 한다고 하더라도 진리의 흐름을 안다거나, 이시에 빚는 빌을 인니끼니 길 수는 없다는 이야기입니다.

그래서 나는 구구단 2단만 알고 죽으면 죽어서도 2단만큼만 말할 수 있다는 말을 한 것입니다. 신(神)이라고 해서 여러분이 아는 그런 존재는 사실 빙의가 신의 행세를 하는 것이고, 신이 아니라 빙의 현상이기 때문에 신을 가졌다, 모셨다는 그 사람들은 사실 빙의가 깊게 자리하고 있는 현상이어서 그들에게 여러분이 무엇을 물어본다는 것은 대단한 모순임을 명심해야 할 것입니다. 다시 말하지만 2단의 구구단을 알고 죽은 사람도 진리를 모르고 살았기 때문에 죽어서 다른 사람에게 빙의 작용을 해봐야 자신이 안 구구단 2단의 한도 내에서만 말할 수 있습니다. 만약 진리 이치를 100으로 아는 사람이라고 해도 죽어서 다른 사람에게 100의 이치를 말할 수도 없는데 그 이유는 진리를 다 깨달은 자가 빙의로 와야 할 이유가 없어서 그렇습니다.

사람이라는 것이 지구 상에 존재하면서 인간의 힘으로 해결하지 못하는 것은 '그 무엇'이 해결할 수 있다고 생각하게 되고 이런 심리를 이용해서 만들어지고 설정된 것이 '신(神)이라는 존재'고, 또 마음대로 되지 않는 것에는 귀신(鬼神)이라는 존재인데 실제 이런 것이 존재해서 만들어진 것이 아니라 인간의 요구사항에 따라 만들어졌고 어리석게도 그것을 인간들이 사실인 것으로 믿습니다. 여러분은 이 말 어떻게 생각하는가인데? 만약 실제 여러분이 이런 마음을 가지고 있다면 여러분은 그 마음에서 벗어나기 매우 어렵습니다.

이런 것을 마음에 두고 이치에 맞는 화현의 부처님의 말, 법이라는 것을 마음에 온전하게 담을 수 없다는 이야기인데, 예를 들어 결혼하고 살다가 그 사람과 헤어졌다고 하면 그 사람을 온전하게 마음에서 비워야만 다른 사람을 온전하게 마음에 담을 수 있는 것과 이치는 똑같은데 만약 이전 사람을 마음에서 지우지 못한다면 그 사람의 흔적이 남아 새로운 사람과 관계를 이어 갈 수는 없습니다.

따라서 부부로 살다가 누가 죽었다고 하면 함께 살았던 사람이기 때문에 생각이야 나겠지만, 그 사람을 마음에 담고 살면 안 됩니다. 그 이유는 그 마음에 그 죽은 사람의 마음이 빙의로 작용할 수 있고, 또 그 사람의 마음(빙의)이 아니라도 다른 빙의가 얼마든지 작용할 수 있어서 그렇습니다. 그래서 생각이 나는 것과 그 사람의 흔적을 마음에 담는 것은 다르기 때문에 이 부분 깊게 정립해야 하고, 이것을 정립하면 이치는 바뀌는데 그렇지 않으면 그 사람의 흔적이 있어 이치는 바뀌지 않기 때문에 감성적인 논리에 빠져 여러분의 의식을 흐려지게 하면 그 마음에 빙의는 쉽게 작용할 수 있는데 여러분이 이런 마음 변화, 작용을 스스로 알지 못하기 때문에 문제가 됩니다.

그래서 '마음―진리의 기운'이라는 것을 알면 이같이 작용하는 빙의는 쉽게 일 수 있는데 나는 알고 여러분은 모르기 때문에 괴리감이 있는 것입니다.

나와 조상

조상신(祖上神)이라는 말 여러분은 많이 들어봤을 것입니다. 사전에는 조상신에 대하여 '4대조 이상이 되는 조상의 신. 조상대감(祖上大監)이라고도 한다. 사대봉사(四代奉祀)라 하여 4대조까지는 신체(神體)를 마련하고 기제사(忌祭祀: 기일제)를 지내나, 조상신은 시향(時享)의 대상이 될 뿐이다. 그러나 조상신은 자손을 보호한다고 하여 어느 가정에서나 정중하게 받든다.'(두산백과)라고 되어 있는데 여러분은 이 말이 맞다 생각하는가? 틀렸다고 생각하는가? 정답은 '맞지 않는다'입니다.

그러나 오랜 시간 여러분은 이런 것을 믿고 그에 따른 무수한 행위를 했기 때문에 내가 '맞지 않는다'고 하면 뚱딴지같은 말이라고 생각하겠지만 이런 말도 감성적인 말에 불과하고 사실 뭐가 있다는 것을 전제로 이런 사상이 만들어졌고 사실 조상신이라는 것 자체가 존재하지 않습니다. 그 이유는 사람이 죽으면(죽기 이전이라도) 즉시 그 마음은 그 몸을 떠나 그가 지은 업에 따라 몸을 받아 버리거나, 아니면 빙의가 되어 우리 마음에 작용할 수 있어서 그렇습니다.

그래서 사전에서 4대조 이상이라는 말은 감성적인 말이고 의미 없습니다. 만약 지금 여러분의 조상이 여러분을 돌보고 있다고 생각하고 있다면 감성적으로 그렇게 믿는 것이 전부이고, 문제는 그 마음에 빙의는 쉽게 작용할 수 있으며 조상이 된 그 사람은 누군가에게 빙의로 붙어 있을 수 있고, 혹은 여러분의 가족 중에 누군가의 마음에 작용할 수 있고, 작용하고 있다는 것을 알아야 합니다. 사실 이런 부분도 내가 처음으로 하는 말인데 빙의라고 하면 거창한 것으로 생각하겠지만 잘못된 것이고, 빙의가 여러분 마음에 작용하면 지금 여러분이 어떤 것에 생각하는 것처럼 똑같이 마음 작용을 하므로 여러분이 이 마음을 알아차린다는 게 매우 어렵습니다.

　다시 말하지만, 일반적으로 무당들이 '조상신'이라고 말하는 것도 그 조상 역시 인간으로 살았을 때 진리를 모르고 산 일반인이 아닌가? 따라서 이 사람이 일반적으로 말하는 조상신이라고 해서 능력을 갖춘 그런 존재라는 것이 될 수 없습니다. 그래서 무당집에 가면 대부분이 '조상신'이 어쩌고를 말하는데 이것은 사실 진리적으로는 매우 안타까운 일이고, 조상이라고 하면 보통 사람들은 '조상'이라는 이 말에 인간적인 감성의 마음을 먼저 내게 되어 있습니다. 그리고 '조상이 나를 위해 어떻게 해준다'는 이 말에 여러분은 끔뻑하게 되어 있습니다.

　또 하나는 그들의 말에 '중생을 구제하러 왔다'고 하는데 웃기는 것이 자신도 제도하지 못하고 죽었으면서 '중생구제'라는 말을 하는데 이 부분 무슨 의미인가 새겨봐야 할 것입니다. 사실 종교라는 것도 모두 '여러분을 위해서, 구제하기 위해서' 등의 말을 먼저 하는데 여러분은 이들이 하는 말이 맞는다고 생각한다면 무명의 존재가 말하는 내 글 볼 필요 없고, 그들이 말에 따라 여러분이 구제라는 것을 받으면 됩니다.

참으로 안타까운 노릇인데 사실 이런 의식을 가지고 있는 여러분의 마음을 고친다는 것은 매우 어렵고, 나는 내가 내 입장에서 말하는 것일 뿐 내 말을 믿으라고 강요하지 않습니다. 문제는 이생에서 내 말을 이해하지 못한다면 죽음 이후에 여러분은 내가 어떤 말을 했는가를 알 수 있는데 그 이유는 죽으면 몸이 없고, 몸이 없으면 '나'라고 하는 아상이 없어지기 때문에 내 말 쉽게 이해할 수 있어서 그렇습니다.

그래서 살아 있을 때 각자의 의식으로 '진리 이치'라는 것을 조금이라도 알고 죽는 것이 중요한데 이게 쉽지 않다는 것입니다. 따라서 과거 화현의 부처님 시절에 진리 이치를 알고 죽은 사람은 해탈했고, 그 '참(眞) 나'가 이생에 살아 있는 사람의 마음에 작용하면 당사자는 모르겠지만 나와 선율이가 무슨 말을 하는가를 알게 되고, 해탈한 참 나는 쉽게 내 말을 긍정하게 되어 있어서 이치를 모르고 죽은 사람과 알고 죽은 사람의 마음과는 그 차이가 있습니다.

그래서 마음 바뀜(참 나)이 된 사람(해탈을 한 사람의 마음), 혹은 마음 바뀜이 되어가는 과정에 있는 사람이 이 법을 생각하는 마음과 아상으로 살아가는 사람의 마음은 확실하게 차이가 있다 할 것입니다. 따라서 빙의들이 날뛰는 세상에 이치에 맞는 말을 알아본다는 것은 매우 어렵고, 그래서 공연무대를 만드는 것도 '그분의 마음으로 세상을 보라'는 의미에서 그 자리를 나는 만든 것이고, 이것은 사실 이 법을 얼마나 이해하는가에 따라 내 말을 이해하는 폭이 다 다를 것이므로 각자가 알아서 판단하면 됩니다. 또 하나의 의미는 공연 무대를 만들어가면서 여러분의 마음을 한곳으로 모으기 위해서, 또 화현의 부처님 마음과 함께하기 위해서 등의 복합적인 의미가 있습니다.

사실 앞서 말한 부분은 여러분이 나와 무대를 만들어가는 과정에서 스태프 여러분에게 많이 말했던 부분이기도 한데, 이런 의미가 있는 무대를 만들어 가는데 거기에다 '나'라는 아상을 세워 '나 잘났다'고 한다면 화현의 부처님 입장에서 그 꼴을 볼 수 있겠는가? 그래서 나라는 아상의 날을 강하게 세웠기 때문에 코러스, 무용 등과 같은 팀도 바꾸었는데 그 이면에는 앞서 말한 대로 그들이 잘났다는 아상을 세워서 그렇게 교체를 할 수밖에 없었던 것입니다.

이런 차원에서 나는 '내 자리는 내가 만든다'는 말을 했는데 이 의미도 내 마음을 온전하게 이해하고 만들어가는 사람이 없어서 이런 말을 한 것이고, 반대로 이 법을 온전하게 마음에 두었다면 내가 어떤 일을 하고 있는가, 얼마나 의미 있는 일을 하는가를 알 수 있고 나라는 아상을 세우는 사람은 내가 무슨 말을 하고, 무슨 일을 하는가를 알 수 없을 것입니다. 그 때문에 알게 모르게 내가 법을 말하는 이유, 무대를 만들어가는 이유, 내 자리를 만들어 가는 의미를 여러 가지 의미로 여러분에게 말했는데 이것을 이해하지 못한다면 나와 선율은 일반적인 무당, 혹은 신(神)을 받은 사람쯤으로 생각할 것이기 때문에 이 부분은 여러분이 일어서 깊게 새기면 됩니다.

성인의 모순

내 입에서 여러분에게 '이러한 행동을 하지 말라'고 말하는 것도 이 의미에서 결론적인 말을 여러분에게 하는 것입니다. 그런데 '하지 말라'는 그 행동을 반복적으로 하고도 그 행동을 고치지 않는 것은 무엇을 의미하는가? 부모도 자식에게 '이것을 하지 말라'고 말했을 때 그 자식이 부모의 그 말을 따르는 것을 좋아합니다, 그런데 자식 된 입장에서 부모가 하는 말을 거역하고 똑같이 잘못된 행동을 한다면 부모의 관점에서 어떤 생각이 들겠는가를 생각해보라는 이야기입니다.

그래서 나는 법이고 뭐고를 떠나 여러분이 공자, 맹자 등이 한 말이라도 새기고 그 말에 맞는 행동을 하는 것이 좋다는 말을 한 것인데, 공자, 맹자, 노자, 순자가 무슨 말을 했는가도 모르면 내 말 여러분은 우습게 생각할 수밖에는 없을 것입니다. 예를 들어 '일이 잘못되면 군자는 제 탓을 하고, 소인은 남의 탓을 한다'는 말을 공자가 말했다고 하는데 이 말 여러분은 어떻게 생각하는가?

물론 공자가 진리 이치를 깨달은 자는 아닙니다. 하지만 인간이 어떠한 마음을 기본으로 가져야 하는가를 말하는 것이어서 이런 말은 인간으로서 기본 가치관으로 가지고 사는 것이 맞습니다. 그런데 여러분은 무슨 일이 안되면 자신을 되돌아보는 것이 아니라 먼저 남에게 그 책임을 돌리는 것이 현실이 아닌가?

모든 사람이 '모든 문제는 내 안에 있다'는 말을 하는 이유도 결국 공자가 한 말을 기반으로 해서 하는 말이고, 나도 '모든 문제는 내 안에 있다'는 말을 기본적으로 말하고 있어서 큰 틀에서는 이 말이 맞고, 세부적으로 보면 나는 내 안에 어떤 문제가 있는가의 본질을 알고 이런 말을 하는 것이고, 보통 사람들은 근본에 무슨 문제가 있는가를 모르고 막연하게 하는 말이기 때문에 다 같이 '모든 문제는 내 안에 있다'는 말을 하지만 의미는 다릅니다.

물론 여러분이 인생을 살면서 이런 생각을 하고 사는 사람은 별로 없을 것입니다. 사실 나는 한글을 알고 나서부터 모 종교에서 공자, 맹자, 사서삼경, 순자, 노자 등이 한 말을 보고 한자(漢字) 공부를 하기도 했는데 한자의 글자를 알아가면서 그 한자가 가지고 있는 뜻을 생각하고 그 문장을 이해하는 공부를 했습니다. 이 과정에 나이가 어렸지만 '사람은 이런 마음, 이런 행동을 하고 살아야 하는구나'라는 것을 스스로 알게 된 것인데 요즘 세상에 이같이 하는 사람은 없습니다.

다들 자식을 낳으면 어떻게 하면 남을 밟고 일어서고, 돈을 많이 벌어 성공할 것인가를 가르치는 세상인데 이런 세상에 '네 마음을 뜯어고쳐라. 그 마음이 잘못된 마음이다.'라고 말하면 난리가 나는 세상이기 때문에 여러분이 나를 우습게 보는 것도 여러분 입장에서는 당연하며 할 짓이기 때문에 마음공부니 뭐니를 말하기 이전에 먼저 공자, 맹자 등이 무슨 말을 했는가를 배우는 것이 순서입니다.

이 말은 인간이면 인간으로서의 기본 윤리·도덕·양심이라는 것을 먼저 가지고 살아야 하는 것이어서 이것도 잘하지 못하면서 마음공부가 어떻다, 괴로움이 어떻다, 전생이 알고 싶다 등의 무수한 말을 하는 것은 그 자체로 오만함이라고 해야 맞는 말이 될 것입니다. 사실 여러분의 입장에서 내가 말하는 것을 '법'이라고 생각하지는 않을 것이고, 뭔가 다른 말을 하는 것쯤으로 생각하는데 그렇게 생각하든 말든 그것은 여러분이 알아서 정리하면 되고, 내 말에 깊이를 이해한다면 쉽게 쉽게 말하는 내 말이 얼마나 의미 있고, 값어치 있는 말인가를 알 수 있을 것입니다.

뭐가 그리 잘나고 대단한지 모르겠지만 행동하나, 말 하나에 〈나〉라는 아상을 세우고 목에 힘주고 행동에 힘주는지 모르겠지만 그런 행동을 한다고 하더라도 내 눈에는 여러분의 그런 행동은 추하게 보이고 안타깝게 보일 뿐입니다.

사람으로서의 바른 가치관과 의식을 가지고 산다는 것 매우 어려운 부분이고, 인간으로서의 기본 마음가짐이 되어 있지 않으면 내가 말하는 화현의 부처님 법에 대한 값어치를 알 수 없다는 것이 결론입니다. 온 세상 사람들이 무수한 말을 하고 그 말로도 여러분이 뭔가 해결되지 않는 부분이 있어 내 글을 보는 것이고, 내 글을 보면 뭔가 마음에 남는 것이 있어 보는 것이 아닌가? 이 말은 무엇을 의미하는가? 그렇다면 여러분의 이득을 위해 내 글을 본다면 여러분의 입장에서 해야 할 도리라는 것이 반드시 있습니다.

심지어 책방에서 책 한 권을 사서 본다고 하면 '책값'이라는 것이 듭니다. 이게 무슨 말인가를 모른다면 『사서삼경(四書三經)』이라는 것을 보면 내가 무슨 말을 하는가를 이해하게 될 것입니다. 따라서 무수하게 하는 말이지만 인간으로서의 가치관을 잃어버리고 살면서 정작 자신들은 그 사실도 모르고 살고 있지 않은가를 되돌아봐야 할 것이고, 이런 것을 알아가는 것이 내가 말하는 화현의 부처님 법에서 마음공부 법이고, 나를 알아가는 방법이 됩니다.

법 맥

종교를 보면 〈법 맥을 이어간다〉라는 말을 많이 합니다. 이 말은 하나의 사상을 만들어 놓고 그 말을 꾸준하게 이어서 말하는 의미로 법 맥이라는 것을 말하는 것이고, 이것을 정당화 합리화하기 위해 '염화미소, 정법안장'이라는 말을 하면서 '말로써 표현하지 못할 법이 있다'고 말하고, '이 법을 이심전심으로 전수 하였다'고 하는데 나는 법(진리 이치)이라는 것은 진리 이치를 깨달은 자만이 말할 수 있는 것이라고 말합니다.

따라서 종교가 하는 말과 내가 말하는 것 중에 어떤 논리가 맞는가는 여러분이 정립해야 할 것이고 따라서 수천 년 동안 종교의 말이 변하지 않았다면 종교가 말하는 것이 믿어 질 수 있겠기만, 문제는 긴 세월 동안 종교가 말하는 것은 수도 없이 변했는데 이것은 무엇을 의미하는 것인가를 여러분이 알면 종교의 말이 곧 진리의 말은 아니라는 것을 알 수 있고, 그대로 종교의 말이 맞는다고 한다면 굳이 시간을 허비해가면서 무명의 존재가 하는 말 볼 필요는 없습니다.

왜 이렇게 내가 당당하게 말하는가? 그것은 진리 이치를 알기 때문에, 여러분의 마음을 알기 때문에, 자연의 섭리를 알기 때문에 그렇습니다. 만약 내가 여러분에게 감언이설로 여러분의 감성을 사로잡아 여러분에게 어떠한 이득을 챙기기 위한다면 나도 감성적인 말 얼마든지 여러분에게 말할 수 있지만, 화현의 부처님 법에서의 감성적인 말이라는 것은 없습니다. 그렇다면 또 '감성'이라는 것이 뭔가를 여러분이 정립해야 하는데 간단하게 '여러분이 듣기 좋게 들리는 말'은 모두 감성적인 말이라고 해도 무리는 없을 것입니다.

사실 감성적인 말은 사회적으로도 무수하게 말하고 있는데 이를테면 '꿈은 이루어진다, 지상낙원, 천당, 극락, 조상신, 힐링, 사랑, 행복, 평화' 등등 무수한 말이 있고, 정치인들이 하는 말도 대부분은 감성적인 말이 상당한데 이 부분은 요즘 정치를 하는 사람들이 하는 말을 들여다보면 쉽게 알 수 있을 것입니다.

자식이 산타에게 선물을 달라고 징징거리면 여러분은 어떤 말을 자식에게 할 것인가? 이에 대해 긴말을 해야지만 이 부분에 대한 판단은 여러분이 정리하면 되고 요즘 젊은 사람들이 부르는 노래, 새로 만들어지는 가요 같은 것을 보면 얼마나 감성적인 말인가를 알 수 있을 것입니다. 이성 간에 사귈 때 하는 말도 대부분은 감성적인 말이라고 해도 무리는 없을 것이고, 그 감성에 사로잡혀 끄달려 살다가 그 감성이 깨지면 죽네 사네를 하는 것이 보통 사람들의 삶입니다.

따라서 어떤 집을 지어도 그 집을 부각시키기 위해, 또는 어떤 제품, 음식을 선전하기 위해 무수하게 많은 감성적인 말들을 엮어냅니다. 업연의 자식, 업둥이를 생겨나게 해놓고 그 자식에게 무수하게 감성적인 말을 붙입니다. 우리 자식이 어떻다는 식의 말, 온 세상에 이런 말이 판을 치고 있는 세상에 '그런 감성은 내 마음을 멍들게 한다'고 말하는 내 말이 쉽게 귀에 들어오겠는가?

불교도 관세음보살이라는 것을 믿으면 그 보살이 여러분의 고통을 다 알아서 해결해준다. 그러니 이런 보살을 믿으라고 말하는데 이것도 지극히 감성적인 말이고, 죽으면 천당, 천국에 간다는 식의 말, 부처가 여러분을 어떻게 한다는 식의 논리 모두 감성적인 말임을 명심해야 할 것입니다. 사실 이 '감성'이라는 것은 오직 마음을 가진 인간만이 가지고 있는 것이고, 인간이 아닌 기타의 생명체는 감성이라는 섯을 가지고 있지 않습니다.

그래서 나는 이 세상에서 제일 추하고 더러운 것이 〈나〉라고 하는 아상의 마음을 가진 인간이라고 말한 것인데 문제는 인간 스스로 인간은 깨끗하고 다른 동물은 지저분하다고 생각하는네 그게 그렇지 않습니다. 손으로 자신의 몸을 씻을 수 있다고 해서 깨끗하다고 말하는 것은 단순하게 물질 논리일 뿐이고, 그 반면에 보이지 않는 아상의 마음을 가지고 있는 인간이 제일 더럽고 추하다고 해야 맞아서 이 말 깊게 새겨봐야 할 것입니다.

지금 이 글을 보는 여러분은 스스로 자신을 깨끗한 사람으로 생각한다면 여러분은 아직 그 마음으로 내가 말하는 말 받아들이지 못할 것입니다. 불교에 가면 '모든 문제는 내 안에 있다.'라는 말을 합니다. 이 말을 들으면 여러분은 '그래 맞는 말이다'고 끄덕일 것인데 그렇다면 그들이 말하는 '내 안에 문제'라는 것을 어떻게 여러분이 알 수 있을까? 이것을 아는 유일한 방법은 '이치에 맞는 말'을 기준으로 삼아 그것에 어긋난 마음이 '문제가 있는 마음이다.'라고 해야 맞지 않는가?

다시 말하지만, 종교적으로 '모든 문제는 내 안에 있다'고 하는 말은 무엇이 문제가 있는가의 뿌리를 말하지 못하고 막연하게 하는 말이 아닌가를 생각해보라는 이야기입니다. 고작 해봐야 윤리·도덕·양심이라는 것을 기반으로 해서 잘잘못을 이야기하는데 이것으로 내 안에 문제는 해결할 수 없습니다.

여러분도 일상을 살면서 무수한 상황을 맞이하게 되고, 그 과정에 어떤 부분에 대하여 '내가 문제가 있다'고 느끼는 경우가 있을 것인데 이때 윤리·도덕·양심이라는 것을 기준으로 해서 '나의 문제'를 생각해보는 것이 전부일 것입니다. 이것은 조금만 의식이 있으면 누구라도 자신을 스스로 생각해볼 수 있는 것이 아닌가? 내가 말하는 것은 '진리 이치에 맞는 말'과 '윤리·도덕·양심'이라는 것, 이 두 가지 중에 어떤 것이 우선되어야 하는가를 여러분이 정립할 수 있어야 한다는 점입니다.

사실 여러분의 입장에서 보면 진리 이치라는 것을 모르기 때문에 단순하게 모든 문제에 대하여 윤리·도덕·양심을 기반으로 생각하겠지만 나는 이것에 상위법인 '진리 이치'에 맞아야 함을 말하는 것이고, 진리 이치를 다 아는 것을 깨달음이라고 해야 맞고, 진리 이치를 다 알면 윤리·도덕·양심이라는 것에 어긋나지 않게 살 게 되어 있다는 이야기입니다. 왜 그럴까? 그것은 순리·역리라는 것이 무엇인가를 알기 때문에 역리에 벗어나는 행동을 하지 않는다는 이야기입니다.

순리·역리

1262

많은 사람이 순리(順理)에 맞게 살고, 역리(逆理)에 따라 거스르지 않게 살아야 한다는 말을 많이 합니다. 사실 이 말은 공자, 맹자도 다 했는데 문제는 그들도 어떤 상황에서 무엇이 역리인가, 순리인가를 모른다는 이야기입니다. 이같이 말하면 누구는 '나는 순리에 맞게 산다, 살아왔다.'고 말할 것이나 이것은 대단한 착각입니다. 왜 착각인가? 만약 여러분이 살아온 인생에서 말 그대로 순리의 삶을 살았다고 한다면 이생에 인간으로 존재하지 않기 때문에 100%의 순리의 삶은 아니라는 이야기입니다.

지금 이 글을 보고 있는 여러분이 '나는 100% 순리에 따르는 삶'을 살았다고 한다면 무명의 존재가 말하는 내 글을 봐야 할 이유는 없지 않은가? 자신이 생각하는 순리의 삶을 스스로 알아서 살아가면 되기 때문에 말 그대로 100%의 순리의 삶은 아니라는 이야기입니다.

물론 종교들도 순리(順理)에 따라 살아야 한다는 말을 많이 하지만, 역시 그들이 하는 말이 100% 순리의 말은 아니라는 점입니다. 사전에는 순리에 대하여 '순한 이치나 도리. 또는 도리나 이치에 순종하는 것'이라고 나와 있는데 그렇다면 여기서 말하는 순한 이치, 도리가 뭔가의 문제가 남기 때문에 순한 이치, 도리를 아는 것이 깨달음인데 이것을 말하지 못하고 있다는 것은 결국 순리를 깨닫지 못하고 말장난을 하고 있다고 해야 맞습니다.

'순리를 따른다'는 말 참으로 듣기에는 좋은 말이지만 구체적으로 일상에서 일어나는 무수한 경계와 상황 속에 어떻게 하는 것이 '순리에 따르는 것인가'를 구체적으로 말하지 못하고 있다는 것은 매우 안타까운 일이고, 이것도 말하지 못하면서 감성적인 말만 나열하는 것이 종교가 아닌가를 생각해보라는 이야기입니다.

예를 들어 여러분 앞에 어떤 문제가 있다면 그 문제를 순리대로 풀어야 하는데 어떻게 하는 것이 순리인가를 모르기 때문에 점집이나 이름 좀 나 있는 사람을 찾아다니는 것이 아닌가? 사업하는 사람이 앞으로는 어떻게 사업이 전개될 것인가를 모르기 때문에 노심초

사하고 불안 불안해하는 것이 아닌가? 또 자기 죽음이 언제 찾아올지를 모르기 때문에 불안한 것이 아닌가? 등등 인간이 일상을 살면서 순간순간의 경계 속에 불안해하면서 사는 것이 보통 사람의 인생입니다.

그래서 인간의 이런 마음을 이용해서 무수한 것들이 생겨납니다. 심지어 방송에서도 말장난들 무지하게 하고 있는데 '자신에게 무엇이든 물어보라'는 말 여러분은 어떻게 생각하는가? 물론 의식이 깨어 있는 사람은 그런 것을 봐도 아무 관심이 없겠지만, 의식이 성숙하지 않은 어린이들이 보면 호기심을 갖게 됩니다.

그리고 그 아이의 잠재의식, 무의식 속에는 방송에서, 혹은 주변에서 봤던 그런 것들에게 나중에 관심을 두게 됩니다. 자신의 운명도 모르면서 남의 운명을 안다고 말하는 사람들 여러분은 어떻게 생각할 것인가? 그래서 종교들이 하는 말을 들어보면 의식 없는 사람들은 모두 인간 잘되라고 하는 말쯤으로 혹은 좋은 게 좋은 것이라는 이상한 생각을 하는데 안타까운 일입니다. 다시 말하지만, 순리(順理)에 따르는 삶을 살아야 한다는 말은 단편적으로 맞는 말이지만, 문제는 구체적으로 무엇이 순리에 따르는 것인가를 말한 사람은 없습니다.

고작 해봐야 욕심부리지 말라는 말이 전부가 아닌가? 어떤 사님이 욕심을 부려 뭔가를 했는데 망했다고 한다면 이 사람은 '내가 순리에 따르지 않았다'고 말할 것인데 그렇다면 이 사람은 순리를 알고 말하는 것일까?

고작 해봐야 욕심을 부린 것에 대한 후회로 이런 말을 하는 것이 아닌가? 만약 이 사람이 마음먹은 대로 뭔가가 잘 되었다고 한다면 이 사람은 또 '마음먹기에 달렸다, 꿈은 이루어진다'는 식의 말을 할 것입니다. 그래서 인간이라는 것은 어떤 것을 하더라도 자기 합리화, 정당화를 하는 말을 하게 되어 있습니다. 내가 말하는 순리의 개념은 여러분이 무엇을 하고자 하는 마음이 일었다고 해도 그것이 여러분 전생에 지은 업과 관련이 없으면 마음에서 일어났다고 해도 하지 않는 것이 좋습니다.

그 이유는 빙의가 여러분 마음에 작용하면 업에는 없는 것, 이치에 벗어난 것에도 '하고자 하는 마음'이 일어나게 할 수 있어서 그렇습니다.

만약 여러분의 업에 그것이 이치에 맞는다고 하면, 이 역시 '나는 이렇게 하고 싶다'는 마음은 똑같이 일어나게 되지만, 문제는 일어나는 그 마음이 빙의가 작용해서 일어난 마음인가, 아니면 여러분 참(眞) 나에 의해서 일어난 마음인가를 아는 것이 중요하고 이때 이치에 맞는 마음으로 뭔가를 해도 해야 한다는 이야기입니다.

이게 순리에 따르는 삶인데 이것을 알려면 반드시 마음이라는 진리적 기운작용을 알아야만 하는데 오늘날까지도 이런 부분을 깊게 말한 사람이 없다는 것이 문제입니다. 그래서 종교가 막연하게 '순리에 따르는 것'을 말하는 것은 붕어가 없는 붕어빵으로 여러분의 눈과 귀를 막는 것이라고 해야 맞습니다. 그 이유는 인간이라는 것은 입이 있으니 무슨 말인들 못 하겠는가? 순리(順理) '순한 이치나 도리 또는 도리나 이치에 순종하는 것'이라는 말 듣기에는 좋겠지만, 문제는 어떤 상황에서의 도리, 순리를 알지 못하고 문자로 나열하는 무수한 말은 쓸데없는 말임을 명심해야 할 것입니다.

인간들이 말하기를 순리는 좋은 것, 역리는 나쁜 것으로 생각하는데, 문제는 자신의 행동에서 정작 순리, 역리의 본질도 모르고 인생을 산다는 것입니다. 역리의 행동을 하면서도 그것이 역리의 행인지를 모르고 행동하면서 입으로는 순리는 좋은 것, 역리는 나쁜 것이라는 말을 하고 인간답게 살아야 하고, 세상 바르게 살아야 한다고 나불대는데 참으로 안타까운 일이 아닌가를 생각해 보라는 이야기입니다.

1263   의식과 무의식 Ⅰ

나는 '사람이면 의식이 깨어 있어야 한다'는 말을 많이 합니다. 이같이 말하면 대부분 사람은 '나의 의식은 깨어 있다'고 말할 것인데 그게 그렇지 않습니다. 만약 의식이 100으로 깨어 있다고 한다면 인간이라는 생명체로 태어나지 않기 때문에 그렇고 대부분은 순리(順理)에 거슬리는 삶을 살아서 이생에 제각각의 생명체로 존재하는 것임을 먼저 정립해야 합니다.

따라서 숨을 쉬고 밥을 먹고, 똥을 싼다고 해서 의식이 있다고 생각하면 안 되고, 사리 판단을 분명하게 할 수 있어야 의식이 있다고 말할 수 있어서 이 부분 새겨봐야 합니다. 어떤 사람이 몸은 살아있지만, 병원에서 식물인간으로 누워있는 것은 그 사람의 의식이 흐려 있어서, 의식이 없어서 그렇지 않은가?

그래서 사전에 '의식(意識) – 깨어 있는 상태에서 자기 자신이나 사물에 대하여 인식하는 작용'이라고 말한 것은 포괄적인 말에 불과하고, 한쪽 면만을 이야기하는 것이고, 내가 말하는 것은 A와 B의 논리 중에 어떤 논리가 맞는가를 분별하는 것이 다른 한쪽의 의식이라고 해야 맞습니다. 다시 말하면 사전에서 의식(意識)은 '깨어 있는 상태에서 자기 자신이나 사물에 대하여 인식하는 작용'이라고 하는 것은 물질개념이라고 한다면 진리적으로는 분별하는 마음에 힘을 의식이라고 해야 맞아서 이 두 가지를 정립해보면 어떤 논리가 맞는가를 알 수 있을 것입니다.

사람이 세상에 태어나 어떠한 의식을 가지고 사는데 그것은 사람마다 그 의식이 다 다르기 때문에 '동일한 인간이다.'라고 말하는 것은 물질 이치에서 같은 인간의 탈을 쓰고 있음을 말하는 것이기 때문에 이 논리는 한쪽 면만을 본 것이고, 내가 말하는 논리는 사물을 분별하고, 사고하는 능력은 사람마다 다르기 때문에 인간은 진리적으로 다 다르다고 해야 맞습니다.

이같이 인간이 다 다른 이유는 '자연스러운 현상이다.'라고 해야 맞는데 여러분은 이 부분 어떻게 생각하는가? 그런데 문제는 이런 것을 세상 누구도 말하지 못하고 막연하게 '인간은 평등하다'는 말만 하므로 문제가 되는 것입니다. 그래서 인간의 몸(물질 이치)과 마음 상태(진리 이치) 이 두 가지를 반드시 정립해야 하는데 이것을 정립하지 못하면 인간 우월주의에 빠져 살 게 되어 있고, 이 현실을 보면 쉽게 알 수 있을 것입니다.

이런 부분도 세상에서 내가 처음으로 하는 말이기 때문에 여러분이 쉽게 이해하지 못할 수 있지만, 마음공부라는 것을 한다면 기본이 되는 말부터 정립해가는 것이 중요한데 이런 것을 정립하지 못하고, 여러분은 자신에게 어떠한 문제가 있으면 그것만 족집게처럼 집어내서 해결하고자 하는데 이것은 대단한 착각입니다.

사람이 밥을 먹을 줄 안다고 해서 다 같은 사람이라는 논리와 밥을 먹지만 어떤 의식으로 밥을 먹는가는 분명하게 다르기 때문에 무늬만 같은 인간이라고 해서 다 같은 인간은 아니라는 점 여러분이 반드시 정립해야 합니다. 예를 들어 어떤 사람이 사람으로서 해서는 안 되는 행위를 했다고 하면 여러분은 '그것은 인간이 아니다, 짐승만 못하다'라는 말을 할 것입니다. 이런 행위를 보면서 여러분은 무슨 생각을 하는지 모르겠지만 내가 말하는 것은 이런 상황을 보면서 '나의 의식은?'이라는 것을 되돌아볼 수 있어야만 내가 지금 무슨 말을 하는가를 알게 됩니다.

다시 예를 들어 말하면 여러분은 자동화(自動化)되어가니 살기 좋은 세상이라고 단편적으로만 생각할 것인데, 내가 말하는 요지는 자동화가 필요한 부분도 있겠지만, 자동화가 되어갈수록 인간의 의식은 흐려진다는 논리를 말하고 있어서 이 부분 깊게 정립해야 합니다.

전화기를 보면 1번 버튼에 자주 사용하는 번호를 미리 입력해 둘수 있습니다. 그래서 '어떤 사람은 1번'이라고 메모리가 되어 있어서 1번 버튼을 누르면 자동으로 그 사람에게 전화가 걸리게끔 되어 있는데 이것을 '단축번호'라고 말합니다. 왜 이 말을 하느냐면 과거에는 상대에게 전화하기 위해서 반드시 그 사람의 전화번호 숫자를 머리로 기억해서 하나하나의 숫자를 손가락으로 눌러 전화했는데 이같이 하려면 전화번호를 외우던가 아니면 필기장에 메모해서 가지고 다녀야 했고, 이것을 '수첩'이라고 말하기도 했습니다.

그런데 초기에 단축번호로 숫자 키패드에 입력해두면 '누구는 몇번이다.'라는 것만 간단하게 외워두고 그 숫자만 누르면 되니 얼마나 간편한가? 이처럼 과학이 발달하면 여러분은 '살기 좋은 세상'이라고 생각하겠지만 내 말은 그 반대로 인간의 의식은 흐려지게 되어있다는 것이고 이 개념으로 보면 인간이라고 해서 다 같은 인간은 아니고, 지구 상에 70억의 인간의 의식은 다 다르다고 해야 맞지 않는가를 생각해봐야 할 것입니다.

과거 벼농사를 지을 때 벼의 모종을 일일이 사람의 손으로 심었지만, 요즘에는 자동으로 심어주는 기계가 있어 대부분 다 자동으로 벼를 논에 심습니다. 사람이 하는 일이라고는 기계를 잘 다루는 일만 하면 되는 세상이 아닌가? 또 요즘 일회용이라는 말을 많이 하는데 음식도 공장에서 일괄적으로 다 만들어져 나오는 세상이 아닌가?

과거 엄마들은 밥 한 끼 해결하기 위해 몸의 고단함을 무릅쓰고 먹거리를 손수 손질하여 뭔가의 음식을 만들어 먹었지만 요즘 젊은 사람들을 보면 돈만 주면 다 만들어진 음식을 사서 먹을 수 있는 세상에 살고 있어서 결국 요즘은 '돈만 있으면 된다'는 사고가 만연한 세상이 되어서 돈돈 하면서 살아가는 세상이 되었습니다. 돈=물질이기 때문에 요즘 세상은 인간성, 인간미가 다 사라진 물질 만능시대가 되었는데 이 말은 곧 인간이 이 세상에 존재하여야 할 이유가 없어졌음을 의미합니다.

1264   기후변화

나는 인간으로서의 가치관, 인간성이 다 상실되면 지구 상에 인간이라는 동물이 존재해야 할 이유가 없다고 누누이 말했습니다. 여러분은 앞서 말했지만, 문명의 발달로 살기 좋은 세상이라고 생각하는 것이 일반적인데 이것은 매우 잘못된 의식임을 명심해야 합니다. 요즘 코로나로 인해 사회문제가 심각한데 어떤 조사 기관에서 '코로나가 생긴 원인을 뭐라고 생각하느냐?'라고 물으니 응답자의 약 70%가 '기후변화가 원인이다.'라는 말을 했다고 합니다.

결국, 오랜 시간 코로나가 없어지지 않으니 결국 인간들은 생각하고 생각하여서 한다는 말이 '기후변화'라는 말을 하는데 이것도 앞서 말한 대로 물질 이치에서 단편적인 논리고, 내가 말하는 것은 인간이 마음을 잘 사용하지 못해서 그렇다는 논리를 말하고 있어서 물질 이치에서 '기후변화'라고 한다면 진리 이치에서 '마음을 잘 사용하지 못해서 그렇다'고 두 가지로 정립해야 합니다.

그렇다면 기후변화는 왜 생겨나는가의 문제인데 이것은 결국 인간이 마음을 잘 사용하지 못해서 기후변화라는 것으로 나타나는 것이라고 해야 맞는 말이 되어서 결국 이 세상에 나타나는 모든 현상의 원인은 인간에게 문제가 있어서 나타나는 것이라고 해야 맞습니다. 마음을 잘 쓰는 방법이 뭔가를 알아가는 것이 내가 말하는 '마음공부'법이고, 종교가 말하는 마음공부라는 것은 아상의 논리에서 마음을 말하고 있어서 이 부분도 전혀 다르기 때문에 똑같은 마음을 이야기하지만, 의미는 다릅니다.

그래서 오늘날 코로나로 인해 심각한 사회문제가 되고 있음에도 종교들이 이 부분을 한마디도 말 못 하고 있는 것은 '진리 이치'를 알지 못해서 그렇습니다. 위대한 존재, 절대자, 부처, 신 등을 말하고 있으면서 인간 사회에서 일어나고 있는 이 문제의 본질을 말하지 못하고 있다는 것은 무엇을 의미하는가를 생각해 보라는 이야기입니다.

하느님이 여러분을 구원하고 부처가 여러분을 보호한다고 말하는데 오늘날 이 현실을 보면 그들의 말대로 되어가는 상황인가를 생각해 보라는 이야기입니다. 지금도 여러분은 의식 없이 '누가 나를 구원해 주고 보호해 준다'는 막연한 의식으로 살고 있지 않은가를 되돌아봐야 하는데, 문제는 이같이 자신을 되돌아본다는 것은 매우 어렵습니다. 그래서 직설적으로 말해 '종교의 사상이 인간의 의식을 흐려지게 했고, 지금도 흐리게 한다'고 해야 맞는 말이 되는데 이 말 여러분은 어떻게 생각할 것인가를 되돌아보면 각자의 의식 상태를 쉽게 알 수 있을 것입니다.

인간이라는 것이 참 묘한데 자신의 몸을 편하게 하려고 무엇이든 만들어내지만 결국 그것으로 인해 인간이라는 동물을 병들게 한다는 것을 알아야 하는데 이 자체를 인지하지 못하고 있음은 매우 안타까운 일이라고 해야 맞습니다.

인간 자신이 빠져 죽을 우물을 인간 스스로 파고 있으면서 그 우물을 왜 파는지를 모르고 있다는 것은 무엇을 의미하는가를 생각해 보라는 이야기입니다. 이것은 인간 스스로 진리 이치를 모르고 살았기 때문에 이치·도리·진리·순리에 어긋나는 짓을 하고 살았고 오늘날 사회적으로 나타나는 현상을 가지고 '누구의 탓이다.'라는 말을 하면 안 됩니다. 이 개념으로 이 글을 보는 여러분의 인생을 생각해 보면 각자의 삶은 각자가 만들어 놓은 업의 결과로 제각각 살아가는 것이어서 무슨 일이 안되면 '남의 탓'만 하는 것은 무순이라는 이야기입니다.

무슨 일을 순리대로 하지 않고 억지로 하려고 하는 것. 세상을 순리대로 살지 않고 억지로 무리하게 사는 것을 〈역리〉라고 하는 것이어서 이 역리를 따라서 그것에 맞지 않은 행동을 한 결과가 오늘날 여러분의 환경으로 나타나 있고(물질 이치), 지금 여러분이 '내 마음'이라고 인식하는 그 마음(진리 이치)으로 나타나 있는 것입니다.

따라서 나는 인간의 삼생(三生, 전생·이생·후생)의 이치는 각자의 현실 앞에 다 나타나 있다고 말했는데 문제는 이것을 스스로 알지 못하고 살아간다는 점입니다. 이것은 내 눈앞에 붙어있는 눈썹을 스스로 보지 못하는 것과 같아서 이 현실을 떠나 우주에 무엇이 있다는 식으로만 말하는 것은 매우 잘못된 의식을 가지고 있다고 해야 맞는데 세상에는 나 자신의 꼬락서니도 모르면서 남의 인생을 가지고 좌지우지하는 사람들이 넘쳐납니다.

다시 말하지만 지금 이생에서 여러분이 살아가는 환경은 전생에 지은 바대로 살아가고 있으며 이것을 '피할 수 없는 운명'이라고 해야 맞고, 이생에 살아가는 모습을 보면 내일, 모레, 다음 생 여러분이 어떠한 환경에서 살 것인가는 매우 쉽게 알 수 있습니다. 참으로 안타까운 일인데 이런 이치를 알기 때문에 나와 선율이가 여러분에게 '이렇게 해라, 하는 것이 좋다'라고 말하는 것도 지난 세월 여러분 마음에 흔적이 남은 것을 지워가도록 하기 위해서인데 이런 말은 개무시 하는데 참으로 안타까운 일입니다.

물론 지금 여러분이 인지하는 '내 마음'이라는 것으로 살아도 한세월은 살 수 있고, 나와 선율이가 여러분에게 하는 말을 참고하여 여러분 마음을 고쳐가며 살아도 한세월인데 각자가 가진 똥고집으로 자신들이 생각하는 것이 맞는다고 살아가는 마당에 내가 하는 말이 온전하게 귀에 들어오겠는가? 나는 여러분 마음으로 사는 것보다는 해탈을 한 자의 '참(眞) 나'로 마음을 바꾸어 사는 것이 좋다는 말을 많이 했습니다.

기존의 내 마음이 아닌 해탈한 자의 참 나의 마음으로 바뀌게 되면 여러분은 해탈이라는 것을 할 수 있는데 이같이 온전하게 마음을 바꾸려면 반드시 지금 여러분이 '내 마음'이라고 하는 그 마음을 버려야 가능한데 이게 매우 어렵다는 것이고, 어렵지만 또 그렇게 마음 바뀜이라는 것이 되어야만 여러분의 운명이 바뀌는 것이어서 이 부분 새겨봐야 할 것입니다.

1265   이치

참으로 안타까운 것이 일상에서도 여러분의 마음은 수시로 바뀝니다. 예를 들어 점심때 백반 먹이야겠다는 마음을 먹었는데 막상 점심이 되자 나는 빵과 우유를 마시겠다는 마음이 일어났다면 이것도 일종의 마음 바뀜입니다. 밥이었다가 빵으로 순간 바뀌는 것을 여러분은 아무렇지 않게 생각하고 일어난 그 마음내고 행동을 케버립니다. 이것을 가만히 보면 결국 무엇을 먹어도 먹는 것이어서 빵이냐, 밥이냐의 차이만 다를 뿐 결국 행동을 하는 것은 똑같습니다.

그래서 여러분이 어디를 간다고 할 경우 여러분은 기차를 타고 가고자 하는 마음이 일어났다고 하더라도 내가 '버스로 가는 것이 좋겠다'고 말해주면 사실 목적지에 가는 것 자체는 똑같지만 문제는 현시점에서 어떤 것으로 목적지를 가야 하는가의 차이만 다릅니다. 이 말은 어떤 방법으로 가는 것이 합리적인가를 말하는 것이어서 여러분은 〈나〉라는 것이 있어 기차를 타고 간다는 생각이 강하고, 그 강함이 있는데 거기에 대고 버스로 가라고 하면 듣지 않을 것입니다.

바로 이것이 〈나〉라는 아상의 논리인데 이같이 말하면 누구는 '그렇다면 모든 것을 다 물어봐야 하는가?'라고 할 것인데 그렇지 않습니다. 예를 들어 여러분이 배를 타고 강을 건널 때 그 배는 반드시 물의 흐름을 알고 그에 맞게 배의 노를 저어야만 힘들이지 않고 강을 건널 수 있고 이것이 내가 말하는 '순리(順理)'라고 하는 것인데 여러분은 이런 것을 생각하지 않고 무조건 어떻게든 강만 빨리 건너면 된다는 생각을 하고, 그렇게 되는 결과만을 바라고 사는 것이 보통인데 인생을 사는 것은 그렇게 해서 될 문제는 아니라는 이야기입니다.

그래서 타고난 운명이라는 것은 반드시 있지만 그 운명을 아는 것도 중요하고, 또 순리라는 것이 뭔가를 알아서 이 두 가지가 원만한 조화를 이루어야만 편안한 인생을 살 수 있고, 궁극적으로는 괴로움에서 벗어나는 해탈이라는 것을 하게 되어 있습니다.

따라서 지금 여러분이 어떠한 직업을 가지고, 혹은 사업을 하고 있다고 할 경우 그것이 반드시 각자의 업에 이치에 맞아야만 원만한 사업을 할 수 있고, 직업도 그에 합당한 직업을 가져야 비교적 순리의 삶을 살 수 있을 것입니다. 자기 업의 이치에 맞지 않은 직업, 사업하는 것은 마치 자신의 몸에 맞지 않는 옷을 입고 있는 것과 같아서 똥고집 부리면서 맞지 않은 옷을 걸치고 있어봐야 몸에 무리가 가게 되고 그로 인한 괴로움만 가중됩니다.

원숭이가 진화해서 인간이 되었다고 말하는 일반적인 논리를 보면 사람이 인지하는 마음이라는 것이 언제 어떻게 해서 생겼는가에 대한 부분은 한 마디도 없습니다. 아니, 지구 상에 무수한 종교가 있지만 그들도 왜 인간이라는 것은 '내 마음, 네 마음'을 따지고 사는가의 본질을 말하지 못하고 있으면서 마음, 마음이라는 말 무수하게 하는데 참으로 안타까운 일이 아닌가?

지금 이 글을 보는 여러분도 '내 마음'이라는 것을 인지할 것인데 그 마음에 실체는 뭘까? 바로 이 실체를 아는 것이 화현의 부처님 법에서의 깨달음인데 여러분은 깨달음이라고 하니 석가가 도를 깨달았다는 말에 따라 도를 깨달으면 신통력이라는 것을 얻는다고만 막연하게 생각하는데 화현의 부처님 법에서의 신통력이라고 하는 것은 각자의 마음을 아는 것이고, 자연의 이치, 자연의 섭리를 아는 것이라고 하면 여러분은 어떤 말을 믿을 것인가? 불교에서 하는 말을 보면 '모든 것은 부처님 손바닥 안에 있다'는 말을 많이 합니다. 이 말은 마음이라는 것을 알면 생명체의 모든 것을 다 알 수 있다는 의미로 해석해야 맞는데, 일반적으로 말하는 '부처님 손바닥'이라고 하는 의미는 무엇을 말하는 것일까?

여러분이 자신에 대한 의구심이 들면 고작 한다는 짓이 사주팔자, 점, 철학 등과 같은 것으로 여러분의 운명을 알고자 하는데 그렇게 해서 그들이 하는 말대로 여러분의 운명을 알고, 그 말대로 맞았는가를 생각해 봐야 할 것입니다. 그래서 마음이라는 것을 알면 진리의 기운 속에 존재하는 미미한 생명체인 '나'라는 인간이 왜 존재하는가를 알기는 매우 쉽고, 이 의미로 모든 생명체의 이치를 다 안다는 의미로 '부처님 손바닥 안에 다 있다'고 해야 맞는데 이 말 여러분은 어떻게 생각하는가?

문제는 이것을 안다고 해서 여러분에게 직설적으로 '너는 업이 이렇다'고 말할 수는 없는데 그 이유는 이 법을 이해하지 못하면 '너는 업이 이렇다'고 하는 말에 반발심을 내게 되어 있습니다. '내가 왜?'라는 의문점을 가지고 이 법을 사이비라고 생각하게 되어 있고, 실제 이 법당에 왔다가 떠난 사람들을 여러분이 봤을 것이고, 그런 사람들이 앞서 말한 대로 이 법을 이해하지 못해서 반발심을 내고 떠나간 것입니다.

결국, 인간이라는 것은 자신에게 뭔가의 문제가 있으면, 마음이 편하지 않으면 그 마음을 편하게 하고자 해서 뭔가를 찾고, 이때는 가식적으로 '나'라는 아상을 내리는 척을 하다가 뭔가 자신이 원하는 것을 얻었을 때, 마음이 편안해지면 다시 각자의 본성이 반드시 올라오게 되어 있고, 이때 '이 법은, 이 법당은 필요 없다'는 생각을 하게 되고, 이같이 되면 법당에서 해주는 말을 따르지 않습니다.

그래서 사람이라는 동물은 자신이 가진 본성이라는 것을 절대 없 앨 수 없다고 나는 말한 것인데 아쉬우면 찾고, 아쉽지 않다, 없어 도 된다고 생각이 들면 본성은 여지없이 올라오게 되어 있어서 이 것을 누르지 못하면 결국 이 법당을 떠나게 되어 있습니다. 나는 세 상에서 제일 지저분한 것이 〈마음〉이라는 것을 인지하고, '나'라는 아상을 세우고 사는 인간이라고 말했는데 인간이 아닌 동물은 한번 마음이라는 것을 주면 인간과 같이 간사한 마음을 가지고 있지 않 습니다.

1266   인간과 동물

실제 이 부분은 여러분이 다른 동물들의 이야기를 들으면 쉽게 알 수 있는데 강아지만 하더라도 한 번 주인이라고 섬기면 그 마음은 절대 변하지 않는데 유독 이 '마음'이라는 것을 가진 인간은 그렇지 않습니다. 사랑한다고 말하면서 접근하여 모든 것을 다 취하고, 그 목적이 달성되면 마음이라는 것이 변하는데 여러분은 이 말 어떻게 생각하는지 모르겠지만, 이 법당도 마찬가지입니다. 처음에는 이 법이 좋다고 말하다가도 앞서 말했지만 어느 정도 자신의 완성, 마 음이 편안해지면 자신도 모르게 각자의 본성이 솟아나게 되어 있고 그 마음에 따라 뒤도 돌아보지 않고 가버립니다.

이것이 간사한 인간이라고 하는 동물입니다. 그래서 여러분 입으로 '일편단심'이라고 하는 말은 〈나〉라는 아상에서 하는 말이지 실제 한마음을 죽을 때까지 가지고 있을 수 있다는 확신에서 일편단심이라고 말하는 사람은 없습니다.

변하지 않는 마음을 가지고 죽을 때까지 산다는 것은 매우 어렵습니다. 인생을 살아가는 입장에서 자신을 되돌아보면 아마 수없이 마음이 오락가락했을 것이고, 어떤 것을 할 때 처음 그 마음을 끝까지 가지고 산 사람도 없을 것입니다. 그래서 '이치에 맞는 마음을 변하지 않게 지키고 산다'는 것은 더더욱 어려운 것입니다.

사실 내가 태어나 변하지 않은 마음으로 살았기 때문에 오늘날 이 법(法-이치에 맞는 말)이라는 것을 말할 수 있는지 내 마음이 오락가락했다고 한다면 이 법이라는 것을 말하지 못합니다. 내 마음이 변했는가 변하지 않았는가? 이 부분은 선율이가 잘 아는데 선율이를 만난 지가 약 25년이 되었는데 처음 내가 선율에게 했던 말과 행동은 지금까지도 그대로 이어져 오고 있고, 중요한 것은 그 마음이 겨자씨만큼이라도 변하지 않았다는 것이고 만약 겨자씨만큼이라도 변했다고 한다면 앞으로도 변한다는 말이 되는데 이렇다고 한다면 법이라는 것을 말할 수 없습니다.

물론 처음에는 선율이도 나를 볼 때 일반적인 사람과 동일하게 생각했지만, 오늘날에 와서는 하나도 변하지 않았고, 그대로의 마음이기 때문에 법을 말할 수 있다는 것을 현실적으로나 진리적으로 압니다. 변하지 않는 마음이기 때문에 빙의들도 내 말을 믿고 따르는 것이지 내가 마음이 변한다면 빙의가 내 말을 믿고 따르겠는가를 생각해보라는 이야기입니다. 이 부분 여러분이 얼마나 이해할지 모르겠지만 변하는 마음과 변하지 않는 마음이라는 것이 뭔가를 이해했으면 합니다.

물론 여러분도 변하지 않은 마음을 가지고 있다고 말할 수 있을 테지만 그 마음이 100% 이치에 맞는 마음은 아니라는 이야기입니다. 그 마음에 겨자씨만큼이라도 이치에 벗어난 마음이 들었다면 그 마음은 그것으로 인해 언젠가는 변할 수 있다는 뜻입니다. 이것은 마치 거대한 얼음을 깰 때 바늘로 흠집을 내어주면 그 얼음덩어리는 그 흠집으로 인해 언젠가는 깨지는 것과 이치는 똑같습니다.

그래서 중요한 것은 이치에 맞지 않는 마음을 가지고 있으면서 변하지 않는 마음으로 살았다고 말하는 것은 모순입니다. 지금 여러분 자신을 되돌아보면 오늘날까지 변하지 않은 마음으로 살았다고 생각하는가? 아니면 변했다고 생각하는가? 자신을 되돌아보며 그 마음을 알아가는 것이 '나를 알자, 나를 찾아서'라고 해야 맞고, 그 마음을 알아가면 여러분 스스로 자신이 어떤 존재인가를 알게 됩니다.

나 자신의 마음을 알기 위해서는 여러분의 마음을 다 끄집어내어 마당이 펼쳐놓고 그 많은 마음 중에 무엇이 이치에 맞는 마음인가, 아닌가를 구분해가는 과정에서 '나는 이런 사람이구나'라는 것을 알게 됩니다. 그런데 문제는 이같이 마음을 꺼내놓지 못한다면 결국

'나'라는 아집에 사로잡혀 살게 되어 있어서 이 부분 정립해야 할 것입니다.

　여러분이 일상을 살면서 친한 친구가 있다고 합시다. 그러면 그 친구와 지내오는 세월 동안 그 친구의 마음이 하나도 변하지 않았다고 생각한다면 여러분의 의식은 깨어 있지 못합니다. 다시 말하면 그 친구의 마음도 변하고, 여러분의 마음도 같이 변했기 때문에 서로가 변하지 않았다고 생각하는 것이고, 만약 여러분 마음이 변하지 않고 그대로 있다고 한다면 변한 상대의 마음을 알 수 있을 것입니다.

　이 개념으로 법을 말하는 내 마음이 과거부터 오늘날까지 변하지 않았으므로 변하지 않는 것에 비교해서 여러분 마음은 얼마나 변했는가를 알 수 있는 것입니다. 따라서 나는 이 개념으로 '내 마음은 순수한 백색이다, 투명이다'는 말을 한 것인데, 그 마음으로 색(色)이 있는 여러분에 마음을 알 수 있습니다. 나는 이 부분을 빛과 색의 개념으로 초기에 이 법을 말하면서 수없이 이야기했습니다.

　백색의 도화지에 어떤 색의 물감을 칠하면 그 색은 확연하게 드러나는 것과 이치는 똑같습니다. 그래서 나는 이 법을 말할 때 여러분이 어떤 것을 물어보면 내 마음과 어떤 차이가 있는가를 알기 때문에 그 차이만큼 여러분의 마음은 어긋나 있다고 해야 맞는 말이 될 것입니다. 다시 말하지만, 여러분이 시중에서 누군가에게 '이것은 어떻게 해야 하는가?'라는 것을 물으면 그 사람은 자신이 살아온 인생과 비교해서 혹은 윤리·도덕·양심이라는 것에 비교해서, 아니면 신(神)이라는 것을 끌어들여 그 문제의 답을 말하는 것이고, 나는 내 마음에서 일어난 마음으로 비교해서 그 문제의 답을 말합니다.

그 이유는 내 마음은 투명한 마음이어서 그 마음에 어긋난 여러분의 마음에 차이를 알기 때문에 '이것이 잘못되었다'는 말을 하는 것이므로 내가 말하는 것은 일반사람들이 말하는 것에 상위법을 말하고 있어서 이 부분 깊게 정립해봐야 할 것입니다.

1267   순수함

여러분 중에는 '나는 순수한 마음을 가졌다'는 말을 하는 사람이 있는데 글자 그대로 순수(純粹)라는 것을 사전에서 보면 전혀 다른 것의 섞임이 없는 것, 사사로운 욕심이나 못된 생각이 없음이라고 말하는데 이 말은 글자의 의미로만 보면 맞겠지만 문제는 과연 이런 말대로의 마음을 가지고 있는 사람이 있을까? 답은 '없다'입니다.

왜 없는가는 여러분이 스스로 생각해 보면 알 수 있을 것이고, 내가 말하는 순수(純粹)의 의미는 100% 이치에 맞는 마음을 가지고 있는 것을 순수라고 말하는 것이어서 막연하게 '전혀 다른 것의 섞임이 없음. 사사로운 욕심이나 못된 생각이 없음'이라고 말하는 것은 모순입니다. 다시 말하지만, 업(業)이 있어서 생명체로 존재한다는 것 그 자체로 여러분은 100% 순수하지 않다고 해야 맞기 때문에 그렇습니다.

　그래서 보통 사람들이 말하는 순수의 의미는 얼마만큼 윤리·도덕·양심에 가까운가에 따라 이 순수라는 말을 사용하는 것이어서 여러분 스스로 '100% 나는 순수하다'고 말한다면 우월주의에 빠져 있다 할 것입니다. '저 사람이 나쁘다'고 말할 경우 나쁨의 비율이 얼마인가의 차이만 다를 뿐 단편적으로 '저 사람은 나쁘다'고만 말하는 것은 모순이라는 것이고, 좋고 나쁨을 말하는 기준에 따라서 달라지기 때문에 똥 묻은 개가 겨 묻은 개를 나무라는 것과 같다 할 것입니다. 부모가 자식에게 어떤 상황에서 나무랄 때 나무람의 기준은 두 가지입니다. 하나는 윤리·도덕·양심이라는 것을 기준 삼아 그 잣대로 나무라는 것이고, 다른 하나는 부모의 관념·이념·사상에 맞지 않은 행동을 했을 때 부모의 뜻에 맞지 않음으로 자식을 나무라는 경우가 있습니다.

　이 말 가만히 생각해 보고 여러분이 누구를 나무란다고 했을 때 무엇을 기준으로 나무랐는가를 생각해 보면 내가 무슨 말을 하는가를 이해하게 될 것입니다. 따라서 이치에 맞는 말로 나무라는 것과 앞서 말한 대로 자신만의 기준으로 나무랐는가를 보면 여러분과 내가 무엇이 다른가를 알 수 있을 것입니다. 이같이 말하면 여러분도 '이치에 맞게 나무랐다'고 말하는 사람도 있을 것이나 여러분이 아는 '이치'라는 것에는 반드시 '나'라고 하는 아상이 들어 있는 상태이기 때문에 내가 말하는 의미와는 다를 것입니다.

간단하게 일상에서 여러분이 스스로 순수한가에 대한 것을 알 수 있는데 그것은 '있는 그대로를 말하고 있는가'를 보면 스스로 순수한지 아닌지, 얼마만큼 나라는 아상이 들어가 있는가를 알 수 있습니다. 어떤 상황에 대한 부분을 말할 때 보통은 사실 그대로를 말해야 하는데 어떤 사안에 대하여 반드시 '나'라는 아상을 섞어서 말하게 되어 있어서 그렇습니다.

사실을 그 사실대로 있는 그대로를 말한다는 것 간단한 것 같지만 이것은 매우 어려운데 그 이유는 자신이 말하는 그 사실이라는 것에는 반드시 〈나〉라고 하는 아상의 마음이 들어 있어서 그렇습니다. '있는 사실을 그대로 말한다'는 것과 그 말속에는 '나'라고 하는 아상의 마음이 겨자씨만큼이라도 들어 있는 말은 반드시 차이가 있어서 이 부분은 여러분이 살아온 세월 속에 한 행동을 되돌아보면 무슨 말인가를 알 수 있을 것입니다.

왜 이런 '아상'의 마음이라는 것이 생겨난 것인가? 그것은 인간이 돌연변이로 태어나서 인간의 숫자가 지구 상에 늘어가고, 이 과정에 인간에게는 마음이 있다는 것을 알고 난 이후 '나'라고 하는 아상이 만들어지게 됩니다. 지구 윤회 속에서 새롭게 돌연변이로 사람들이 생겨났던 과거에는 알지 못했지만, 사람들이 '내 마음'이라는 것이 있음을 알게 된 이후 세상은 급격하게 변하게 됩니다.

물론 돌연변이로 태어나는 그 자체에도 아상의 마음이 있었지만, 이때는 나라고 하는 아상을 발견하지 못한 때였고, 시간이 지나면서 '나'라는 마음이 있다는 것을 알게 되었는데 이것을 알게 된 것은 '저 사람이 나와 행동이 다르다'는 것에 의구심이 들었고, 사람들은 '왜 저 사람의 행동이 나와 다를까?'를 생각하다가 결국 '마음이 다르기 때문에 그렇다'는 것을 알게 됩니다.

이것이 인간이 마음을 발견하게 된 시초이고, 이후 진리적으로 세상에 드러나야 할 인간들이 세상에 존재하면서 무수한 사상이라는 것이 만들어졌고, 영웅호걸이라는 존재들도 그 모습을 세상에 드러내게 됩니다. 그런데 문제는 인간이 죽음이라는 것에 불안함이나 공포심을 기본적으로 가지고 있다는 것을 안 사람들은 '죽음 이후'에 대한 사상을 만들고 그것을 믿게 함으로써 스스로 위안 삼게 한 것이 오늘날의 종교라고 해야 맞는 말이 됩니다.

결국, 인간이라는 동물은 죽음 앞에 두려움과 공포심을 가지고 있다는 것을 알고 현실에 대한 도피처로 '천상세계, 사후세계'와 같은 세상을 만들고 도피처로 믿음을 가지게 함으로써 인간은 스스로 위로하게 됩니다. 그래서 오늘날 종교에 빠지게 되면 '나는 죽음 이후를 보장받았다'는 생각으로 기세등등하게 살아가는데 매우 잘못된 의식입니다.

그 이유는 종교가 말하는 그런 세상은 현실적으로 존재하지 않기 때문에 그렇습니다. 아마 여러분 중에도 지금 내가 말하는 것을 믿지 못하고 내 글을 보는 사람도 있을 것인데 그 이유 중에 하나는 긴 세월 무수한 역사를 가진 종교의 논리가 잘못되었다고 말하니 이 말 여러분이 이해하겠는가?

긴 인간의 역사 속에 내로라하는 사상가들이 등장하여 한 말을 나는 '그 말은 모순이다, 이치에 맞지 않는다'고 말하는 내 말 여러분은 쉽게 긍정하지 못할 것임을 나는 잘 알지만 나는 내가 아는 말을 해야 하는 입장이어서 이러한 내 말과 세상 사람들이 하는 말을 비교해서 취사선택을 하는 것은 결국 여러분의 의식에 달려 있다 할 것이고, 만약 세상 사람들이 한 말이 맞는다고 한다면 내가 말하는 것 볼 필요는 없습니다.

1268 　　　　　　　　　　　　　　진화

정리하면 원숭이가 인간이 되었고, 곰이 마늘을 먹고 인간이 되었고, 알에서 누가 깨어나 왕이 되었고 등등 무수한 말이 있는데 이 말과 지구 상에 모든 생명체는 '돌연변이로 태어났다'고 말하는 내 말과 어떤 논리가 맞는가를 여러분이 기본적으로 정립하지 못하면 세상 사람들이 하는 말과 내가 말하는 것에 무슨 차이가 있는가를 알지 못합니다.

이것을 먼저 정립해야 한다는 이야기고, 이런 것을 정립해가는 것이 내가 말하는 화현의 부처님 법에서의 마음 공부법입니다. 따라서 온 세상 사람들이 하는 말을 보면 인간이 왜 이 땅에 생겨났는가의 뿌리를 말하지 못하고 결국 '인간이 존재하고 난 이후' 마음이라는 것을 발견하고 난 이후, 지구에 인간이 급속하게 늘어난 이후, 사상적인 말이 세상에 드러난 이후의 세상을 말하고 있어서 이 부분 정립해보면 내 말이 얼마나 의미 있는지 알 수 있을 것입니다.

아담과 이브라는 것도 앞서 말한 대로 인간이 지구 상에 급속하게 퍼져 있을 때 만들어진 사상입니다. 만약 지구 상에 아담과 이브라는 존재가 두 명 있었다고 한다면 누가 이 사람을 본 적이 있는가? 피라미드 개념에서 이 두 사람이 인간의 시초라고 한다면 우리는 모두 근친상간을 하고 있지 않은가를 생각해보라는 이야기입니다.

그래서 어둠에서 아침 해가 밝아지듯이 마음을 발견하고 난 이후, 우후죽순처럼 인간이 지구 상에 존재하기 시작하면서 무수한 것들이 세상에 모습을 드러내게 되고, 이후 그 모든 말들은 〈베다〉라는 사상으로 남게 되고 여기서 가지를 쳐서 종교들이 만들어졌다고 큰 틀에서 정리해야 할 것입니다. 이런 것을 정리해보면 앞으로의 상황이 어떻게 전개될까를 알기는 매우 쉽습니다.

왜 이런 것을 여러분이 알아야 하느냐면 이 흐름 속에 여러분의 운명도 들어 있어서 그렇습니다. 다시 말하지만, 지각변동 후 아무것도 없는 지구 상에 돌연변이로 피라미드의 꼭지 맨 정점에서 인간이라는 동물이 생겨납니다. 이때는 인간이 '마음'이라는 것을 모르고 단순하게 동물적인 행위만으로 먹이 활동을 하고 살았는데 시간이 흐르면서 서로 다른 행동을 하는 것을 보고 왜 저 인간은 나와 다른 행동을 할까 하는 의구심을 가지게 되었고, 오랜 시간 지나 결국 그렇게 다른 행동을 하는 것에는 '마음'이라는 것이 있음을 발견한 것이고 이후 급격하게 인간들의 사상이 생겨나 오늘에 이른 것입니다.

내가 앞에 말한 순서는 반드시 외워두는 것이 좋은데 그 이유는 이것은 큰 틀에서의 진리적인 흐름이기 때문에 이 흐름을 정립하고 있으면 세상에서 하는 모든 말이 얼마나 모순되었는가를 알게 될 것이고, 이것을 정립하지 못하면 세상 사람들이 하는 말과 내가 하는 말에 대한 차이를 여러분은 모를 것입니다.

왜 내가 인간으로 태어나 여러분에게 이런 말을 하는지 그 자체를 여러분이 알지 못하면 결국 여러분은 내가 법을 말한다고 하니 뭔가의 신통한 재주를 가지고 있지 않을까 하는 것만 생각하고 내 말을 들을 것이기 때문에 이 부분은 반드시 정립해야 합니다. 따라서 원숭이가 진화해서 인간이 되었다고 말하는 일반적인 논리를 보면 이 과정에는 사람이 인지하는 마음이라는 것이 언제 어떻게 해서 생겼는가에 대한 부분은 한 마디도 없습니다. 다시 말하지만 안타까운 부분이 지구 상에 무수한 종교가 있지만, 그들도 왜 인간이라는 것은 '내 마음, 네 마음'을 따지고 사는가의 본질을 말하지 못하고 있으면서 마음, 마음이라는 말 무수하게 하는데 참으로 안타까운 일이 아닌가?

지금 이 글을 보는 여러분도 '내 마음'이라는 것을 인지하고 세상을 살 것인데 그 마음에 실체는 뭘까? 바로 이 실체를 아는 것이 화현의 부처님 법에서의 깨달음인데 여러분은 깨달음이라고 하니 석가가 도를 깨달았다는 말에 따라 도를 깨달으면 신통력이라는 것을 얻는다고만 막연하게 생각하는데 화현의 부처님 법에서의 신통력이라고 하는 것은 이런 마음의 흐름을 아는 것이고, 이것을 알면 여러분 각자의 마음을 알기는 매우 쉽기 때문에 지금 내가 하는 말이 여러분과 관계가 없는 말은 아닙니다.

이 마음을 알면 자연의 이치, 자연의 섭리를 알 수 있다고 하면 여러분은 어떤 말을 믿을 것인가? 마음이라는 것이 무엇인가를 말하는 이것, 이 부분을 화현의 부처님은 전무후무한 일이라고 말한 것입니다. 그런데 여러분은 전무후무한 일이라고 하면 지팡이 짚고 하늘의 구름 위를 타고 다니는 것만 생각할 수 있는데 바로 그런 의식이 잘못되었다는 이야기입니다.

불교에서 하는 말을 보면 '모든 것은 부처님 손바닥 안에 있다'는 말을 많이 합니다. 여러분은 이 말을 어떻게 생각하고 있는가? 이 말만을 놓고 보면 부처는 모르는 것이 없어서 여러분 개인사는 물론이고 세상사 모든 것을 다 안다는 이야기가 되는데 그렇다면 이 말대로 여러분에게, 혹은 이 세상에서 일어나고 있는 모든 문제에 대한 답을 부처가 말했을까? 참으로 답답할 노릇인데 과연 그들은 왜 '모든 것은 부처님 손바닥 안에 있다'는 말을 하는 것일까를 여러분이 생각해보면 그들의 말이 얼마나 근본 없는 말인가를 알게 될 것입니다. 따라서 '모든 것은 부처님 손바닥 안에 있다'는 말은 '마음이라는 진리적인 기운 작용'이라는 것을 알면 생명체의 모든 것을 다 알 수 있다는 의미로 해석해야 맞는데, 불교는 이런 논리를 말하지 못하고 있는데 이것은 매우 안타까운 일이라 할 것입니다.

1269 참마음

다시 말하지만, 일반적으로 사람들이 말하는 '부처님 손바닥'이라고 하는 의미는 무엇을 말하는 것일까? 예를 들어 여러분 자신에 대한 의구심이 들면 고작 한다는 짓이 사주팔자, 점, 철학 등과 같은 것으로 여러분의 운명을 알고자 하는데 그렇게 해서 그들이 하는 말대로 여러분의 운명을 알고, 그 말대로 맞았는가를 생각해보라는 이야기입니다. 그래서 나는 이 '마음'이라는 것을 알면 진리의 기운 속에 존재하는 미미한 생명체인 '나'라는 인간이 왜 존재하는가를 알기는 매우 쉽고, 이 세상이 어떻게 전개되어 갈까는 매우 쉽게 알 수 있습니다.

따라서 진리의 기운을 알면 모든 생명체의 이치를 다 안다는 의미로 '부처 손바닥 안에 다 있다'고 해야 맞는데 이 말 여러분은 어떻게 생각하는가? 문제는 생명체의 이치를 안다고 해서 여러분에게 직설적으로 '너는 업이 이렇다'고 말할 수는 없는데 그 이유는 이 법을 이해하지 못하면 '너는 업이 이렇다'고 하는 말에 반발심을 내게 되어 있습니다.

다들 나는 이상 없고 잘 났다는 마음으로 세상을 사는 여러분의 입장인데 진리적인 말을 그대로 말하면 여러분은 '내가 왜?'라는 의문점을 가지고 내가 말하는 화현의 부처님 법을 사이비라고 말하게 되어 있고, 실제 이 법당에 왔다가 떠난 사람들을 여러분이 봤을 것이고, 그런 사람들이 앞서 말한 대로 이 법을 이해하지 못해서 반발심을 내고 떠나간 것입니다. 사실 이 부분도 과거 화현의 부처님이 법을 말할 당시에도 이런 사람은 있었기 때문에 새삼스러운 일은 아닌데, 인간이 세상에 존재하는 한 사상이 서로 다를 수밖에 없어서 내가 아무리 이치에 맞는 말을 해도 일부는 그 말을 비꼬는 사람도 있고, 반대로 이 법을 마음에 두는 사람도 있어서 사람 사는 사회에서 내 말이 무조건 맞다 말할 필요도 없는데 그 이유는 사람의 마음이 다 달라서 그렇습니다.

그래서 여러분이 반드시 정립해야 할 부분이 지금 여러분이 인지하는 '나라는 것'은 복합적인 기운의 작용으로 섞여 있는 마음이어서 인지하는 지금의 마음은 여러분의 본질에 마음이 아닐 수 있습니다. 빙의가 그 마음을 장악하고 있다면 빙의의 마음을 여러분은 내 마음이라고 인지하고 있을 수도 있고, 여러분 본성에 따라 일어나는 마음일 수도 있고, 아상의 마음일 수도 있고, 혹은 업과 관련이 없어도 떠 있는 빙의들이 여러분 마음을 작용하고 있을 수도 있고, 이런 마음들이 전부 섞여 있는 마음일 수도 있다 할 것입니다.

왜냐하면 생명체는 진리의 기운이 있는 이 자연에서 살기 때문에 언제라도 자연 기운의 영향에 따라 여러분의 마음은 변할 수 있어서 그렇습니다. 과거 인간이 지구 상에 존재하기 시작하면서 초기에는 마음이라는 것이 뭔가를 몰랐는데 시간이 지나면서 마음이 있다는 것을 알게 됩니다.

　이같이 마음을 발견한 이후 사람들은 제각각 가지고 있는 각자의 마음을 세상에다 말하게 되고, 이런 말들이 모여서 〈베다〉라는 사상으로 집합되었는데 이것이 최초의 문헌이 됩니다. 따라서 세월이 지나면서 이 베다에 있는 말들이 하나의 사상에 축으로 발전하게 되어 오늘에 이르게 되었는데 문제는 동물들은 진리의 기운 속에 살지만, 인간처럼 아상의 마음이 없어서 사상이라는 것도 없지만, 유독이 인간만이 마음이라는 아상이 있어서 결국 공포심, 불안한 것 등도 말로써 표현하게 됩니다.

　모든 사람들이 죽음에 대한 의구심이 있다, 두려움을 가지고 있다는 것을 알게 되고 이후에 이 부분에 대한 사상이 만들어져 오늘날 종교가 〈베다〉 사상을 바탕으로 가지를 쳐서 만들어지게 됩니다. 그래서 종교가 하는 말을 가만히 보면 인간이 느끼는 고통을 없애주고자 감성적으로 무수한 말을 하는 것이지 사실 그런 말들이 진리 이치에는 맞지 않습니다.

　이 같은 흐름을 보면 동물, 무수한 생명체들도 죽음에 대한 공포심이라는 것은 다 있지만, 인간과 느끼는 감정은 다 다릅니다. 또 하나는 인간은 그런 생명체와 말로써 소통하지 못하는 부류에 속해서 우리가 그것을 알아차리지 못하고 있지만, 인간은 먹이 사슬의 정점에 있고, 아상의 마음이 있어서 인간들은 모든 것을 표현하고 있는 것이고, 인간에게 이 아상이라는 마음을 없애 버리면 어떻게 될까? 인간도 결국 다른 동물과 똑같다는 이야기입니다.

만약 나라고 하는 아상이 없으면 죽음에 대하여 궁금해하지 않는데 그것은 동물은 죽음에 대한 애착이 없어서 그렇고, 인간이라는 것은 아상의 마음이 있어 죽음에 대한 불안함, 공포심을 가지고 있어서 이것에서 도피하기 위해, 회피하기 위해, 위로받기 위해 죽음 이후의 어떤 곳이 있다는 이상한 사상(思想)을 만들고 그것을 믿음으로써 각자의 마음에 위로로 삼고자 했고 인간은 아상이 있어서 감성적으로 말하는 그것을 믿게 됩니다.

다시 말하지만, 인간이 아닌 생명체는 아상이 없어서 그 무엇을 만들고 그것을 믿지는 않습니다. 그래서 누가 얼마나 감성적으로 죽음 이후를 묘사하는가에 따라 그것은 하나의 종교로 만들어지게 된 것이기 때문에 종교의 말을 들어보면 이치에는 맞지 않지만 여러분이 듣기에는 감성적으로는 좋은 말이라는 생각으로 받아들이게 되어 있고, 그렇게 만들어진 것이 극락, 천당, 사후세계, 하늘나라 등의 말이 아닌가? 그렇게 위대한 존재를 설정하고 그 존재가 자신을 보호해준다는 논리를 만들어 낸 것이 전부입니다.

그래서 사람들은 사실, 현실이 아닌 환상을 좋아하게 돼 있고, 온갖 말로 꾸며진 판타지 같은 말을 좋아하는데 그것은 현실에 대한 도피처로 그런 것이 있다는 믿음이 생겨나고 하나의 신앙으로 믿게 된 것인데 이것은 매우 잘못된 의식이어서 이런 부분을 고친다는 것은 현실적으로 불가능합니다. 예를 들어 환각 성분이 있는 마약을 복용하면 현실을 바로 보지 못하게 되어 있는데 이것은 복권을 사면 그것에 대한 환상으로 현실을 망각하게 되는 것과 이치는 똑같습니다.

1270   진리이치

그래서 내 마음을 고치지 않고, 그대로 두면서 '무엇을 믿는다'는 것은 매우 잘못된 의식이고, '이치에 맞는 말을 따르며 산다'고 하면 맞는 말이 되는데 이 두 가지의 말을 가만히 생각해 보고 무엇이 맞는 말인가를 여러분이 안다면 의식이 깨어 있다고 해야 맞습니다. 반대로 이치에 맞는 말이 뭔가를 모르고 앞서 말한 대로 무엇을 믿으면 해결된다고 생각한다면 이 사람의 의식은 흐려 있다고 해야 맞는 말이 되므로 이 말을 기준 삼아 각자의 마음을 되돌아보면 스스로 의식이 뭔가를 알 수 있을 것입니다.

이런 것을 통해 스스로 마음을 알아가는 것이 '나를 알자, 나를 알아가는 방법'입니다. 결국, 종교는 이치에 벗어난 것을 판타지로 만들어 놓고 그것을 믿게 하는 것이고, 화현의 부처님 법은 현실에서 내가 어띠힌 말과 행동을 하고 살아야 하는가를 말하는 것이어서 종교의 말과는 전혀 다른 말을 하고 있어서 이 부분 반드시 여러분이 정립해야 할 것입니다.

지금 이 글을 보는 여러분도 두 가지의 마음이 있습니다. 하나는 참(眞) 나의 마음이고, 다른 하나는 참 나를 기반으로 해서 형성된 가식적인 아상의 마음, 이 두 가지의 마음으로 보통은 살아갑니다. 그렇다면 참 나의 마음은 이치에 맞는 마음일까인데 그게 그렇지 않습니다. 이 말은 여러분을 이 세상에 존재하는 것이 참 나의 마음이고, 그 마음은 여러분이 알지 못하고, 참 나를 기반으로 형성된 가식적인 마음(아상의 마음)으로 살아가는 것이 일반적입니다.

그래서 여러분이 어떤 행동을 하면 그 행동이 나오게 된 것은 참 나를 기반으로 해서 만들어진 아상의 마음을 여러분은 내 마음이라고 인지하고 그 마음을 보통 사람들은 '내 마음이다.'라고 말하는 것입니다. 그래서 불교에서 '나를 알자'고 하는 말은 참 나의 마음이 아니라 참 나를 기반으로 형성된 가식의 마음을 말하는 것이고, 이 것은 여러분이 태어나면서부터 인지했던 마음이어서 '지난날 내 잘못을 참회한다'고 하는 것은 살면서 인지하고 있는 가식의 마음으로 한 행동을 되돌아보는 것이어서 그렇게 되돌아본다고 해서 여러분의 참 나(본성)를 알 수 있는 것은 아닙니다.

지금 내가 말하고 있는 것을 새겨보면 시중에서 하는 말과 내가 말하는 화현의 부처님 법에서의 마음이라는 것에 차이를 알 수 있을 것인데 이 말을 이해하지 못하면 내가 어떠한 말을 해도 여러분은 이해하지 못합니다. 여러분이 사람을 처음 보면 마음이 끌리는 사람이 있고, 마음이 전혀 가지 않는 사람이 있다고 할 경우, 왜 누구는 마음이 끌리고 누구에게는 마음이 끌리지 않는가를 생각해 본 적이 있는가? 이러한 의구심을 갖지 않으면서 마음공부를 한다는 것은 매우 잘못된 의식입니다.

지금 이 글을 보는 순간에도 여러분은 뭔가에 대하여 어떠한 마음이 일어나고 있을 것이고, 그러한 마음이 왜 일어나는가의 본질을 아는 것이 중요한데 지금까지 이 세상 사람들은 이런 부분에 대한 말은 하나도 하지 못하고 있는데 왜 그럴까? 이것이 있어 저것이 있다는 논리가 불교의 연기법이 아닌가? 그렇다면 여러분에게 어떤 마음이 일어나면 일어난 그 원인이 반드시 있을 것이 아닌가? 그런데 이 원인을 말하지 못하면서 연기법이 어떻다고 말하는 것은 모순입니다.

마음이란 현실에서 매일 수천만 번 일어나고 있는데 어떤 것에 '마음이 끌린다'는 것은 '참(眞) 나'라는 마음이 작용해서 여러분은 '저 사람에게 마음이 끌린다'고 말하는 것입니다. 그렇게 일어나야 할 각자의 업(業)이 있어서 어떤 상황에서든 마음이 일어나는 것이고, 남녀가 처음으로 만나 '저 사람에게 마음이 간다'라는 말을 하면서 결국 한이불을 덮고 자는 상황에 이르게 되는 것도 두 사람이 전생에 부부가 될 업의 인연을 만들어서 그렇게 되고 그 원인을 아는 것이 전무후무한 일이라고 화현의 부처님은 말한 것입니다. 여러분이 어떤 것에 대하여 하고 싶다. 하기 싫다 등의 마음이 일어나는 것도 부부가 살면서 시간이 흐르면 나는 저 사람과 '살기 싫니''는 마음이 드는 것도 그 업의 유통기한 때문에 이런 마음에 변화로 나타나는 것이어서 여러분 마음에 어떤 마음이 일어나면 반드시 일어나는 그 마음에는 그럴만한 이유가 있다 할 것입니다. 이것이 바로 화현의 부처님 법에서의 '연기법'의 정석입니다.

그래서 내가 여러분 개개인에게 어떤 사안에 대하여 '이같이 해라'라고 말하는 것은 여러분의 본성으로 하면 그 일이 어긋나기 때문에 그것을 바로잡기 위해 '이같이 해라'라고 해서 방향을 잡아 주는 것입니다. 사실 이 부분은 여러분이 체득하지 못하면 이해하기 어려운 부분인데 그것은 〈나〉라는 아상이 살아 있으면 법당에서 여러분 개인적으로 해주는 말을 절대 받아들일 수 없고, 받아들일 수 없으니 체득이라는 것도 할 수 없기 때문에 이 판단은 여러분이 하면 됩니다.

따라서 비뚤어진 그 마음을 잡아주면 괴로움이 줄어들고 어떤 문제에 대하여 합리적으로 풀어지는 것을 여러분은 알 것입니다. 그러나 시간이 지나 조금 뭔가 편해지면 결국 괴로움 때문에 감추어 두었던 그 본성이 올라오게 되어 있기 때문에 본성을 누르며 산다는 것은 사실 매우 어렵습니다. 그래서 나는 여러분에게 '마음이 편해지면 본성은 반드시 올라온다'고 말한 것이고, 그 마음을 지적당하지 않고 마음공부를 한다, 나를 안다는 공부를 할 수 없습니다.

여러분 스스로 '나는 이런 사람이었구나'를 안다는 것은 매우 어려운데 그것은 지금 여러분이 가지고 있는 마음, 인지하고 있는 마음은 여러분이 이 세상에 태어나면서부터 인지했던 마음이기 때문에 다들 그 마음이 좋은 마음, 옳은 마음으로 생각하기 때문에 그 마음이 잘 못되었다고 하면 애당초 가지고 있었던 그 마음을 바꾸기는 매우 어렵습니다.

1271   체득

그래서 사람들은 이치에 벗어나 있는 그 마음으로 망나니처럼 행동하고 있지만 정작 본인들은 그렇게 행동하고 있다는 것을 모릅니다. 수차 한 말이지만 법당에 오면 각자의 현 상황에 맞는 말을 나는 여러분에게 말해줍니다. 그래서 그 말을 따르고 실천하고 행동을 하면서 시간이 지나면 왜 법당에서 나에게 그렇게 말해주었는가를 알게 되고 이것을 아는 것이 '체득'이라고 하는 것인데 문제는 이치에 맞는 말을 따르지 않고 실천하지 않으면서 자신들의 관념으로 이런저런 생각을 하고 그 생각에 빠진 것은 사실 아무 의미 없습니다.

'하라는 것, 해보라고 하는 것'에는 반드시 그 의미와 이유가 있는데 이것은 그 말을 따르면서 시간이 지나면 왜 법당에서 그러한 말을 해주었는가를 알게 됩니다. 물론 이것을 알아차리는 사람이 있고, 알아차리지 못하는 사람도 있는데 그것은 각자의 의식 차이입니다.

그래서 무슨 말을 해주면 그 말을 긍정하고 행동을 하여 나중에 나타나는 결과를 봐야 하는데 입으로만 그렇게 하겠다고 나불거리고 실제 행동을 하지 않으면 거기에 대고 무수한 말을 해주어도 사실 아무 의미 없습니다. 그래서 중요한 것은 내가 지금까지 말하는 논리가 바르다고 한다면 여러분 개개인의 근기에 맞게 해주는 말도 맞는다는 이야기입니다.

그런데 자신의 관점에서 내가 해주는 말은 생각으론 맞다 하면서도 정작 인내심을 가지고 본인의 다부진 의식으로 실천하지 못하는 것은 그만큼 아상(我相)이 크다, 업이 크다는 것을 의미합니다. 이 법을 만나기 이전과 이후, 여러분이 생각하는 관념이 조금이라도 바뀌었다면 그것이 '체득'인데 이같이 바뀌는 것에는 아무 관심도 없고, 욕심이라는 것은 끝이 없어서 뭔가를 더 바라는 것만 생각한다면 여러분은 아직 마음공부가 뭔가를 모른다고 할 것입니다.

스스로 이치에 맞는 말을 따르고, 실천해서 얻어지는 결과로 자신의 이전과 이후를 생각해보고 '내가 이런 사람이구나'라고 스스로 자신을 정립하는 것이 중요한데, 실천하지 않으면서 자신을 합리화시켜가는 사람이 상당한데 대단히 잘못된 생각입니다. 부부 사이에 무슨 문제가 있다고 할 때 '그것은 이렇다'고 말하면 여러분은 쉽게 이 말을 받아들이지 못합니다.

그 이유는 내가 하는 행동은 이상 없고, 상대가 한 행동만 이상이 있다는 관념이 강해서 그렇습니다. 그렇다면 불교에서 말하는 '모든 문제는 내 안에 있다'는 말 여러분도 많이 들어봤을 것인데 이 경우 '내 안에 문제'라는 것을 어떻게 알 수 있는가? 이치에 맞는 말에 반하는 만큼 나는 문제가 있다고 해야 맞는 말이 아닌가? 그래서 이 세상에 이치에 맞는 말이라는 것이 꼭 필요한 것입니다.

이치에 맞는 말을 따르고 실천하면 여러분의 삶은 진급(進級)이 될 것이고, 각자의 마음대로 산다면 반드시 강급(降級)될 것이기 때문에 이 판단은 결국 여러분 스스로 하는 수밖에 별도리 없습니다. 문제는 여러분이 어떤 환경에서 어떠한 마음을 가지고 있는가에 따라서 지금 내가 하는 말 이해하는 정도의 차이가 있을 것이어서 이것도 각자의 의식으로 알아서 정리하면 될 것입니다. 주어진 인생의 세월은 멈추어주지 않기 때문에 다부진 의지가 없으면 결국 이것도 저것도 아닌 허송세월만 보내게 될 것입니다.

그래서 각자의 업, 의식이 어떤 것인가에 따라 사람마다 듣고 실천하는 것이 다 다르므로 나는 마음공부라는 것은 단순 무식하게 하는 것이 좋다고 말했고, 각자가 가지고 있는 어설픈 관념, 생각으로 잔머리만 굴리다 보면 세월은 가고 나중에 나이 들면 반드시 후회하는 마음이 일어나게 되어 있습니다.

나는 여러분 개개인에게 맞는 말을 자주 한마디씩을 해주는데 그 말은 진리적으로나, 현실적으로 최선의 말이지만 얼마나 여러분이 이 말을 마음에 두고 실천하고 살 것인가에 따라 각자의 이치는 반드시 바뀌게 되어 있다는 이야기입니다. 따라서 '처처불상 사사불공(處處佛像 事事佛供)'이라는 말을 여러분도 알 것인데 이 말은 시와 때를 가리지 않고 이치에 맞는 말을 하고 듣고, 실천하는 것을 의미한다고 말해야 맞는 말이 되고, 일반적으로 사사불공(事事佛供)이라고 해서 '일마다 불공'이라는 것을 종교는 말하는데 이 말이 이치에 맞지 않는 것은 자업자득, 인과응보의 이치에 벗어나기 때문에 그렇습니다.

내가 말하는 사사불공(事事佛供)이라는 말은 일거수일투족을 이치에 맞게 행하는 것을 말하고 있어서 불교가 말하는 의미와 내가 말하는 의미는 다릅니다. 예를 들어 사사불공(事事佛供)이라고 했으니 여러분이 어떤 일을 하고자 할 때 '부처님 이 일이 잘되게 해주세요'라고 하는 것과 그 일을 어떻게 하면 최선으로 이치에 맞게 처리할 것인가를 생각하고, 그에 맞는 행동을 하는 것, 이 두 가지의 차이를 반드시 여러분이 이해해야만 합니다.

그렇지 않으면 여러분은 부처라는 대상에게 비는 것이 맞는다고 생각하게 되어 있고, 여러분의 조상도 다 이런 말대로 행동했을 것이나 과연 그들은 마음먹은 대로 빌어서 그 문제가 해결되었을까를 생각해보라는 이야기입니다. 부부가 결혼하였는데 자식이 없다면 조물주에게 빌어서 '자식 하나 있게 해달라'라고 빌었다면 조물주라는 것이 자식을 줄까? 이같이 말하면 누구는 빌어서 되었다는 사람도 있을 것이고, 누구는 빌어봐야 의미 없다고 말하는 사람도 있을 것인데 '왜 이렇게 나누어지는가? 그 이유는 뭐라고 생각하는가?'를 정립해보라는 이야기입니다.

　다시 말하지만 열 사람이 똑같이 부처에게 빌었다고 한다면 그 결과 열사람 모두 자식을 가져야만 부처의 능력이 있다고 해야 맞고, 만약 열 사람이 빌었는데 빈 그 사람 중에서 하나둘만 자식을 가졌다고 한다면 여러분은 이 상황을 어떻게 이해할 것인가? 이같이 말하면 불교는 '정성이 부족해서'라고 하거나, 아니면 '네 업이 그래서' 혹은 공덕이 부족해서 등등의 말을 할 것입니다. 왜 이런 말을 하는가 하면 이 세상에서 모든 말들은 감성을 자극하는 말이 대부분이고 진리 이치에 맞는 말은 없어서 그렇습니다.

　그래서 자식이 없는 사람이라면 전생의 부부 사이에 자식으로 만나야 할 업(業)을 짓지 않아서 그렇다고 해야 맞고, 여기서 이치가 바뀌면 업에는 자식이 없더라도 두 사람의 마음이 이치에 맞게 변하면 업에는 없지만 자식이 생겨날 수 있는데 이것 보고 '이치가 바뀌었다'고 하는 것입니다.

　따라서 '전지전능(全知全能)'하다는 말은 '진리 이치를 다 아는 자'가 전지전능하다고 해야 맞는데 이 말은 눈이나, 비를 오게 하는 것이 능력이 아니라 인간의 근본인 마음을 움직이는 자를 전지전능이라고 해야 맞기 때문에 이 부분 새겨봐야 할 것입니다. 나는 '생명체의 본질'이란 말을 많이 합니다. '너는 이러한 업을 지어서 이생에 그 이치에 따라 존재하는 것이다.'라는 말인데 생명체의 본질이라는 것은 태초(순수한 물방울의 개념)에 사람으로 태어났을 때부터 윤회를 거쳐서 지금 이 순간에 이르기까지의 근본을 알아야만 '나는 이래서 존재하는구나, 나는 이래서 지금의 가족을 구성하고 있구나'라는 것을 알 수 있습니다.

그래서 마음이라는 것을 알면 어떤 생명체로든 지금 모습을 가지게 되었고 또 각각이 가지는 습성이 왜 생겼는지 알 수 있는데 종교의 말을 보면 이에 대한 말은 하나도 없습니다. 왜 그럴까?

참으로 답답할 노릇인데 이 지구 상에 생명체가 왜 존재하는가를 말하는 사람은 없는데, 이 부분 어떻게 생각하는가? 다들 하는 말이 사람이 생겨나도 한참 이후에 온갖 말들을 하는데 참으로 안타까운 일입니다. 과거 무명 시절에 자연현상이 일어나는 것을 보고 사람들은 '위대한 누가 그렇게 했다'는 말을 만들어 냈습니다. 밀물과 썰물이 작용하는 것을 처음으로 알았을 때 이 현상을 종교적으로 끌어들여 '신비한 기적'이라고 했고, 이것은 절대자가 있어서 그가 그렇게 신통력을 발휘한 것이라고 말을 만듭니다.

이후 과학의 발달로 인해 그런 것은 자연적인 현상이라는 것을 사람들이 알기 시작하면서부터 종교가 말하는 '신비주의의 허상'이라는 것이 깨지게 되면서 사람들은 종교의 말을 불신하게 됩니다. 만약 이 글을 보는 여러분이 어떠한 '기적'이라는 것은 반드시 있다고 생각한다면 여러분은 무명의 존재가 말하는 내 글 봐야 할 필요 없고 그런 종교의 말을 믿고 살면 됩니다.

그래서 오늘날에는 과거 무명 시대에서 했던 말들이 모두 허상임이 드러난 것이어서 의식이 깨어 있는 사람들은 더 이상 종교의 그런 말에 끄달리지 않습니다. 불교가 말하는 것 중에 석가일대기를 보면 석가가 이 세상에 태어날 때 '하늘에서 꽃비가 내렸다'는 말을 많이 합니다. 여러분은 저 하늘에서 '꽃비'라는 것이 비처럼 내릴 수 있다고 생각하는가? 사실 봄에 벚꽃이 만개하고 질 때 바람이 불면 꽃잎이 우수수 떨어지는 것을 보고 감성적으로 꽃비가 내린다고 표현할 수는 있지만, 비가 내리는 것과 같이 자연적인 상황에서 꽃비라는 것은 없습니다.

그런데 불교는 '꽃비가 내렸다'는 말을 하는데 이 말을 들은 사람들은 종교가 하는 말이어서 종교의 말에 막연한 신뢰를 하게 됩니다. 그래서 종교는 현실이 아닌 말을 하면 안 되는데 그 이유는 막연한 믿음을 가지고 종교가 하는 말이 맞는다고 생각하는 사람들이 있어서 이치에 벗어난 말은 인간들의 의식을 멍들게 하기 때문에 이치에 맞지 않는 말은 하지 않아야 하는데 현실을 보면 그렇지 않습니다.

어떻게든 말을 만들어서 사람들을 현혹하여 자신들의 종교 사상 안으로 끌어들여서 세를 확장해야 하고, 또 돈이라는 것을 거두어들여야 하는 입장에 어떤 말이든 감성을 뒤흔들 말을 만들어내야 하고 종교의 이런 부분은 앞으로도 없어지지 않을 것입니다.

그래서 이치에 맞는 말은 변하지 않지만, 이치에 벗어난 말은 수시로 변하는 것이 종교적인 말이라고 나는 말한 것이고, 그래서 모든 종교들이 하는 말을 보면 처음부터 그들이 신앙하는 '그 대상, 존재'가 한 말로 만들어진 말이 아니라 사람들의 생각을 모아서, 그 결집으로 혹은 신(新) 구(舊) 버전으로 무수한 말이 만들어진 것입니다. 태양이라는 것이 과거의 태양이 있고, 오늘날 새로운 태양이 있다는 논리와 같은데 여러분은 이 말 어떻게 생각하는가?

중요한 것은 대부분 종교를 믿고 있는 사람들 자체는 이런 논리를 생각하지 않고 무조건 위대한 부처, 절대자 등이 했다는 그 말에 빠져 사는데 참으로 안타까운 일이고, 그런 의식으로 이 세상을 바로 살 수 있겠는가를 생각해보라는 이야기입니다. 이 세상에 정신 이상자들이 난장판을 치고 있는 현실을 똑바로 여러분이 볼 수 있어야 하는데 정상이라고 생각하는 것에 반하는 특이한 행동을 해야만 그 사람에게 문제가 있다는 것을 알게 되는 것이 보통이고, 다른 사람과 비슷한 행동을 하는 사람에게는 정신이상자라고 생각하지 않습니다. 머리에 꽃이나 꽂고, 입에 침이나 질질 흘리고 다니는 사람이나 봐야 '저 사람은 이상 있다'고 생각하며 일반적으로 정신이상자라 보는데 참으로 안타까운 일입니다.

1273 　　　　　　　　　　　　　　흑과 백

다시 말하지만 보통 사람들은 흑과 백을 놓고 어떤 것이 흑색이고, 백색인가를 구분해 보라고 하면 이것은 누구나 쉽게 할 수 있지만, 그 흑색에 다른 색이 조금 섞여 있다고 한다면 여러분은 그것을 분별하지 못한다는 이야기입니다. 그래서 자식을 낳아 기를 때 그 자식이 다른 애들과 별다르게 특이한 행동을 하지 않으면 여러분은 '내 자식이 이상 없다'고 생각하는 것이고, 내가 말하는 것은 '내 자식의 의식이 이치에 맞는 의식인가, 아닌가'를 분별하고 자식을 기르는 사람은 없다고 해도 무리는 없을 것입니다.

따라서 나는 '초록은 동색이 아니다'는 말을 한 것이고, 여러분은 초록은 동색이라는 의식을 가지고 있다고 해야 맞는 말이 됩니다. 더 말하면 여러분은 '풀색과 녹색은 같은 색이다'라고 생각하는 것이고, 나는 풀색과 녹색은 다르다는 논리를 말하고 있어서 이 부분 깊게 정립해 봐야 할 것입니다.

초록은 동색이라는 말은 '처지가 같은 사람들끼리'라는 의미로 이 말을 사용하기도 하는데 이 말과 내가 말한 끼리끼리라는 것도 같은 맥락으로 이것은 포괄적으로 어떤 상황을 비유적으로 나타내는 말이지만, 문제는 세부적으로 쪼개면 진리적으로는 초록과 동색은 같은 색이 아니라는 것이고, 끼리끼리라는 말도 진리적으로 쪼개면 다 다르다고 해야 맞는 말이 되어서 인간은 다 같은 인간이 아니라는 말이 됩니다.

그래서 지구 상에 70억의 인간이 있다면 70억의 사람들은 모두 업이 있어서 존재하는 것이어서 초록은 동색이라 하나의 그룹으로 봐야지만 세부적으로는 개개인의 의식이 다 다르기 때문에 다 같은 인간은 아니라는 말이 성립될 수 있는 것입니다. 여러분도 자식을 낳아서 기르는 입장에서 내 자식의 마음과 남의 집 자식의 의식, 행동이 다르다는 것은 조금은 알 것입니다.

　그래서 포괄적으로 '애들은 다 똑같다'는 말을 쉽게 말하지만 대단한 착각이고, 애들도 마음이 다르기 때문에 서로 다르다고 해야 맞고 이 말 여러분은 어떻게 정리할 수 있겠는가? 만약 여러분이 '종교는 다 인간 잘되라고 하는 말이어서 종교는 모두 같은 것'이라는 생각을 하고 있다면 여러분의 의식은 한참 흐려 있다고 해야 맞습니다. 이런 말을 이해하지 못하면 지금 내가 무슨 말을 하고 있는가? 이 화현의 부처님 법이 뭔가를 알 수 없다는 이야기입니다.

　따라서 '다름과 차이'를 여러분은 반드시 정립해야 하는데 다름이라는 것은 개와 고양이가 다른 것처럼, 태양과 달이 다른 것처럼 늘 말하는 것이고, 차이는 강아지라고 해서 다 같은 강아지가 아니라는 것은 '차이'입니다. 인간과 강아지는 다르다는 것과 똑같은 인간이지만 다들 차이가 있다고 해야 맞지 않는가?

　그래서 세상 사람들이 막연하게 인간은 위대하고 잘났고라는 말 무수하게 하는데 과연 여러분 스스로 생각하기에 여러분 자신은 잘났고 위대한가를 생각해 보라는 이야기입니다. 인간이 위대하다고 말하는 논리는 인간이 하지 못하는 것, 만들지 못하는 것이 없다는 취지에서 다른 동물보다는 잘났다고 표현하는 것이지 실제 개개인의 본성을 들여다보면 '개만도 못하는 사람이 많다'는 것을 알 수 있을 것이고 인간답지 못한 사람, 분수를 모르고 사는 사람, 나 잘났다고 목에 힘주고 사는 사람 등등 그 부류가 무수하게 있음을 알 수 있을 것인데 이것이 〈차이〉입니다.

그래서 차이가 있는 인간들 끼리끼리 모여서 인간 사회를 이루고 있어서 결국 인간은 서로의 모순을 덮기 위해 인간 우월주의를 내세우는 것이라고 해야 맞는 말이 됩니다.

업이 있어 존재하는 인간이기에 그 업을 서로가 정당화해주는 말, 서로를 감싸주는 포장지가 바로 '감성적인 말'이라고 하는 것입니다. 강아지들은 이런 행동하지 않지만 유독 '나'라고 하는 아상을 가진 인간만이 감성적인 말 하면서 서로를 위로해 주고 있는데 이 포장지를 벗겨내면 결국 수치스러운 각자의 본성은 그대로 드러나게 되어 있다 할 것입니다. 그래서 누이 좋고 매부 좋다는 식의 말을 사람들은 하는 것이고, '너의 그 마음에 문제가 있다'는 말은 사실 이 날까지 그 누구도 말하지 않았는데 여러분은 어떻게 생각하는가?

그래서 나에게 상담할 때 그 사람의 입장에서 자신이 한 행동이 맞는다고 열변을 토하면서 말하는데 나는 '너의 마음이 잘못되었다, 역지사지의 입장에서 생각해 보라'고 말하면 바로 반발을 하게 되어 있는데 이것은 나는 이상 없고 상대의 행동에 이상이 있다는 단순한 생각을 하고 있어서 그렇습니다.

물론 상대가 일방적으로 자신에게 해를 주는 경우도 있겠지만 내 말은 어떤 상황에서 한발 물러서서 생각해 보면 상대가 문제 있는지 내가 문제가 있는지는 대략 알 수 있을 것이라는 논리를 나는 말합니다. 그런데 세상 사람들을 보면 등치고 간을 꺼내 먹고자 하는 논리, 너 죽고 나 살자는 논리가 대부분이어서 이런 부분은 여러분의 일상 주변을 되돌아보면 쉽게 알 수 있습니다.

사실 정치를 보면 다들 자신들이 가지고 있는 관념이 맞는다고 우겨대고, 내 생각이 잘못되었다는 식의 말을 하는 사람이 하나도 없습니다. 나는 이만큼 배웠으므로 배웠다는 그 논리, 세상을 알 만큼 안다는 논리로 상대를 개무시하는 상황이 대부분이고, 수신재가 치국평천하라고 해서 자신을 먼저 알고 다스리려는 사람은 없습니다. 오늘 이 말을 했다가 내일이면 그 말이 바뀌고, 그렇게 한 말을 합리화시켜가는 것이 세상 사람들의 의식입니다.

1274　　　　　　　　　　　의식과 무의식 Ⅱ

그러면서 정작 자신이 한 행동에 뭐가 문제가 있는가를 되돌아보지 않는데 참으로 안타까운 일입니다. 문제는 아무리 모순된 세상이어도 이것을 이치에 맞게 바꾼다는 것은 부처 아니라 부처 할아버지가 있다고 해도, 또 위대하고 능력을 가진 자라고 해도 이 부분에 대한 답은 찾을 수 없는데 그 이유는 근본적으로 마음이라는 것을 어릴 때부터 바로잡지 않으면 답이 없기 때문에 그렇습니다. 코로나 문제만 해도 종교나 학자 그 어떤 사람들도 이 문제의 본질을 말하지 못하고 있는데 그 이유 여러분은 뭐라고 생각하는가? 참으로 안타까운 일입니다.

그러면서 여러분은 종교가 하는 말이 맞다 생각한다면 그 의식에 심각한 문제가 있음을 명심해야 할 것입니다. 그래서 내가 말하는 화현의 부처님 법에서의 마음공부의 논리가 맞다 하면 그 논리를 여러분 마음에 새겨야 하고, 꾸준하게 긍정하고 마음에 새기면 반드시 여러분의 의식은 변하게 되어 있고, 의식이 깨어나면 여러분의 환경은 그에 걸맞게 변하게 됩니다.

그래서 같은 글이라도 어떤 마음으로 글을 보는가가 중요한데 십년을 글을 봐도 내 말을 이해하고 마음에 적극적으로 담아두는 사람은 과거와 비교해서 마음이 편해짐을 느낄 것이고, 그만그만하다고 한다면 마음에 중심을 아직 이 법에 두지 않아서 그렇습니다. 각자의 마음에 얼마나 긍정하는가에 따라 반드시 여러분의 마음은 그에 걸맞게 변하게 되어 있습니다.

나는 〈태초〉라는 것을 두 가지의 논리로 말하는데 하나는 윤회를 돌다가 이생에 태어나는 경우 '태초'라고 할 수 있고, 윤회를 돌지 않고 순수하게 처음으로 태어나는 것도 있는데 여러분이 일반적으로 말하는 '태초'는 어떤 상태를 태초라고 하는가를 생각해보면 아마 이 부분도 잘 정리하지 못하고 있음을 알게 될 것입니다. 그래서 어떤 종교는 죽어서 그 대상이 있는 곳으로 가면 끝이다, 다시 태어나지 않는다고 말하는 종교도 있고, 불교처럼 죽으면 윤회한다는 말을 하는 곳도 있습니다.

태어나는 것조차도 이처럼 정리되어 있지 않은 세상에서 도대체 여러분은 어떤 의식으로 하루를 사는가? 따라서 내가 말하는 태초의 개념에서 여러분이 맨 처음 어떠한 환경에서 태어나고, 어떤 부모 아래서 자랐는가에 따라 여러분의 본성이 형성되므로 내가 말하는 '생명체의 본질'이라는 것은 윤회를 돌다가 이생에 인간으로 태어나 사는 근본을 말하는 것이 아니라 그 이전 윤회가 아닌 순수한 물방울에서부터 '생명체의 본질'을 말하는 것이어서 이 부분 깊게 정립해야 할 것입니다.

윤회를 돌다가 태어나는 것은 이전 생의 전생을 알면 이생에 무슨 업(業)을 가지고 태어났는가는 매우 쉽게 알 수 있습니다. 그런데 나는 순수하게(윤회가 아닌) 맨 처음 인간으로 태어날 때의 환경에 따라 여러분이 오늘날 살아가게 된 근본적인 습성, 관념이라는 것이 기본적으로 만들어져서 지금 개개인의 이념, 사상, 습성, 본성의 기초로 그것을 바탕으로 오늘날을 살고 있다고 했습니다.

사람마다 '타고난 성향, 성질, 본성, 습성' 등이 다 있지만 문제는 그마저도 사람마다 다 다른데 여러분은 왜 이렇게 다른가를 생각해 본 적이 있는가? 아마 없을 것입니다. 누구는 평생을 큰 병 없이 살다 죽지만, 누구는 크고 작은 병을 달고 살다가 죽고, 누구는 태어나면서부터 장애를 가지고 태어나는 경우도 있고, 또 누구는 멀쩡하게 살다가 어느 날 갑자기 몸에 병이 찾아오는 경우도 있는데 이런 부분 여러분은 우연이라고 생각하는가? 아니면 전생에 업을 지어서 그렇다고 생각하는가?

대충 여러분에게 뭔 일이 있으면 막연하게 '전생의 업'이라는 것을 들먹일 것인데 참으로 안타까운 일이고 불교만 하더라도 무슨 일이 있어 찾아가면 '전생의 업'이라는 말을 쉽게 하지만, 문제는 앞서 내가 말한 것처럼 구체적으로 그 원인은 말하지 못하고 있는데 이 부분은 또 어떻게 생각할 것인가?

참으로 안타까운 것이 나는 이 세상에 모든 말들은 대부분 이치에 맞지 않는 말, 사상적인 말이라고 하니 여러분은 의아해 할 것입니다. 기라성 같은 사람들이 무수한 말을 했는데 그 말은 대부분 인간의 의식을 흐려지게 하는 모순된 말이라고 하니 내 말이 쉽게 여러분 귀에 들어갈 것인가? 사실 맨 처음 화현의 부처님이 '이것은 전무후무한 일이다.'라고 말했을 때 뭐가 전무후무한 일인가에 대하여 나 역시 많은 의구심을 가진 것도 사실이지만 그러나 시간이 지나면서 '내가 법의 종자, 법을 말하는 사람'이라는 것을 알아가면서 여러 가지 마음이 일어났지만 결국 '나는 그런 마음을 가진 사람'이라는 것을 알았을 때 '그래서 세상이 이렇게 흘러가고, 이렇게 멸하는구나'라는 것을 정립해가면서 이 법을 말할 수밖에 없는 입장임을 알았는데 앞에도 말했지만 '전무후무한'이라는 이 말속에는 사실 엄청난 일들이 들어 있습니다.

모임에서도 수없이 한 말이지만 '나는 이제까지 내 마음을 풀어서 여러분에게 말하고 있다'고 누누이 말했고, 여러분도 마찬가지로 각자 인생을 살면서 여러분이 가진 마음으로 인생을 살고 있어서 인간이라면 모두 각자의 마음대로 사는 것은 다 똑같습니다. 하지만 여러분은 개인적인 운명의 윤회를 살고 있고, 나는 법을 위한 인생을 사는 것이어서 이 차이는 다릅니다.

따라서 내가 누구에게 법이라는 것, 수행이라는 것을 배워서 여러분에게 말하고 있다면 그것은 항상 변할 수 있지만 내가 여러분에게 말하는 이치에 맞는 말이라는 것은 세월이 지나도 변하지 않는 것이어서 결국 나는 '변하지 않은 마음을 가지고 있다'는 사실을 알게 된 것입니다. 여리고 여린 마음, 순하고 순한 마음, 나라는 아상이 없는 마음이어서 이 법을 말할 수 있다는 이야기입니다.

1275 타고난 운명

앞 장에서 '전무후무한 일'이라는 말을 했는데 이 말은 '생명체의 본질을 아는 것'이 핵심입니다. 이 말은 '나는 누구인가'의 뿌리를 아는 것을 말하는 것이고, 지금 이 글을 보는 여러분이 왜 남자, 여자로 태어났고 지금의 상황에서 먹이 활동을 하고, 또 누구를 만나고, 왜 헤어지고 언제 죽을 것인가, 그리고 다음 생은 어떻게 태어날 것인가? 등을 구체적으로 아는 것을 전무후무한 일이라고 해야 맞는 말이 됩니다. 그런데 문제는 이런 부분을 여러분도 궁금하게 생각하지만 정작 여러분은 이런 것을 아는 존재가 있다는 것에는 의아해 할 것입니다.

그 이유는 여러분이 전생을 안다고 하는 사람들을 보면 대부분 사주팔자, 혹은 신(神)이라는 것, 아니면 철학을 배웠다는 사람들의 논리 등과 같은 것으로 전생, 혹은 운명을 대입해서 말하는 것을 봐왔기 때문에 내가 '마음으로 모든 것을 안다'라고 말하니 이 부분도 여러분은 쉽게 이해하지 못할 것입니다.

지금 이 글을 보는 여러분도 각자의 미래, 혹은 운명에 대한 궁금증이 있어서 내 글을 보는 것이 아닌가? 내가 무슨 말을 하면 그 말로 자신의 입장을 합리화, 정당화시켜가고 있는 것이 아닌가를 생각해보라는 이야기입니다. 그리고 내 글을 보면 조금이라도 마음이 편해지기 때문일 수도 있는데 사실 그것은 여러분이 이 법이라는 것이 뭔가를 이해하고 보는 것이 아닙니다. 글만 봐서 편해지는 것과 스스로 이 법이 뭔가를 이해하고 정립하면서 보는 결과는 다르기 때문에 글을 안 보는 것보다는 보는 것이 좋고, 글을 보면서 정립해가면서 마음에 새기는 것이 제일 좋습니다.

이것은 밥그릇의 밥을 눈으로 보는 것과 그 밥의 냄새를 코로 맡는 것, 그 밥을 손으로 떠서 입안으로 넣는 것과 똑같은 개념입니다. 담장 밖에서 사람을 보지 않고 담 너머로 늘리는 발을 늘는 사람과 담장 위로 얼굴을 내밀어서 얼굴을 보고 말을 듣는 사람과 집 안으로 들어와 몸을 마주하고 말을 듣는 것은 다르기 때문에 이 말

가만히 생각해보면 여러분은 지금 어떠한 동작으로 내 말을 듣는가를 알 수 있을 것입니다.

이 부분도 아주 쉽게 이성을 사귀는 것과 이치는 똑같다는 논리로 말했는데 멀리서 전화통만 붙잡고 말하는 사람과 마주 앉아서 얼굴을 보고 대화를 하는 것과는 다르다는 것으로 이 부분은 수도 없이 여러분에게 말했습니다. 결국, 여러분이 몸을 움직이지 않으면 상대(법)를 얻을 수 없다, 가질 수 없다는 것과 이치는 똑같다는 이야기입니다. 이런 말이 마음공부를 하는 법하고 무슨 관계가 있는가 하고 생각하겠지만 이런 부분 이해하지 못하면 어떤 말을 여러분에게 한들 아무 소용없다는 이야기입니다.

세상 사람들 모두는 인간이 잘났다고 말하는 입장인데 나는 '네 마음이 잘못되었다. 너의 그런 행동이 잘못되었다'는 식으로 여러분을 나무라기 때문에 인간적인 위로를 받고자 하는 그 마음에 반하는 말이어서 대부분은 법당에서 여러분에게 해주는 말 쉽게 긍정하지 못합니다. 따라서 종교는 대자대비(大慈大悲)로 혹은 사랑으로 여러분을 감싸준다고 하는 그 말에 익숙해져 있는 여러분에게는 내 말 쉽게 마음에 담을 수 없을 것입니다.

마찬가지로 자식을 키울 때 무조건 오냐오냐 키워 놓은 자식과 잘못한 것은 잘못했다고 야단치며 키운 자식은 나중에 확연한 차이가 있습니다. 학교 다닐 때 나에게 따끔하게 야단치고 바른길로 잡아준 선생이 여러분 기억에 오래 남을 것이고 오냐오냐 키운 자식은 성인이 되면 안하무인의 행동을 하게 되고 직설적으로 인간답지 않은 행동, 싹수없는 행동만 하게 되어 있습니다.

더 말하면 자연에서 온갖 비바람을 맞고 자란 나무는 단단하고 굳게 서 있지만, 온실에서 자란 나무는 거친 세상의 풍파를 견디지 못하는 것과 이치는 똑같은데 여러분이 자연을 보고 배운다는 말을 쉽게 하는데 과연 여러분이 자연을 보고 무엇을 배웠는가를 생각해보면 내 말이 무슨 말인가를 이해하게 됩니다. 문제는 요즘은 핵가족 시대라고 해서 과거처럼 자식을 많이 낳지 않기 때문에 자식 하나 낳고 '금쪽같은 내 새끼'라고 생각하는 시대이기 때문에 그런 자식에게 훈육한다는 것은 매우 어렵습니다.

자식이 윤리·도덕·양심에 벗어난 행동을 하면 그 자식을 먼저 단속하는 것이 아니라 '어리기 때문에 그럴 수 있다'고 생각하는데 이 자체가 의식 없는 행동이라고 해야 맞지 않는가? 그런 자식들이 공공장소에서 하는 행동을 보면 참으로 가관인데 문제는 부모 자체가 부모가 될 마음가짐이 되어 있지 않은 상태에서 연애질해 자식을 만들기 때문에 요즘 세상은 윤리·도덕·양심이라는 것은 다 사라졌다고 해도 무리는 없고, 과기에 자식을 낳으면 최소한 부모가 기본적인 윤리·도덕·양심이라는 것을 가르쳤고 남자다움, 여자다움의 기본도 가르쳤지만, 요즘은 오로지 돈입니다.

돈만 벌기 위해 수단과 방법을 가리지 않으니 인간들의 의식이 온전하겠는가를 생각해봐야 할 것인데 여러분은 이 말 어떻게 생각하는가? 그래서 나는 오래전에 이 세상은 '답 없는 세상이 되었다'는 말을 한 것인데, 물론 답이 없는 것이 아니라 답은 있지만 이제 그 답을 찾기에는 너무나 멀게 왔기 때문에 그렇습니다.

사실 지구 상에 무수한 종교가 있지만, 인간으로서의 기본, 가치관을 어떻게 가지고 살아야 하는가는 한마디도 못 하고 있지 않은가? 그러면서 좋은 일 많이 하고 나쁜 짓 하지 말라는 말이 전부입니다. 오늘날 코로나로 인해 힘들어하는 세상인데 이 부분에 대한 본질도 말하지 못하고 있는데 참으로 안타까운 일이라 할 것입니다. 그러면서 죽으면 좋은 곳으로 간다고만 말하니 여러분은 이런 말 어떻게 생각할지 모르겠지만, 이것은 결국 생명체의 본질을 모르기 때문에 그럴 수밖에는 없을 것입니다.

따라서 나는 오늘날 일어나는 그 근본 뿌리를 아는 것을 '생명체의 본질'을 안다고 표현했는데 여러분은 이 말 우습게 생각할 것입니다. 그러나 나는 이 부분이 화현의 부처님이 말한 '전무후무한 일'이라고 말한 것이어서 기존 사람들이 말하는 생명체의 본질에 대한 말과는 그 내용이 아주 다른데 그 다름을 여러분이 이해하지 못하면 절대로 화현의 부처님 법을 모릅니다.

1276 # 마음가짐

지금 이 글을 보는 여러분이 나에게 뭔가를 알고자 해서 물었다고 합시다. 그러면 '그것은 이게 잘못되었다'고 하면 여러분은 이 말 수 긍하겠는가? 아마 대부분은 수용하지 못할 것입니다. 그 이유는 여러분은 지금까지 살면서 나, 내 마음이라는 것으로 살아왔기 때문에 그 마음이 잘못되었다고 한다면 이 말 쉽게 수용하지 못합니다.

따라서 10여 년을 법이라는 것을 말하면서 '너는 이런 마음을 가지고 있다'고 내가 누구에게 말하면 보통 사람은 내가 해주는 말을 부정합니다. 왜 그럴까? 그것은 인생을 살면서 전혀 듣지 않았던 말이어서 생소해서 그렇습니다. 수차 한 말이지만 다들 인간은 나 잘났고, 내 마음이 맞고, 내가 하는 행동이 옳으며, 위대하다고 말하는 처지에다 "너의 이 마음이 잘못되었다."라고 하면 믿겠는가? 반발하겠는가? 대부분 반발을 하게 됩니다.

따라서 자신의 힘으로 해결하지 못하는 문제가 발생하면, 예를 들어 병이랄지 혹은 빙의 현상, 정신병 등으로 괴로움이 있는 사람에게 "너의 그 마음이 잘못되었다."라고 말하면 이 사람은 당장 발등에 불이 떨어져 있는 상황이어서 내가 해주는 말을 듣는 척 따르는 척을 합니다. 왜냐면 현실적으로 자신이 해결하지 못하는 문제가 있어서 그렇습니다.

그러다가 뭔가 마음이 조금 편안해지면 다시 자신 마음따라 이 법 덩 벗어나거나 각자의 마음내로 살아가는 것이 보통이어서 사실 이 법을 온전하게 이해하고 자신의 마음 다스리면서 산다는 것은 어지간한 의지, 의식 없이는 매우 어렵습니다. 인간이 지구 상에 존재하면서 오늘에 이르기까지 무수한 사람들이 각자의 사상을 이야기했지만 그런 말 중에서 '생명체의 본질'이라는 것은 이 세상 누구도 말하지 못하고 있는데 이 부분도 여러분은 신경 쓰지 않고 살아가지 않는가?

그렇다고 또 내가 말하는 '생명체의 본질'을 쉽게 긍정한다는 것도 어렵기 때문에 의식이라는 것은 중요할 수밖에는 없고, 지금 이 글을 보는 여러분도 내가 하는 말을 이해하고 마음에 새기며 보는 사람 별로 없을 것입니다. 하지만 내가 말하는 전무후무한 이 말속에는 여러분이 상상하지 못할 진리적인 상황이 앞으로 전개될 '예언'이라는 것이 있지만 그 말을 알아차리지 못하고 있을 것입니다.

화현의 부처님이 '내가 이 세상에 폼으로 오지 않았다'는 말을 자주 합니다. 그리고 그 자신 스스로 '나는 우주신이다'라는 말을 하는데 시간이 지나면서 왜 화현의 부처님은 그런 말을 했을까를 여러분이 나중에 알게 될 것이고, 이와 더불어 '생명체의 본질'을 사람들이 논리적으로 긍정하게 되면 이 법은 급속하게 퍼져갈 것입니다. 시시때때로라는 말 여러분은 아무 생각 없이 대수롭지 않게 넘기겠지만, 이 말속에는 온 세상에 흐름이 다 들어있어서 이 부분은 점차 여러분이 이해할 날이 있을 것입니다.

얼마 전 뉴스에 지구온난화로 반수생 설치류인 비버가 점점 북진해 북극 깊숙한 곳에서도 출몰하면서 과학자들을 충격에 빠뜨리고 있다고 영국 일간 가디언이 4일(현지시각) 보도했다. 가디언에 따르면 미국 알래스카에서 비버의 확산을 연구하고 있는 과학자들은 북극 동토대(툰드라)의 기온이 지구 온난화로 인해 상승함에 따라 비버들이 예전에는 살 수 없었던 북극 최북단까지 진출했다는 내용의 연구 결과를 최근 발표했다는 기사를 봤는데 이 같은 상황도 시시때때로 깊게 **관련**이 있고, 수차 한 말이지만 거대한 이 지구가 가마솥이 되어 간다고 나도 오래전에 수차 말했습니다.

세상에 드러나야 할 것이 다 드러났다는 말도 했는데 이 말도 마찬가지입니다. 요즘 학자들은 '최근 몇 년간 북극해 기온은 지구 평균의 3배나 **빠른** 속도로 상승하고 있다'는 말을 많이 말하는데 여러분은 이런 부분이 내 인생과 무슨 관련이 있는가 생각한다면 아직 여러분은 내가 말하는 것을 이해하지 못하고 있다는 이야기입니다.

여러분은 지극히 개인적인 삶과 관련된 것에만 집중하고 관심이 있지만 내가 말하는 것은 지구의 전체적인 부분을 말하고 있고, 이것은 결국 지구 안에 존재하는 모든 생명체와 아주 깊게 관련이 있고 이 지구 안에 모든 생명체가 다 살고 있어서 여러분과 관련이 없는 것이 아니라 아주 깊게 관련이 있는 부분이어서 포괄적으로 시야를 넓게 가지지 못하면 근시안적인 사고방식, 좁은 시각으로 하루하루 살게 되어 있습니다.

이런 것을 이해해야만 '나는 어떠한 마음가짐으로 살아야겠나'라는 것이 정립된다는 이야기입니다. 여러분이 업(業)이라는 말을 많이 하고 불교도 이 업에 대한 말을 많이 하고 있지만 사실 이 업이 어떻게 생성되고 소멸하는가에 대한 부분은 정확하게 말하지 못하고 있는데 여러분은 이 부분 어떻게 생각할지 모르겠지만, 여러분이 알든 모르든 간에 이치에 맞지 않은 행위는 그 결과로써 반드시 업(業)으로 작용합니다.

그래서 전생에 지은 업으로 이생을 사는 것이고, 물질도 그 업에 따라 이생에 되받아지는 것이어서 전생에 업을 짓지 않은 사람은 이생에 용써봐야 얻어지는 것 없습니다. 젊으니 젊은 혈기로 오기로, 우격다짐으로 '하면 된다'는 생각으로 버텨보지만, 그럭저럭 시간이 지나면 그것이 얼마나 허무한 일인가를 알게 됩니다. 여러분이 누가 '자연에 산다'고 하는 말 많이 들어봤겠지만, 그 내용을 보면 막말로 인생사 성공해서 자연에 사는 사람은 하나도 없고, 사회에 적응하지 못해서, 인생사 실패를 해서 산속에 사는 것임을 쉽게 알 수 있을 것입니다.

어찌 되었든 이 세상에 태어난 이상 무엇을 하든 각자 주어진 업에 따른 인생 시계는 굴러갑니다. 이 과정에 무엇을 먹고 사는가에 따라 각자가 싸는 〈똥의 색깔〉만 다를 뿐이고, '먹으면 누구나 똥을 싸는 것'은 다 똑같습니다. 그렇다면 고기만 먹고 사는 사람은 고기 똥을 쌀 것이고, 풀을 먹고 사는 사람은 풀만 똥으로 나올 것이어서 이 차이만 존재하고, 고기 똥만 나온다고 해서 그 사람의 의식, 마음이 좋다고는 말할 수 없을 것입니다.

복권

나는 여러분을 보면서 참으로 안타까운 부분이 있는데 그것은 내가 어떻게 살아야 지를 찾아서 일상을 사는 것이 아니라 어떻게 하면 내 마음먹은 대로 이루고 살까만 생각하고, 또 전생만 알면 뭐가 달라지는 것으로 생각하고, 죽음 이후에 어떻게 될까 만을 생각하는데 안타까운 일입니다. 사람으로 태어났으면 오늘 하루 이치에 맞는 행동을 하면 그뿐이고, 그에 맞게 내일 나 자신의 삶의 환경은 반드시 변합니다.

그렇게 시간이 지나서 스스로 되돌아보면 '이렇게 변했구나'를 느끼게 됩니다. 물론 이런 변화도 아는 사람이 있지만, 대부분은 모르는데 그 이유는 각자가 가진 꿈이라는 것이 너무나 커서 작고 소소하게 변하는 것은 느끼지 못하는 것입니다. 복권 1등이 되기만 바라는 사람이 5천 원짜리가 당첨되면 이것은 별로 마음에 두지 않는 것과 같이 이상향의 꿈이 크면 작고 소소한 것에는 별로 관심을 두지 않는 것이 보통 사람들의 의식입니다.

그래서 이 글을 보는 여러분 마음에 뭔가의 큰 넝어리가 들어 있으면 작고 소소한 것은 마음에 들어오지 않게 되어 있습니다. 또 하나는 여러분은 빙의, 귀신 등과 같은 것에만 관심이 있으면서 신비스러워하고 재미있게 생각하는데 물론 궁금하기야 하겠지만 내가 말하는 것은 먼저 여러분의 의식을 고쳐가면서 궁금해하는 것과 고쳐가지 않으면서 뭔가의 신비한 현상에 관해서만 관심이 있는 것은 이치에 맞지 않으며, 이것은 마치 구구단 2단을 배우지 않으면서 9단의 끝을 생각만 하는 것과 이치는 똑같습니다.

내 말은 2단을 배워가면서 9단을 생각하라는 것이고, 2단도 하지 않으면서 끝만 알려고 하는 것과 이치는 똑같다 할 것입니다. 다시 말하지만, 사람이 죽으면 그 사람에게 영향을 주었던 기운이 단절되며 사람 몸에서 영혼, 혼, 넋, 혼령 등과 같은 것이 빠져나가지 않으므로 일반적으로 영혼이 빠져나갔다는 식으로 죽은 사람의 몸에서 뭐가 나갔다고 하는 말은 모두 진리적으로 맞지 않는다는 것 확실하게 정립해야 합니다.

그래서 여러분의 부모가 죽었다고 하면 그 사람에게 영향을 주었던 기운(마음)이라는 것은 여러분 마음과 함께 공기 속에 섞여 있습니다. 그래서 죽은 부모의 마음이 살아 있는 여러분 마음에 쉽게 작용할 수 있고, 이것을 '빙의 현상'이라고 하는 것이어서 종교가 말하는 대로 죽어서 좋은 곳으로 갔다고 말하는 것은 모두 잘못된 말이고 감성적인 말에 불과합니다. 사람이 죽어서 어떤 생명체로든 바로 태어나는 경우도 있지만, 살아 있는 사람이라고 해도 죽음의 수순에 들어가게 되면 이미 그 참(眞) 나는 다른 생명체로 몸을 받아 태어나는 경우도 있고, 이때 산 사람은 빙의의 영향으로 혹은 육신의 기운으로 살아가는 것이 전부이며, 이 기운마저 멈추면 그 사람의 몸은 허수아비와 같이 쓰러지게(죽음을 말함) 됩니다.

사실 죽어서 어떻게 될까는 앞서 말한 것이 전부인데 여러분이나 종교는 죽음 이후에 거창하게 무엇이라는 것, 다른 세상이 있는 것으로 말하는데 이것은 모두 잘못된 말입니다.

이같이 여러분이 알고 있던 것이 잘 못 되었다고 하니 여러분은 '무슨 소리인가?'라고 의아하게 생각하게 될 것인데 이 부분은 자신들의 관념을 빼고 객관적으로 내 말을 보면 내 말이 맞는다는 것을 알 수 있을 것이고, 각자의 관념에 찌들어 있으면서 내 글을 보면 내 말에 반발하게 되어 있습니다. 오늘날 여러분은 주변에 누가 죽었다고 해서 종교적 의식을 거하게 했을 것이고, 그렇게 하고 나면 '좋은 곳'으로 갔을 것으로 생각하고 있다면 여러분은 진리 이치에 반하는 것을 생각하고 있다 할 것이고, 그런 마음에 빙의는 아주 쉽게 작용할 수 있습니다.

그래서 여러분이 뭔가 해보려고 하지만 잘되지 않는 이유는 빙의가 찌들어 있으면 여러분이 아무리 발버둥을 쳐도 될 일이 없고, 뒤로 넘어지더라도 입에 자갈이 물리게 되어 있습니다. 해도 해도 안 되는 것은 물론 전생에 지은 업이 없어서 그렇기도 하지만 이생에 빙의가 그 마음을 건드려도 뜻대로 되는 일이 없다는 이야기입니다.

공기 속에 죽은 사람의 마음이 있다, 산 사람의 마음도 함께 공존한다는 말을 나는 수없이 말했습니다. 따라서 여러분이 숨 한 번을 쉬면 그 속에는 내 마음도 있고, 죽은 사람의 마음도 내 몸속으로 들어오게 됩니다. 그래서 숨을 쉬지 않으면 이 같은 기운의 작용이 멈추어지기 때문에 죽었다고 하는 것이고, 숨을 쉬면 진리의 기운인 공기가 내 몸속에 들락거리면서 영향을 주기 때문에 살아 있다고 할 수 있어서 삶과 죽음이라는 것은 숨 쉬는 것에 달린 것입니다.

그래서 여러분의 어떤 조상이 여러분에게 영향을 주는 것을 앞서 말한 대로 공기 속에 조상의 마음이 들어 있어서 여러분에게 영향을 주는 것입니다. 그래서 마음이라는 기운 작용을 알면 여러분 마음에 무엇이 들어 있고, 어떤 마음이 작용하는가는 매우 쉽게 알 수 있어서 이 부분을 화현의 부처님은 전무후무한 일이라고 말한 것입니다.

이처럼 여러분 마음을 알고 여러분에게 무슨 말을 하면 여러분은 의식으로 그 말(이치에 맞는 말)이라는 것을 마음에 새겨야 하는데 새기지 못한다면 결국 빙의 마음으로 살아가게 되어 있습니다. 여러분이 이성적으로 누구를 사귈 때 '너는 내 안에 있다'는 말을 많이 하는데 이때 '너는 내 안에 있다'는 것은 상대를 마음에 두었을 경우 이런 표현을 합니다. 그런데 잘 사귀던 사람이 마음이 변하면 '너는 내 안에 없다'는 표현이 맞을 것입니다. 이 경우 내 안에 '있다'와 '없다'의 이 반대 논리는 왜 생겨나는 것일까?

그것은 내 마음이라는 것이 변해서 그렇습니다. 다시 말하지만, 빙의가 작용했을 때 '죽고 못 살 것' 같은 마음이 일어나게 한 다음 빙의의 마음이 내 마음에 영향을 주지 않으면 그 마음은 순간 변하게 됩니다. 그래서 성(性)행위를 좋아하는 빙의가 작용하면 이 사람은 아무나 보고 좋아하는 마음을 가지게 됩니다. 그런데 이 경우 일

166

반 사람들은 '저 사람의 성욕이 좋다. 정력이 강하다'라는 말을 하는데 매우 잘못된 생각입니다.

1278　빙의의 마음

이것 보고 무속에서는 색신(色神)이라고도 말하는데 유독 성(性)이라는 것을 밝히는 사람이 있다면 그 마음에 색신의 빙의 마음이 작용할 수 있다는 이야기입니다. 또는 사람이 유독 한 가지의 뭔가에 정신이 팔린 사람, 강한 집착을 가지고 있다면 이 경우도 빙의가 작용해서 그럴 수 있습니다. 따라서 무속이나 불교에서 '조상신'이라고 말하는 것은 정상이 아닌 뭔가 특이한 행동을 나타냈을 때 이같이 '조상신'이라고 말하는 것이지만, 잘못된 것이 '조상신'이라고 말하면 여러분은 반발을 거의 하지 않는데 그 이유는 '조상'이라는 말이 들어가서 그렇습니다.

따라서 불교나 무속에서 뭔가의 문제가 있으면 '조상'이라고 하는 말은 어림잡아 말하는 것이고, 그 현상은 대부분 빙의 현상이며 이 빙의는 여러분의 업에 따라 작용하는 경우도 있지만, 여러분의 성향에 맞는 빙의가 여러분 마음을 작용해서 여러분의 몸을 이용하는 것입니다.

그래서 이런 이치를 알고 여러분 마음에서 빙의의 마음을 없애낸 여러분은 당장 편안해지는 마음을 가질 수 있습니다. 여기서 편안해진다고 하니 빙의만 없애면 그렇게 될 것으로 생각하겠지만, 여러분 의식이 이치에 맞게 세워져야만 가능한 것이어서 여러분의 의식은 가만히 있고, 빙의만 어떻게 하면 된다는 논리는 성립될 수 없습니다.

그래서 마음이 온전히 다른 사람으로 바뀌어 버린 사람에게 작용하는 빙의를 어떻게 한다고 해서 그 사람의 정신이 바르게 되지 않는데 그 이유는 '나의 주관적 의식'이 흐려져 버리면 다시 세우기가 어려워서 그렇습니다. 그래서 나의 주관적인 의식이 살아 있을 때 그 의식을 이치에 맞는 의식으로 바꾸는 것이 내가 말하는 화현의 부처님 법입니다. 왜 이것이 중요하냐면 나의 의식이 강하면 강할수록 빙의는 그 의식에 파고들어 오지 않으며 영향을 줄 수 없어서 그렇습니다.

그래서 이치에 맞지 않는 종교적인 말에 끄달리는 마음을 가지면 그 마음에는 항상 빙의의 기운이 내 마음에 영향을 줄 수밖에는 없고 이것은 지나치게 종교에 집착하는 사람들의 행동을 보면 쉽게 알수 있는데 한 번 잘못된 사상에 빠지면 그것이 잘못된 것인지를 모른다는 이야기입니다. 마찬가지로 어떤 남자가 어떤 여자에게 집착하면 그것에서 빠져나오지 못하고 결국 문제를 일으키게 되는데 흔한 말로 '스토킹'이라고 하는 것도 다 빙의 현상에 의해서 나타나는 것이고, 이런 현상은 여러분 주변에 보면 쉽게 알 수 있습니다. 또는 '의처증, 의부증'이라고 하는 것도 맥락은 비슷합니다. 그래서 사람이 한쪽으로 치우쳐진 마음, 의식을 갖지 않는 게 중요한데 정작 본인들의 입장에서는 그러한 행동이 맞다 생각하는데 그 문제의 심각성이 있다 할 것입니다.

　죽은 사람의 마음이나 살아 있는 사람의 마음은 결국 이 공기 속에 다 같이 존재하고 있어서 죽어서 이 세상이 아닌 다른 세상으로 갔다고 하는 종교의 논리, 여러분의 생각은 매우 잘 못되었음을 깨달아야 할 것이고, 실제 죽은 사람이 자식이나 가족의 빙의로 있으면서 그 마음에 영향을 주고 있는 것은 매우 흔합니다. 정작 본인들은 모르겠지만 이런 부분을 아는 입장에서 사람들을 보면 나와 선율이는 어떤 생각이 들까?

　나의 참(眞) 나로 나답게 사는 것이 아니라 다른 기운의 하수인으로 인생을 살아가는 사람 이 세상에 넘쳐납니다. 그래서 이성을 사귈 때 각자의 빙의가 작용하면 성행위를 해도 결국 빙의들이 즐기는 성행위에 불과하므로 의식 없이 마음에서 일어났기 때문에 그것이 내 마음이라고만 생각하는 보통 사람의 삶은 매우 안타까운 삶이라 할 것입니다.

　사람이 죽는 것에는 반드시 이유가 있어서 죽음의 상황은 사람마다 다 다릅니다. 태어나는 것도 이유가 있어서 태어나는 것이지만 죽는 것도 이유가 있어서 죽기 때문에 우연이라는 것은 이 세상에 하나도 없습니다. 지금 부부로 사는 것도 그럴만한 이유가 있어서, 자식으로 부모를 만나는 것도 다 그럴 이유가 있어서이며, 심지어 친구를 만나는 것도 다 그럴만한 이유가 있어서 그렇고, 직업, 직장을 가지는 것도 다 마찬가지입니다.

그래서 마음공부라는 것은 이러한 이치를 알아가는 것이 진정한 마음공부이기 때문에 의식 없이 때가 되면 밥을 먹는 것이라는 단순한 사고를 하고 있다면 내가 말하는 마음공부라는 것 할 수 없습니다. 단순하게 고기를 먹는 사람의 의식과 이 고기도 전생에는 인간이었을 수 있다는 생각으로 밥을 먹는 사람의 의식은 분명하게 다르기에 밥이기 때문에, 고기이기 때문에 먹는다고만 생각하는 의식은 분명하게 문제가 있다는 이야기입니다.

중요한 것은 여러분 마음에 빙의가 작용하게 되더라도 여러분 스스로 그것을 분별하지 못한다는데 그 문제의 심각성이 있고, 그래서 진리 이치를 아는 자의 얼굴을 보고 말을 하는 것이 매우 중요한데 그 이유는 현실적으로 여러분의 몸이 움직이는 것이지만, 진리적으로는 빙의가 내 얼굴을 보고 나와 말을 하는 것이어서 이 부분 깊게 정립해봐야 할 것입니다. 여러분 혼자서 빙의를 제도할 수 없다는 이야기입니다.

그래서 내가 말하는 글을 보는 것도 중요하지만, 더 중요한 것은 이 법당에 와서 내 얼굴을 보고 나와 말을 하는 것이 중요한데 이런 부분 얼마나 여러분이 이해할지 모르겠지만 꾸준하게 법당에 와서 말을 듣는 것과 얼굴 보지 않고 말하는 것의 차이는 분명하게 있고 그래서 '법당'이라는 곳이 필요하다 할 것입니다. 따라서 법당(法堂)이라는 것이 왜 필요한가를 정립했으면 합니다. 마찬가지로 이성을 사귈 때도 멀리서 전화만 하는 경우와 한 번이라도 얼굴을 보면서 대화를 하는 경우 어떤 경우에 사람의 마음을 빨리 움직이는가를 생각해보면 이런 이치는 똑같습니다.

1279   나의 태초

　나는 〈태초〉의 개념을 두 가지로 말했는데 하나는 ① 순수한 물방울의 개념에서 맨 처음 인간으로 태어나는 것, ② 윤회를 돌다가 이생에서 태어나는 것입니다. 이것은 반드시 여러분이 정립해 두어야하는 것이어서 이 말 깊게 새겨들어야 합니다. 따라서 과거에 인간이 적을 때는 ① 순수한 물방울의 개념에서 맨 처음 인간으로 태어나는 것이 많았지만 갈수록 인간이 지구 상에 늘어나면 ①로 태어나는 숫자는 급격하게 줄어들게 되어 있고, ②의 상황에서 태어나는 경우가 늘어나게 됩니다.

　이 말 잘 생각해보면 산을 오르기 전에는 ①의 인간 숫자가 늘어나지만, 정상에 이르면 결국 ②의 상황에서 태어나는 숫자가 많아지고 공장에 재료가 떨어지면 빙의들이 사람의 몸을 가지고 태어나도록 되어 있어서 이 흐름을 가만히 생각해보면 앞으로의 세상은 ①과 같은 상황으로(순수한 태초) 태어나지 않습니다.

　이 같은 흐름으로 인간이 지구 상에 처음으로 등장할 때는 윤리·도덕·양심을 가진 사람이 많았다고 한나번 시산이 흐르면시 이깃이 사라지게 되고 오늘날에는 인간다움의 순수한 마음을 가진 사람은 없고 몸은 인간이지만 인간의 탈을 쓴 빙의들이 판치는 세상이 되게 되어 있다는 이야기입니다. 또 하나의 의미는 문명이 발달할수록 인간성은 상실된다는 것인데 이 부분도 오늘날 돌아가는 세상을 보면 쉽게 알 수 있습니다.

그래서 나는 '달도 차면 기운다'는 말을 했는데 의식 없는 사람은 물질이 좋아지는 시대여서 사람 살기 좋은 세상이라고 말하는 사람도 있을 것이나 그게 그렇지 않습니다. 따라서 결론은 '문명이 발달할수록 인간의 의식은 흐려진다'는 이 부분 생각해봐야 할 것입니다.

왜 이런 말을 하는가 하면 사람이라는 것은 자신의 의식으로 몸을 움직여서 살아가야 하는 동물인데 모든 것이 산업화 자동화가 되어버리면 인간 스스로 몸을 움직일 수 있는 부분이 줄어들게 되어 있고, 몸을 움직이지 않으면 그만큼의 의식은 반드시 흐려지게 되어 있다는 이야기입니다. 몸을 움직이면 자신의 몸을 움직여야 해서 '생각'이라는 것을 합니다. 생각한다는 것은 의식이 깨어 있어야 하므로 몸을 꾸준하게 움직인다는 것이 중요한데 요즘 사람은 몸을 과거와 비교해서 그렇게 움직이지 않습니다.

사실 몸이라는 것은 힘든 일도 해보는 것도 필요한데 손가락 하나 움직이는 것도 귀찮아하는 사람들이 상당한데 인간은 그렇게 사는 것이 아닙니다. 힘들게 일할 것은 하고, 쉴 때는 쉬어주고 해서 몸을 움직이면 결국 몸을 이루고 있는 세포들의 의식도 깨어나게 된다는 이야기입니다.

몸을 많이 쓰지 않는 부분의 세포는 굳어진다는 것 여러분도 잘 알 것인데 세포가 굳어진다는 것은 무엇을 의미하는가? 내 몸 중에 일부가 굳어졌다는 것은 무엇을 의미하는가를 생각해보라는 이야기입니다. 따라서 운동은 힘들게 하면서 이것은 당연하다고 생각하고, 일상에서 생활하는 것은 힘들어서 하지 못한다고 한다면 이런 사람의 의식은 문제가 있다는 이야기입니다.

내가 말하는 것은 먹이 활동은 스스로 몸을 움직여 해야지 가진 돈으로 손가락 하나 까닥하지 않고 입만 움직여 먹는다고 해서 잘 사는 인생은 아니라는 이야기입니다. 그래서 사람은 죽을 때까지 몸을 움직여 스스로 먹이 활동을 최선으로 하는 것이 맞고 몸 전체의 세포가 균형 있게 깨어 있도록 만드는 삶이 잘 사는 삶이라고 해야 물질 이치에 맞는 말이 되어서 이 말 깊게 생각해봐야 할 것입니다.

결국, 몸을 움직이기 싫다고 한다면 그 사람의 의식은 꺼져가고 있다는 이야기입니다. 과거 사람들이 하는 말 중에 '움직이기 싫다'고 누가 말하면 하는 말이 '그러면 죽으면 된다'고 말합니다. 죽으면 몸을 움직일 필요가 없어서 그렇습니다. 그래서 윤회를 도는 입장에서 물질 이치에서의 몸의 세포를 깨어나게 하는 것도 중요하고, 진리 이치에서 의식을 깨어나게 하는 것도 중요해서 이 두 가지가 균형이 맞아야 잘 사는 인생이라고 해야 맞는 말이 될 것입니다. 여러분은 긴 윤회를 돌고 돌아 오늘 이 현실에서 살아가는 셈이니서 사람이나 기타의 생명체는 죽으면 다시 태어나는 윤회(輪廻)라는 것을 반드시 하는데 윤회하지 않는다고 말하는 자체는 진리 이치에 맞지 않음으로 일단은 윤회한다는 것이 정석이고, 오늘날 여러분도 과거에 살았던 그 업에 따르는 윤회를 하고 있다고 해야 맞습니다.

이 개념을 이해하기 위해 어제는 전생, 오늘은 이생, 내일은 다음 생이라는 것을 생각해보면 간단하게 윤회라는 것이 뭔가를 이해하게 될 것이고, 이것을 확장해보면 지난 생의 결과가 이생이고, 이생의 결과는 다음 생으로 나타난다고 해야 맞는 말이 됩니다. 종교는 크게 윤회한다는 입장과 윤회하지 않는다는 입장으로 나눌 수 있는데 윤회한다는 것이 맞는 말이고, 이것은 불교에서 주장하는 논리이기도 한데 문제는 불교는 윤회하는 주체를 명확하게 말하지 못하고 있다는 점입니다. 윤회하는데 윤회하는 주체를 말하지 못한다는 것은 무엇을 의미하는가?

따라서 여러분에게 영향을 주고 있는 것은 마음이라는 진리적인 기운이고 이 마음이 단절되면 죽음입니다. 그래서 죽은 사람이 윤회를 바로 한다는 것은 각자의 업에 따라 진행되는 부분이어서 자신이 윤회할 상황이 안되면 중음(中陰)에 있게 되고, 혹은 윤회에 들지 못하고 빙의로 다른 사람의 마음에 작용하는 빙의도 있습니다. 빙의의 이 마음은 산 사람에게 영향을 주지 않고 그대로 있다가 상황이 되면 윤회하는 빙의도 있지만, 대부분 빙의는 사람에게 혹은 기타의 생명체에게도 무수한 영향을 줍니다.

극락, 낙원

사람들이 우선 생각하는 것이 '죽으면 어떻게 되는가?'이며, 다른 하나는 어떻게 하면 내 마음대로 이루어지는가? 입니다. 물론 이것은 지구 상에 인간이 등장하면서부터 모든 인간이 가진 궁금 사항, 희망 사항일 것인데 이것을 아는 방법은 아주 간단합니다. 지금 여러분의 현실을 보면 이 두 가지의 의구심은 자연스럽게 풀리는데, 문제는 이 자체를 여러분은 인지하지 못하고 있다는 점입니다. 그래서 막연하게 죽으면 좋은 곳으로 간다는 종교의 말이 생겨난 것이고, 실제 사람이 죽어서 우주 그 어디로 가는 것은 존재하지 않습니다.

그 이유는 모든 생명체는 이 지구 상에 돌고 도는 윤회를 하고 있기 때문에 사상적으로(인간의 생각으로) 철저하게 꾸며진 감성적인 논리에 빠진 여러분의 의식이 깨어나지 못하면 지금 내가 무슨 말을 하는가를 이해하지 못하게 되어 있는데 예를 들어 잠이 깊게 들면 현실을 인지하지 못하는 무의식에 빠지게 되는 것과 이치는 똑같습니다.

눈을 뜨면 이생이고 잠이 깊게 들 때는 무의식이라고 정립해야 하고, 그동안 죽은 무수한 사람들은 몸을 받아 윤회하거나 혹은 몸을 받지 못하고 빙의로 있거나, 혹은 빙의가 되어 다른 사람에게 영향을 주고 있는 것이 전부이기 때문에 여러분도 죽으면 이 범주 안에 다 들어가게 됩니다. 따라서 여러분의 조상이라는 것도 죽은 다음 종교의식을 했기 때문에 좋은 곳으로 갔다고 생각한다면 여러분은 매우 잘못된 생각을 하고 있다 할 것입니다.

이런 말도 사실 세상에서 내가 처음으로 정리해서 하는 말이어서 이 말 여러분이 쉽게 긍정하기 어려울 것인데, 그 이유는 온 세상 사람들이 죽은 사람에게 무엇을 하면 좋은 곳으로, 극락, 낙원 등으로 간다고 말하는 입장이어서 그렇습니다. 이 부분 여러분은 어떻게 정리하고 있는가를 되돌아보면 여러분의 의식이 어떤 것인가를 쉽게 알 수 있고, 이런 것을 통해 각자의 마음 상태를 확인해볼 수 있을 것입니다.

돈을 많이 가진 집안이라면 죽은 그 사람을 위해 거대한 금액을 들여서 좋다는 짓, 행위는 다 했다고 하면 여러분은 '돈이 많아서 좋은 곳으로 갔을 것이다'고 생각할 것입니다. 그렇다면 반대로 돈 없이 살다 죽은 사람은 종교적 의식을 할 수 없으니 이런 사람은 죽어서 좋은 곳이라는 것에 갈 수 없다는 말이 되는데 이 부분 여러분은 어떻게 생각하는가?

그래서 여러분이 반드시 정리해야 할 부분이 돈이라는 것은 물질 개념이고, 마음이라는 것은 비물질의 개념이어서 가난하다고 마음이 나쁘다고 할 수 없고, 돈이 많다고 해서 마음이 좋다고 할 수 없다고 나는 무수하게 말했습니다. 마음이 좋지 않아도 물질을 많이 가질 수 있다는 것이고, 이것은 물질로 받아야 할 업을 지어서 그 물질 이치에 따라 되받는 것이어서 그렇습니다.

그래서 현실을 사는 입장에서 물질도 적당하게 마음도 적당하게 가지고 사는 것이 좋은데 이것을 나는 화현의 부처님 법에서의 '중도(中道)'라고 말한 것입니다. 따라서 제일 좋지 않은 상황은 돈도 없고(물질 이치), 마음도 지랄 같은 사람(진리 이치)이 제일 안타까운 사람이라고 해야 맞습니다. 이런 이치를 알았으면 현실에서 이 마음이라는 것을 이치에 맞게 쓰도록 마음을 챙겨야 할 것이고, 또 물질도 크든 작든 이치에 맞게 쓰도록 하는 습관을 길들여야 합니다. 사실 이런 것을 알게 하려고 나는 무수한 말을 하고 있는데 정작 여러분은 이런 노력은 하지 않고 하늘에서 돈벼락이 떨어질 것으로 생각하는 사람이 넘쳐나는데 이것은 매우 잘못된 의식입니다.

대부분 사람들이 이런 생각을 하고 있어서 소위 〈한탕주의, 도박〉이라는 것이 생겨난 것이고, 복권이라는 것이 만들어진 것도 마찬가지입니다. 여러분이 자연이라는 말 많이 하는데 이것은 산이나 들 같은 풍경을 보고 자연이라고 한다면 잘못된 것이고, 지구 상 70억의 인간 모습도 다 각자가 지은 업에 따라 그렇게 되어 있어서 인간사회에서 일어나는 갖가지 현상들은 당연하고 이상할 것은 하나도 없습니다.

문제는 과거에는 드문드문 일어나는 일도 요즘은 하루가 다르게 심각한 문제들이 일어나고 있다는데 그 문제의 심각성이 있는데 '트랜스젠더'의 문제만 해도 그렇고, 태어나면서부터 장애를 가지고 있는 사람도 그렇습니다. 다시 말하면 과거에는 창피했던 상황들이 요즘에는 당당하게 자신들의 입장을 드러내는데 참으로 안타까운 일이라 할 것이고, 이 부분에 대하여 진리적으로 할 말은 많지만 여기서는 생략합니다.

어찌 되었든 사람이 살다가 죽으면 마음만 남고 몸은 없어지게 되는데, 문제는 그 마음에 따라 그 사람은 자신이 지은 업 때문에 윤회에 들지 못하고 중음(中陰)에 있는데 이것은 대부분 빙의로 작용합니다. 실제 얼마 전 죽은 사람이 그 자식에게 빙의로 작용하고 있는 것을 봤는데 이것은 비일비재합니다. 안타까운 것이 그 식구들은 종교적 의식을 했으므로 좋은 곳으로 갔다고 믿고 있는데 실제는 그 집안의 자식에게 빙의로 영향을 주고 있지만 정작 당사자들은 '좋은 곳으로 갔다'고 생각하고 삽니다. 그래서 죽어서 해탈을 하는 것(이 경우 빙의처럼 일반적으로 다른 사람에게 영향을 주지는 않습니다.)이 중요하고 빙의가 되어 몸을 받지 못하고 있다면 이 경우 대부분 사람에게 영향을 줍니다.

그래서 해탈한 자도, 일반적으로 보통 사람도 모두 죽으면 기운 개념으로 이 공기 속에 다 존재하지만, 빙의는 그 업에 따라 영향을 주고 해탈한 자는 빙의처럼 그렇게 하지 않는데 그 이유는 해탈한 자는 업의 걸림이 없어서 그렇습니다. 다시 말하지만 태어난 사람은 누구라도 죽습니다. 문제는 죽고 난 이후 자신이 태어나야 할 이치(자리)가 정해지지 않으면 그 자리가 나올 때까지 일정 시간 '중음(中陰)'에 머물고 몸을 받지 않습니다.

이것은 죽은 사람의 마음대로가 아니라 진리 이치에서 그렇게 진행되는 것이어서(이것 보고 자연스러운 현상이라고 함, 자연의 이치) 죽은 사람은 이런 것을 알지 못하는 것이고 '자기가 윤회할 상황이 안되면 중음에 있다'고 내가 말한 것은 자신의 순서를 진리적으로 기다리는 의미로 '중음에 있다'고 한 말이지 다른 사람에게 영향을 주지 않는 중음이라는 의미는 아닙니다.

다시 죽음 이후에 대한 부분을 정리하면 죽기 전에 이미 참(眞) 나는 다른 사람의 몸을 받아 떠나는 경우, 죽고 난 이후 바로, 즉시 몸을 받는 경우, 아니면 순서를 기다리며 중음에 있는 경우 등이 있을 수 있고, 이것은 개개인의 참 나의 이치를 보면 쉽게 알 수 있어서 살아서 움직이는 사람이라도 참 나가 없는 사람도 상당한데 이 경우 빙의 기운으로 생명을 연명하는 경우도 있고, 빙의는 없지만, 육신의 기운만으로 생명을 연명하는 경우도 있습니다.

따라서 이 부분은 개인마다 다 다르기 때문에 한마디로 말할 수는 없고, 실제 사람들이 하는 행동을 보면 쉽게 알 수 있습니다. 바로 이런 부분이 누구도 세상에서 말하지 못한 부분이기 때문에 화현의 부처님은 '전무후무한 일이다.'라고 말한 것입니다.

'넋 빼놓고 산다'는 말이 있는데 이 말의 의미는 '나'라는 정신을 놓고 산다, 의식 없이 산다고 해야 맞는 말이 될 것입니다. 그래서 보이는 모습에서 인간이라는 것은 같지만 사실 그 이면의 마음을 보면 그 마음이 어떤 마음이고, 그 마음에 무엇이 작용하는가, 또 지금 그 사람의 상태가 어떤 상태인가를 아는 것은 참 나라고 하는 그 사람의 본질을 알면 쉽게 알 수 있는데 이 말은 '살아는 있지만 참 나가 떠나 죽음의 절차에 들었는가' 아니면 '참 나가 떠나고 빙의 기운만 있는가' 등은 매우 쉽게 알 수 있다는 것이고, 이런 것을 아는 부분도 이 세상에서 전무후무한 일이라고 해야 맞는 말이 됩니다.

이런 이치도 모르고 막연하게 죽음 이후를 이야기하는 자체는 의미 없는데 죽음 이후 그 어떠한 세상도 존재하지 않고, 죽으면 앞서 말한 대로 그 마음이 어떻게 되어 있는가에 따라 그 사람이 이생에 다시 인간으로 혹은 무수한 생명체 중에 하나로 혹은 몸 없는 빙의로 있는가만 존재합니다.

이런 부분은 실제 사람이 많이 모이는 휴게소 같은 데 가면 천태만상으로 제각각 무수한 행동을 하는데 이런 상황은 말 그대로 사후세계의 상황이 그대로 연출되고 있는 것과 같아서 무수한 사람들이 제각각 움직이는 것을 보면 지옥이 따로 없고 이 현실이 지옥이라는 것을 쉽게 알 수 있다는 이야기입니다. 그래서 죽음 이후에 극락, 천당 등과 같은 곳이 있다는 식의 논리는 모두 모순입니다.

사실 일반 사람들은 사람의 몸으로 움직이기 때문에 단순하게 사람의 움직임으로 보이겠지만 이 마음의 작용을 알면 앞서 말한 대로 그 사람이 어떠한 상태인가는 쉽게 알 수 있습니다. 실제 내가 길

가다 어떤 사람을 보는 경우가 있는데 자기 본연의 참 나의 마음은 없고, 빙의가 지배하는 몸을 가지고 움직이는 사람이 있는데 이 경우 몸은 그 사람의 몸이지만 그가 하는 행동은 빙의가 하는 행동을 하는 경우도 있다는 이야기입니다.

여러분이 전생, 이생, 다음 생을 말할 때, 혹은 알고 싶어 할 경우 우리가 사는 이 세상을 보면 그 이치가 그대로 모두 다 드러나 있어서 현실을 떠나 전생, 이생, 다음 생의 그 어떠한 곳이라는 것은 없습니다. 따라서 다른 세상이 어디에 있다는 말은 모두 거짓이고 이치에 벗어난 말임을 명심해야 하는데 문제는 여러분은 그런 세상이 있다고 믿고 사는 입장이어서 내 말 쉽게 귀에 들어오지 않을 것이고, 그런 마음에 빙의는 쉽게 작용할 수 있습니다.

예를 들어 사람이 어떤 한 곳에 치우치게 되는 것도 빙의들의 마음일 수도 있는데 이 경우 여러분은 막연하게 '내 마음에서 일어난 마음이다'만 생각하게 되어 있습니다. 그러나 실제 그 마음에는 빙의들의 마음이 작용하고 있는 경우에도 여러분은 일어난 그 마음을 내 마음이라고 인지하게 됩니다. 사실 빙의라는 것은 새삼스러운 것이 아니라 우리가 사는 이 지구는 '진리의 기운'이라는 거대한 통속과 같아서 그 속에 있는 생명체는 누구라도 빙의의 기운을 받을 수도 있습니다.

문제는 이런 기운들은 진리의 기운이 있는 지구에만 해당하는 것이고, 진리의 기운(공기)이 없는 우주에는 빙의 마음이 작용하지 않습니다. 따라서 빙의들이 판치고 있는 이 세상을 살아가기 위해서는 반드시 의식이라는 것이 살아 있어야만 빙의를 방어할 수 있고, 의식이 흐려져 있으면 빙의는 그 마음을 들락거리며 여러분의 몸을 마음대로 가지고 놀 수 있다 할 것입니다.

그래서 부부가 사는데 두 사람의 참(眞) 나가 떠나고 빙의들이 그 마음에 영향을 주면 결국 '빙의끼리 부부생활'을 하게 됩니다. 실제 이런 경우도 상당한데 안타까운 일입니다. 문제는 이런 것을 정작 본인들은 알지 못하고 있어서 표면으로 보기에는 부부가 성행위를 하는 것으로 보이지만 실제는 빙의들이 이런 행위를 할 수도 있습니다. 이 경우 부인의 입장에서 썩 내키지 않는 마음, 혹은 성행위를 할까? 말까? 등 여러 가지 마음이 오락가락하게 되어 있습니다.

마음이 오락가락한다는 것은 앞서 말한 대로 여러 가지 마음 작용이 일어나서 그렇습니다. 비단 이것은 성행위에만 해당하는 것이 아니라 일상을 사는 여러분의 입장에서도 얼마든지 일어날 수 있는 상황이어서 이 글을 보는 여러분도 각자의 마음을 되돌아보면 한 가지에 집중하지 못하고, 한마음으로 하루를 보내는 것이 아니라 여러 가지 마음으로 오락가락한다면 그 마음에는 빙의가 영향을 주고 있을 수도 있어서 이 부분 심각하게 정립해봐야 할 것입니다.

사람의 마음이라는 것은 공기와 같은 것이어서 이 공기 속에 '나의 기운'을 인지하여 여러분은 '내 마음'이라고 느끼는 것이어서 자식을 낳으면 그 자식도 자신만의 기운을 인지하지만, 육신이 어리기 때문에 아이는 '내 마음이다'를 입으로 말하지 못할 뿐 실제 그 아이는 반드시 어떤 기운이든 그 기운의 영향으로 행동하게 되고 성장하면서 결국 그 기운을 〈나〉라고 인지하며 자라나게 됩니다.

1282 　　　　　　　　　　　　　　　 빙의와 인간

　그래서 아이를 키울 때 유별난 행동을 하는 아이가 있는데 사실 이런 경우 부모가 그 아이를 감당하기 어렵게 되는 경우도 있고, 다른 말로는 애를 먹이면서 어렵게 자라나는 아이도 있고, 반대로 순한 마음을 가진 아이는 키우기가 수월한 경우도 있는데 이것은 자식을 많이 낳아본 사람은 자식마다 가지고 있는 마음이 다 다르다는 것을 쉽게 인지하는데 이런 것이 기운(마음)의 작용입니다.

　따라서 부부가 성행위를 하는 것도 빙의가 작용하면 성을 유독 밝히게 되는데 이것을 모르니 사람들은 '정력, 성욕'이 좋다고 일반적으로 말하는데 그게 그렇지 않습니다. 다시 말하지만, 성(性)을 밝히는 빙의가 작용하면 유독 성을 밝히게 되어 있어서 이런 것도 모두 빙의 작용일 수 있는데 젊어서 혈기 왕성하여 성행위를 하는 것과 빙의가 작용하여 성행위를 하는 것은 분명하게 다르다는 것을 알아야 할 것입니다.

　일반적으로 무당 등에서 색신(色身)이라는 말을 많이 합니다. 이 말은 '성욕이 강한 빙의가 성적인 욕구로, 욕망을 채우는 것'을 색신

(섹스의 의미)이라고 해야 맞는 말이 되어서 불교에서 말하는 일반론적인 색신이라는 말의 의미와 내가 말하는 것은 다른 의미의 말이어서 이 부분 정립해야 합니다. 다시 정리하면 색신(色身)이라는 말에 의미는 색(色)＝보이는 것을 의미하고, 신(身)＝이라는 것은 몸을 의미합니다.

그래서 진리 이치를 깨달은 자가 몸을 가지고 이생에 있다는 의미로 색신(色身)이라고 할 수 있고, 다른 하나의 의미는 보이지 않지만 빙의도 사람의 몸을 이용하기 때문에 색신(色身)으로 빙의도 나타낼 수 있다 이 두 가지로 정립해봐야 할 것입니다.

다시 말하면 진리를 깨달은 자가 색신(色身), 즉 보이는 몸을 가지고 있다는 의미로 이같이 색신(色身)을 가지고 있다고 하면 좋은 의미가 되는 것이고, 다른 의미로 빙의가 몸을 가지고 성적인 욕구를 채우는 것도 색신의 의미입니다. 그래서 실제 이런 빙의가 작용하면 남자, 여자를 막론하고 성(性)을 몹시 밝히게 됩니다. 더 말하면 여자에게 빙의가 색신(色身)으로 자신을 드러내면 여자는 성(性)을 몹시 밝히는 행동을 하게 됩니다.

남자의 경우도 마찬가지인데 이것은 유독 '성을 밝히는 사람'들에게 해당하기도 하지만 문제는 빙의가 어떤 것에 작용하는가에 따라 꼭 성(性)이 아니라도 여러 가지 분야에서 나타낼 수 있는데 예를 들어 철학을 잘하는 것도, 의술, 사상, 과학 등 사회 전반에 빙의는 얼마든지 색신(色身)으로 자신을 드러낼 수도 있다는 이야기입니다.

이 사회를 보면 참으로 다양한 성향을 가진 인간들이 살아가는 것을 볼 수 있는데 전생에도 오늘날과 같이 인간들이 살았고, 그 사람은 죽었지만 그 마음은 남아서 이생에 제각각의 색신(色身)으로 형상을 나타내고 있으며, 오늘날 이 상황에서 몸은 없어지지만 마음은 남고 그 마음이 이 세상에 다시 그 업의 이치에 따라 몸을 받으면 이 자체가 색신(色身)이며, 다음 생, 혹은 사후세계가 되는 것이어서 이 개념을 잘 이해하면 오늘 이 순간에 전생, 이생, 다음 생의 이치가 다 들어 있는 것임을 알 수 있을 것입니다.

그렇다면 예를 들어 이생에서 종교 성직자를 하는 사람은 다음 생에도 성직자를 할 수 있는가인데 그렇지 않습니다. 또 이생에서 부를 누리고 있다가 죽으면 다음 생에도 부를 가지고 태어날 수 있는가인데 그렇지 않다고 해야 맞고 문제는 물질 이치에서는 돈을 쓰더라도 이치에 맞게 쓰는 것이 있다면 그만큼의 물질은 되받아지겠지만, 만약 이치에 맞지 않게 사용한 것이 있다면 그것은 선업이 되지 않아서 그렇습니다.

나는 이 부분을 여러분에게 10원짜리 동전 10개를 뿌리면 그중에는 이치에 맞는 곳에 떨어질 수 있지만, 이치에 맞지 않는 곳에도 떨어질 수 있다는 논리로 오래전에 말했습니다. 물론 돈이 없으면 뿌릴 돈도 없겠지만 돈 있는 사람이라고 하더라도 앞서 말한 대로 그 씀씀이가 이치에 맞는 행과 이치에 맞지 않은 행에 따라서 과보 (果報)는 반드시 달라지게 되어 있고 이치를 알고 사용하면 확률이 높겠지만, 이치를 모르면 그 확률은 떨어지게 됩니다. 이 말은 물고기가 없는 곳에서 낚시하는 것보다 고기가 많은 곳에서 낚시하면 고기를 잡을 확률이 높다는 이야기입니다.

그래서 여러분이 일반적으로 단순하게 알고 있는 논리는 잘못된 말이고 뭔가를 하나 알더라도 제대로 알고 행동하는 것이 좋은데 세상에는 인간 편의주의에 따라 무수한 말들이 있어서 이런 말 중에 이치에 맞는 것을 고른다는 것은 매우 어렵습니다. 입으로는 빙의라는 말 무수하게 말하지만 정작 본인이 빙의에 영향을 받고 있는지조차도 모르면서 빙의, 빙의하는데 안타까운 일입니다. 다시 한 번 말하지만 "저 사람은 성욕이 좋다."라고 하는 말도 실제는 색신(色身)의 빙의가 작용하면 강한 것으로 나타나게 되지만 이것은 결국 그 사람의 몸을 성적인 행위로 망가트리는 결과를 초래하게 됩니다.

이것을 이해하기 위해 지금 여러분이 어떤 마음을 먹었다고 한다면 먹은 그 마음이 100으로 다 맞다 하면 문제가 될 것이 없겠지만, 인생사 100% 자신이 마음먹은 대로 되지 않습니다. 그래서 죽은 사람의 마음도 산 사람의 마음과 같이 참으로 다양해서 성적인 욕구를 많이 가지고 죽은 사람도 있을 것이고, 이런 사람이 빙의되면 어떤 빙의인가에 따라 나 자신은 색신(色身)의 행동을 할 수도 있다는 이야기입니다.

또한, 각자의 업에 따라서 '윤회할 상황이 안되면 중음에 있다'는 말은 진리적으로 자신이 태어나야 할 상황이 아니면 잠시 그 자리가 나올 때까지 머물러 있기도 한다고 이해하면 되고, 이 경우는 빙의되어 다른 사람에게 그 마음이 영향을 줄 수도 있고, 그렇지 않을 수도 있는데 이것도 개개인의 업의 이치가 다 다르기 때문에 그렇습니다. 그래서 죽어서 빙의로 다른 사람에게 영향을 주면 앞서 말한 대로 여러 가지 형태로 인간에게 영향을 줄 수도 있어서 죽어서 좋은 곳으로 갔다, 간다라고 말하는 일반 종교의 말은 모두 모순이고 진리 이치에 맞지 않습니다.

1283   숙명

사람이 살아서 움직이면 그 몸(물질)이라는 것을 보고 '어디를 갔다, 간다'라고 말할 수 있는데 문제는 사람이 죽으면 이 몸이라는 것은 보이지 않습니다. 그런데 세상 사람들은 '그 사람이 어디로 갔다'는 말을 하는데 여러분은 이 말이 맞다고 생각하는가? 살아서 움직일 때는 분명하게 몸(육신)이 있어서 여러분 눈으로 확인할 수 있지만, 죽으면 몸은 썩어 없어집니다. 말 그대로 산속에 몸을 두면 결국 지수화풍(地水火風)으로 사라진다고 말하는 것은 불교가 아니어도 일반 사람들도 다 아는 내용입니다.

어찌 되었든 이 몸(육신)이라는 것은 물질이어서 모든 것은 물질 논리에 따라 생성되고 없어지지만, 마음이라는 것은 없어지지 않습니다. 그래서 여러분이 반드시 성립해야 할 부분이 몸(물질)과 마음(비물질), 이 두 가지의 개념을 정립하지 못하면 여러분은 내가 말하는 마음공부라는 것 절대 할 수 없습니다.

살아서 움직이는 모든 생명체는 반드시 마음(진리적인 기운을 의미함)과 몸(마음을 기반으로 형성된 물질 개념)으로 움직이기 때문에 이 두 가지를 이해하지 못하면 안 되는데 이 글을 보는 여러분도 각자의 마음이 움직이면 그에 맞게 몸이라는 것도 반응하게 됩니다. 그래서 마음이라는 기운이 어떻게 움직이는가에 따라서 여러분은 일체의 행동을 하고 있어서 마음이라는 것의 본질을 알면 여러분의 마음이 뭔가를 알기는 매우 쉽다고 나는 말했는데 문제는 여러분은 단순하게 자신의 마음에서 일어난 마음이 '하나의 마음'이라고 생각하고 있다는데 그 문제의 심각성이 있고, 나는 그 마음은 여러 가지 마음이 섞여 있을 수 있다는 논리를 말하고 있어서 이 부분 이해하기 어려울 수 있습니다.

예를 들어 불교에서 '참 나를 찾아서'라는 말을 많이 하는데 여기서 말하는 '참(眞) 나'라는 것은 무엇을 의미하는 것일까? 불교는 지금 여러분이 인지하고 있는 마음을 하나로 보는 입장이고, 그 하나의 마음에서 잘못된 것을 고른다는 의미로 참 나를 이야기하는 것입니다.

예를 들어 여러분이 누구에게 잘못했다고 한다면 잊어버리고 산 그 '잘못'을 밝혀내서, 생각해내서 '내가 잘못했구나'를 알아가는 것이 '나를 찾아서'라 말하는 것입니다. 이 과정에 그것을 알고 난 다음 '나는 이런 사람이구나'를 알아가는 것이 불교에서 말하는 나를 찾아서의 개념인데 결국 바쁘게 살다 보면 순간 자신이 행동한 것을 잊어버리게 되고, 조용한 시간에 하루를 되돌아보면 잊혔던 그 상황이 떠오르게 되고, 이 과정에서는 '나는 이런 사람이다'를 알게 되는 것이 전부입니다.

만약 이것이 아니라면 일반적으로 '참(眞) 나'라는 것이 뭔가를 말할 수 있겠는가이며, 또 그들의 말대로라면 수행이라는 것을 해서 각자의 참 나를 알았다고 한다면 '나는 왜 존재하는가?'를 알았어야 하는데 인간이 존재하는 근본 뿌리를 안 사람은 없다는 것은 무엇을 의미하는가?

지금 내가 말하는 것 정독하여 이해하지 못하면 내가 어떠한 말을 해도 여러분은 이해하지 못할 것이고 내가 신비주의의 말을 하지 않을까만 생각하게 되어 있어서 다시 한 번 각자의 마음을 되돌아봐야 할 것입니다. 또 불교에서 말하기를 '참(眞) 나'라고 하는 말은 거짓된 나의 반대 개념으로 '참(眞) 나'를 말하기도 하는데 이 말은 앞서 말한 대로 여러분이 어떠한 행위를 할 때 거짓으로 한 말을 후에 생각해보고 '그때는 내가 거짓으로 말했구나'를 알았을 때 여러분은 그 마음을 나의 참 나라고 생각하는데 대단한 착각입니다.

이 경우는 참 나의 의미가 아니라 〈반성〉의 개념입니다. 잘못한 것을 알았다면 그것은 '반성하는 것'이기 때문에 그렇습니다. 그러나 내가 말하는 참 나의 개념은 개개인이 가지고 있는 근본적인 성향을 참 나라고 하는 것입니다. 이 말은 양파를 보면 껍질에 발라 있는 껍데기가 있고, 그것을 까서 양파 속으로 들어가면 결국 양파의 중심이 나오게 됩니다. 이 말은 양파 속에 있는 것이 참 나이며

189

그 속을 둘러싸고 있는 껍데기가 가식적인 아상의 마음이라고 해야 맞는데 다시 말하면 복숭아를 보면 속에 씨가 들어 있고, 이것이 참 나의 개념이고 그 씨를 둘러싸고 있는 것이 가식적인 아상의 마음이라고 이해하면 됩니다.

그래서 여러분이 이 세상에 태어난 것은 복숭아 속에 씨앗이 있어서 그 씨앗을 바탕으로 여러분의 몸(껍데기)을 가지고 있다고 해야 맞는 말이고, 나의 근본이 되는 그 속에 씨를 발견하는 것, 알아가는 것이 화현의 부처님 법에서의 참 나에 대한 정의입니다. 다시 정리하면 인생을 살면서 자신이 한 행동을 훗날 되돌아보고 어떠한 상황에서 잘못했을 때 그 잘못을 아는 것이 '나를 아는 것'은 아니고, 그 잘못을 알았다고 해서 나의 참 나를 알았다고 말할 수는 없다는 이야기입니다. 따라서 '나의 성향은 이렇구나, 내 마음의 본질 속에는 이런 마음이 있었구나'를 여실히 스스로 아는 것이 '참 나를 아는 것'이라고 해야 맞는 말이 됩니다. 그래서 복숭아씨를 보면 비슷한 모양이지만 똑같은 모양을 가진 씨가 하나도 없습니다.

이 말은 사람이라고 해도 각자의 본성(씨앗)은 다 다르다는 의미와 같아서 참 나를 알았다고 해서 그 참 나 속에 있는 나의 본성이 모두 '이치에 맞는 참(眞) 나(마음)'는 아니라는 이야기입니다. 불교의 말을 보면 '공＝번뇌 없음'이라는 논리를 말하는데 이 말은 잘못된 것이고 사람이 죽어서 몸이라는 것이 공(空)으로 사라지면 모두 사라진다는 의미로 공(비어 있다, 아무것도 없다)을 말하는 것에 불과해서 이것은 쓸데없는 말, 영양가 없는 말이고 여러분 인생에 아무런 도움이 되지 않습니다.

따라서 본질을 말하지 못하고, '그는 이처럼 알고 또한 이처럼 보아서 그 마음이 욕망의 번뇌에서 해탈되고 존재의 번뇌에서 해탈되고 무명의 번뇌에서 해탈된다'는 식의 말을 여러분은 어떻게 생각할지 모르겠지만 의미 없습니다. 참으로 답답한 부분인데 '해야 할 일은 다 마치고 더 이상 윤회하는 일이 없다'는 말은 그럴듯하지만 이런 말은 감성적인 말이고, 실제 해탈이라고 하는 것은 여러분이 상상하지 못할 만큼 어려운 부분인데 말은 참 쉽게 하는데 안타까운 일이 아닌가? 그렇다면 그들의 말대로 과연 종교 수행을 해서 해탈이라는 것을 한 사람이 있는가인데 답은 '없다'입니다.

다시 여러분이 정립해야 할 부분은 사람은 죽지만 마음이라는 기운이 영구하게 남아 있어서 지금까지 무수하게 죽어간 사람도 결국 우리가 사는 이 자연 속에 그 사람의 참 나의 마음은 남아 있어서 죽어서 몸은 없지만 여러분 조상의 마음도 결국 여러분과 함께 자연 속에 있으므로 죽어서 우주 어디로 갔다는 식의 논리는 매우 잘못된 논리입니다.

1284 전생

사람이 이 세상을 살면서 가장 궁금해하는 부분이 '나의 전생이 뭔가?'라는 것과, '죽으면 어떻게 되는 것일까?' 또는 '이생에서 나는 어떻게 살다 죽을까?' 등이 그것인데 이 부분은 지금 여러분이 사는 삶에 환경, 혹은 지금 내 마음이라고 가지고 있는 그 마음을 보면 앞서 말한 의구심은 스스로 다 알 수 있습니다.

따라서 이생에서의 직업도 모두 전생의 이치와 똑같이 진행되고 있어서 '내 적성에 맞다'라고 하는 것은 이미 전생에 그러한 일을 해봤기 때문에 여러분은 그것을 '내 마음에 맞는 것'이라고 생각하게 되는 것입니다. 반대로 '이것은 나와 적성에, 성격에 맞지 않는다'고 하는 것은 전생에 해보지 않았던 것이어서 마음에 들지 않는다는 말을 하는 것이어서 이 개념으로 지금 여러분이 하는 생활은 모두 각자의 전생에 삶이 그대로 들어 있다고 해야 맞습니다.

이 부분을 깊게 파고들어 가는 것이 '나를 알자'의 개념인데 문제는 여러분은 지금 자신의 모든 것을 보지 못하고 그저 내가 마음먹은 대로 되기만을 바라며 사는데 안타까운 일입니다. 그래서 지금 환경, 마음이 마음에 들지 않는다면 마음에 드는 것을 찾아서 하면 전생 이치대로 흘러가게 되어 있고, 이 과정에 여러분은 '나는 마음이 편하다'고 인지하게 됩니다. 그렇다면 편한 마음이 든다고 해서 그 마음이 이치에 맞는 마음은 아니라 할 것인데 그 이유는 이치에 맞든 맞지 않든 여러분은 전생에 그 습성을 따라가면 일단 해봤기 때문에 '마음은 편하다'는 생각을 하는 것이고 그 마음이 이치에 맞는 마음이라는 것과는 다른 의미가 있어서 이 부분 새겨봐야 할 것입니다.

예를 들어 전생에 도둑질하던 삶으로 산 사람은 이생에서 도둑질하는 것에 아무런 죄의식도 느끼지 못하고 그게 편하다고 생각한다면 도둑질하는 자체가 이치에 맞지 않지만 그런 행위를 하는 것으로 마음이 편하다, 적성에 맞다, 속이 편하다는 식으로 생각하게 되어서 마음이 편하다고 해서 그 마음이 이치에 맞는 마음은 아니라는 이야기입니다.

그래서 이생에서 남녀가 처음으로 만나, 나는 저 사람에게 마음이, 호감이 간다라고 하면 그 마음속에는 상대와 전생의 관계가 있었던 상태이기 때문에 이생에 그러한 마음이 일어나는 것입니다. 그런데 이 경우 마음에 든다고 해서 '전생의 인연'이라고 상대를 사귀면 결국 전생에 좋지 않은 업연도 이생에서는 '좋은 마음, 호감이 가는 마음'으로 작용하게 되어 있어서 화현의 부처님 법에서는 마음이 끌린다고 해도 그 끌림에 따라가면 안 된다는 것을 말합니다.

마음에 끌림은 있지만 그 끌림을 따라가지 않는 것이 '이치를 바꾸는 법'입니다. 문제는 보통 사람들은 자신의 마음이 끌렸기 때문에 대부분은 끌린 그 마음에 따라갑니다. 그래서 이 부분은 마치 팔이 안으로 굽는 것과 같아서 이 개념으로 지금 여러분이 그 어떠한 것에 끌림이 있다, 마음이 간다고 하면 반드시 그것은 전생에 여러분이 살았던 한경, 마음과 깊게 관련이 있다는 이야기입니다. 다시 말하지만 지금 여러분이 사는 환경을 보고, 그 마음을 보면 전생의 이치가 그대로 나타나 있어서 이런 것을 스스로 볼 수 있는 것이 '나를 스스로 보는 것, 전생을 스스로 보는 것'이 됩니다.

따라서 일반적으로 '나를 알자'의 정의는 이생을 살면서 과거에 내가 무엇을 잘못했다는 것을 반성하는 차원이 나를 아는 것으로 생각하는데 이것은 이생에서 여러분이 어떠한 행동을 했을 때 그 행위를 윤리·도덕·양심에 비추어 반성하는 차원에서 나를 안다고 말하는 것이고 이것은 단순한 논리이며 의식이 있으면 누구라도 다 알 수 있는 부분이어서 이것만으로 '나를 알았다'고 말할 수는 없다는 이야기입니다.

내가 말하는 것은 전생에 여러분이 살았던 것을 알고자 한다면 지금 여러분이 사는 환경과 마음을 보면 전생에 이치 그대로 똑같이 살고 있어서 전생을 궁금해할 필요는 없습니다. 내가 지금 법이라는 것을 말하는 것도 전생에 화현의 부처님과 살면서 법을 말하는 그 환경에 따라가고 있어서 여러분이 살아가는 개인적인 삶과 나와 선율이 가 법을 말하면서 살아가는 환경은 똑같습니다. 다만, 여러분은 개인적인 삶을 사는 것이라고 한다면 나는 법을 말하는 입장에서 사는 것만 다를 뿐입니다.

인생을 살다가 한가하게 앉아 있으면 지난날 나 자신의 행동을 떠올리게 되고, 이 과정에서 '그때는 내가 이 부분을 누구에게 잘못했다'는 것이 생각 날 수 있고, 그 상황에서 내가 잘못했다는 것을 생각하는 것이 불교에서 말하는 '나를 알자'이지만, 내가 말하는 것은 지금 여러분의 환경, 마음을 되돌아보고 '전생에 나는 이런 마음을 가진 사람이었구나'를 스스로 아는 것이 '나를 알자'이기 때문에 불교의 말과 내가 말하는 것은 차원이 다른 말입니다.

다시 말하면 어떤 사람은 부자로 잘살고, 누구는 빈천하게 산다고 할 경우 이 두 사람이 그렇게 살아가는 이유는 뭘까를 아는 것이 '나를 알자'이며, 결혼하고 살면서 처음과 달리 시간이 지나면서 마음이 변해가는 것은 무엇 때문일까를 아는 것이 나를 아는 것이 되고, 내가 왜 지금의 부모 아래서 태어났는가를 적나라하게 아는 것이 '나를 알자'입니다.

누구는 마음먹은 대로 되고, 나는 아무리 마음을 먹어도 뜻대로 되지 않는다면 이것은 무슨 차이일까를 스스로 아는 것이 '나를 알자'인데 이것이 아니라 지난 세월 어떤 상황에서 내가 누구에게 무엇을 잘못했고 그것을 되돌아보니 생각나는 것, 그래서 그 상황에서 '나는 이런 사람이구나'를 아는 것이 '나를 알자'는 아니라는 것입니다. 물론 지난 세월 되돌아보고 '나는 그런 사람이구나'를 아는 것도 스스로 어떤 존재인가를 아는 것이 되는 부분도 있지만, 이것은 진리적인 의미로 자신의 존재를 아는 것이 아니라는 이야기입니다.

1285　　　　　　　　　　　　　　종교

모든 종교를 보면 그 역사가 상당합니다. 어떤 말을 만들어 놓고 그 말을 기본으로 해서 세월의 흐름 속에 무수한 말들이 만들어집니다. 물론 처음에 그 법이라는 것을 만들 때 '진리 이치를 아는 자의 말'은 아니지만 시대적 상황을 보면 그 종교의 말이 만들어질 당시만 해도 깜깜한 무명 시절이었기 때문에 소위 '배웠다'고 하는 사람들이 어떤 하나의 상황 속에서 일어나는 일을 가지고 종교적인 말로 만든 것이기 때문에 이것은 여러분이 알아야 할 것이 종교가 만들어 질 때 그 상황을 대입해서 그들이 하는 말을 생각해보면 내가 무슨 말을 하는가를 이해하게 될 것입니다. 그래서 나는 사람들의 생각 으로 만들어진 말을 사상(思想)이라고 말했고, 진리 이치에 맞는 말 을 정법(正法)이라고 말한 것입니다. 이런 말 얼마나 여러분이 정립 할 수 있을지 모르겠지만 이런 부분을 여러분이 이해하지 못하면 사 실 마음공부를 한다고 말할 수는 없습니다.

인생을 살면서 어떤 하나의 문제, 상황이 발생하면 그것에 대한 근본을 아는 것이 매우 중요합니다. 그런데 이런 것을 정립하지 못 하면 여러분의 의식은 깨어나지 못하기 때문에 어떤 상황에서 무엇 이 옳은가, 그른가를 알 수 있다면 여러분의 의식은 얼마든지 깨어 날 수 있는데 이같이 하지 않고 어떤 일만 생기면 단답형으로 그에 대한 답을 듣고자 하는데 그 답을 말해주어도 앞서 말한 대로 여러 분의 의식이 깨어 있지 않으면 내가 말해주는 그 말뜻을 이해하지 못하게 됩니다.

그래서 답답하니 뭔가를 물어는 보겠지만 내가 깨어나지 못하고 답만을 찾으려 하기 때문에 그러한 심리를 이용해서 무수한 사람들 이 주변에 존재하는 것이고 그들은 '중생을 구제하기 위해서'라는 말로 여러분을 현혹하는 것입니다. 거꾸로 말하면 여러분 스스로 그런 것을 먼저 찾지 않으면 사상으로 존재한다는 그러한 대상들은 존재하지 않는다는 이야기입니다.

그래서 지난날 세월 속에 인간의 의식은 갈수록 흐려져 왔고, 오늘날에는 대부분 사람들의 의식이라는 것은 상당히 흐려져 있어서 이것은 마치 밝음에서 어둠으로 변하는 것과 이치는 똑같다 할 것입니다. 인간의 역사를 보면 종교라는 것이 만들어지기 이전과 이후의 상황을 보면 내가 무슨 말을 하는가를 이해하게 될 것입니다. 종교가 없었던 시기가 밝음이라고 하면 오늘날에는 어둠이라고 해야 맞는데 그 이유는 이 글을 보는 여러분 스스로 세상을 그렇게 만든 것이라고 해도 무리는 없을 것인데 그 이유는 여러분이 자식을 낳아 기를 때 어떻게 행동을 했는가를 보면 쉽게 이해될 것입니다.

　임신했을 때 하는 말이 뭔가? '삼신할머니가 점지를 해주었다'는 말을 하고, 어떤 날만 되면 산타가 선물을 준다 했고, 수능을 보면 엿을 교문에 붙이는 행위를 했고, 사람이 죽으면 하늘나라로 갔다는 말을 했으며, 죽으면 좋은 곳으로 갈 거라 믿었으며, 죽으면 천상세계에서 다시 만나자는 말을 했고, 종교적 의식을 하면 죽은 사람이 어떻게 되고, 기도하면 이루어지고 등등의 무수한 말 여러분은 어떻게 생각하는가?

　참으로 가관인 것이 밥을 먹기 전에 종교적 의식을 하면시 감시하다는 말을 하는데 이런 행위를 하면 여러분은 뭔가 있어 보이겠지만 바로 이런 정신으로 살아온 여러분의 의식은 깨어 있지 않다고 해야 맞고, 문제는 이러한 행위는 여러분의 조상에서 여러분에게 사식으로 대물림을 해왔고, 그러한 행위는 당연한 것으로 아무렇지 않게 좋은 것이 좋은 것이라는 마음으로 오늘을 살고 있지 않은가?

그래서 당연한 행위라고 생각하는 그 마음에 빙의는 언제라도 영향을 줄 수 있고, 그 결과 오늘날 사회를 보면 빙의들이 얼마나 세상을 장악하고 있는가를 알 수 있을 것입니다. 따라서 나는 앞으로의 세상은 빙의들이 세상을 지배하는 세상이 올 것이라는 말을 했는데 이 말에 의미는 지구의 종말은 결국 빙의들로 인해 마지막 지구를 장식하게 된다는 의미입니다.

지금 이 세상이 흘러가는 현상을 보면 내가 무슨 말을 하는가를 이해할 수 있을 것이나, 문제는 어떤 사람들은 갈수록 세상이 좋아진다고 생각하는 사람들도 있어서 이 부분은 각자의 의식에 달려 있다 할 것입니다. 그래서 누가 알아주든 알아봐 주지 않든 내가 할 말만 하면 되는 것이고, 지구가 멸하기 이전 그동안 내가 했던 말들이 맞았다는 것을 알게 되겠지만 그때는 되돌아오지 못할 강을 건넌 후가 될 것이기 때문에 판단은 각자가 알아서 하면 됩니다.

다시 한 번 말하지만, 인간이 지구 상에 존재하면서 마음이라는 것을 발견하게 되고, 이후 무수한 사상들이 만들어져 왔으며 그 과정에 종교라는 것이 만들어졌고, 종교들은 인간의 의식을 흐려지게 해왔으며 그 결과 오늘날 인간들의 의식은 모두 잘못된 사상에 빠져 인간으로서의 본분을 잃어버렸다고 해야 맞는 말이 되고, 인간이 마음을 잃어버린 결과는 결국 지구에 인간이 존재해야 할 이유를 상실했다고 해야 맞고 이 마음 변화에 따라 지구의 환경은 급격하게 변하게 됩니다.

사실 과거에는 선하고 착하게 살아야 한다, 인간답게 살아야 한다는 말을 그나마 듣고 살았는데 요즘에 여러분이 자식을 낳으면 그 자식에게 이런 말을 우선 말하지는 않았을 것입니다.

물론 남에게 해를 끼치지 말라는 식의 말 일부는 말했을지 모르겠지만 문제는 앞서 내가 말한 대로 오랜 시간 여러분 마음에 자리 잡은 이치에 맞지 않는 말들을 마음에 품고 있으면서 입으로는 남에게 해주지 말라는 식의 말을 한들 무슨 의미가 있겠는가를 생각해보라는 것이고, 부모로부터 여러분이 그런 말들을 듣고 자랐기 때문에 여러분도 이미 잘못된 말에 젖어 있지만 문제는 그것이 잘못된 것이라는 것을 여러분 스스로 인지하지 못하고 있는데 안타까운 일이고, 실제 내가 10년을 법을 말했지만, 여러분의 그 마음에는 고정관념이 깊게 뿌리를 내리고 있어서 그 의식을 고친다, 바꾼다는 것은 매우 어렵습니다.

1286　　　　　　　　　　　　　사상

종교는 사상적으로 만들어진 말을 대물림해서 그 말을 오랜 시간 전하고 있고, 그런 말이 진리의 말, 혹은 부처의 말이라고 말하고 있으며, 또는 신(神)의 말이라고도 말하고 있습니다. 과거 인간이 무지했던 시대에는 배운 자들에 의해 만들어진 그 말이 맞는 것으로 생각했는데 이 사람들을 선지식, 선각자 등으로 불리기도 했습니다. 그래서 진리라는 것은 지식을 배운 자들이나 말할 수 있는 것으로 생각하고 있는데 참으로 안타까운 일이고, 나는 지식은 없어도 사람이 하는 말을 듣고 옳고 그름을 분별할 수만 있으면 얼마든지 진리 이치를 알 수 있다는 논리를 나는 말하고 있어서 배운 자들의 머리로 짜 맞추어진 말은 사실 아무 의미 없습니다. 그래서 내가 말하는 이 화현의 부처님 법에서는 '법의 대물림'이라는 것은 존재할 수 없는 것입니다.

그것은 사상적으로 만들어진 말을 오랜 시간 마음에 담으면 결국 인간의 의식을 흐려지게 하기 때문에 그렇습니다. 그래서 이 글을 보는 여러분도 '이치에 맞는 삶'을 살면 되고, 그렇게 사는 삶이 도를 닦는 수행이고, 나 자신을 알아가는 법이기 때문에 이것이 아닌 어떠한 종교적인 말, 사상적인 말은 아무 의미 없습니다. 따라서 내가 죽고 나면 이 법을 이어가야 할 사람이 오지 않기 때문에 일반 종교들이 하는 법의 대물림이라는 것은 있을 수 없습니다. 그래서 지금 이 사회가, 지구가 변화되는 모습을 보면 여러분이 어떤 생각을 할지 모르겠지만 반드시 〈그때〉를 향해서 가고 있는데 이 말에 의미는 내가 말해야 할 말을 다하면 내 마음이 풀어지는 것이고, 이 말은 곧 화현의 부처님 마음도 풀어진다는 의미입니다.

화현의 부처님 마음이 다 풀어지면 이 지구 상에 생명체는 더 이상 존재해야 할 이유가 없어진다는 의미이며, 이 과정에 오늘날 사회적으로 혹은 자연 현상으로 그 징조가 나타나고 있는데 어리석은 인간은 이 자체를 인지하지 못하고 있으니 이 어찌 안타까운 일이 아닌가. 따라서 각자 처지에 따라, 예를 들면 돈이 많은 사람, 잘 나가는 사람의 처지에서 보면 이런 말을 하는 나는 미친 사람으로 보일 수 있고, 또 돈이 없는 사람, 형편이 그런 사람은 '차라리 이 세상 어떻게 되었으면' 하는 비관론적인 생각을 할 수도 있을 것입니다.

어찌 되었든 어떠한 생각을 하든 그것은 각자의 입장에 달려 있다 할 것이고, 시작이 있으면 반드시 끝이라는 것도 있고, 종교 말대로 창조가 있다면 창조의 끝은 반드시 있다 할 것이나 종교는 진리의 흐름, 진리 이치를 모르고 하는 말이어서 나처럼 구체적으로 말하지 못하고 있다 할 것입니다.

물론 여기서 창조라는 말은 의미 없는 말인데 그 이유는 오늘날에 지구는 누가 창조해서 존재하는 것이 아니라 지구라는 행성은 인간의 입으로 말할 수 있는 것이 아닙니다. 다시 말하지만, 지구라는 것은 여여자연(如如自然)하게 존재하고 이 지구 상에 생명체만 존재했다가 다 사라지기를 반복하는 것이어서 지구에서만 생명체는 윤회라는 것을 하지만, 지구의 땅 자체는 완전히 없어지는 것은 아니라는 이야기입니다. 그러나 지구가 지각변동을 여러 차례 하는 것은 진리 입장에서 보면 '지구의 윤회'라고 말할 수 있어서 이 부분 정립해야 할 것입니다.

내가 말하는 것은 지구 상에 생명체가 있기 시작했다고 하면 멸할 때도 있다는 논리를 무수하게 말했고, 지구의 윤회와 생명체의 윤회 개념은 비슷하지만, 지구의 윤회는 오랜 시간이 지나면 그때에 맞게 지각변동을 하여 대륙의 모습을 바꾸어가지만, 인간은 개인적인 업에 따라 윤회하기 때문에 이 두 가지의 개념을 이해해야만 합니다.

그래서 2600년 전 화현의 부처님을 살해한 그때를 기점으로 해는 저물고 있는 것(지구는 지각변동을 구체적으로 시작했음을 의미함)이고 해가 다시 뜰 때 지구의 윤회 입장에서 새로운 지구 생명체의 주기는 시작되게 되어 있고 지금과 같이 오대양 육대주로 지구의 모습이 존재하지는 않습니다. 나는 이 부분을 '지구의 윤회'라는 말을 했고, 지구 상에 생명체가 전부 멸하는 시기를 '종말의 시대, 말법의 시대'라는 말을 한 것입니다.

어찌 되었든 2600년 전 진리의 종자를 해(害)한 그 업연을 다시 돌려놓으면 〈그때 – 지구 생명체의 멸, 지구가 다시 지각변동을 하는 때〉가 됩니다. 이 부분도 법회 때 암시적으로 여러분에게 수차한 말이고, 이 부분 매우 심각한 부분인데 이 법을 깊게 이해하지 못하면 내가 무슨 말을 하는가를 이해하지 못하게 되어 있습니다.

오늘날 오대양 육대주라고 하는 땅은 지각변동을 해서 지금과 같이 만들어진 것이고, 지구 윤회의 개념에서 다시 지각변동을 하면 지구 상의 생명체는 다 없어지게 되고 다시 땅의 모양은 바뀌게 됩니다. 그래서 지금의 땅의 형태로 지구가 만들어졌다고 말하는 자체가 모순입니다. 여러분이 인생을 살면서 알았던 부분은 사실 모순된 부분이 상당하고 이런 것은 아무리 과학이 발전한다고 해도 과학의 논리로 해결될 수 없는데, 사람이 왜 태어나고 죽는가를 과학의 논리로 알 수 있는가를 생각해보면 내가 하는 말이 무슨 말인가를 알게 됩니다. 따라서 수천 년을 여러분이 함께한 종교들도 내가 말하는 부분은 한마디도 하지 못하고 있는데 그것만 보더라도 종교라는 것은 감성적인 말로 여러분을 유혹하는 것이 전부임을 알 수 있을 것입니다.

1287 생로병사

세상에서 일어나는 모든 일에는 시작이라는 것이 반드시 있고, 시작이 있다는 것은 끝도 있다는 것을 의미합니다. 시작과 끝은 두 가지 개념으로 정립해야 하는데 하나는 '지구의 땅 – 행성'이라는 것은 시작도 끝도 없는데 땅을 누가 창조했다는 논리는 이치에 맞지 않습니다.

다만, 지구 상에 존재하는 모든 생명체는 '시작과 끝'이라는 것이 반드시 있어서 이 '시작과 끝'을 모든 것에 대입해보면 만남과 인연이라는 것, 태어나고 죽는 것 등 모든 것에는 반드시 시작과 끝이라는 것이 존재하기 때문에 사람들은 이 주기를 생로병사라고 말하기도 하지만, 문제는 지구라는 땅, 이 자체는 여여자연하게 존재함으로 여기에는 시작과 끝의 개념을 접목해서 말할 수는 없습니다. 그런데 어떤 사람들은 지구도 생로병사의 논리를 대입해서 지구도 언젠가는 사라진다는 식으로 말하는데 대단한 착각입니다.

지구가 없어진다, 사라진다고 하는 말은 지구 상에 인간이 다 사라지기 때문에 인간의 눈으로 지구라는 땅을 보지 못해서 지구가 없어졌다는 말을 하는 것이지 실제는 지구라는 땅은 그 자체로 영구히 존재하는 것이어서 '시작과 끝'이라는 말에 의미를 두 가지로 정립해야 할 것입니다. 이에 따라 여러분이 죽으면 여러분의 입장에서 몸이 없어서 여러분 눈으로 지구라는 것을 볼 수 없지만 죽은 사람이 빙의로 다른 사람에게 작용하면 그 사람의 눈을 통해 지구는 그대로 있다고 인식합니다. 그래서 죽은 사람의 입장에서 보면 윤회라는 것을 하기 때문에 지구는 무시무종(無始無終)으로 존재한다는 것을 알 수 있을 것입니다. 그런데 살아 있는 사람은 이런 이치를 모르고 지구라는 땅이 없어진다는 식으로 말하는 것은 사상적으로 하는 말에 불과하고 의미 없는 말 잔치에 불과합니다.

여러분이 반드시 알아야 할 것이 '죽으면 끝이다'는 생각을 하고 사는 사람이 상당한데 윤회하는 입장에서 죽으면 끝이 아니라 새로운 시작을 의미합니다. 물론 이생을 살다가 죽으면 이생에 기억을 의식으로 다 기억하고, 죽으면 다시 그 의식이 이어져 간다면 태초에 여러분이 어떻게 살았는가도 알 수 있겠지만 죽으면 살아 있을 때 의식 속에 기억된 것은 다 사라지게 됩니다.

그런데 문제는 이생에서 내가 한 행위에 대한 업(業)이라는 것은 공기 속에 하나의 식(識)으로 남게 되고, 다음 생에 몸이 만들어지면 내가 지어놓은 업식(業識)에 따라 나 자신의 몸과 마음은 만들어지기 때문에 오늘날 여러분의 몸과 마음은 이 개념으로 보면 이 전생에 지어놓은 업의 '인자(因子)'의 영향으로 제각각 성향이라는 것이 생기는 것입니다.

　쉽게 여러분이 어떠한 행동을 하는 것도 이유 없이 이생에 만들어진 것이 아니라 그 행동은 전생에 지어났던 그 습(習)으로 이생에 똑같은 행동을 하는 것이고, 이것을 여러분은 '내 적성'이라고 말하는 것입니다. 그래서 전생에 어떠한 행동을 하고 살았는가에 따라 이생에서 각자의 적성(適性)이 있어서 지금 여러분이 '나의 적성'이라고 하는 것은 모두 앞서 말한 대로 전생에 무엇을 하고 살았는가와 아주 깊게 관련이 있습니다. 인생을 살면서 어떤 일이 자신에게 맞는다 한다면, 또 다른 사람과 달리 어떤 소질이나 성격, 능력이 있다는 것은 모두 전생에 각자의 삶과 아주 깊게 관련이 있다 할 것입니다.

　그래서 이 개념으로 이생에 이성을 만나 인연이 되었다면 그 인연의 중심에는 전생에 내가 그렇게 되어야 할 행위를 해서 이생에서 인연이라는 이름으로 만나게 됩니다. 따라서 부부로 만나는 것은 '내가 그렇게 되어야 할 행위(업)'를 해서 이생에 만나지는 것이어서 여러분이 흔한 말로 '업연이 있어서 만난다'는 말을 쉽게 하지만, 구체적으로 나와 상대가 어떠한 업을 지었는가를 알지 못하기 때문에, 오늘날까지 이 부분을 말한 사람이 없기에 사주팔자, 점 등과 같은 것으로 알려고 하는데 참으로 안타까운 일입니다.

　그런데 과거 화현의 부처님은 '너는 전생에 이러한 행위를 했고,

그 행위의 결과로 이생에 상대를 만났다'고 구체적으로 말했고, 나와 선율이도 이생에서 여러분의 과거에 살아왔던 그 행위를 알기 때문에 오늘날 여러분이 하는 행동을 보면 전생에 이치에서 하나도 벗어나지 않고 똑같은 행위를 하고 있다는 것을 알지만, 정작 여러분 스스로는 그것을 모르기 때문에 여러분은 그것을 알고자 무엇을 찾아다니고 있는 것입니다.

그렇다면 무수한 사람들이 말하는 방법, 비법으로 여러분의 본질을 알 수 있을까인데 참으로 안타까운 일입니다. 또 하나의 문제는 여러분이 각자의 운명을 알고자 하는데 만약 나와 선율이가 여러분의 운명을 있는 그대로 말해준다면 여러분은 자신에게 해주는 말을 그대로 믿을까인데 믿지 못합니다. 왜 그럴까? 지저분한 전생 이야기를 해주면 '설마 내가 그렇게 살았을까?'라고 그것을 받아 드리지 못하고 부정합니다.

백이면 백 사람이 모두 부정하지 '내가 그런 사람이었구나'라고 받아 드리는 사람은 없습니다. 그래서 여러분은 자신에게 무슨 일이 있고, 괴로움이 있다면 그것 때문에 수긍하는 척을 하는 것이고, 그럭저럭 살만하다고 생각하는 사람은 '너의 전생이 이렇다'고 말하면 이 말 절대로 수긍하지 못합니다. 그래서 이런 사람은 종교라는 것을 인생 보험을 들 듯이 그 종교를 다니는 것이고 '좋은 게 좋은 것'이라는 생각으로 그런 대상에게 물질을 가져다 바치는 것이 현실입니다. 물질을 바쳤으니 나는 보험을 들었다는 안도감으로 인생사는 사람이 이 세상에 넘쳐납니다. 복권 한 장 사서 다니면 일주일은 당첨될 수 있다는 기대감으로 사는 것과 똑같다는 이야기입니다. 참으로 안타까운 일인데 현실은 개판으로 살면서 '나는 좋은 사람이다'라는 의식을 가지고 사는 사람이 이 세상에 넘쳐납니다.

1288 　　　　　　　　　　　　　　　　위대함

　그래서 이 세상에는 '인간은 위대하고 평등하다'는 말을 하는 사람은 좋은 사람이라고 생각하고, 전쟁은 싫어하고, 평화는 좋은 것이라는 이분법적인 사고로 살아가는 사람이 넘쳐나는데 이것은 대단한 착각입니다. 어떤 사람이 공장 같은 데서 사고 등으로 죽었다고 합시다, 그러면 사람들은 그 사람은 좋은 사람이고, 법 없이도 사는 사람, 가정에 충실했고, 효자였다는 식으로 그 사람을 추켜세웁니다.

　그러나 반대로 홀로 강물에 빠져 죽은 사람 같은 경우는 앞서 그 사람에게 아무런 관심을 두지 않는데, 다시 말하면 사회적 이슈가 될 만한 곳에서 죽으면 좋은 사람이고, 홀로 방구석에서 죽은 사람은 사람들에게 관심조차 받지 못합니다. 왜 이런 말을 하느냐면, 종교가 하는 행위를 보면 사회적 이슈가 될 만한 것에는 인간 우월주의를 내세우지만 정작 그들이 하는 말의 속을 들여다보면 '이치에 벗어난 말, 행동'이 있는데 여러분은 그 이면을 보지 못하고 표면적으로 말하는 감성적인 말에 끄달려 버린다는 이야기입니다.

그래서 이 개념으로 여러분은 '종교는 인간 잘되라고 있는 것'이라는 이상한 생각을 하고 있는데 참으로 안타까운 일이 아닌가? 따라서 나는 여러분의 눈과 귀를 멀게 하는 말이 '사랑, 행복'이라는 말이라고 한 것입니다. 입으로 사랑이라는 말을 달고 사는 사람들을 보면 여러분은 '저 사람은 좋은 사람이야'라고 생각하는데 잘못된 의식입니다.

이 개념을 이해하기 위해 '단것을 오래 먹으면 치아가 썩는다'는 말을 생각해보면 내가 무슨 말을 하는가를 이해하게 되는데 한두 번 단것을 먹는다고 치아가 금방 썩지는 않지만 단맛을 입에 길들여 오래 먹다 보면 자신도 모르는 사이에 치아가 썩게 되고, 어느 정도 썩어서 그 아픔이 있어야만 여러분은 그때야 아픔을 느끼는 것과 이치는 똑같습니다. 따라서 '사랑'이라는 말로 온 세상에 도배질하고 사는 세상이고, 이미 이런 의식이 깊게 뿌리를 내린 이 현실에서 내가 어떤 말을 해도 여러분은 쉽게 내 말을 긍정하지 못할 것입니다.

이 개념으로 부처는 '자비(慈悲)'라는 것으로 여러분을 돌본다는 말도 앞서 사랑이라고 말한 것과 똑같은 의미인데 자(慈)라는 글자는 '사랑 자' 자입니다. 뒤에 비(悲)라는 글자는 슬퍼한다는 의미인데 이 두 글자를 합하면 괴로움을 겪는 여러분을 사랑하고 함께 슬퍼해 주는 의미의 말이 되는데 이런 말 사실 싫어할 사람은 하나도 없을 것입니다. 괴로움이 있을 때 함께 슬퍼해 주고 사랑해준다는 이 말 이 글을 보는 여러분은 어떻게 생각하는가?

여러분도 어떤 문제나 일이 있을 때 누가 옆에서 사랑한다고 하고, 함께 슬퍼해 준다고 하면 여러분의 입장에서 '그 사람은 좋은 사람'이라고 생각하고 그 사람 싫어할 사람은 없을 것입니다. 그런데 그 원인은 '너 자신에게 있다'고 말하면 여러분의 입장에서 둘 중 어떤 말을 한 사람에게 우선 마음이 끌리겠는가? 바로 이 부분이 문제인데 그러면서 여러분은 불교에서 말하는 '내 업이다'는 말만 생각할 것이고, 막연하게 말하는 이런 말을 여러분은 '나 자신을 위해 베풀어 주는 자비의 말'이라고 받아 드릴 것인데 참으로 안타까운 일입니다.

사람이 의지가 약하면 외부에서 뭔가를 찾습니다. 스스로 의식, 의지로 자신의 인생을 다부지게 개척하는 것이 아니라 감성적인 말에 끄달려 '누가 나를 어떻게 해주었으면 하는' 동정심을 가지고 살아가게 되어 있습니다. 지금 이 글을 보는 여러분도 나름대로 인생사 고충이 있겠지만 그것을 해소하고자 여러분은 두 눈을 부릅뜨고 뭔가를 찾아다닐 것입니다. 바로 이 같은 인간의 감성을 이용해서 종교적으로 무수한 말들이 만들어진 것임에도 그 자체를 인지하지 못하고 있는데 참으로 안다까운 일이 아닌가? 능력이 없는 남자가 능력이 있는 여자를 찾고, 어떻게 하면 힘들이지 않고 밥을 먹을 것인가, 어떻게 하면 손에 물 한 방울 묻히지 않고 살 수 있을까만 생각하는 것이 요즘 사람들의 의식이 아닌가? 그래서 생각한다는 것이 돈이라는 것이 많으면 그렇게 된다고 생각하고 아비규환의 나툼으로 돈이라면 환장을 하는 것이 현실입니다. 남자로 태어나 스스로 의식주도 해결하지 못하면서 이성만을 생각하고 사는 사람 상당합니다.

 없는 자가 가진 자를 시기 질투하는 세상, 내 분수, 내 주제에 맞게 살려고 하는 노력을 하지 않으니 이놈의 세상이 요 모양 이 꼴이 되어가는 것이 아닌가를 생각해보라는 이야기입니다. 따라서 나이 든 사람은 알겠지만, 과거 60~70년대와 오늘날을 비교해보면 모든 것이 다 변했는데 요즘 젊은 사람들은 과거 따위는 알 필요 없고, 앞서 말한 대로 돈이라면 다 되는 것으로 생각하는데 인생 그렇지 않습니다. 이생에 돈이 많은 사람은 반드시 전생에 그 사람이 지은 업이 있어서 그렇게 된 것이고 손에 피가 맺히게 일해서 얻어진 결과입니다. 그런데 요즘 사람들은 어떤가? '가상화폐'라는 것, 또 4차원의 세계, 다들 자신들이 하는 짓이 다 맞고, 옳은 것으로 생각하고 사는데 직설적으로 이런 상황은 빙의들이 세상을 장악해서 생기는 현상입니다.

 사람이 세상에 태어나서 성장하는 과정을 보면 어렸을 때는 이 세상이 신비스럽게 보이고, 성장을 하면서 꿈, 희망이라는 것을 가지고, 나이가 들어가면서는 성적인 욕구에 빠져 살다가 나이가 저물면 인생살이가 다 그렇고 별거 없다고 말하면서 죽어가는 것이 보통 사람의 삶입니다. 이것은 보편적으로 지금까지 지구 상에 무수한 인간들이 살고 죽었지만 큰 틀에서 보면 어떤 환경, 지위에 있는가에 따른 생각의 차이는 있겠지만 결국 태어나고 죽는 것으로 인생은 끝이 나는 것입니다. 따라서 현명한 자는 좀 더 나은 나 자신을 위해 노력하는 자이지만, 어리석은 자는 눈앞에 보이는 쾌락에만 혈안이 되어 있는 사람이라고 해야 맞습니다. 하루살이 인생은 하루만 생각하지만, 버마재비라는 것은 영생을 생각하고 살기 때문에 어떤 시각을 가지고 인생을 살 것인가는 어차피 각자의 의식에 달려 있다 할 것입니다.

<h1 style="text-align:right">세상</h1>

1289

수차 한 말이지만 과거 사람들은 어떻게라도 입에 먹을 것을 집어넣어야 해서 밤낮으로 일하면서 먹거리를 장만하고 살았다면 요즘 사람들은 먹을 것이 풍요로워 노동해서 밥을 먹는 것이 아니라 돈만 있으면 그런 것은 얼마든지 해결할 수 있다는 생각을 하고 있고, 또 남는 시간에 인생을 더 즐기기 위해서 산다고 해도 무리는 없을 것입니다. 왜 이런 말을 하느냐면 온 세상 사람들이 하는 말을 보면 인간으로서 어떤 의식으로 살아야 하는가의 기본을 말하는 것이 아니라 누가 누구의 감성을 더 잘 자극하는가에 따라 그 사람이 좋은 사람이라고 생각하는 사회가 되어 버렸는데 무엇이 참이고 거짓인가도 분별하지 못하는 세상이 되어 비렸습니다.

그래서 과거에는 공자, 맹자와 같은 사람들은 '인간은 이렇게 살아야 한다'는 말을 했지만, 요즘에는 누가 돈을 더 많이 버는가, 어떻게 하면 남보다 더 갖추고 사는가, 더 좋은 차를 타고 너 넓은 집에 살 수 있는가만을 생각하는 시대가 되어 버렸기 때문에 나는 갈수록 좋은 세상이 아니라 갈수록 답 없는 세상이라는 말을 한 것입니다. 오늘날 세상은 빙의들이 모든 것을 장악해버린 현실에서 어리석은 인간들은 꿈, 희망을 이야기하는데 안타까운 일이고, 잃어버리고 산 각자의 마음을 챙기지 않으면 결국 돌고 도는 윤회에 빠져 괴로움 속에 허덕이게 되고 이런 부분은 실제 그동안 무수하게 죽은 사람의 마음을 보면 쉽게 알 수 있습니다. 사람이 현재 어떠한 상황에서 사는가에 따라 좋은 세상, 살만한 세상이라 말하고, 누구는 삶에 진이 다 빠져 그저 목숨을 연명하는 삶을 사는 사람도 있는데 각자 입장에 따라 좋은 세상, 나쁜 세상이라고 생각하게 되어 있습니다.

이것은 과거에도 그랬고, 현재, 미래에도 이런 흐름은 변하지 않습니다. 아무리 물질문명이 발달한다고 해도 윤회의 입장에서 보면 중생구제라는 것은 부처가 아니라 부처 할아버지라고 해도 할 수 없는 것입니다. 그런데 여러분은 부처가 중생을 구제한다고 하니 여러분도 신분 상승을 해줄 것으로 생각한다면 대단한 착각을 하고 있다 할 것입니다. 지구 상에는 수많은 인간, 생명체가 살고 있는데 그들의 삶을 보면 아비규환의 세상임을 쉽게 알 수 있습니다.

그래서 사람들은 이 세상을 벗어나기 위해 우주공간 어디에 사상적인 세상을 만들어 둔 것이고, 그런 것이 사실인 것으로 착각하게 하여 버린 것이 종교라고 해도 무리는 없을 것입니다. 화현의 부처님 법에서의 극락의 개념은 이 세상에 살면서 마음 편하게 사는 것이 극락의 개념인데 이것은 물질이 많아서 편하고 잘 산다고 말하는 의미는 아닙니다.

그래서 결국 괴로움의 연속인 윤회에서 벗어나는 것이 최선인데 인생을 살면서 스스로 의식으로 삶의 인생을 자각하지 않으면 주어진 현실에 그저 그렇게 살겠지만, 문제는 죽어서 다른 생명체로 윤회하면 지금 내가 말하고 있는 것이 얼마나 소중한 말인가를 알게 될 것이어서 각자의 인생 정리는 각자가 알아서 하는 수밖에 별도리 없습니다.

　직설적으로 앞으로 여러분이 살아가야 할 인생살이에는 희망, 꿈도 가질 것이 없고, 나 자신에게 주어진 현실에 맞게 최선을 다하고 살다가 죽으면 그뿐이고, 이 삶의 과정에서 내가 말한 것을 얼마나 마음에 담고 살았는가에 따라 각자의 인생은 진급되고, 반대로 강급이 될 것입니다. 사실 이 부분 보통 사람은 이해하지 못할 부분이기 때문에 결국 죽음 이후에 아상이 없어지면 그동안 내가 한 말이 얼마나 소중한 말인가를 알게 될 것입니다.

　안타까운 것이 사실 이 부분은 죽음 이후 무수한 사람들의 마음을 알면 결국 죽음과 삶이라는 것이 똑같고 둘이 아님을 알게 되는데 문제는 살아 있을 때는 아상이 가려져 여러분은 죽음 이후를 알지 못하기 때문에 살아 있는 상태에서 내 말을 온전하게 이해한다는 것은 어렵습니다. 사실 선율이는 전생에도 이 법을 온전하게 이해했고, 이생에도 이 법을 온전하게 이해하고 있어서 지금 내가 말하는 것이 어떤 의미의 말인가를 잘 압니다.

　그래서 몸은 없지만 화현의 부처님의 마음, 아난의 마음, 선율 본인의 마음이 하나임을 알고 있어서 이것을 삼위일체의 마음이라고 나는 말한 것이고, 그래서 몸을 가지고 살면서 걸림 없는 마음이 된다는 것은 매우 어렵고 아상이 없어야만 걸림 없는 마음이 되고, 이 마음이 되면 삶과 죽음의 이치는 똑같다는 것을 알게 됩니다. 이 세상 말이 대부분 모순인 것 중에 하나는 '죽음 이후'를 무수하게 말하는데 내가 말하는 죽음 이후라는 것은 오늘 여러분이 사는 이 현실이 '죽음 이후의 세상'입니다.

어제 죽은 이가 어떠한 마음으로 죽었는가에 따라 이 현실에서 그 마음에 맞는 다른 생명체로 태어나는 것이기 때문에 죽음 이후 여러분이 별도로 알 필요는 없습니다. 안타까운 일이고, 그래서 이생에서 진리 이치를 다 안다는 것은 어렵고 얼음을 바늘로 깨듯이 조금이라도 여러분의 마음에 바늘 자국의 흠집이라도 낼 수 있다면 그것이 불쏘시개가 되어 언젠가는 여러분의 마음도 변하게 되어 있다는 것을 나는 말하고 있는 것입니다. 그래서 인생 살만하다고 말하는 사람은 아상의 논리에서 목적하는 바가 있어서 그리 말하는 것이고, 산전수전 다 겪고 인생의 단맛이 빠지면 썩은 지푸라기를 잡고 살았다는 것을 알게 됩니다. 죽음 이후에 천국으로 간다고 말하는 사람은 윤회라는 것을 부정하는 다른 종교의 입장이고, 또 다른 종교는 윤회라는 것을 말하는데 이 두 가지의 논리는 완전하게 다른 의미의 말이어서 반드시 정립해야 할 것입니다.

마음의 차이

그런데 요즘 종교인들을 보면 서로 다른 이념·사상을 가지고 있으면서 떼를 지어 함께 다니면서 사이가 좋은 척하는데 이런 행위들을 '모순된 행위'라고 해야 맞지 않는가? 이념·사상이라는 것이 다르다는 것은 본질이 다르다는 것을 의미합니다. 죽으면 윤회한다는 입장과 윤회하지 않는다는 입장 여러분은 어떤 입장인가? 예를 들어 부부가 한 사람은 윤회한다는 불교의 입장을 믿고, 다른 사람은 윤회하지 않고 한 번 살다 죽으면 끝이라는 견해가 있다면 이 두 사람은 말 그대로 행복하게 할 수 있을까인데 절대 살 수 없습니다.

처녀 총각 시절에는 콩깍지가 씌어서 살 수 있다고 말할 수 있지만, 결론은 살지 못하는 것이고, 이것은 현재 서로 다른 종교를 가지고 사는 사람들을 보면 내 말을 이해하게 될 것입니다. 문제는 종교인들 자체도 서로 다른 사상을 가지고 있으면서 친한 척, 사이가 좋은 척하고 감성적인 말 무수하게 하는데 웃기는 일이 아닌가?

여러분은 사상이 다르다는 것을 어떻게 생각할지 모르겠지만, 사회주의와 민주주의를 보면 사상·이념이 다르면 어떻게 되는가를 이해할 수 있을 것입니다. 그래서 남북통일이 되어야 한다는 말에는 대부분 공감을 하지만 그 실천 방법론으로 말하는 것은 모두 모순인데 그 이유는 앞서 말했지만, 사상·이념이 다르기 때문에 이것을 해소하지 않으면 통일이라는 것은 어렵습니다. 마찬가지로 젊은 사람이 서로 다른 종교를 가지고 있다면 일단 그 사람이 마음에 든다고 해도 그 사람을 만나지 않는 것이 미래의 괴로움을 줄여가는 것입니다.

여러분이 사주를 말하는데 여러분도 얼마든지 현실에서 각자의 사주를 볼 수 있는데 이것은 태어난 연월일시를 가지고 보는 것이 아니라 그 사람과 나의 이념·관념·사상이 맞는가를 맨 처음으로 맞추어 보고 이것이 맞으면 우선 다행이고, 그다음 맞지 않는다고 하면 사귀지 않는 것이 현실에서 여러분이 사주를 보는 것입니다.

이것이 아니라 누가 말하기를 '종교는 맞추어가면서 사는 것이다.'라는 말을 한다면 그 사람의 의식은 잘못되어 있다 할 것입니다. 스스로 '나를 알자'는 말, '나를 지킨다'는 말을 많이 하는데 앞서 말한 것을 생각해보면 여러분을 어떻게 현실적으로 지켜야 하는가를 쉽게 알 수 있습니다. 서로 다른 사상을 가진 사람들이 서로 양보하고 맞추면서 살면 된다고 하는 말은 모두 가식이고, 사상·이념·관념이 다른 것은 절대로 혼합될 수 없는 물과 기름이 섞여질 수 없는 것임을 명심해야 할 것입니다.

물론 각자가 신앙으로 가지고 있는 종교라는 것도 모두 사상으로 만들어진 것이기 때문에 잘못된 사상이 자리를 잡으면 그것은 되돌릴 수 없고, 설령 되돌린다고 해도 상당한 고통이 따르는 것입니다. 이 개념으로 누구는 '개종(改宗)'이라는 것을 했다는 사람들이 있는데 이것은 현실적으로 어떤 종교로 바꾼다고 해도 내 입장에서 보면 모든 종교의 뿌리가 잘못되어서 어떤 것으로 바꾸어도 크게 의미는 없습니다.

종교가 하는 말이나, 의식 같은 것이 서로 다른 것은 있지만 내가 말하는 것은 어떤 종교든 그 종교가 말하고 있는 것은 진리 이치에 반하는 말, 맞지 않는 말이어서 그렇습니다. 만약 내가 종교적인 말을 한다면 이런 말을 할 이유도 없는데 내가 말하는 것은 종교적인 말, 사상적으로 꾸며진 말이 아니어서 그렇습니다. 나는 10여 년 동안 여러분에게 아무런 조건 없이 여러분을 위해 최선의 말을 했는데 이 말은 나(我)라는 아상이 없는 마음을 가진 사람만이 할 수 있는 것인데 이 부분 여러분은 어떻게 생각할지 모르겠지만 내가 말하는 것과 일반 종교가 말하는 것을 보면 이해할 수 있을 것입니다.

이같이 말하는 것 여러분은 처음으로 듣는 말이겠지만 이같이 본질도 이해하지 못한다면 여러분에게 더 이상의 말을 해도 여러분 귀에 들어오지 않을 것입니다. 사상(思想)적인 말과 이치(理致)에 맞는 말 이 두 가지 중에 여러분은 어떤 것에 마음을 두고 있는가를 생각해보라는 이야기입니다. 말의 개념도 이해하지 못한다면 두 가지 방법이 있는데 하나는 '이치에 맞는 말'이라는 것을 스스로 의식으로 정립하고 따르는 것하고, 다른 하나는 스스로 의식이 깨어나게 해서 내가 무슨 말을 하는가를 정립하는 것, 이 두 가지의 방법 말고는 없습니다.

그래서 종교적으로 어떤 의식(儀式)을 한다는 것은 이 법당에는 없는데 그 이유는 이치에 맞는 말을 따르고 그에 맞는 행동을 하면 반드시 여러분의 마음, 환경은 그에 맞게 진급이 되기 때문에 그렇습니다. 사상적인 행위를 한다고 하여 산속으로 들어가거나, 혹은 무슨 수련, 수양한다고 해서 야단법석을 떠는 것은 모두 진리 이치에 맞지 않고, 내가 말하는 것은 일상을 살면서 그 과정에 나 자신의 의식으로 분별하여 이치에 맞는 것을 찾아가는 것이 화현의 부처님 법에서의 수행이라고 해야 맞음으로 이 부분 깊게 정립해야 합니다.

그래서 나는 일반 종교와 같이 '포교활동'이라는 것을 하지 않으며, 선율이가 음악을 하는 것도 그 이면에는 복합적인 의미가 있는데 다시 말하면 여러분은 법을 말한다고 하면 종교적인 의복을 차려입고 거하게 자리를 차지하고 있으면서 법이라는 것을 말한다면 일단 보이는 것의 행색에 끄달려 이치에 맞지 않은 말임에도 그 말이 법이라고 생각하고, 또 뭔가 있어 보이는 말이라고 생각할 것입니다. 그런데 나는 여러분과 똑같은 일상을 살면서 매우 쉬운 말로, 여러분과 똑같이 대화하면서 생활을 하기 때문에 내 말은 의미 없게 생각하는데 참으로 안타까운 일입니다.

과거 마야시대, 석가시대에도 화현의 부처님은 지금 내가 말하는 것과 똑같은 방식으로 말을 했고, 이런 이치는 그 당시나 지금이나 똑같습니다. 이런 말 여러분이 얼마나 이해할지 모르겠지만 그래서 나는 이해를 하든 하지 못하든 간에 내가 할 말을 할 뿐이라고 말한 것이고, 훗날 내 말이 얼마나 무서운 말인가를 아는 사람이 반드시 있을 것이고, 그로 인해 이 법은 급속하게 퍼져갈 것입니다.

변화

　요즘 세상 돌아가는 것을 보면 여러분은 어떤 생각이 드는지 모르겠지만 화현의 부처님이 자주 하는 말 중에 '지그시 밟는다'는 표현을 많이 합니다. 사실 이 말은 여러분이 깊게 실감하지 못할 말이고, 또 부처가 이런 말을 할 수 있느냐고 생각할 것입니다. 그런데 이 말은 여러 가지 의미가 복합적으로 담겨 있는 말이기도 한데 앞으로 세상에 일어나는 일도 이 말과 관련이 있어서 지금 사회적으로 나타나는 흐름을 보면 이 말에 의미를 이해할 수 있을 것입니다.

　사실 직설적으로 이 말에 깊은 의미는 이 세상의 봄날은 다 갔다는 것을 의미하고, 이제는 지구의 멸만 남았다는 것이고, 인간이 이치에 벗어난 마음을 가지고 있어서 그것에 대한 자업자득 인과응보의 결과라고 해야 맞는 말입니다. 알기 쉽게 기온의 변화라는 것도 몇 년 사이를 보면 해마다 다르게 변하고 있음을 알 수 있고, 그로 인해 여러 가지 현상이 발생하고 있는 것이 현실입니다.

　어린 사람들이야 모르겠지만, 나이 든 사람의 입장에서 보면 과거와 비교해보면 겨울철 기온이 상당하게 변했음을 알 수 있을 것인데 여러분은 인생 살면서 이 같은 변화를 체득하지 못하고 있다면, 또 체득하고 있다고 해도 그 이유가 뭔가? 또는 그렇다면 앞으로 어떻게 될 것인가를 생각해보면 화현의 부처님이 '지그시 밟는다'고 말한 의미를 이해할 수 있을 것입니다. 참으로 안타까운 부분이 '인간은 이런 마음씨로 살아야 한다'는 것을 말하는 사람은 없고, 다들 빙의들에 입맛을 맞추어주기에 급급한 세상이 되어 버렸기 때문에 빙의들을 밟는다, 누른다는 의미로 '지그시 밟는다'는 말을 한 것이고, 또 하나는 인간의 오만함을 '지그시 밟는다'는 의미도 있는데 이같이 '지그시 밟는다'는 것은 결국 지구의 종말을 의미하기도 합니다.

그래서 냉정하게 여러분이 이 사회를 바라보면 '지그시'라는 말이 어떤 의미의 말인지 실감이 날 것입니다. 예를 들어 과거 지구 상에 나타나는 질병은 사실 잠깐 나타났다가 사라졌고, 약이라는 것을 만들어 그것으로 비교적 쉽게 치료를 했습니다. 마찬가지로 코로나가 처음에 발생하였을 때만 해도 잠깐 그러다 말 것으로 생각했는데 해를 넘기고 장기화되어가고, 사람들은 처음에는 잠깐이면 없어질 거로 생각했지만, 이제는 이런 것에 만성이 되어갑니다.

그리고 돌연변이가 자꾸 생겨 나와 코로나의 끝이 어디인가를 알 수 없게 되었고, 이제 이런 현상이 당연한 일상이 되어 버렸는데 여러분은 이 부분 어떻게 생각하고 살아가는가? 나는 인간이 코와 입을 가리고 세상을 사는 게 정상인가를 생각해보라는 말을 많이 했는데 사람들은 아무렇지 않게 그에 적응해 나갑니다.

현실적으로 인간이 할 수 있는 일이라는 것은 숨 쉬는 코와 입을 가리는 것이 최선이겠지만 과거 마스크라는 것은 병원 환자들이나 사용하는 것이라고 한다면 요즘에는 온 세상 사람들이 코와 입을 가리고 사는데 이게 정상이라고 생각하는가? 사실 코로나라는 것이 어디서 어떠한 원인으로 시작되었는가에 대해 정확한 규명도 하지 못하고 있고, 전 세계적으로 대유행이 되어 버린 지금 사회적으로 나타나는 현상을 보면 여러분은 어떤 생각이 드는지 모르겠지만 이런 현상이 지구의 종말에 나타나는 현상이라는 점입니다. 지구의 종말이라는 것 종교들도 이런 말을 하는데 문제는 그들이 말하는 종말은 내가 말하는 종말과는 차이가 있고, 나는 코로나가 발생한 원인도 '인간이 가진 마음이라는 것을 잘못 사용해서' 발생한 것이고, 이것은 지구가 멸할 때까지 변이는 계속해서 생기고, 나아가 이보다 더 강한 것이 발생하게 되어 있습니다.

내가 말하는 지구의 멸(滅)이라는 것은 급격한 자연재해로 인한 여러 가지 자연현상, 또 인간이 이 자연 속에 견디지 못할 만큼의 고통을 겪는 상황, 또 하나는 인간 자체가 인간다움을 상실해서 나타나는 사회적인 여러 가지 현상 등이 지속적으로 나타날 때가 지구의 종말(지구 상에 생명체가 다 죽는 것을 말함)로 진입했다고 해야 맞는 말이고, 이 의미로 화현의 부처님은 '지그시 밟는다'는 표현을 한 것입니다. 거꾸로 말하면 그렇게 되어가는 현실에 안타까움은 있지만, 궁극적으로는 인간 스스로 자멸의 길을 택한 결과라고 해야 맞고, 이 말은 이제 인간은 과거와 같이 부귀영화를 누려야 하는 시대는 지났음을 의미합니다.

현실적으로 질병이라는 것이 나타났으니 인간의 입장에서 그것을 방어하는 것은 맞고, 당연한 것입니다. 만약 어떤 식으로든 대응하는 것이 맞는데 문제는 돌연변이가 자꾸 생겨나는 입장에서 이제는 그것을 막는 새로운 방법이 없다는데 그 문제의 심각성이 있습니다. 다시 말하지만, 인간이 코와 입을 틀어막고 사는 방법이 최후의 수단, 방법이 아닌가? 숨은 쉬어야 인간이 살아가니 공기 속에 그 무엇을 걸러내기 위해 마스크를 사용하는 것이 최선인 것은 맞지만, 이 문제는 그렇게 해서 진리적으로 나타나는 현상을 막을 수는 없다는 이야기입니다.

또 하나의 의미는 현실에서 코로나 예방법을 무수한 사람들이 말하지만, 진리는 인간에게 '쓸데없이 나분대지 말고 기본 생활에 충실하게 하고 살라'는 것을 경고하고 있고, 이것은 여러분도 쉽게 알수 있는데 일상에서 실제 사람과의 관계를 더 멀리하고 혼자 생활을 하면 덜 걸립니다. 이것은 무엇을 의미하는가를 생각해보라는 자연이 인간에게 주는 경고이기도 합니다. 길 가다 보면 다들 코와입을 틀어막고 다니는 것을 보는데 이게 인간의 정상적인 삶은 아니라 할 것인데 이런 상황에도 마스크를 여러 가지 형태의 모양으로 만들어 착용하고 '나 잘났다'고 자기 자랑을 하고 사는 사람들이 넘쳐납니다.

1292   괴로움

이 말은 아직도 인간들이 정신을 차리지 못하고 있다는 의미가 아닌가? 따라서 종교도 한심스러운 것이 뭔가 하면 '그 어떤' 존재가인간을 보살핀다는 말을 무지하게 하면서 정작 오늘날 사회적으로나타나는 이런 현상에 대한 근본적인 말은 한마디도 못 하고 있는데 여러분은 이 부분 어떻게 생각하는가? 신이 돌봐서, 부처가 여러분을 돌본다. 등등의 말 지금도 말하고 있지 않은가? 또 관세음보살이라는 것이 여러분의 괴로움을 다 없애 준다고 말하는 입장인데 도대체 이런 존재들은 어디서 무엇을 하고 있다는 것인가를 생각해보라는 이야기입니다.

참새가 죽을 때 짹소리를 내고 죽는다는 말이 있는데 안타까운 일이고, 이것이 마음을 가진 인간이라고 하는 동물인데 인간 자체가 스스로 우물을 파고 그 속으로 들어가는 형국이 아닌가를 생각해보라는 이야기입니다. 어떤 괴로움이든 그것을 소멸하는 것은 인간 자체가 해야 하는데 어리석게도 인간은 무엇을 잘못하고 사는가 그 자체를 인지하지 못하고 삽니다.

그러다가 뭔가 괴로움이 있다고 한다면 그것을 종교의 대상에게 울고불고하면서 없애달라고 하는 것이 현실인데 참으로 갑갑할 노릇이 아닌가? 내가 말하는 '괴로움의 소멸'이라는 것은 이 순간 자신이 하는 행동을 이치에 맞게 고치면 괴로움이라는 것은 소멸 되고, 이것이 내가 말하는 화현의 부처님 법에서의 '업(業) 소멸'이며, '괴로움의 소멸'입니다. 사람이 세상에 태어나면 자기가 먹을 밥그릇은 달고 나온다는 말을 합니다.

'먹을 것은 다 가지고 나온다'는 말 여러분은 어떻게 생각하는가? 이 말 쉽게 이해하려면 여러분이 사는 집에서 몸뚱이만 가지고 알몸으로 집을 나간다고 해도, 그 상황에서 옷도 구하고 먹을 것도 챙겨

먹게 되어 있습니다. 그렇게 살아가는 사람이 이 세상에 하나둘이 겠는가? 그렇게 시간이 지나다 보면 어느새 '나 자신의 자리, 환경'이라는 것이 또 만들어집니다. 이것이 가장 기본적인 인간의 삶이 되어야 하는데 현실을 보면 그렇지 않습니다.

부모가 돈을 벌어 그 자식에게 대물림을 해주는 세상인데 이같이 하면 앞서 말한 대로 그 자식은 인간의 기본, 인간이 어떻게 스스로 헤쳐가야 하는가의 삶의 지혜를 모르게 됩니다. 그래서 나는 부모가 받아야 할 업과, 그 자식이 받아야 할 업의 이치는 다르기 때문에 부모가 대물림해주는 것도 한순간에 날려 버릴 수 있다는 말을 한 것이고, 부(富)라는 것은 반드시 각자의 업(業)하고 관련이 있다고 말한 것입니다.

사람들이 이런 말을 많이 합니다. '고기를 잡아서 입에 넣어주지 말고, 고기를 잡는 법을 가르치라'는 말을 하는데 이 말을 단순히 여러분은 맞는 말이라고 생각할 것입니다. 그렇다면 '그 방법'이라는 것을 여러분은 뭐라고 생각하는가가 문제인데 요즘 사람들이 말하는 이 말은 '돈 많이 버는 수단, 요령'을 말하는 것이고, 나는 '이치에 맞게 사는 것이 돈 버는 방법이다'는 논리를 말하고 있어서 이 부분 새겨보면 내가 무슨 말을 하는가를 알게 됩니다.

'이치에 맞게 사는 것이 분수에 맞게 사는 것이다.' 이 말이 명언이 아닌가? 따라서 이 세상에 사람들이 살아가는 것을 보면 그나마 이치에 맞게 살려고 노력하는 사람도 있지만, 이치에 벗어난 행동을 하면서 돈에만 눈이 먼 사람들도 수두룩합니다. 그래서 다들 스스로 말하기를 '신이 인간적인 정도 많고 순한 성격, 좋은 사람' 등이라고 생각하겠지만 대단한 착각입니다. 어떤 사람이 부동산 중개업을 하는데 이 사람이 하는 행동을 가만히 보면 물건을 소개할 때 '있는 사실 그대로'를 말해야 하는 데 있는 것에다 없는 것을 섞어서 어떻게든지 그 거래가 성사되기만 바라는 사람이 있는데 이런 정신으로 중개업 잘할 수 없습니다. 마찬가지로 사업하는 사람의 입장도 마찬가지고 그래서 나는 이 세상을 살아가는데 100%의 인간적인 정도 많고 순한 성격으로 살아가는 것은 어렵다고 말한 것입니다.

과거에는 먹고살기 위해 물물교환을 하고 살았다면 이제는 돈이라는 것만 있으면 된다는 논리를 가지고 사는 사람으로 변했습니다. 왜 이런 말을 하는가 하면 과거 물물교환을 할 때는 인간성, 인간적인 정, 인간다움 등이 있었지만, 요즘은 돈을 벌기 위한 것이라면 인면수심을 해버리는 것이기 때문에 이 과정에 '인간적인 면'이라는 것은 다 사라졌다 할 것입니다. 이같이 세상이 변했다는 것이고, 그래서 지금의 이 시국에 일상을 사는 사람들을 가만히 보면 이 세상은 끝, 종말을 향해가고 있다는 것을 알 수 있고, 이런 시국에서는 남과 시빗거리 만들지 말고 쓸데없이 나대지 말고 입에 풀칠이나 잘하고 살아가는 것이 현실적으로 최선이고, 이것은 자연이 인간에게 주는 심각한 경고이기도 합니다. 사실 지구 상에 수많은 나라가 있지만 그나마 우리나라와 같은 상황으로 유지되고 있는 것은 화현의 부처님 법을 이 땅에서 마무리해야 하기 때문에 그렇다고 말하면 여러분은 이 말 어떻게 이해할 수 있을까?

사실 이런 말은 화현의 부처님 법을 깊게 이해하지 못하면 이해될 수 없는 부분이어서 이런 말 자주 하지 않는데 나와 선율이 화현의 부처님은 이런 말 무수하게 하고 삽니다. 따라서 우리나라가 별 문제 없이 흘러온 것도, 직설적으로 '우리나라에서 이 법을 마무리해야 하기 때문에 그렇다'는 말 새겨봐야 할 것입니다. 물론 이 말도 법을 말하는 내 입장에서 보면 맞는 말이지만 이 법을 이해하지 못하는 사람에게는 쓸데없는 소리, 미친 소리라고 생각할 것입니다.

따라서 화현의 부처님이 '전무후무한 일이다.'라고 일성(一聲)으로 한 이 말속에는 엄청난 의미가 함축되어 있고, 또 실제 '지그시 밟는다'는 말도 포함되어 있고, 코로나, 자연재해 등등의 문제도 다 들어 있습니다. 어리석은 인간이 진리의 종자를 살해한 그 죄의 대가가 이 말법 시기에 인과응보로 나타나고 있다는 것도 전무후무한 일이라고 해야 맞는 말이 됩니다.

1293 연기

세상 사람들이 '자업자득 인과응보'라는 말을 많이 하는데 문제는 정작 그 〈법칙의 작용〉이라는 것이 뭔가는 말하지 못하고 있습니다. 불교도 '자업자득 인과응보'라는 말을 많이 하는데 그렇다면 정작 '나는 왜 태어났고, 이렇게 살아야 하는가?'라는 것은 구체적으로 말하지 못하고 있습니다. 여러분이 태어났으면 태어나야 할 이유가 있어서 태어난 것이 아닌가? 그렇다면 나는 오늘날 이 현실에서 누구를 만나고 무엇을 직업으로 삼으며, 어떤 환경에서 살아가게 될까? 등에 관해 이유가 반드시 있을 것이 아닌가?

이 개념으로 지구 상 수많은 사람들이 살아가는 그 환경이 분명하게 있을 것인데 이것에 대하여 구체적으로 말하지 못하고, 감성적으로 '지구촌'이라는 말을 하면서 다 같은 인간이라고 말하는데 참으로 웃기는 이야기가 아닌가? '이것이 있어 저것이 있다'는 논리가 불교의 연기법인데 그렇다면 내가 세상에 태어나는 이유가 분명하게 있을 것인데 아이러니하게도 이 부분은 말하지 못한다는 것은 무엇을 의미하는가를 생각해 보라는 이야기입니다.

연기법 '이것이 있어 저것이 있다'는 말 얼핏 들으면 맞는 말로 들리겠지만 정작 여러분이 괴로우면 왜 괴로운가에 대하여 구체적으로 말하지 못하고 있습니다. 그렇기 때문에 여러분은 무당이나 점집에 가서 '나는 왜 이런가?'라는 것을 물어보는 것이 아닌가를 생각해보라는 이야기입니다. 만약 불교의 논리대로 '이것이 있어 저것이 있다'는 말대로 여러분이 괴로우면 불교에서 그 답을 말해주어야 연기법이라고 할 수 있는데 이 부분은 구체적으로 말하지 못함에도 여러분은 부처라는 말만 들어가면 사족을 못 쓰는데 참으로 갑갑한 인생이라고 해야 맞지 않는가?

이 수렁 속에 빠져 실면서 정작 자신이 수렁에 빠져 있는지를 모른다는 것은 무엇을 의미하는가? 따라서 내가 지금까지 말하고 있는 것을 기준으로 해서 사회적으로 나타나는 모든 현상을 보면 딱 맞아 떨어져 가는 부분이 있을 것이고, 이런 부분은 화현의 부처님 법을 얼마나 깊게 이해를 하고 받아들이는가에 따라 이해의 폭이 다 다를 수밖에 없습니다.

'부처의 말'이라는 것은 '이치에 맞는 말'을 부처의 말이라고 해야 맞는데 여러분은 이 부분 어떻게 생각하는지 모르겠지만 이런 이치를 아는 입장에서 나와 선율이가 세상을 보는 입장은 '모든 것이 안타깝다'로 정리할 수 있습니다. 중요한 것은 이 안타까움이라는 말은 모든 것에 의미를 함축하고 있어서 앞으로의 세상은 '안타까움만 남아 있다'는 것이 진리적인 입장이고 결론입니다.

이 말의 의미를 생각해보면서 여러분이 이 세상 돌아가는 상황을 보면 내가 무슨 의미로 이런 말을 하는가를 알 수 있을 것인데 이런 것을 이해하면 여러분이 왜 이 세상에 존재하는가를 알 수 있고, 이렇게 해서 '나를 알아가는 것, 나를 찾아서'라고 해야 맞는 말이 됩니다. 그래서 자신의 본분을 알고 그에 맞게 삶을 꾸려가는 것이 내가 말하는 것에 핵심인데 이것이 아니라 지나온 세월 어떤 사안에 대하여 되돌아보고, 반성하여 '내가 그것을 잘못했구나'를 알아가는 것이 진리적으로 나를 알자는 아닙니다.

종교라는 것은 인간 스스로 해결할 수 없는 것에 대한 보상심리로 '천국, 천당, 극락'이라는 세상을 만든 것이고, 신, 부처, 절대자 등 가상의 인물을 내세워 결국 그들로 인해 위로, 위안을 받고자 하는 것이 전부 아닌가? 이것은 마치 복권을 한 장 사서 그것으로 스스로 위안 삼고 사는 것과 이치는 똑같고, 보험을 들어 두고 그렇게 했으니 안도감을 가지고 사는 것과 마찬가지입니다. 지금 이 글을 보는 여러분도 나름대로 현실에 대한 괴리감이 있을 것이고, 뜻대로 되지 않는 부분에 의구심도 가질 수 있고, 앞으로 내 인생은 어떻게 전개될까에 대한 궁금함 등이 있을 것입니다. 그래서 그것을 알고자 신, 부처 등과 같은 대상을 찾고 있는 것이 아닌가? 어린 사람은 자신의 미래가 어떻게 전개될까에 대한 궁금함이라는 것도 있을 것입니다.

아니면 막연하게 주어진 대로 살자고 단순하게 생각하는 사람도 있을 것인데 이것도 결국 '마음의 작용'이라는 것을 알면 매우 쉽게 알 수 있고, 불교에서 말하는 연기법으로는 이 부분 알 수 없다는 것을 알아야 할 것인데 여러분은 마음공부라는 것을 한다면서 이런 부분은 깊게 생각하지 않는데 안타까운 일입니다. 현실을 이치에 맞게 살지 못하면서 나는 왜 이렇게 살아야 하는가, 왜 마음대로 뜻대로 되지 않는가만 생각하는 것은 잘못된 의식이고, 또 하나의 문제는 죽으면 어떻게 되는가?

혹은 나의 전생이 뭔가만 알려고 하는데 수차 하는 말이지만 지금, 오늘날 여러분이 사는 환경은 전생에 여러분이 살았던 환경 그대로를 사는 것이어서 전생을 따로 알려고 하지 말아야 하는데 오늘의 삶은 전생에 삶 그대로 전개되고 있어서 이 현실을 떠나 '내 전생이 뭘까?'를 알려고 하는 것은 눈 위에 붙어 있는 눈썹을 스스로 보지 못하는 것과 똑같습니다.

지금 부자로 사는 사람도, 현실에서 가난하게 사는 사람, 이생에 병을 가지고 사는 사람 등, 지구 상 70억의 인간이 살아가는 현실은 모두 전생에 그들이 살았던 삶을 이생에 똑같이 이어가고 있어서 여러분의 현실을 스스로 볼 수 있다면 '나는 이런 사람이었구나'를 알게 됩니다.

그래서 이런 이치를 스스로 이해하고 잘못된 여러분의 마음을 고치는 것이 내가 말하는 마음공부라고 하는 것인데 여러분이 공부한다고 하면서 이런 이치를 이해하지 않는데 참으로 안타까운 일이 아닌가? 그러니 다들 인간 잘났다, 나 잘났다고 우기고 사는 입장에서 나는 '너의 그 마음이 잘못되었다'고 말하고 있으니 내 말이 쉽게 귀에 들어오겠는가? 따라서 현실을 사는 입장에서 '나 자신의 마음'이라는 것을 이치에 맞게 고치지 못하면 결국 그 마음으로 살다가 죽게 될 것이고, 그 업에 따라 윤회라는 것을 하게 되어 있어서 이 순간의 마음을 어떻게 사용하고 살 것인가를 알아가는 것이 화현의 부처님 법에서의 마음공부 법입니다.

1294 정신

이 세상을 살면서 각자의 몸을 온전하게 가지고 사는 것만으로도 일단 다행스러운 일이고, 그 몸에 뭔가의 문제를 가지고 산다면 이것은 반드시 각자가 지은 업에 따라 인과응보의 이치에 따라 되받아 나타나는 현상이어서 먼저 이런 진리의 작용을 이해하는 것이 매우 중요합니다. 또 멀쩡하게 살다가 어느 날 몸(물질 이치)과 마음(진리 이치), 이 두 가지가 전부, 혹은 둘 중에 하나에서 문제가 나타나는 것도 각자가 지은 업(業)에 따라 나타나는 것이어서 막연하게 나는 이상이 없는데 왜 이런 현상이 나타날까를 생각하는 것, 내가 무슨 잘못을 해서 나에게 이런 고통이 있는가만을 생각하고 세상을 원망하고 자신을 학대하는 것은 대단한 모순입니다.

내 몸과 마음에 어떠한 현상이 있다는 것은 반드시 자업자득 인과응보의 이치에서 내가 그렇게 되어야 할 업을 지어서 그렇다고 해야 맞고, 이런 것은 마음을 고치면 그 마음에 맞게 치유될 수 있으므로 인간에게 나타나는 모든 현상은 현대 의약품으로 100%다 치료할 수 없습니다. 정신에 문제가 있다면 먼저 나 자신의 의식을 깨어나게 하면 그 의식에 따라 정신병으로 나타나는 현상은 치유될 수 있는데 이런 이치를 모르니 정신적으로 나타나는 현상을 현대 의약품으로만 해결하려고 하는데 대단한 착각이고, 정신적으로 나타나는 현상은 어떠한 약물로도 치료할 수 없습니다.

공황장애, 심신 미약, 조현병 등 이런 증상 약물로 완치된다면 마음치유라는 것을 할 필요 없고, 진리의 기운이 어떻다. 등등의 말을 할 필요도 없을 것이 아닌가? 또 종교를 믿는 사람들도 여러분이 보기에 정상인이라고 생각할지 모르겠지만 그렇게 생각한다면 대단한 착각을 하고 있다고 해야 맞는 말이 됩니다. 뭔가 문제가 있어 '기노터'라는 곳에 정신줄 놓아 버리고 울고불고 그 어떤 대상에게 매달리면서 기도를 하는 것, 그 자체가 정신이 온전하지 않음을 의미합니다.

　물론 각자가 스스로 해결하지 못하니 지푸라기라도 잡아야 한다
는 심정으로 사상으로 만들어진 뭔가에 자신의 하소연을 하는 것은
어쩔 수 없는 최선이겠지만 마음을 기반으로 해서 나타나는 일체의
현상은 마음이라는 근본을 고치지 않으면 답 없습니다. 결국, 이 세
상을 살아가는 여러분의 의식은 반드시 전생에 여러분이 했던 행위
의 결과로 각자의 몸이 만들어져 있고, 의식, 마음이라는 것이 만들
어져 있어서 지금 여러분의 몸과 마음을 가지고 사는 것인데 문제는
먹고 살 만한 사람은 '내가 잘나서' 그렇게 된 것으로 생각하고 이
경우 어떤 말이든 귀담아듣지 않습니다. 물론 먹고 살 만하다고 해
도 어느 순간에 의학으로도 해결되지 않는 질병이라는 것이 몸과 마
음에 나타나게 되면 결국 이 법을 찾게 되어 있습니다. 그래서 사람
이라는 것은 어떤 '고통'이든 고통이 따라야만 나라는 아상을 내려
놓는 척을 하는 것이고, 당장 살아가는데 별문제가 없다면 나 잘났
다고 목에 힘주고 내가 생각하는 것, 내가 살아온 인생이 옳은 삶이
라고 생각하며 살게 되어 있습니다.

　그러다 스스로 감당 되지 않는 어떠한 상황이 생기면 그때야 뭔
가를 찾는 것이 어리석은 인간이라고 하는 것입니다. 그래서 나는
이 세상에 태어나면서부터 몸과 마음에 문제를 가지고 태어나는 것
은 그 업이 좋지 않은 것이고, 태어나면서 문제가 없이 태어났지만,
어느 때 뭔가의 이상이 몸과 정신에 나타나는 것도 좋지 않으며 돈
이 많든 적든 간에 죽을 때까지 몸, 정신에 문제없이 사는 것이 제

일 좋다고 말한 것이고, 더 좋은 것은 물질도 있고, 이치에 맞는 말을 마음에 새기면서 살다가 죽는 것이 최상의 삶이라고 말한 것입니다. 그런데 어리석은 사람들은 운동이라는 것을 해서 몸을 만들고, 몸에 좋다는 음식이라는 것을 먹고사는 것이 잘사는 인생이라고 생각하는데 참으로 안타까운 일입니다.

여러분이 알아야 할 것은 인간이 먹는 밥이라는 것, 음식이라는 것은 사실 목구멍에 넘어가는 과정에 어떤 맛으로 먹는가만 다를 뿐이고, 실제 음식이 인간의 목구멍으로 넘어가면 그것은 결국 똥으로 나오기 때문에 좋은 음식이라는 것은 결국 고깃덩어리냐, 밀가루 음식인가가 중요한 것이 아니라 내 입맛에 맞는 것이 좋은 음식이라고 해야 맞는 말이 됩니다. 따라서 고깃덩어리를 먹는다고 좋은 음식은 아니라는 것이고, 음식은 내 입맛에 맞는 것을 골고루 먹어주는 것이 잘 먹는 것이고 중요하다 할 것입니다.

1295   빙의 작용

여러분도 음식을 먹고 일상을 살지만 어떠한 재료의 음식, 어떤 것이 맛있다고 느끼는 것도 반드시 전생에 여러분이 주로 먹고살았던 그 음식 맛을 따르게 되어 있습니다. 그래서 이 개념으로 보면 식사가 좋아하는 음식과 맛나는 것을 나 가지고 있는데 이것을 큰은 말로는 '식성(食性)'이라고 하는 것이기 때문에 각자의 식성이라는 것도 전생과 깊게 관련이 있다 할 것입니다.

사람이 인생을 살면서 입맛이라는 것은 반드시 기본적으로 변하게 되어 있는데 나이가 들면 토속적인 음식을 찾게 되고, 이것은 결국 죽으면 자연으로 돌아간다는 의미가 있기도 합니다. 아이 때는 세상에 처음으로 나왔으니 이것저것을 다 호기심으로 먹지만 나이가 들어갈수록 입맛이 변한다는 것은 그 마음이 자연으로 돌아갈 때가 되어서 그렇다고 해야 보편적으로 맞는 말이 되므로 이 부분 새겨봐야 할 것입니다. 물론 이 상황도 자신에게 빙의가 있으면 빙의의 입맛이 있어서 죽을 때까지 빙의가 좋아하는 음식으로 편식하는 경우도 있는데 이것은 여러분 주변을 보면 쉽게 알 수 있을 것입니다.

예를 들어 나이가 든 사람이 달달한 것을 유독 밝히거나, 혹은 특정한 음식에 집착하는 것도 빙의가 그렇게 작용해서 그럴 수 있다는 이야기입니다. 주변에서 보통 사람들도 '내가 해 먹는 음식이 제일 맛있다'고 말하는 사람도 있는데 이 경우도 앞서 말한 대로 그 사람이 전생에 먹었던 음식의 맛에 미치지 못하기 때문에 '내가 해 먹는 것'이 맛있다, 입맛에 맞는다고 말하는 것이어서 이것은 다 마찬가지이며, 또 하나는 그렇게 '내 입맛에 맞는다'고 말하는 이유는 빙의가 빈정거리는 말일 수도 있다는 이야기입니다. 어찌 되었든 누구나 사람에게 맞는 음식이라는 것은 반드시 있고, 이것은 전생과 깊게 관련이 있다 할 것이고, 이 개념으로 어떤 일을 하더라도 '나는 그것, 이것이 내 적성에 맞다'라고 말하는 것도 이 개념으로 이해하면 되는데 문제는 그런 것이 자신의 참 나에 의한 것인가, 빙의의 작용으로 그런 것인가는 여러분이 모른다는 점입니다.

바로 이 개념이 화현의 부처님 법에서의 연기법(緣起法)이고, 이런 이치를 다 알면 개인마다 구체적으로 더 깊게 말할 수 있는데 여기서는 포괄적으로 이런 이치만 말할 수밖에는 없습니다. 그 이유는 이런 이치를 알면 개개인의 전생을 알기는 쉽지만 개인적으로 모든 전생에 상황이 다 달라서 그렇습니다. 사실 이런 부분도 이 세상 누구도 말하지 못하고 있고, 막연하게 전생이라는 말을 하는데 참으로 안타까운 일이 아닌가? 물론 불교도 이것이 있어 저것이 있다는 말은 쉽게 말하지만 문제는 사람마다 다 다른 전생을 어떻게 모두 알 수 있는가?

그래서 베다 사상에 있는 말들을 다 가져다 온갖 말은 다하고 석가가 도를 깨닫고 한 말이라고 하는 것이기 때문에 내가 말하는 것과 같이 구체적으로는 말하지 못하고 있어서 여러분이 절간에 가서 '나는 왜 존재하는가? 나는 왜 괴로운가?' 등을 물어보면 그에 대한 말은 하지 못하는 것이 아닌가를 생각해보라는 이야기입니다.

그래서 괴롭다고 말하면 고작 해봐야 부적이나 종이에 그려서 주고, 기도나 하라는 말이 전부이며 학문을 배웠다는 사람은 사주팔자라는 것으로 여러분의 운명을 점쳐주는데 참으로 안타까운 일입니다. 그래서 이 세상에는 온통 이치에 맞지 않는 말이 난무하고 있는데 이런 세상을 사는 인간의 의식이 과연 온전할 것으로 생각한다면 그것은 대단한 착각이라고 해야 맞습니다. 과거 집안에서 자식을 낳으면 새끼줄에다 빨간 고추하고 검정 숯을 꼽아 대문 앞에 걸어 두었는데 이런 행위가 바로 미신적인 행위이고 진리적으로는 아무 의미 없습니다.

따라서 이런 행위는 '이 집안에서 자식을 낳았다'는 표시를 하고자 이런 방법을 생각했다는 것이 전부인데 여기에 어떠한 의미를 부여하는 것은 매우 잘못된 의식이라고 해야 맞고, 이 관점에서 자식 낳고 1년이 되면 돌잔치를 하는데 이때도 실, 연필, 돈 등을 상에 올려놓고 아이가 무엇을 잡는가를 보고 그 아이의 미래를 이야기하기도 하는데 참으로 안타까운 일입니다.

그래서 여러분이 사는 주변을 보면 이치에 맞지 않고 감성적인 말들이 얼마나 자리를 잡고 있는가를 알 수 있고, 그런 행위에 여러 가지 의미를 부여하고 있다면 여러분의 의식은 아직 깨어나려면 멀었다고 해야 맞는 말이 될 것입니다. 죽은 사람을 관속에 넣을 때 '노잣돈'이라고 해서 극락, 천당에 가는데 여비를 하라고 얼마간의 돈을 관속에 넣는 행위를 하는데 이런 것도 지극히 인간적인 감정으로 그렇게 하는 것에 불과하고 더 이상의 의미는 없는데 어리석은 사람들은 돈을 많이 넣어주면 여비가 충분해서 극락, 천당이라는 것을 수월하게 간다고 생각하고 이런 행위를 하는데 다들 이런 정신으로 살아온 인생이기 때문에 이런 행위가 의미 없다고 말하는 내 말, 여러분이 쉽게 받아 드릴 수 없을 것입니다.

다시 말하지만, 주변 사람들이 일상에서 하는 일체의 행위를 보면 그런 행위들이 얼마나 모순된 행위인가를 알 수 있고, 오래된 것에 다 '수호신'이라고 이름을 붙여 놓은 것도 뭔가가 있다는 의미로 '신'이라는 이름을 붙이고 있는데 이런 것에 끄달리는 그 마음에 빙의는 쉽게 작용합니다. 문제는 빙의가 "내가 네 마음에 작용할게."라고 여러분에게 말하고 작용하는 것이 아니라는 이야기입니다.

1296 의식과 종교

이 개념으로 종교적으로 하는 말, 염불 같은 것에 금색으로 도배하여 족자로 만들어 사무실이나 집에 걸어두고 또 어떤 형상의 그림을 가져다 그것을 걸어두면 복이 들어오고 재앙을 막아준다고 하는 것도 잘못된 것이고, 자동차 룸미러에 종교 상징물을 걸고 다니는 것도 의식 없는 행위에 불과하고, 올해가 호랑이해라고 해서 호랑이 기운이 어떻다고 말하는 것도 감성을 자극하는 말 잔치에 불과하고, 음식을 대문 밖에 뿌리면서 액운을 막아준다고 하는 것도 다 부질없는 행위에 불과합니다.

문제는 오랜 세월 그런 것에 어떤 의미를 부여하고 살아온 여러분의 의식은 상당하게 흐려 있다 할 것이고, 그런 마음에 빙의는 쉽게 작용하게 됩니다. 그래서 진리의 기운이 존재하는 이 지구 상에서 일어나는 현상은 인간의 의식이 흐려질 때로 흐려진 상황에서 이렇게 흐려진 의식을 되돌린다는 것은 불가능하다는데 그 문제의 심각성이 있다 할 것입니다.

사람이 인생을 살아가면서 크게 세 가지를 생각하는데 하나는 어떻게 하면 돈을 많이 벌 수 있는가이며, 다른 하나는 죽으면 어찌

될까, 또 전생에 나는 어떤 사람이었을까? 등이 그것입니다. 크게 보면 다들 이런 부분을 알고자 하는데 이것을 아는 방법은 아주 간단한데 그것은 이생에 여러분이 하는 행동을 보면 '나는 어떻게 될까'라는 것을 다 알 수 있지만, 문제는 여러분 스스로 이것을 보지 못한다는 것이고, 나와 선율이는 이런 부분을 다 안다는 차이가 여러분과는 다릅니다. 빙의 개념을 이해하기 위해 지구 상에 존재하는 생명체가 다 죽었다면 그 형체는 없으므로 아무것도 남지 않는다는 것이 불교의 무와 공의 논리입니다. 그런데 나는 마음이라는 진리적인 기운은 남는다고 말하고 있어서 이 부분 여러분이 깊게 생각해봐야 합니다.

그래서 지구 상에 존재하는 모든 생명체가 다 죽으면 무와 공으로 끝이 아니라 그 마음은 지구 상에 남기 때문에 남는 이 마음을 빙의의 기운이라고 이해하면 수없이 남은 그 기운(빙의)이 살아 있는 생명체에게 영향을 줄 수 있고, 이것이 빙의를 이해하는 방법입니다. 따라서 어떤 사람이 죽었을 때 그 마음이 업연에 따라서 나에게 영향을 줄 수 있고, 업연이 아니라도 항상 나에게 영향을 줄 수 있다고 이해하면 됩니다. 여러분이 이 세상에 존재하는 이유는 각자가 지은 업(業)이 있어 존재하는 것이고, 그 업을 만든 마음이 '참(眞) 나'의 마음이어서 참 나를 알았다고 말하는 것은 '나의 본질, 나의 뿌리, 근본' 된 마음을 알았다고 해야 맞는 것이고, 그 참 나의 마음을 알았다고 해서 100% 깨끗한 마음이라고는 말할 수는 없습니다.

그런데 이 참(眞) 나의 마음을 기반으로 그 업에 맞는 형체를 가지고 이 세상에 태어났지만, 태어나는 순간 몸이 있어 〈나〉라는 아상의 마음이 만들어지는 것이고, 이것을 나는 참 나를 기반으로 한 가식적인 마음이라고 한 것입니다. 따라서 보통 사람은 참 나를 기반으로 해서 형성된 가식적인 마음을 '내 마음'이라고 생각합니다. 이 글을 보는 여러분이 '내 마음'이라고 하는 그 마음은 거짓의 마음을 참으로 인식하고 있는 것이고, 거짓의 마음인 아상을 없애면 비로소 나 자신의 본질 된 마음인 '참(眞) 나'를 알 수 있다는 이야기입니다.

그래서 죽은 사람의 참 나라고 하는 것은 정형화해서 '어떻게 한다'고 말할 수는 없는데 그 이유는 개개인의 업의 이치가 다 다르기 때문에 어떤 상황에서도 사람에게 영향은 줄 수 있고, 이 개념은 진리의 기운(마음)이라는 거대한 호수 속(지구라는 땅)에 내가 몸을 담그고 있으면 그 물의 영향은 언제라도 내가 받을 수 있는 것과 같아서 결국 인간은 진리를 떠나 살 수 없어서 그 진리 속에서 나 자신의 마음을 내가 단속하는 것밖에는 답이 없습니다.

다시 말하면 70억의 인간 속에 내가 있으면 70억의 인간은 언제라도 빙의의 기운으로 남아서 나에게 영향을 줄 수 있어서 그 영향을 받지 않기 위해 결국은 나 자신의 마음은 나의 의식으로 나 자신이 지키는 수밖에 별도리가 없다는 이야기입니다. 이 말은 바람 앞에 촛불이 있다면 촛불 스스로 자신을 지켜야 하는 것과 같은데 보통 사람은 스스로 지키지 못하고 부는 바람을 원망하게 되어 있고, 바람이 불지 않기를 바라는 것과 그 이치는 똑같습니다.

따라서 진리의 기운 속에 사는 인간의 입장에서 마음으로 여러분에게 장애를 주면 여러분은 그렇게 작용하는 실체를 모르기 때문에 문제가 되고, 만약 여러분이 이것이 내 마음이고, 저것이 빙의 마음이라는 것을 안다면 여러분은 깨달은 자가 되는 것입니다. 그래서 빙의가 여러분에게 어떤 식으로든 영향을 줄 때 빙의가 "내가 너에게 영향을 줄게"라고 말하면서 어떤 영향을 주는 것은 아니기 때문에 결국 이것은 이치에 맞는 말을 마음으로 꾸준하게 새기는 것이 중요한데 이것이 쉽지 않은 것이 각자가 가지고 있는 이 본성이라는 것은 잡초와 같아서 여러분이 인지하지 못하는 사이에 불쑥 튀어나오게 됩니다.

따라서 인간은 각자의 마음이라는 기운에 따라 각자의 삶을 살아가는 것이어서 그 마음만 건드리면 여러분은 그 마음 따라 움직이고 사는 입장이 되고 오늘날까지 여러분은 '내 마음'이라고 인지한 그 마음으로 살아온 결과가 오늘날 각자의 환경이 되어서 나는 여러분의 전생은 지금 사는 여러분의 환경을 보면 스스로 알 수 있다는 말을 한 것입니다. 빙의가 소리소문없이 여러분의 마음을 장악해버리면 결국 몸은 인간의 몸을 가지고 있지만, 실제는 죽은 사람의 마음(빙의)이 그 자신의 마음을 움직이고 있어서 결국 한평생을 빙의의 마음으로 살아가게 되어 있습니다. 실제 이런 부분은 일상에서 쉽게 볼 수 있는데 얼마 전 나이 든 어떤 여자가 죽었는데 이 사람은 그가 낳은 딸자식에게 빙의로 작용하고 있다는 것을 알았는데 그 집안에서는 종교의식을 했기 때문에 좋은 곳으로 갔다고 믿고 있는데 참으로 안타까운 일입니다.

사람이 인생을 살아가는 과정에서 무수한 마음이 일어나게 됩니다. 그래서 죽을 때쯤 되어 인생사 뒤돌아 보면 그 사람의 마음이 다 보이게 되는데 이것은 마치 등산을 하여 정상에 올라 자신이 걸어온 길을 되돌아보면서 '내가 이런 길을 걸어왔구나'를 생각해보는 것과 같은데 물론 이같이 스스로 살아온 인생을 되돌아보는 사람도 있지만 이 자체를 신경 쓰지 않고 사는 사람도 있습니다.

내가 말하는 것은 그렇게 살아온 자신의 인생길은 반드시 전생에 지어놓은 업에 따른 길이어서 스스로 되돌아보면 '각자의 전생'이라는 것이 뭔가는 어림잡아 생각해 볼 수 있습니다. 그래서 삶에 굴곡이라는 것은 전생에 했던 행동이 업식(業識)으로 진리의 기운 속에 남고, 그 업식이 업화(業化)되어 여러분의 마음이 그대로 작용하게 됩니다. 나는 이 부분을 손가락 그림자놀이와 비슷하다는 논리로 오래전에 말했는데 문제는 막 뒤에서 작용하는 손가락을 여러분이 모른다는 점입니다.

다시 말하면 막 뒤에 있는 손가락의 움직임을 여러분이 미리 알 수 있다면 내 마음에서 일어나는 이 마음이 왜 일어나는가는 쉽게 알 수 있지만, 그것을 모르니 여러분은 각자의 운명을 알고자 날뛰는 것이 아닌가? 그래서 인간의 그런 심리를 이용해서 생겨난 것이 바로 점술, 사주팔자, 굿, 무당, 종교 등이 아닌가? 거꾸로 말하면 인간들이 자신들의 과거, 현재, 미래 등을 알려고 하지 않았다면 점술, 사주팔자, 굿, 무당, 종교 등은 생겨나지 않았을 것입니다. 이 말 여러분은 어떻게 생각하는가? 바로 이런 개념으로 판타지 같은 영화 등이 생겨난 것이 아닌가를 생각해보라는 이야기입니다.

특히 종교 영화들을 보면 대부분이 허상이고 허구의 말임을 쉽게 알 수 있는데, 그 종교를 믿으면 어떠한 능력을 얻게 되고, 불가능한 것도 초인적인 힘으로 해결할 수 있다고 말하는데 참으로 안타까운 일입니다. 이런 부분은 사실 과거 인간이 무지했던 시대에 자연현상을 보고 '신(神)'이라는 것을 대입해서 종교화한 것이기 때문에 이 부분 새겨봐야 합니다.

예를 들어 밀물과 썰물이라는 것을 몰랐을 때 바다가 갈라지는 것을 보고 '신'이라는 것을 대입해서 '기적이 일어났다'고 말했고, 빙의작용으로 허상을 본 사람이 마치 그것이 도를 닦아서 그런 것을 본격적으로 신격화해서 그 사람을 추앙하는 것이 현실 아닌가? 그래서 종교들은 빙의 현상을 '신과의 관계'가 있다고 말하는 것이 전부이기 때문에 이 말 깊게 생각해보면 종교의 말이 얼마나 모순인가를 알 수 있을 것입니다.

이런 부분을 깊게 고찰해보지 않으면서 내가 말하는 화현의 부처님 법을 이해한다는 것은 어렵습니다. 그래서 앞서 말했지만, 인간의 의식이 어떤 것에 강하게 집착을 하면 그것은 〈강성〉으로 자리를 잡게 되는데 이 글을 보는 여러분도 나름대로 강성은 다 가지고 있는데 그것은 진리적으로 의미 없는 것이고, 자신만의 똥고집이라고 해야 맞는 말이 됩니다.

사실 인생을 살면서 누가 무슨 말을 하였으면 그 말을 객관적으로 그 말이 논리적으로 이치에 맞는가 맞지 않는가를 보고 산다는 것은 매우 어려운데 이같이 말하면 여러분 중에는 이런 부분을 조금이라도 이해를 하는 사람이 있지만, 이런 것은 따지지 않고 다른 사람들이 '맞다'라고 우르르 그 말에 몰리면 의식 없는 사람은 '남이 장에 가니 나도 신발 끈 동여매고 간다'는 식으로 따라가는 사람과 똑같습니다.

그래서 '종교는 다 인간 잘되라고 있다'고 생각한다면 그런 마음으로 내가 하는 말 본들 여러분에게 아무런 도움도 되지 않습니다. 그 이유는 그런 말을 마음에 두고 그 말이 맞는다고 생각한다면 전국 방방곡곡에 있는 그런데 찾아가서 여러분의 문제, 여러분의 의구심을 해소하면 아주 간단하기 때문에 무명의 존재가 말하는 글 볼 필요는 없을 것입니다.

다시 말하지만 무수한 종교들이 인간 잘되라고 하고, 그 말대로 인간이 잘되어 간다고 하면 오늘날 이 사회는 이렇게 되지 않았을 것이기 때문에 그렇습니다. 이같이 말하면 말꼬리 잡기 좋아하는 사람은 '종교가 있어 그나마 이런 사회를 유지하고 있는 것이다'라는 식으로 말하겠지만 대단한 착각입니다. 그 이유는 선시선능인 신(神)이 있어 못 하는 것이 없다고 말하고 있어서 그렇습니다.

부처는 자비로 중생을 보살핀다는 말 무수하게 하는데 나는 '자비로 베풀어야 할 것'이 있고, 자비로 베풀지 않아야 할 것이 있다는 논리를 말하고 있어서 이 부분 여러분이 정립해야 하는데 내 말은 '감성적인 말'에 치우치게 되면 이것은 마치 달콤한 사탕에 치아가 썩어들어가는 것과 이치는 똑같아서 그렇습니다. 그래서 이치에 맞는 말(법)이라는 것은 이 세상에 하나의 축으로 자리를 잡아야 하는데 오늘날 사회를 보면 이런 말을 한 사람이 하나도 없습니다.

인간이 삶을 살 때 '너는 이것이 잘못되었다, 그 마음에 문제가 있고, 그 행동에 문제가 있다'고 말하는 사람이 있는가? 답은 '없다'입니다. 그러니 다들 인간 잘되라고 하는 그 말에 여러분의 의식은 흐려져 있다고 해야 맞고, 인간 우월주의가 만연한 이 현실이기 때문에 여기에 대고 '그 마음을 고쳐라'라고 하면 내 말이 귀에 들어오겠는가? 이 사회가 난장판인 것 하나만 말하면 운전을 하고 편도 1차선의 도로를 10여 대가 줄을 서서 달리는데 내 뒤에 오는 차가 급가속으로 내 차를 추월하여 앞으로 끼어듭니다.

사실 내 앞에 추월해도 바로 내 앞에 차가 줄을 서서 약 50㎞ 속도로 가는 입장이라 내 차를 추월한다고 해서 바로 갈 수 있는 상황이 아닌데 이런 행동을 하는 사람 길가에 넘쳐납니다. 결국, 4차선이 나올 때까지 약 10여 ㎞ 그 사람은 내 앞에서 알짱거리고 갔는데 이게 뭐하는 짓인지 모르겠지만 인간답지 않은 인간이 길에 널려 있으니 이 세상이 요 모양으로 돌아가는 것이 아닌가?

물론 4차선에서 추월을 하는 것이야 뭐라고 할 일은 아니지만 좁은 일반 국도에서 이런 행위를 한다는 것은 그 사람의 의식에 문제가 아니겠는가? 결국, 나를 추월해서 내 앞에서 10㎞를 가는 상황이라면 내 뒤에 간격을 두고 따라오면 간단한데 급가속으로 깜빡이도 켜지 않고 추월하여 내 앞으로 끼어들었고, 내 앞의 앞에 차 뒤 꽁무니에 바짝 붙어서 따라가는 것 여러분은 여기서 '그럴 수 있다'고 생각한다면 문제가 있고, 그 사람이 잘못되었다고 생각한다면 그나마 의식은 조금 깨어 있다고 해야 맞습니다.

이것은 예를 들어 하는 말이지만, 이 개념으로 이 사회 곳곳에서 일어나는 무수한 일을 보면 이 사회가 얼마나 의식이 흐려 있는가를 알 수 있을 것입니다. 그래서 모든 문제에 대하여 '나'라는 아상을 빼고 그 문제를 보면 무엇이 잘못된 것인가를 여러분도 쉽게 알 수 있고, 이것을 확대해보면 결국 여러분의 본성이 뭔가를 쉽게 알 수 있고 이것이 내가 말하는 화현의 부처님 법에서 '나를 알아가는 방법'입니다.

1298 빙의 행동

갈수록 이 사회는 강성(剛性)의 성향으로 변해가고 있는데 이 말은 진리적으로 빙의들이 설쳐대고 있다는 의미입니다. 다시 말하면 인간성을 가진 사람들이 설쳐대면 그나마 인간적인 정이 있지만, 빙의들은 인간성이라는 것이 없어서 결국 빙의들이 설쳐대면 겉으로 보기에는 인간적인 말이라고 하겠지만 그 이면에는 빙의들만의 강성(剛性)이 있어서 빙의에게는 인간적인 말이 통하지 않습니다. 따라서 빙의들은 몸(육신)이라는 것이 없어서 한 번 내지르면 물불을 가리지 않고 그들만의 성질을 내버리기 때문에 빙의들이 판치는 세상에는 인간성이 포함되어 있지 않습니다.

강성이란 인간성이 배제된 것이어서 무엇에 대하여 깊게 생각해 보지 않고 내지를 수 있는 성향을 말하는 것이어서 빙의는 앞뒤를 고려하고 생각하지 않고 그 자신의 본성을 그대로 드러낼 수 있습니다.

사람이야 육신이라는 몸이 있으니 그나마 전후 사정을 보고 상대의 마음을 고려할 수 있지만 빙의들 입장에서는 사실 그들이 사람의 몸을 이용해서 자신의 마음을 표현하는 것이어서 어떤 말이나 행동을 해도 죄책감이라는 것, 미안함이라는 것을 전혀 가지지 않습니다. 상대를 배려하는 일체의 마음이 없다는 이야기인데 물론 빙의도 상대를 배려한다고 하는 행동을 하지만 그 행동은 인간다움이 다 빠진 말에 불과하고 이런 것은 실제 빙의들이 하는 짓을 보면 쉽게 알 수 있습니다.

강성(剛性)이라는 말의 의미를 보면 성질이 '강한 쇠'를 말할 때 강성이라는 말을 사용하는데 우리가 일반적으로 아는 쇠붙이라는 것도 물렁물렁한 것, 중간 것, 아주 강한 것 등 종류가 많습니다. 이렇게 쇠라는 '물질'을 구분할 때 강성이라는 말을 사용하기도 합니다.

또는 '강한 성격'을 가진 사람을 '강성의 소유자'라고도 말합니다. 사람은 누구나 자기만의 '강성'이라는 것이 있고, 이것은 앞서 말한 대로 연한 성격, 중간의 성격 등으로 구분할 수 있어서 강함에서 약함에 이르기까지 그 성질은 사람마다 다 다르고, 지구 상에 70억의 인간이 있다면 70억 개의 성질이 다 다르라고 해야 맞고, 이 개념으로 70억의 인간의 마음이 다 다르다는 것도 각자의 강한 성질이 다르다는 의미가 있습니다.

그래서 인간의 성질을 두고 단순하게 특정한 사람을 지칭해서 '저 사람의 성향이 강성이다.'라고 말하는 것은 뭔가 특별한 성향을 가신 사람들을 그렇게 표현하는 것이고, 진리적으로는 모든 인간은 나름대로 다 강성의 성향을 가지고 있다고 해야 맞는 말이 됩니다. 이것은 각자가 전생을 어떻게 살았는가에 따라 나름대로 그 성격을 가지고 있어서 그렇고, 다만, 그 성향이 이치에 맞는 성향인가 아닌가는 별개의 문제입니다.

또 하나는 제각각의 성향이라는 것도 그 사람의 본성에 의한 성향인가? 아니면 빙의가 작용하여 빙의의 성향인가도 다 다르기 때문에 여기서 정형화해서 단답형으로 구분하여 말할 수는 없는데 그것은 앞서 말한 대로 상황이라는 것이 다 다르기 때문에 그렇습니다. 어찌 되었든 문제는 강한 성격, 강한 성향을 가졌다고 하더라도 그가 가진 성향이 이치에 맞는 성향이라면 강함이 좋다고 말할 수 있지만, 이치에 맞지 않는 강함의 성격을 가졌다면 이것은 말 그대로 똥고집에 불과합니다.

그래서 보통 '저 사람은 강성인가 봐'라고 막연하게 생각할 것이 아니라 먼저 그 사람이 가진 성향으로 하는 행동을 보면 그 사람이 똥고집을 부리는 것인지 이치에 맞는 성향의 강성을 가졌는지를 알 수 있게 됩니다. 또 다른 의미는 앞서 말한 대로 물질 이치에서 쇠처럼 강한 것이 아니라 '마음이 강하다'라고 할 때도 강성의 성향을 가졌다고 해야 맞는데 다시 말하면 진리 이치를 말하는 자의 성향은 강성의 성향이라고 해야 맞습니다.

그 이유는 이치에 맞는 마음은 빙의들에게 끌려가지 않는 마음, 빙의들에게 현혹되지 않는 마음을 가지고 있어서 이치에 맞는 마음이 강성의 마음이라고 해야 맞습니다. 이런 마음을 가져야만 마음을 다스릴 힘이 있는 것이지, 만약 연한 성질의 성향을 가졌다고 한다면 빙의들에게 쉽게 농락을 당할 것이어서 이 경우 본인만의 강한 성향이 없어서 그 마음은 왔다 갔다 하는 마음이기 때문에 빙의들에게 쉽게 농락을 당할 수가 있으므로 이 말에 의미를 깊게 정립해봐야 할 것입니다.

반대로 빙의 마음이 아닌 본인만의 성향을 가졌다고 하더라도 그 마음은 반드시 이치에 맞는 마음이어야만 비로소 강한 성향이고, 그런 마음은 빙의들이 건드리지 못하기 때문에 이치에 맞지 않는 마음에 굴하지 않는 성향 이것을 진정한 강성이라고 해야 맞습니다. 따라서 자신에게 나타나는 그 성질을 참지 못하고 내지르는 것을 보통 사람들은 강성의 성향이라고 말하는데 이것은 똥고집, 외고집, 독선에 불과하고 이런 성질은 엄밀하게 강한 성질이라고 할 수는 없습니다.

어떠한 상황에서 이치에 맞게 성질을 내는 것과 앞뒤 생각 없이 자기 뜻에, 자신의 성질에 못 이겨서 성질을 내는 것은 '강한 성질이 아니라 더러운 성질'이라고 해야 맞고, 이 경우 강성의 의미와는 아무 상관이 없다는 이야기입니다. 무슨 말을 하면 그 상황에 맞게 말하는 것이 강성이라고 해야 맞고, 그 상황을 따져보지 않고, 자기의 관념, 주장대로 성질을 부리는 사람은 사실 강성이 아니라는 이야기입니다.

다시 말하지만 진리적으로는 이치에 맞는 말을 하는 자가 강성이라고 해야 맞는데 그 이유는 모든 사람의 마음(빙의 포함)을 그 강함으로 다스릴 수 있어서 그렇습니다. 정리하면 어떤 사람이 어떤 사안에 대하여 강성을 내세우면 그것이 현실적으로 합당한 것인가? 그다음 이치에 맞는 것인가를 봐야 한다는 것이고, 이치에 맞지 않는 것에 강성을 드러내면 그것은 똥고집이라고 해야 맞습니다. 따라서 이 개념으로 보면 이 세상에 똥고집 부리고 사는 사람이 넘쳐나는데 그 이유는 빙의들이 안하무인으로 설쳐대기 때문에 그렇습니다.

1299 ## 본성

'사람이라는 것은 자기가 원하는 목적을 위해 본성을 숨기고 그 상황에 맞는 연기를 하며 업을 쌓아가고 있어서 이게 중생에 삶이기에 절대 인간은 쉽게 변하지 않는다'는 말 여러분은 어떻게 생각하는가? 물론 변하지 않는다고 말하는 것은 변할 수도 있음을 의미하기도 하지만 문제는 이게 쉽지 않다는 것입니다. 이 세상에 태어나는 그 순간부터 나라고 하는 의식이 서서히 깨어나 자리를 잡게 되면 분명하게 그 아이만의 목적을 가지게 되고, 이것은 성장하면서 뿌리를 내리게 됩니다. 그래서 누가 시키지도, 가르쳐주지도 않았지만 그 아이는 '내 마음'이라는 것을 중심으로 연기하게 됩니다. 그래서 그 아이에게 "어떤 음식이 먹고 싶으냐?"라고 물으면 그 아이는 "나는 이것이 먹고 싶다."라는 말을 쉽게 하고, "어떤 것이 좋으냐?"라고 하면 "이것이 좋다."라는 말도 쉽게 하고, 또 그 아이가 싫다고 생각하는 것을 하라고 하면 절대로 하지 않습니다. 왜 그럴까?

지금 이 글을 보는 여러분도 그런 과정을 겪어서 오늘에 있는 것입니다. 그래서 여러분이 먹고사는 집안, 혹은 주변의 인맥, 상황들을 보면 여러분의 그 마음이 그대로 펼쳐져 있다고 나는 말했고, 이것을 스스로 되돌아보면 '나는 이런 마음을 가졌구나'를 알 수 있습니다. 이것이 화현의 부처님 법에서 여러분의 전생을 보는 방법 중 하나인데 안타깝게도 모든 사람들은 이 현실을 바로 보지 못하고 그 무엇이나, 어떤 대상을 찾아 자신의 전생, 운명 등을 알려고 하는데 이 얼마나 안타까운 일인가?

따라서 오늘날까지도 '운명은 있다, 없다'에 대한 부분도 정리하지 못하고 있는데 그 이유를 여러분은 뭐라고 생각하고 있는가? 국

어사전에는 운명(運命)에 대하여 '인간의 선악·길흉·화복 등의 모든 일이 어떤 초인간적인 위력에 의하여 조성되고 지배된다고 믿어지는 섭리. 이러한 힘은 많은 사람들이 생각하고, 느끼고, 신앙하여 예로부터 신화(神話)·종교·철학사상에 나타나 있다.'라고 되어 있는데 이 말 잘못된 말입니다.

그 이유는 이 말속에 '초인간적인 위력에 의하여 조성되고 지배된다'는 말이 있는데 이 자체가 이치에 맞지 않습니다. 그래서 사전에 나와 있는 이런 말은 결국 '초인간적인 그 무엇'이 있다는 이야기인데 이런 논리는 결국 종교적 사상을 기반으로 하는 말이어서 이 말은 모순입니다. 내가 말하는 것은 초인간적인 그 무엇이 있는 것이 아니라 자업자득 인과응보의 이치에 따라 정해진 자연의 섭리만 존재하기 때문에 내가 지어 놓은 것이 아닌 그 무엇이 나를 그렇게 지배한다는 식의 논리는 매우 잘못된 말임을 여러분이 반드시 정립해야 할 것입니다.

따라서 나는 〈운명과 운명 줄＝운명은 인간으로 태어나면 기본적으로 가진 것, 타고난 것이고, '운명 줄'이라는 것은 타고 난 그 운명을 바꿀 수 있는 줄(이치에 맞는 말·법)을 말하는 섯이다.〉라는 말을 했는데 이 말 가만히 생각해보면 여러분이 왜 법이라는 것을 알아야 하는가를 알 수 있습니다.

과거 석가 시대 때 인도에는 '한 번 천민은 영원한 천민이다. 기회를 줘도 절대 바뀌지 않는다'는 말이 널리 펴져 있었는데 화현의 부처님은 '운명은 존재하지만 그 운명은 얼마든지 바꿀 수 있다'는 말을 했습니다. 반드시 생명체는 〈운명(運命)〉이라는 것을 가지고 태어나고, 보통은 각자가 전생에 만들어 놓은 그 운명(運命)이라는 흐름 속에 이 세상을 살아가고 있습니다. 이것은 인간으로 태어나면 기본적으로 가진 것, 타고난 것이기 때문에 여기에 자연의 법칙 섭리만이 작용하는 것이고, 사전에서 말하는 별도로 '초인간적인 힘, 능력'이라는 것이 있어서 나의 운명을 만들어주는 것은 아니기 때문에 이 부분 깊게 정립해야 합니다.

여러분이 허공에다 침을 뱉으면 그 침은 내 얼굴에 그대로 다시 떨어지는데 이것이 자업자득 인과응보의 법칙, 이치입니다. 그런데 사전에 나와 있는 말은 '인간의 선악·길흉·화복 등의 모든 일이 어떤 초인간적인 위력에 의하여 조성되고 지배된다고 믿어지는 섭리'를 운명이라고 하는데 왜 사전에 이런 말이 나와 있는가? 사실 이런 말은 많은 사람들이 내가 말하는 진리 이치를 모르고 막연하게 뭔가가 있을 것이라는 생각을 기반으로 이렇게 말이 만들어진 것이 전부입니다.

오늘날의 사전은 진리 이치를 알고 사전을 만든 것이 아니라 많은 사람들이 '그렇게 생각하는 것'을 사전에 넣은 것이기 때문에 인간 사회에서 사용하는 모든 말을 정리해 놓은 것이 사전일 뿐이고, 그 말 자체가 그렇다고 이치에 맞는 말은 아님을 알아야 하는데 특히 비물질의 작용을 대부분 사상으로 만들어진 말을 그대로 인용해서 사전으로 만들어 놓은 것이 전부입니다.

그래서 오늘날 사전을 보면 어떤 단어에 대하여 종교가 하는 말이 그대로 노출되어 있는데 참으로 안타까운 일이 아닌가? 왜 종교가 말하는 것이 사전으로 보편화되어 있는가? 그래서 모든 종교가 말하는 것이 '사전'이라는 이름에 등장하는 것 자체가 모순이고 이런 부분은 여러분이 어떤 단어에 대하여 인터넷으로 검색을 해보면 쉽게 알 수 있는데 그런 말들은 이치에 맞지 않는 말에 불과하고 그 종교의 사상에 불과해서 사전에 나와 있다고 해서 여러분이 그 말이 맞다 생각하면 안 됩니다.

앞서 운명에 대하여 사전에서 〈인간의 선악·길흉·화복 등의 모든 일이 어떤 초인간적인 위력에 의하여 조성되고 지배된다고 믿어지는 섭리. 이러한 힘은 많은 사람들이 생각하고, 느끼고, 신앙하여 예로부터 신화(神話)·종교·철학사상에 나타나 있다.〉라고 말하는 것도 무엇이 잘못된 말인가를 여러분이 알 수 있다면 여러분의 의식은 조금은 깨어 있다 할 것입니다.

이 글을 보는 여러분의 삶이라는 것은 반드시 내가 전생에 지어놓은 바대로 이생에 되받아서 사는 것이고, 이 작용을 알면 오늘날 내가 왜 이같이 인간으로 태어나 살아가고 있는가는 쉽게 알 수 있습니다. 길을 걸어가는데 내 발에 돌멩이가 걸려서 내가 넘어졌다고 한다면 이것은 내가 발걸음을 잘못 옮겨서 그런 것이지 그 돌이 내 발 앞에 나타나서 내 발을 어떻게 한 것은 아닌네 어리분은 이 말 어떻게 생각하는가? 사전에 나와 있는 논리는 길을 가는데 돌이 굴러와서 내 발에 부딪히는 것을 말하는 것이고, 내가 말하는 논리는 내가 걸어가면서 그 돌에 내 발이 부딪쳐서 내 발이 아픈 것이라는 논리를 말하고 있어서 이 말 깊게 새겨봐야 할 것입니다.

1300 운명과 숙명

종교에서 '한 번 천민은 영원한 천민이다. 기회를 줘도 절대 바뀌지 않는다'는 말을 많이 하는데 이 말은 '인간의 본성은 쉽게 변하지 않는다'는 의미도 있고, 또 '나'라고 하는 아상이 강해서 이치에 맞는 말을 아무리 해도 그 말뜻을 알아듣지 못한다는 의미도 있고, 타고난 운명이라는 것을 바꾸기가 어렵다는 의미 등등이 있는 말입니다. 지금 이 글을 보는 여러분도 반드시 각자의 운명(運命)이 있고, 보통은 그 운명에 따라 인생을 살아가고 있어서 이것은 진리 이치이기 때문에 이 말 자체를 부정하면 안 됩니다.

그러나 이 운명은 사전에 있는 말처럼 초자연적인 그 무엇이 나를 이렇게 존재하게 한 것이 아니라 자업자득 인과응보의 이치, 법칙에 따라 존재하는 것이라고 하는 것을 확실하게 정립해야 하므로 이 부분 깊게 새겨야 할 것입니다. 그러니 과거 진리 이치를 모르고 산 사람은 〈그 무엇〉이라는 것의 힘에 의해서 인간의 길흉화복(吉凶禍福)이 생기는 것으로 생각했고, 오늘날에는 이런 논리가 종교화되어 버린 것이 전부이며, 사람들은 그 말이 참인 것으로 생각하고 삽니다.

태어나야 할 운명이라는 것이 없으면 모든 생명체는 태어나지 않습니다. 따라서 태어나면서부터 어떤 장애를 가지고 태어났다고 하면 '그렇게 태어나야 할 이유'가 반드시 있어서 태어난 것이지 그 사람만 '재수가 없어서' 그렇게 태어난 것이 아니라는 이야기입니다. 만약 사전이나, 종교가 하는 말처럼 운명(運命)이란 인간을 포함한 모든 것을 지배하는 초인간적인 힘. 또는 그것에 의하여 이미 정하여져 있는 목숨이나 처지, 앞으로의 생사나 존망에 관한 처지라고 한다면 그야말로 장애를 가지고 태어난 사람은 〈신이 실수해서〉 혹은 재수가 없어서 그렇게 태어난 것이라는 말이 되는데 이게 말이 되는가를 생각해보라는 이야기입니다.

인생을 살면서 어느 때 몸에 장애가 왔다고 한다면 이 사람은 재수가 없어서 그렇게 된 것일까? 사업하다가 망하는 사람, 점점 잘되어지는 사람은 왜 그렇게 되고 있을까를 생각해보면 종교가 말하는 것은 대단한 모순이 아닌가!

이 글을 보는 여러분은 운명 있다고 생각하는가? 없다고 생각하는가? 다들 인생을 살면서 이 운명(運命)이라는 말을 쉽게 쉽게 말합니다. 특히 남자, 여자가 연애할 때도 이 운명이라는 말을 입에 달고 삽니다. '너와 나는 운명적인 만남이다.'라는 말, 또 '이것이 우리의 운명이다.'라는 식의 말 역시 여러분도 하고 살지 않았는가? 그런데 시간이 지나면서 둘 사이에 관계가 나빠지면 그것마저도 '이게 우리의 운명이다.'라는 말을 또 가져다 붙입니다.

따라서 '인간을 포함한 모든 것을 지배하는 초인간적인 힘 또는 그것에 의하여 이미 정하여져 있는 목숨이나 처지, 앞으로의 생사나 존망에 관한 처지'를 운명이라고 말하는 것은 뭔가 상당한 모순이 있는 말이 아닌가? 그렇게 작용하는 것이 뭔가를 모르기 때문에 어리석은 인간들은 이 말, 저 말을 다 끌어다 말을 만들어 놓은 것이고, 실제 진리 이치를 알면 모든 생명체는 자업자득 인과응보의 이치에 따라 존재하는 것임을 쉽게 알 수 있습니다.

이런 것을 그동안 깨달은 사람이 없으니 사상적인 말, 종교적인 말, 일반 사람들이 느끼는 감정 등의 말을 다 포함해서 뿌리가 없는 말을 만들어낸 것이 아닌가? 운명(運命)이라는 말 참으로 복잡하게 말하고 있는데 다시 말하지만, 지구 상에 존재하는 모든 생명체, 자연이라는 것은 막연하게 우주에 존재하는 그 무엇에 영향을 받지 않으며, 지구 상에 존재하는 '진리의 기운'의 영향을 받고 있을 뿐이고, 이 글을 보는 여러분도 각자가 지은 업에 따라 그 영향을 이 순간에도 받고 있는 것이 전부이며, 이 작용을 알면 여러분의 과거, 이생, 다음 생의 이치를 알기는 매우 쉽고, 결국 여러분의 마음이라는 것을 알면 삼생의 이치를 아는 것은 식은 죽 먹기보다 쉽습니다. 바로 이런 부분을 화현의 부처님은 전무후무한 일이라고 말한 것입니다.

이같이 명확하게 정리하지 못하고, 운명이라는 말을 가지고 '인간을 포함한 우주의 일체(一切)가 지배를 받는 것으로 생각할 때 그 지배하는 것은 필연적이고 초인간적인 힘 또는 그 힘에 의하여 신상에 닥치는 길흉화복'이 어떻다는 식의 말은 내가 아닌 그 무엇이 별도로 있다는 의미로 사람들은 이 운명이라는 말을 사용하는데 이것은 붕어 없는 붕어빵이라고 해야 맞습니다.

그러니 여러분이 여태껏 붕어 없는 붕어빵임을 모르고 그 속에 붕어가 들어 있는 줄 알고 인생을 살아가고 있는 것이 전부입니다. 실제 여러분이 아는 것이 뭔가? 참으로 갑갑한 노릇인데 온 세상 사람들이 무수한 말을 하고 있는데 이 모든 말이 다 맞다 생각하는지 모르겠지만 참으로 안타까운 일입니다. 과거 사람들이 자식이 태어나면 〈명줄〉이라는 것을 가지고 나온다는 말을 많이 했는데 이 말은 '그가 이생에서 가지고 살아가야 할 운명'이 있다는 것을 의미합니다.

그런데 중요한 것은 '그 자식의 명이 뭔가'를 모르고 막연하게 운명, 명줄이라는 식의 말을 하는데 이 얼마나 안타까운 일인가? 불교도 연기법이라는 것을 말하면서 '이것이 있어 저것이 있다'는 말을 하지만 정작 그들은 '내가 왜 존재하는가?, 왜 나는 이렇게 살아야 하는가?'에 대한 구체적인 말은 하지 못하고 있는데 여러분은 이 부분 어떻게 생각할지 모르겠지만 여러분은 말의 모순 속에 빠져 있다는 것을 알아야 합니다.

자식을 낳으면 그 자식이 어떤 직업을 가져야 하는가를 알고자 하는 게 여러분 마음이 아닌가? 그런데 정작 그 자식의 타고난 운명을 모르니 한다는 짓이 뭔가? 어디 가서 사주팔자, 별자리, 철학 등과 같은 것으로 그 자식의 미래 운명을 알고자 하는 것이 전부 아닌가?

그렇다면 그런 말을 한 그 자신들은 자신들의 운명을 알고 있는가인데 이것 보고 바로 '중이 제 머리 깍지 못한다'고 해야 맞는데 자기 자신의 운명도 모르면서 남의 운명을 말한다는 것이 논리에 맞는가를 생각해보라는 이야기입니다.

모두 배웠다고 해서 다 똑똑하다고 생각하겠지만 내가 말하는 논리가 맞는가 틀리는가를 정립하지 못한다면 그 배움을 어디에다 써먹을 것인가? 그래서 나는 지식이라는 것의 상위법은 지혜다라는 말을 한 것인데 아무리 배움이 많아도 옳고 그름, 맞고 틀림을 분별하지 못한다면 지식은 사실 인생 사는데 아무런 의미가 없습니다.

1301 운명 줄

운명이라는 말은 누구라도 쉽게 말하지만 정작 그 운명이 어떻게 작용하는가는 모르고 있으면서 운명 타령하는 사람 이 세상에 넘쳐 납니다. 뭔가 잘 되면 '나의 운명은 좋은 운명이다.'라고 말하고, 마음에 들지 않는 것이 있으면 '내 운명은 왜 그런가?'라는 생각을 하면서 신세 한탄을 하고, 이런 것은 지구 상에 인간이 존재하면서부터 자리를 깊게 잡았습니다. 그래서 나는 제목에 '천기누설'이라는 말을 썼는데 운명이 어떻게 작용하는가를 아는 것, 그 이치를 말하는 것이 이 세상에서 처음이기 때문에 '천기누설'이라는 말을 했습니다.

사실 마음이라는 것에 작용을 말하는 것도 내가 처음이기 때문에 내 말 자체가 천기누설 그 자체인데 어리석은 인간은 그런 것을 모르고 이산 저산으로 넘나들고, 또 몸에 금빛으로 찬란하게 빛이 나는 것으로만 여러분은 신통한 사람이고, 도를 깨달은 사람으로 생각하는데 안타까운 일이고, 그만큼 이 세상이 잘 못 되었다 할 것입니다.

나는 이 부분이 안타까운데 인간의 역사가 상당한데 아직도 '운명이 있다, 없다'의 논쟁이 오늘날까지 지속되고 있고, 인간이라면 누구라도 인식하고 있는 이 마음이라는 것에 작용을 말한 사람이 없다는 것은 무엇을 의미하는가? 사실 이 글을 보는 여러분도 자신에 대하여 뭔가의 의구심이 있어서 무명의 존재가 말하는 내 글을 보는 것이 아닌가?

그런데 아무리 혼자서 내가 하는 말을 봐도 결국 여러분 스스로 자신의 명줄을 알 수는 없고, 그 명줄에 이치를 바꾼다는 것은 매우 어렵기 때문에 내가 하는 말을 보고 포괄적으로 내 말이 맞다 한다면, 나와 선율이가 개인적으로 여러분에게 해주는 말이 맞는다는 것이고, 여러분은 맞는 말에 따라 여러분 마음을 고쳐가면 여러분의 운명은 있지만, 그 운명이 작용하는 운명 줄이라는 것은 얼마든지 바꿀 수 있습니다. 바로 이런 논리를 마야 시대, 혹은 석가 시대에 화현의 부처님이 말했던 부분이고, 그 말(법)을 다 마무리하지 못해서 오늘날 내가 그 마무리를 하는 것입니다.

이것이 지난 세월 인간에 의해서 '끊어진 법을 이어가는 것'이라고 해야 맞는데 여러분은 이 부분 어떻게 생각하는가? 천기누설이라는 말을 사전에서 보면 '천기누설(天機漏洩) = 하늘의 비밀(秘密)이 새어나간다는 뜻으로, 중대(重大)한 기밀(機密)이 외부로 새어나가는 것'이라고 되어 있는데 여러분은 이 말 어떻게 생각하는가? 만약 이 말이 맞다 한다면, 그렇다면 하늘의 비밀이라는 것을 누가 알고 말한다는 말인가?

그래서 아무것도 없는 하늘에 가상으로 절대자, 부처, 신 등과 같은 존재를 인간이 설정하고, 그들이 하늘의 비밀을 깨달은 자라고 종교는 말하고 있는 것이 전부인데 그렇다면 그들이 내세운 그런 존재들이 여러분의 운명을 알고 말해주고 있는가를 생각해보라는 이야기입니다. 실제 내가 나에 대한 의구심이 들어 어떤 종교를 가서 유명하다는 사람을 어렵게 만났고, 그 사람에게 "나는 왜 존재하는가?"라는 물음을 하니 한다는 말이 부모가 연애해서 임신이 되어 네가 존재하는 것이라는 말을 합니다.

또 누구는 "기도를 하면 알 수 있다"는 말을 하고, 누구는 자신들의 종교를 믿으면 그 존재가 너를 돌봐준다는 식의 말만 합니다. 아마 여러분도 상황은 다르겠지만 다들 이와 비슷한 말을 들었을 것인데 그런 말들로 인해 여러분의 의구심이 해소되었고, 그들 말대로 여러분의 인생이 흘러왔는가를 생각해 보라는 이야기입니다. 따라서 나와 선율이는 여러분이 왜 이생에 인간으로 존재하여 지금과 같은 삶을 사는가를 아는데 그들은 모른다는 사실, 이 자체만으로 나는 천기누설을 하고 있지 않은가? 만약 내가 세상에 조금 더 이름이 알려져서 많은 사람들이 나를 찾아온다면 여러분은 그 상황을 보고 어떤 생각을 하겠는가? 화현의 부처님이 '전무후무하다'하는 말이 무슨 말인가를 실감하게 될 것입니다. 내가 10여 년을 법이라는 것을 말해 왔는데 여러분이 내가 한 말이 앞뒤가 맞지 않는 부분이 있다면 지금까지 내가 한 말을 부정할 것입니다.

여러분의 의식으로 이해하지 못한 부분은 있겠지만 내가 말한 것이 앞뒤가 맞지 않은 부분은 없기 때문에 오늘날까지 내가 말하고 있는 것을 보는 것이 아닌가? 그런데 누구는 적극적으로 이 법에 마음을 두고, 누구는 담 넘어 불구경하듯이 어중간한 입장을 갖기도 하는데 이것은 여러분이 이 법과 어떠한 업연을 가지고 있는가와 깊게 관련이 있어서 각자의 행동을 보면 전생에 어떻게 여러분이 이 법을 대했는가는 아주 쉽게 알 수 있고, 이것을 확장해서 여러분의 개인적인 전생의 삶을 알기는 매우 쉽습니다. 이런 이치를 아는데 여러분의 운명쯤이야 알기는 얼마나 쉽겠는가? 다시 말하지만 사람이라는 것은 반드시 그렇게 존재해야 할 '운명'이라는 것을 가지고 이 세상에 태어납니다. 이것은 지구가 존재하는 한 불변의 법칙이고, 설령 지구가 지각변동을 하여 새로운 환경이 만들어진다고 해도 진리의 기운이 남아 있기 때문에 존재해야 할 때가 되면 다시 미생물에서부터 서서히 새로운 생명체가 이 땅에 돌연변이로 태어납니다.

이 같은 과정이 반복되는 것을 나는 '지구의 윤회다'라고 말했습니다. 거대한 지구의 흐름을 아는데 여러분 개개인의 운명이라는 것을 알기는 매우 쉽지 않겠는가? 그런데 이런 흐름 속에 존재하는 여러분은 스스로 왜 존재하는가를 모르기 때문에 내가 말하는 것에 호기심을 가지고 있겠지만, 여러분은 요행을 찾는 것이고, 나는 쉽고 간단한 말로 화현의 부처님 법이라는 것을 말하니 내가 하는 말이 귀에 들어오지 않는 것입니다.

다시 말하지만 소나, 강아지 등 일반 생명체로 태어나는 것은 그들이 성관계해서 태어나는 것이 아니라 '그렇게 태어나야 할 이유(업)'이라는 것이 있어서 태어나는 것이고 부부로 만나 한 가정을 이루고 살면서 자식을 낳은 것도 두 사람이 그렇게 낳아야 할 업(業)이 있어서 그렇게 자식을 낳는 것입니다. 실제 어떤 집을 보니 세쌍둥이를 낳았는데 이 중 하나가 죽었고 현재 두 명이 있는데 얼마 전 임신을 했다고 말하면서 또 쌍둥이를 임신했다고 말합니다.

그래서 나는 "내 생각에는 애를 낳지 않았으면 좋겠다"는 말을 했는데 말을 듣지 않고 결국 자식을 낳겠다고 말합니다. 물론 이 사람은 이 법을 모르기 때문에 보통 사람들이 말하는 '다자녀'의 가정이 되는 것이고, 다자녀를 가지면 정부에서도 지원해준다고 하니 일반적인 요즘 관념으로 보면 애국자라고 할 수 있겠지만, 벌이도 변변치 않은 사람이 4명의 자식을 키운다는 것은 결국 서로에게 현실적으로 고생되지 않겠는가?

사실 과거에는 상당한 자식을 낳았는데 그때는 지구 상에 인간이 별로 없을 때이고, 진리적으로는 태어나야 할 생명체가 많아서 그랬지만, 요즘에는 이미 존재해야 할 생명체가 줄어든 대신 빙의들이 설쳐대기 때문에 진리적으로는 인간을 더 늘려야 할 이유가 없어서 그렇다고 해야 맞습니다. 흐름을 보면 과거에는 인간다운 인간이라는 것이 그나마 태어났지만, 요즘에는 이 같은 사람이 태어나지 않는데 그 이유는 진리적으로 세상에 드러나야 할 것이 없음을 의미합니다.

1302 본문

다시 말하지만, 지구라는 땅덩어리는 한정되어 있어서 일정 부분 생명체가 태어나면 지구가 넘쳐나고 포화상태가 됩니다. 이같이 말하면 여러분은 지구의 땅이 많은데 무슨 포화상태인가라고 말할 수 있겠지만 잘못된 생각이고, 지구는 반드시 지구가 품을 수 있는 한계치가 있는데 오늘날 지구는 이 선을 넘어 버렸습니다. 그래서 나는 '모든 것이 다 바닥을 드러냈다'는 말을 한 것이고 영웅호걸(英雄豪傑)이라는 사람들도 더 이상 태어나지 않으며, 먹는 음식의 재료도 더 이상 새롭게 드러날 것이 없다고 말했습니다.

하늘이 땅이 되고, 땅이 하늘이 되어 버린 세상이기 때문에 그렇습니다. 과거 몸에 장애를 가지고 있으면 사실 얼굴도 살 듯이 굿히고 살았는데 요즘은 거꾸로 되어서 그런 사람들이 대접을 받고, 목소리 힘을 주는 세상이 되어 버렸습니다. 여자는 땅이라고 했는데 땅이 하늘로 변해버린 세상이 아닌가? 그러면서 남녀는 평등하다는 논리만 앞세워가는 세상도 마찬가지 의미입니다.

　그래서 나는 남자, 여자라는 것은 인간이라는 부류로 보면 동등한 인간이라는 생명체지만 서로의 본분은 다르다는 말을 했는데 만약 모든 것을 남자, 여자가 평등하다고 말한다면 그렇다면 공자, 맹자 등이 '부부유별(夫婦有別)'이라는 말을 했는데 이 말은 '가정윤리의 실천덕목인 오륜의 하나로 남편과 아내 사이에는 서로 침범하지 못할 인륜의 분별이 있어야 한다는 뜻'입니다. 다시 말하면 남자로서의 남편과 여자로서의 아내가 부부로서 살아가는 데 분별함이 있어야 한다는 뜻인데 더 말하면 여기서 '분별함'이라는 것은 남편은 남편으로서 본분이 있고 아내는 아내로서 본분이 따로 있으니 이를 잘 헤아려서 서로 침범하지 않고 잘 지켜야 한다는 말이라고 여러분도 이 말의 의미를 잘 알고 있을 것입니다.

　문제는 이런 말의 의미가 오늘날에는 완전히 사라졌다는 것이고, 이것이 사라진 이 상황을 어떻게 볼 것인가의 문제입니다. 과거에는 여자의 목소리가 집안의 담장 밖으로 새어나가면 그 집안이 망한다는 말이 있었는데 이 말도 공자가 한 말 중에 부부유별이라는 말과 같은 의미가 아닌가? 그런데 오늘날을 보면 어떤가? 이만큼 세월이 변했다는 것이고, 서로의 본분을 망각하고 사는 세상이 아닌가를 생각해보라는 이야기입니다. 내가 말하는 것은 남자, 여자는 같은 인간이기 때문에 인간으로서 동등하다는 부분과, 같은 인간이지만 서로의 역할이라는 것이 다르다는 의미는 별개의 논리라고 말하고 있어서 이같이 말하면 누구는 "여자도 할 것은 남자 못지않게 다 할 수 있다"고 말할 것인데 포괄적으로 이같이 말한다면 그런 마음으로 사실 내가 말하는 법이라는 것을 이해하지 못합니다.

남자, 여자가 똑같은가? 똑같지 않은가를 여러분에게 묻는다면 여러분은 뭐라고 답할 수 있는가? 수차 한 말이지만 단순하게 '똑같다'고만 생각한다면 여러분은 공자, 맹자가 말한 것을 완전하게 부정을 한다는 것이고, 이런 마음으로는 내가 말하는 '다름과 차이'를 모르게 되어 있습니다. 다시 말하지만, 남자의 본분이 다르고 여자의 본분은 다르다는 것 명심해야 할 것입니다. 요즘 세상은 남자가 남자의 본분을 잃어버리고 사는 사람이 넘쳐납니다. 쉽게 요즘 젊은 사람들도 여자처럼 화장하고 귀걸이, 코걸이 다 하고 다니면서 중성화가 되어 버렸는데 이것은 무엇을 의미하는가? 과거에는 남자다움이 있어야 한다는 것, 남자는 밖으로 돌고 먹이 활동을 해서 가족을 부양해야 한다는 논리였다면 요즘은 남자가 앞치마를 두르고 집안 살림을 하고, 여자는 밖에서 돈을 버는 세상이 되어 버렸습니다.

상전벽해(桑田碧海)라는 말 들어 봤는지 모르겠지만, 사전에는 이 말을 '세상(世上)이 몰라볼 정도(程度)로 바뀐 것, 세상(世上)의 모든 일이 엄청나게 변(變)해버렸다'는 의미의 말이라고 말하고 있는데 물질 이치에서 건물이 들어서고 환경이 변했다는 의미로 하는 말이지만, 내가 말하는 것은 인간의 마음이라는 것도 완전하게 상전벽해(桑田碧海)가 되었다는 것을 말하고 있어서 물질 이치에서의 변한 것과 진리 이치에서 마음이 변한 것을 구분해서 생각해보면 요즘 사람의 마음이 과연 인간으로서의 가치관과 마음을 가지고 있는가를 보면 내가 무슨 말을 하는가를 쉽게 알 수 있을 것입니다. 요즘 어린아이들을 보면 '동심(童心)'의 마음을 찾아볼 수 있는가? 동심이라는 말은 말 그대로 '순수한 인간의 마음'을 의미하는데 요즘 아이들의 마음을 보면 순수함이라는 것은 하나도 없습니다.

어떤 종교는 부부유별(夫婦有別) 말을 다음과 같이 말합니다. '부자(父子)·군신(君臣)·부부(夫婦)·장유(長幼)·붕우(朋友) 관계로 규정하고 도덕적 규범을 제시한 유교의 기본윤리. 부부유별은 남편과 아내 사이의 윤리를 규범 한 것으로 서로 공경하기를(相敬如賓) 강조한다. 부부는 가장 가까운 사이이나, 남편은 남편의 본분이 있고 아내는 아내의 본분이 있는 것이므로 인간적·윤리적으로 '별(別)'을 지켜야 한다.'라고 말하는데 이 말 얼핏 들으면 맞는 말로 여러분은 들릴 것입니다. 그러나 이 같은 말을 하면서 아이러니하게 '부부는 평등하다'는 말을 강조하는데 서로 상반된 말, 모순된 말을 하면서 부부유별이라는 말을 하는 자체가 모순입니다.

그래서 여러분이 착각하기 쉬운 것이 위와 같이 어떤 말에 대한 의미를 포괄적으로 여러분은 맞는 말이라고 생각하는데 잘못된 의식입니다. 결국, 공자 맹자가 인간으로서의 기본적인 것은 어느 정도 말했지만 나는 이 보다 상위법인 '이치를 알고 이치에 맞게 살면 된다'를 말하고 있어서 이 말 깊게 새겨보면 화현의 부처님 법이 뭔가를 더 이해할 수 있을 것입니다.

　사람이 이 세상에 태어나는 것은 반드시 '태어나야 할 조건'이라는 것이 있어서 태어나는 것입니다. 이 말은 남녀가 만나 연애질을 해서 자식이라는 것이 생겨나는 것은 반드시 '그가 그렇게 만들어지고 태어나야 할 이유'라는 것이 있어서 태어나는 것이지 말 그대로 '나는 우연히 태어났다'고 하는 것은 존재하지 않습니다. 그래서 이 논리를 무시하고 말하는 것은 모두 잘못된 것이고, 태어나야 할 이유를 아는 것을 '진리 이치를 안다, 깨달음을 얻었다'고 하는 것이어서 이 부분 새겨봐야 합니다. 임신이 되고 난 이후 그 자식의 몸이 정상인가 아닌가는 사실 여러분은 모르고, 어찌해서 열 달이라는 시간이 지나고 그 아이가 세상에 나왔을 때 정상인가를 알 수 있는데 내가 말하는 것은 그 아이가 그렇게 태어나지 않아야 할 상황이라는 것도 있어서 이 상황이 맞는다고 하면 아이를 낳지 않는 것이 좋습니다.

　사람들은 아이가 세상에 나온 것을 축복한다, 축복을 받았다고 말하지만 냉정하게 진리적 입장에서 보면 그 아이는 축복이 아니라 그가 태어나야 할 그 사신만의 업이 있어서 세상에 태어나는 것이 전부인데 여러분은 이 말 어떻게 생각하는가? 이 말을 이해하기 위해 맑은 하늘인데 점차 구름이 끼고 시간이 지나면서 서서히 비가 내리는 것을 생각해보면 비가 우연히 내리는 것이 아니라 그렇게 내려야 할 환경이 만들어져서 비가 내리는 것이고 갑자기 내리는 비도 있고, 안개처럼 내리는 비도 있는데 자연이라는 진리적인 변화에 이같이 다양한 비는 내리는 것입니다. 따라서 생명체가 태어나는 것도 자연의 변화에 따라(업의 작용에 따라) '나'라는 존재도 태어나는 것이어서 결국 이 지구 상에서 일어나는 모든 것은 자연의 법칙, 섭리에 따라 존재하게 되는 것인데 어리석은 사람들은 업(業)이 있어서 태어나는 인간을 축복한다고 말하는 것은 지나친 감성에 불과합니다.

이 글을 보는 여러분은 하늘이 축복해서 태어난 것이라고 생각하는가? 아니면 내가 말하는 대로 태어나야 할 업(業)이 있어 태어나는 것인가를 생각해보면 내가 무슨 말을 하고, 세상 사람이 무슨 말들을 하고 있는가를 알 수 있을 것입니다. 여러분도 이 세상에 인간으로 태어났을 때 다들 축복받았다는 말, 천사가 태어났다는 말을 들었을 것인데 그런데 지금 여러분의 상황을 보면 과연 축복을 받은 상황인가를 생각해 보라는 이야기입니다.

세상 사람들이 하는 말이 얼마나 모순인가를 보면 사람들이 '하늘'이라는 말을 합니다. 사전에는 '하늘'에 대하여 지평선이나 수평선 위로 보이는 무한대의 넓은 공간. 상천(上天), 창극(蒼極)이라고 표현하고 있는데 이 말 여러분은 맞다 생각할 것이나, 이 말은 이치에 맞지 않은데 예를 들어 '높고 푸른 가을 하늘'이라고 하는 말을 보면 어디까지를 하늘이라고 규정할 것인가의 문제가 남습니다. 내가 말하는 하늘 공간은 공기가 있는 대기권까지를 하늘이라고 해야 맞고, 그 이상의 공간은 '우주 공간이다.'라고 해야 맞습니다.

그런데 이같이 정의하지 않고 막연하게 온 우주를 전부 하늘이라는 공간으로 말하는 것은 잘못된 것인데 이 부분 여러분은 어떻게 생각하는가? 지구는 우주에 존재하는 행성 중의 하나일 뿐이고, 지구에서 하늘이라고 하는 부분은 공기가 있는 대기권까지를 하늘이라고 해야 맞음으로 이 부분 정립해봐야 할 것입니다. 따라서 아무것도 없는 이 하늘에 종교에서 말하는 '하느님'이 있다고 말하는 것은 모순입니다.

왜 모순인가는 여러분이 정립해야 하는데 '하느님, 천국, 천당, 지옥' 등과 같은 것이 하늘에 있다고 말하는데 도대체 이런 것이 이 우주, 하늘 공간 어디에 있기에 이런 말들을 하는 것인가를 생각해보라는 이야기입니다.

예를 들어 '네 죄는 하늘이 알고 있다'는 말 많이 하는데 이 말도 '네 죄는 진리가 알고 있다'고 해야 맞지 않는가. 또 종교적으로 천공(天空)에 있어 신 또는 천인(天人)·천사(天使)가 살며, 청정무구(清淨無垢)하다는 상상의 세계, 사람이 죽은 뒤에 그 영혼이 올라가서 머무른다고 하는 곳이라는 말을 하는데 과연 이런 곳이 있을까? 여러분은 어떻게 생각할지 모르겠지만, 만약 이런 말들이 맞다 생각하면 여러분의 의식은 상당하게 흐려 있고, 지금 내가 말하는 것을 정립해보고 무엇이 맞는가를 생각해보지 않는다면 여러분은 내가 말하는 것이 뭔가를 이해하지 못하게 되어 있습니다. 예를 들어 '하늘을 우러러 한 점 부끄럼이 없기를 바라며'라는 말 많이 하는데 지구상에 존재한 사람 중에 과연 이 말대로 살다가 죽은 사람이 있을까?

참으로 안타까운 일이 아닌가, 다들 희망 사항에서 하는 말이고 지금까지 지구 상에 살다가 죽은 사람 중에 이 말대로 살다 죽은 사람은 없습니다. 다시 말하지만, 우리가 말하는 하늘이라는 것은 이 공기가 있는 '대기권까지'를 하늘이라고 해야 맞고, 이것이 아니라 온 우주를 모두 하늘이라고 말하는 것은 모순이라는 점 명심해야 합니다. 그래서 천당, 천국이라는 것이 하늘에 있다고 말하는 것 자체도 모순인데 그 이유는 그들이 말하는 하늘 끝이라는 것은 무한대이기 때문에 '하느님이 어딨어?'라고 하면 우주에 있다고 할 것이 아닌가 그렇다면 우주 그 어디에 이런 것이 있는가 확인할 길이 없어서 '그런가 보다'라고 생각해 버리는 것이 전부입니다. 따라서 '하늘에서 내려온 천사'라는 것 여러분은 봤는가? '하늘에서 내려온 선녀 같다'는 말은 예쁘다고 생각하는 그것을 극찬하여 표현하는 말에 불과한데 그렇다면 또 '예쁘다'는 것의 기준, 정의는 또 무엇인가의 문제가 남습니다.

내가 말하는 예쁘다, 곱다란 것에 정의는 '이치에 맞는 마음을 가졌을 때'를 예쁘다, 곱다 해야 맞는 이야기입니다. 마음이 구질구질하면서 얼굴만 뻔지르르하다고 예쁘고 천사라고는 할 수 없다는 것이고, 요즘 말하는 미인이라고 하는 것은 아상의 논리에서 사람들이 그렇게 말하는 것이고, 그런 얼굴이 진리적으로 예쁘다고 할 수는 없어서 이 말 새겨봐야 합니다.

그래서 사람들이 말하는 기준으로 미인을 이야기한다면 얼굴이 그에 미치지 못하면 미인이 아니고 추녀라는 말이 되는데 이게 말이 되는가? 그래서 각자의 업에 따라 기본적인 그 얼굴이 만들어지는 것이지만 문제는 그가 가지고 있는 마음이 이치에 맞는 마음이면 얼굴도 그에 맞게 변하기 때문에 일반적으로 말하는 미인의 기준, 정의는 잘못된 말입니다. 예를 들어 얼굴이 일반 사람들이 말하는 미인 기준에 들지 않더라도 마음이 예쁘면 그 사람의 얼굴은 예쁜 얼굴이 된다는 이야기입니다.

1304 　　　　　　　　　　하늘

　다시 말하지만 '하늘에서 내려온 선녀 같다'는 말은 인간들이 감성적으로 그렇게 표현을 하는 것뿐이고, 실제 하늘에서 내려온 선녀라는 것은 없습니다. 그래서 주변에 있는 오래된 어떤 시설이나, 자연적으로 존재하는 특이한 형상에 대하여 감성을 자극하는 말 무수하게 붙여서 하늘, 선녀, 용왕, 신선 등의 말을 만들고 그 말에 의미를 부여하는데 매우 잘못된 의식입니다. 나는 아주 간단하고 쉽게 '이치에 맞게 하루를 살라'는 말을 하는 것이어서 너무 쉬운 말이라 여러분은 내 말 우습게 생각하는데 참으로 안타까운 일이라 할 것입니다.

　예를 들어 '네 죄는 하늘이 알고 있다'는 말을 많이 하는데 내가 말하는 것은 '네 죄는 진리가 알고 있다'고 말하고 있어서 어떤 말이 현실적이고 구체적인가는 여러분이 판단하면 됩니다. 그래서 막연하게 하늘이라고 하는 말은 이치에 맞지 않기 때문에 '하늘을 우러

러 한 점 부끄럼이 없기를'이라는 말도 상대성이 없는 하늘에 홀로
생각하는 것이고, 진리가 알고 있다는 것은 '너의 마음이 안다'라고
해야 맞는 말이 됩니다.

그래서 막연하게 하늘이라는 것을 끌어다 감성적으로 말하는 것
은 모두 잘못된 것이고, 이 지구 상에 존재하는 모든 것은 '진리의
기운' 작용이어서 '지은 대로 되받아지는 것'만이 존재한다고 해야
맞고, 오늘날 여러분의 삶은 모두 진리의 기운 속(마음)에 기록되어
있는 것(여기서 기록이라는 것은 하나의 식(識)의 개념으로 눈으로 보이
지 않지만, 반드시 기록되는 의미로 식이라는 말을 하는 것임)이 그
대로 현실에서 나타나는 것이어서 이것 보고 '자업자득 인과응보의
이치'라고 하는 것이고, 이 이치를 알면 '나는 누구이며, 왜 존재하
는가'라는 것은 쉽게 알 수 있고, 이런 이치를 아는 것을 '깨달음'이
라고 말하는 것입니다.

다시 말하지만 '죽는 날까지 하늘을 우러러 한 점 부끄럼이 없기
를' 바란다면 이치를 알고 그 이치에 맞게 사는 것이 '부끄럽지 않은
삶'이 되는 것이고, 이것이 아니라면 부끄럽지 않게 사는 방법이라
는 것은 없습니다.

지금 이 글을 보는 여러분 자신이 스스로 생각해볼 때 지금까지
한 점에 부끄러움도 없이 살았는가를 생각해보면 인간으로 태어나
는 업을 가진 입장에서 다들 '부끄러움(이치에 맞지 않는 행위나 혹은 마
음)'은 누구라도 다 가지고 있어서 진리 이치를 모르고 100% 부끄

러운 것이 없다는 사람은 존재할 수가 없음을 명심해야 하고, '죽는 날까지 하늘을 우러러 한 점 부끄럼이 없기를'이라는 말은 결국 희망 사항에 불과한 말, 꿈과 같은 것이라고 해야 맞는 말이 됩니다. 따라서 이 세상 사람들이 결국 이치에 맞지 않는 말에 끄달려 살고 있으니 그 정신이 과연 온전하겠는가를 생각해보라는 이야기입니다. 만약 100%로 온전한 정신을 가지고 있다면 인간이라는 생명체로 태어나지 않습니다. 반대로 말하면 온전하지 않으므로 존재하는 것이어서 '인간은 위대하고 온전하다'고 말하는 세상의 논리는 얼핏 듣기에는 좋은 말로 들리겠지만 이런 말은 모두 잘못된 말입니다.

그러니 긴 시간 지구 상에 이치에 맞는 말이라는 것은 없고, 감성적인 말만 무성하고 이런 말을 여러분이 알게 모르게 듣고 성장을 했으니 여러분의 의식은 은연중에 흐려질 수밖에는 없었을 것입니다. 따라서 '우주에 무엇이 있다'는 논리가 여러분은 당연한 것으로 생각하고 살았는데 나는 '우주에는 그 무엇이 없고, 오직 지구 상에 자연의 기운만 존재한다'고 말하니 내 말이 여러분 귀에 쉽게 들어오지 않을 것임을 나는 잘 알지만, 그렇다고 이런 말을 하지 않을 수도 없는데 어찌 되었든 어떤 말을 듣고 살 것인가는 여러분이 알아서 정립하면 되고, 나는 무조건 내 말이 맞는다고 여러분에게 강요하지 않습니다.

'감성적인 말'과 '이치에 맞는 말'을 분별할 수 있다면 여러분의 의식은 깨어날 수 있다는 이야기입니다. 반대로 감성적인 말은 이치에 맞지 않는 말이고, 이치에 맞는 말은 감성적이지 않다고 해야 맞기 때문에 이 부분 정립해봐야 할 것입니다. 왜 이런 것이 필요한가? 그것은 여러분이 당면하고 있는 모든 괴로움은 결국 이치에 맞지 않은 길을 가기 때문에 괴로운 것이어서 이런 말을 하는 것입니다.

사람이 인생을 살면서 많은 굴곡이 있다는 것은 누구라도 다 알지만 정작 그 굴곡이 어떻게 만들어지고, 그 원인과 이유는 무엇 때문인 가는 누구도 말하지 못하고 있지만 나는 원인과 이유를 말하고 있는데 내가 하는 말이 여러분이 듣기에 생소한 말이고, 또 일반적으로 쉽게 말하기 때문에 여러분은 내 말에 값어치를 두지 않는데 참으로 안타까운 일입니다. 여러분이 찾는 것은 이런 마음공부가 아니라 각자의 뜻에 맞추어 뭔가가 이루어지기를 바라는 마음에서 단방약(單方藥)으로 신통력, 이적 등을 찾는데 지금까지 여러분이 아는 신통력, 이적이라는 것은 뜬구름 잡는 것이고 이것은 마치 복권을 사고 일주일을 그 기대심으로 사는 것과 똑같은 인생을 살아가고 있어서 죽을 때까지 여러분이 그렇게 산다고 해도 결국 죽을 때 남는 것은 없고, 지금까지 무수한 사람들이 그렇게 살다 죽었습니다.

다람쥐 쳇바퀴 도는 삶과 같아서 이같이 돌고 도는 것을 바퀴가 돈다는 의미로 불교는 '윤회'라고 말하고 있는데 문제는 구체적으로 무엇 때문에 윤회를 하는가는 말하지 못하고 막연하게 업 때문이라는 말을 하는데 이 얼마나 안타까운 일인가? 여러분은 이런 이치를 모르고 막연하게 자비가 어떻고, 부처 보살이라는 것이 여러분을 구제해준다는 말만 믿고 있는데 그렇다면 무엇으로 부처나 보살이 여러분을 구제해준다고 생각하는가를 되돌아보라는 이야기입니다. 나와 선율이는 구체적으로 여러분이 무엇을 하고자 할 때, 혹은 여러분 마음에 어떤 마음이 일어나면 그 문제에 대한 답을 구체적으로 말해줍니다.

그래서 그 말을 이해하고 따라오면 은연중에 여러분의 문제는 현실적으로 쉽게 풀어지게 되는데 이것은 이 법당을 오래 다니면서 법당 회원 여러분을 보면 쉽게 이해될 것입니다. 그래서 나는 '마음이 이치에 맞게 변하면 여러분의 환경은 그에 맞게 변한다'는 말을 한 것이고, 이것은 실제 이 법당에서 현실적으로 신통력, 이적으로 나타나는 것을 본 사람, 체득한 사람이 있어서 회원 여러분이 가끔 답글에 '이적, 신통력을 봤다'는 말을 하는 것이고, 이것을 보지 못한 사람은 체득하지 못한 사람은 이 산 저 산을 넘나드는 것만 이적으로 생각하게 되어 있습니다.

1305   우주

내가 말하는 마음공부라는 것은 여러분이 사는 지구에서 진행되고 있는 생명체의 움직임을 보면서 '나와 네가 다르다'는 것을 인지하고, 그 차이는 왜 생겨나는 것일까를 알면 여러분이 왜 존재해야 하는가의 본질을 알게 됩니다. 그래서 입으로는 마음공부를 한다고 하면서 은근히 속으로는 한방에 마음먹은 대로 뭐가 되기 바라는 마음을 가지고 있다면 그 마음으로 내가 말하는 말 이해하지 못하게 되어 있습니다. 예를 들어 여러분에게 '자연(自然)이라는 것'이 뭐냐고 물으면 여러분은 뭐라고 대답할 것인가?

다시 정리하자면 '자연이라는 것은 공기가 있는 지구에만 있고, 하늘이라고 하는 것은 공기가 있는 대기권 안에 허공을 하늘이라고 하는 것이다'라고 해야 맞는 말이 되고, 막연하게 온 우주 공간을 통틀어 하늘이라고 말하는 것은 이치에 맞지 않습니다. 그래서 반드시 '하늘과 우주'라는 것은 여러분이 정립하는 것이 중요하기에 세상 사람들이 이런 것을 분별하지 못하고 있기 때문에 여러분은 지금까지 사람들이 하는 말을 무조건 '맞다'라고 생각하고 사는 것입니다.

사람들이 죽은 사람을 보고 '하늘나라로 갔다'는 말을 하는데 이때 말하는 하늘이라는 것은 앞서 말했지만 '대기권 이내, 공기가 있는 한도까지'를 하늘이라고 해야 맞는데 그 이유는 죽은 사람의 마음은 저 멀리 우주 어디로 가지 않으므로 그렇습니다. 대기권 이내 공기가 있는 한도 내에서 돌고 도는 윤회를 하기 때문에 우주 먼 곳으로 갔다는 논리는 이치에 맞지 않음으로 이 부분 정립해봐야 할 것입니다. 그래서 종교적으로 '천당, 극락, 저세상, 하늘나라, 도솔천, 절대자가 있는 곳' 등의 말은 매우 잘못된 말이고, 여러분도 주변에서 누가 죽었을 때 종교인들이 '좋은 곳에 갔다'고 말한다면 그 말은 잘못된 말임을 알아야 합니다.

좋은 곳으로 갔다고 하니 감성적으로 듣기는 좋겠지만 그런 의식에 빙의는 쉽게 작용할 수 있습니다. 참으로 갑갑한 부분이 여러분에게 듣기 좋은 말을 해주면 여러분은 '좋은 사람'이라고 생각하고,

여러분에게 이치에 맞는 말로 '너는 이것이 잘못되었다'고 하면 여러분은 그 말은 듣기 싫어합니다.

오늘날까지 지구 상에 존재하였던 모든 사람들은 여러분의 귀에 달콤한 말을 했지 '너의 이 부분이 잘못되었다'고 지적을 해주는 사람을 보지 못했을 것입니다. 그러니 여러분은 감성적인 말에 빠져 사는 것이 아닌가? 이 글을 보는 여러분도 냉정하게 자기 자신을 되돌아보면 좋다는 말을 해주는 사람을 좋아하지 이 부분은 잘못되었다고 말하면 이 사람을 좋아하지 않습니다. 그래서 이 법당에 오다가 계속해서 '이 부분을 고쳐라.'라고 지적을 하면 결국 그 소리가 듣기 싫어 이 법당에 오지 않는 것이고, 꾸준하게 그런 말을 들어가며 자신의 마음을 고쳐가는 사람, 고치려고 노력을 하는 사람은 이치가 바뀌고 마음이 편안해지게 됩니다.

이게 무슨 차이인가? 나와 선율이가 여러분에게 어떤 사안에 대해 뭐라고 야단을 치면 그 야단이 듣기 좋고, 그런 야단을 맞으면 오히려 속이 시원하다, 마음이 편안해진다고 생각하는 사람도 있는데 이것은 각자의 본성이 뭔가와 깊게 관련이 있습니다. 사업으로, 사회적으로 성공했다는 사람들은 특히 '나'라고 하는 아집이 강한데 그 이유는 자신의 마음으로 그러한 부와 지위를 얻었기 때문에 남의 말은 쉽게 받아들이지 않습니다.

그래서 세상은 물질을 얼마나 가졌는가, 혹은 지위가 얼마나 높은가에 따라 〈나〉라고 하는 아상이 그만큼 강한 것이고, 이런 사람들은 '나'라는 아상을 일반 사람보다 내려놓기가 어렵습니다. 그 이유는 내 마음대로 해서 오늘날 이런 자리, 부를 이루었다는 아집이 강해서 그렇습니다. 내가 말하는 것은 전생에 지어 놓은 업이 있어 이생에 그것을 자업자득 인과응보의 이치에서 되받아져야 할 것이 있다면 그것은 그 사람 마음에 '이것이 하고 싶다, 이렇게 하고 싶다, 이런 것에 마음이 간다'는 식으로 그 사람 마음에 반드시 일어나게 되어 있습니다.

누구라도 인생을 살면서 이런저런 마음이 일어나는데 반드시 그 마음에는 앞서 말한 대로 전생에 그 마음이 일어나게 되어 있고, 대부분은 그 마음 따라 인생을 삽니다. 그런데 되받아야 할 업이 좋은 업(業)이라고 하면 그 마음을 따라가면 되겠지만, 문제는 좋지 않은 업이 작용할 때도 여러분은 그 마음이 좋은 마음인가 좋지 않은 마음인가를 모르기 때문에 대부분 사람들은 '내 마음에 일어났으므로' 그 마음대로 따라가는데 문제는 좋지 않다는 것을 확실하게 느낄 수 있는 업도 있지만, 좋지 않음에도 여러분은 그 마음을 좋게 인식하는 경우도 있습니다.

그래서 현실을 살아가면서 '좋을 것이다'라는 생각으로 행동했지만, 실제 결과는 좋지 않게 나타나는 경우가 바로 그것입니다. 각자의 마음에 따른 행동을 다 하고 살지만 누구는 결과가 좋게 나타나고 누구는 좋지 않게 나타나는 것이 앞서 말한 대로 전생에 어떠한 업을 지었는가에 따라 다르게 나타나는 것이고, 이것은 여러분이 일상을 살아가면서 '내 마음이다'라고 인지하는 그 마음속을 들여다

보면 쉽게 알 수 있는 부분이기도 합니다.

그래서 이런 이치를 아는 것을 화현의 부처님 법에서 전무후무한 일이라고 말한 것입니다. 따라서 여러분의 마음에서 하고자 하는 어떤 마음이 일어나도 그것이 현실적으로, 혹은 진리적으로 맞지 않는다, 맞는다고 나와 선율이가 말해주는데 그렇게 말할 수 있는 것은 여러분의 마음(진리의 기운)을 알기 때문에 그 일에 대한 최선의 방법을 말해주는데 여러분도 제각각 내 마음이 있어서 그 마음과 내가 해주는 말이 서로 상충이 되면 여러분은 반발심을 내게 되어 있다는 이야기입니다.

1306   쾌락

나라고 하는 아상을 꺾는다, 내려놓는다고 말하는 것은 '똥고집을 버린다'라고 해야 맞는 말이 됩니다. 그렇다면 똥고집이라는 것은 왜 생긴 것일까? 그것은 전생에 자신이 살았던 그 마음이어서 그렇습니다. 여러분이 전생을 알고자 하는데 지금 여러분이 하는 행동, 행위를 보면 여러분 스스로 각사의 진생은 얼마든지 쉽게 알 수 있는데 이것을 알지 못한다는 것은 그 마음에 아상(똥고집)이 강해서 그렇습니다. 그래서 아상을 내려놓으면 여러분도 얼마든지 여러분의 전생이나, 혹은 미래를 쉽게 알 수 있다고 나는 무수하게 말했는데 이런 부분을 정립하고 이해하는 것이 내가 말하는 마음공부 법입니다.

그러니 목이 터지라고 여러분에게 진리적인 말, 이치에 맞는 말을
해 준들 여러분의 마음이 어떤 것인가에 따라 내 말귀를 쉽게 알아
듣는 사람도 있지만, 알아듣지 못하는 사람도 있는 것이어서 이 마
음을 바로잡는다는 것은 사실 매우 어렵다 할 것입니다. 사람들이
'마음 한 번 고쳐먹으면 되지.'라는 말 많이 하는데 이 말 여러분은
맞는 말이라고 생각하겠지만, 실제 고친다는 것은 매우 어렵습니다.

　'마음 한 번 고쳐먹으면 되지?' 얼핏 보면 참 쉬운 말인데 문제는
어떤 마음을 어떻게 고쳐야 할 것인가의 문제가 남는데 이런 부분을
여러분이 정립하지 못하면 내가 어떤 말을 해도 여러분의 마음은 움
직이지 않습니다. 남녀가 마음에 든다고 하면 옷을 홀랑 벗고 성행
위를 하는데 이런 마음은 물질의 쾌락에 끄달려 쉽게 몸과 마음을
움직이지만 보이지 않는 마음(비물질)을 이렇게 만들어야 한다고 말
하면 이런 말은 따르지 않는데 왜 그럴까? 이것은 당장 눈에 뜨이게
얻어지는 것, 나타나지 않는 것이어서 그렇고, 마음공부라는 것은
보이지 않게 내 마음에 작용하는 그 마음을 고쳐가는 것이어서 당장
눈앞에 물질 논리로 나타나지 않아서 그렇습니다.

　따라서 몸을 섞어 연애하는 것은 물질 이치에서 쾌락이라는 것을
쉽게 얻을 수 있고 감정의 느낌으로 나타나서 그렇습니다. 그래서
오늘날까지 인간이 존재하면서 전생에 지은 업에 따라 살고 있어서
이것을 '운명'이라고 하는 것이고 모두 이 운 명줄대로 살아가는 것
이 전부이며, 나는 그렇게 타고난 운명 줄이라는 것이 있어도 마음
이 변하면 그 운명 줄이라는 것은 얼마든지 바꿀 수 있다고 말하고

있는 것입니다.

사실 지금 내가 말하고 있는 부분은 전무후무한 말인데 만약 지금까지 여러분이 알고 있는 것은 '바느질을 하는 실'이라는 것은 길다는 것이고, 길어서 아이가 그 실을 잡으면 '오래 살겠다'고 생각한 것이 전부인데 이것은 실타래의 줄이 길어서 그것에 비유해서 인간들이 감성적으로 말을 만든 것이 전부이기 때문에 그런 관념에 찌들어 있는 여러분의 마음, 관념, 의식이라는 것이 쉽게 바뀔 수 있는가의 문제인데 이거 매우 어렵습니다.

이 개념으로 무속에서 사용하는 '오방기(五方旗)'라는 것(다섯 가지의 색)을 사전에서 보면 '고려 시대 임금이 거둥(擧動) 할 때 사용하던 의장기(儀仗旗)의 한 가지, 동·서·남·북·중앙의 다섯 방위에 따라 각각 빛깔을 달리 사용하였다'고 되어 있고, 이것이 시초라고 볼 수 있는데 왜 오늘날에는 이것을 무속에서 사용하는가? 아마 여러분이 무당집, 민속 집에 가서 무엇을 물어보면 그들은 손에 이 다섯 가지의 색을 깃발로 만들고 그중에 하나는 뽑으라고 말할 것입니다.

이 같은 행위를 하면 여러분은 그런 행동은 뭔가 의미가 있는 행위로 생각할 것인데 이것은 진리적으로 사실 아무런 의미 없습니다. 그래서 인간이 세상에 존재하면서 어떤 물질에 대하여 의미를 부여하였고, 그것이 오늘날까지 이어져 오고 있는 것이 전부입니다. 사실 불교는 수많은 염불(주문)이 있는데 그 모든 것에 의미는 사실 앞서 말한 대로 감성적으로 지어낸 말일뿐이고, 그 말이 진리적으로 의미는 없다는 것을 명심해야 할 것입니다. 따라서 객관적으로 여러분이 종교적으로 어떤 물질 등과 같이 무엇을 대입해서 의미를 부여해서 말하면 여러분은 쉽게 그런 것에 마음을 끄달리게 되어 있습니다.

그런데 나는 기존 종교가 말하는 것을 하나도 따르지 않고 마음을 알면 모든 것을 다 알 수 있다고 말하니 여러분은 이 말 우습게 생각할 것인데 참으로 안타까운 일이 아닌가? 마음을 알면 생명체의 모든 것을 다 알 수 있다는 이 말 이 글을 보는 여러분은 어떻게 생각하는가?

여러분이 '심리학'이라는 것을 알 것인데 이것도 '사람의 움직임이나 의식, 행위' 등의 모습을 물질 이치에서 분석하고 통계를 내어 어떤 사람의 마음을 안다고 말하는데 이때의 마음이라는 것은 아상의 마음이지 그 사람의 본마음(참 나의 마음)을 알고 말하는 것은 아닙니다. 그래서 물질이 아무리 발전을 해도 내가 말하는 것처럼 마음(참나)으로 작용하여 행동하는 그 사람의 본질은 알 수 없어서 정신병이라는 것도 결국 그 사람의 참(眞) 나로부터 작용하여 나타나는 것이기 때문에 어떠한 약물로도 정신병은 치유할 수가 없습니다.

따라서 현대의학으로 정신병을 치료할 수 있다고 하면 지구 상에 정신병이라는 것이 다 사라져야 하는데 현실을 보면 어떤가? 사라지기는커녕 병원의 숫자가 더 늘어나고 있는 것이 현실이 아닌가? 그래서 정신병과 같은 질환은 사실 그 사람의 마음을 알고, 그 마음에 얽혀 있는 문제를 해결하면 그 사람의 의식이 깨어나게 되고 시간이 지나면서 자연스럽게 그에 맞게 해소될 수 있다고 나는 말한 것입니다.

1307 　　　　　　　　　　　　　　　　　　오방기

　문제는 현실을 사는 인간의 입장에서 보편적인 행동이 아닌 이상하다고 생각하는 행동을 보면 비로소 그 사람에게 어떤 문제가 있지 않나 라고 의심해보는 것이 전부인데 이것은 보통 사람과의 다른 부분을 분석하여 정신병(조현병)이다 아니다를 판단하는 것이 전부이고, 내가 말하는 것은 지구 상에 70억의 인간이 있다고 한다면 그 정신은 70억 명이 다 다르고 또한 업이 다 달라서 그 선을 넘으면 정신병으로 구분하는 것이 일반적입니다. 따라서 각자가 어떠한 업을 가지고 태어났는가도 중요하지만, 한편으로 어떤 빙의가 작용하고 있는가에 따라 사람에게 나타나는 현상은 다 다르기에 여기서 단답형으로 정형화해서 말할 수는 없습니다.

　앞에서 오방기(五方旗)에 대한 말을 했는데 이것은 진리를 깨달은 자가 그렇게 하라고 한 것이 아니라 민속적으로 전해져 온 것을 무속, 민속에서 사용하게 된 것이라고 나는 말했습니다. 〈고려·조선 시대에 어가 행렬에서 쓰던 의장기, 대오방기(大五方旗)의 중오방기(中五方旗)의 두 가지가 있으며, 수효는 각각 다섯씩이다.〉라고 그 시작을 말하고 있으니 이 부분 정립해야 합니다.

283

다시 말하지만, 오방기(五方旗)라는 것은 고려 시대 임금이 거둥할 때 사용하던 의장기의 한 가지, 동·서·남·북·중앙의 다섯 방위에 따라 각각 빛깔을 달리 사용하였다는 것이 전부이고, 이것은 동서남북이라는 것을 정하기 이전에는 이 오방기라는 것도 없었다는 이야기입니다. 그래서 무속에서는 오방기(오방신장기)는 신우대에 다섯 가지 색깔의 천을 매달은 것이라고 말하고 있는데 백색, 적색, 황색, 청색, 연두색(흑색)의 다섯 방위를 상징하는 색깔이라고 하지만 문제는 뭔가? 애당초 만들어진 색 중에 흑색의 상징적인 의미가 부정적이라 해서 최근에는 연두색을 사용하기도 합니다. 그러나 아직도 흑색을 사용하는 무당들도 있고 육방기라 하여 흑색과 연두색을 모두 사용하는 무당들도 있는데 이 부분 여러분은 어떻게 생각할지 모르겠지만, 이것도 세월의 변화에 따라 그 의미를 다르게 해석하기도 하는데 말이라는 것이 시대와 세월에 따라 변한다는 것은 무엇을 의미하는가를 생각해 보라는 이야기입니다.

어찌 되었든 문제는 이들이 그런 깃발의 색을 보고 말하는 대략적인 오방기의 의미를 적어보자면 연두색(흑색)은 구설, 실패, 액운, 청춘 영가 등 좋지 않은 것으로 앞길이 막혀있는 답답함을 뜻하고, 청춘 영가의 경우 이 혼신만 천도해 보내드리면 하는 일이 잘되게 도와주고, 노란색은 원한이 맺힌 조상이 있어 해원(解冤)을 바라는 것이거나 금전 문제로 공을 들이는 경우는 금전으로 도와주신다는 뜻이며, 신을 받아야 하는 사람들이 이 깃발을 뽑으면 '대신 할머니'라는 것을 의미하기도 하고,

청색은 불길한 뜻으로 하는 일이 순탄치 않음을 의미하기도 하고, 또 이것은 '장군'의 원력으로 뜻하는 바를 이룬다는 의미도 있다고 하고, 백색은 칠성기 또는 할머니 기라고도 하며 상황에 따라 신령님이나 조상에서 도와주고 있음을 뜻하기도 하고, 신령님이나 조상님을 대접해 드려야 한다는 뜻도 있다고 하기도 하고, 또 적색은 산신 기라고도 하며 오방기 중에서 가장 좋은 의미인 재수와 소원성취의 의미를 담고 있다는 식의 말을 정해두었습니다.

그리고 어떤 사람이 어떤 색의 깃발을 뽑는가에 따라 그 말을 에둘러 표현하기도 하는데 과연 물질의 색을 보고 이같이 사람의 길흉화복을 안다고 말하는 그들의 논리 여러분은 맞는다고 생각하는가? 아니면 '재미로 보는데 뭐가 어떠냐'라는 식으로 생각할 수도 있는데 바로 그런 의식에 빙의는 매우 쉽게 작용할 수 있음을 명심해야 할 것입니다. 그래서 어리석게도 진리의 작용을 모르니 온 세상에 존재하는 이상한 형상이나 물건, 지형들을 끌어다 거기에 무수한 말을 만들었고, 어리석은 인간은 인간이 만들어 놓은 그것에 마음을 끄달리며 스스로 위안 삼아 사는 것이 현실이 아닌가를 생각해보라는 이야기입니다.

'무당이 저 죽을 날 모른다, 중이 제 머리 못 깎는다.' 등의 말도 스스로 자신의 운명을 모른다는 의미인데 그럼에도 남의 운명을 가지고 물질을 대입하여 말아서나 혹은 신, 귀신가 같은 빙의들의 말을 하면서 여러분을 현혹하고 있는데 이런 부분을 여러분은 어떻게 이해하고 있는가를 되돌아보라는 이야기입니다.

사람이 태어나면 엉덩이 부분에 파란색의 반점(사람 바다 크기가 다름)이 대부분 있는데 이것을 보고 사람들은 '삼신할머니가 세상 밖으로 나오라고 발로 차서, 혹은 손바닥으로 쳐서 그렇게 되었다'고 지금도 많은 사람이 그 의미를 이같이 부여하는데 대단한 착각입니다. 아이가 배 속에 있는 입장인데 그 배 속에 그 무엇이 또 들어 있어서 아이의 몸에 이같이 파랗게 멍 자국이 들도록 때릴 수 있다는 말인가? 이처럼 인간에게 일어나는 모든 것은 앞서 말한 대로 이치에 맞지 않는 것을 끌어다 자신의 말에 정당성을 부여하는데 참으로 안타까운 일이고 가련한 일이라고 해야 맞는 말이 됩니다.

나는 10년을 여러분에게 한결같은 말을 해왔는데 10년 동안 내가 한 말이 이치에 벗어난 말이라면, 혹은 앞뒤가 맞지 않는 말이라면 지금까지 여러분이 무명의 존재가 말하는 내 글을 봤을까? 그래서 나는 맨 처음 카페를 만들고 나서 쓴 글을 그대로 두었는데 이것을 가만히 보면 어떠한 '흐름'이라는 것이 있음을 알게 될 것입니다.

다시 말하지만, 일반 사람처럼 '내가 도를 깨달은 도인이다.'라고 말하면서 짠하고 여러분 앞에 등장한 것이 아님을 알 수 있고, 내가 진리 이치를 알아가는 과정이기 때문에 여러분도 그 흐름을 알게 하려고 처음 글부터 그대로 둔 것입니다. 그리고 오늘날에는 일정 부분 신통력이라는 것도 여러분이 알게 모르게 보여주었는데 안타깝게도 여러분은 그것을 인지하지 못하고 있습니다. 왜 그럴까? 이것은 내가 말하는 것에는 관심을 두지 않고 여러분은 '나'라고 하는 아상을 세우고 있어서 내가 말하는 것에 의미를 이해하지 못하고 있는 것입니다.

그저 내가 생각하는 바대로 뭔가가 이루어지기만을 바라는 그 마음이 크면 내가 어떤 말을 해도 그 말에 의미를 이해하지 못하게 되어 있습니다. 이 말은 A라는 이성의 상대가 마음을 차지하고 있으면 그보다 조건이 더 좋은 B라는 사람이 눈에 들어오지 않는 것과 그 이치는 똑같습니다. 그래서 지난날 단단히 굳어진 그 마음을 가지고 있는 여러분에게 내가 어떤 말을 해도 여러분이 내 말을 각자의 마음에 담지 못하는 것입니다.

1308 인간의 운명

인간이 세상을 살면서 누구는 태어났으니 운명대로 산다는 말을 하고, 누구는 그 운명을 알려고 하고, 또 누구는 운명이라는 것 자체를 아주 무시하기도 하고, 또 누구는 우주 절대자의 뜻이라고 생각하고 인생을 사는 사람도 있습니다. 이런 것을 차치(且置)하더라도 사람이라는 것이 지구 상에 각양각색으로 살기 때문에 이 자체가 아비규환 그 자체이기 때문에 어떤 깃을 의식하고 살더라도 각자의 마음일 수밖에는 없어서 이 땅에 부처 아니라 부처 할애비가 있다고 해도 지구 상에 사는 모든 인간의 의식을 바르게 깨어나게 할 수는 없을 것이기 때문에 여러분 중에 이 법을 모든 사람이 다 알았으면 좋겠다고 생각한다면 그것은 잘못된 생각입니다. 설령 이 지구가 멸하고 다음 지구로 모양이 바뀌더라도 지금 그대로의 마음으로 다시 각자의 삶이 정해지고 이것은 지구의 5번 윤회 과정에 변함이 없습니다.

사실 내가 종교가 하는 말에 일일이 다 거론할 필요 없고, 거론한 다면 그에 대하여 또 다른 말들이 말꼬리를 잡게 되어서 나는 심도 있게 종교의 말을 끌어다 이제껏 한 번도 말하지 않았고, 일부 비유 적으로 말한 부분은 있지만 그것은 여러분도 다 아는 내용이기도 합 니다. 여러분 중에 '삶이 그대를 속일지라도 노하거나 슬퍼하지 말 라'는 말을 알 것입니다.

문제는 이 말대로 나에게 어떠한 문제가 있더라도 노하거나 슬퍼 하지 말라는 이 말대로 생각해 버리고 이 말에 따라 사는 것은 어리 석은 사람인데 그 이유는 나에게 어떤 문제가 있다고 하면 그 문제 의 본질을 알아야만 그것을 고쳐갈 수 있기 때문에 이 말은 감성적 인 말이지 진리적으로, 현실적으로 이치에 맞는 말은 아닙니다. 이 말은 '오른쪽 뺨을 치거든 왼쪽 뺨을 내주어라.'라는 말과 똑같습니 다. 또 누가 나에게 해를 주면 사랑으로 감싸주라는 등의 말과 같은 의미인데 여러분이 이 말을 염두에 두고 이렇게 산다면 대단한 착각 이고, 무의식에 빠져 있다 할 것입니다.

이유 없이 누가 나를 때리면 나도 상대에게 그만큼의 행동을 똑같 이 해야 한다는 것이 화현의 부처님 법입니다. 그러나 내가 맞아야 할 행위를 했을 때에도 그 문제의 정도에 따라 말로써 야단을 맞을 수 있고, 또는 그에 상응하는 벌을 받을 수도 있다는 논리가 화현의 부처님 법인데 여러분은 이 부분 어떻게 생각하는가입니다.

그래서 사랑이라는 말, 자비라는 말을 여러분이 마음에 담고 그 말대로 산다면 여러분의 의식은 깨어나지 못하는데 그 이유를 잘 생각해봐야 할 것입니다. 마찬가지로 자식을 키울 때 잘못한 것은 야단을 치고, 잘한 것은 잘했다고 해주는 것이 화현의 부처님 법인데 문제는 결혼하기 전 이런 이치를 알고 결혼을 해서 자식을 낳으면 그나마 조금은 이런 생각을 해보겠지만 이런 이치를 모르고 연애질 해서 자식이라는 것이 생기면 과연 그 자식을 온전하게 키울 수 있는가를 생각해봐야 할 것입니다.

고작 해봐야 여러분이 아는 윤리·도덕·양심이라는 것에 비교해서 뭐라고 한 것이 전부 아닌가? 그러면서 태교를 한다고 이상한 글, 이나 혹은 어떤 소리를 부모가 듣는다고 해서 그 자식이 '알았어'라고 하겠는가를 생각해 보라는 이야기입니다. 참으로 한심스러운 일인데 나는 오래전에 여러분에게 '나에게 아들이 하나 있다면 나는 그 아들에게 내 마음을 그대로 전하고 싶다, 내 마음을 그대로 닮게 하고 싶다'는 말을 했는데 이 말에 의미를 여러분은 이해하지 못할 것입니다. 그 이유는 자식을 둔 여러분의 입장이라면 모두 나와 같은 생각을 할 수 있기 때문에 그렇습니다. 그렇다면 중요한 것이 뭔가?

내 마음과 여러분의 마음 차이가 뭔가를 알아야 할 것인데 이 차이를 모른다면 내가 생각하는 것과 여러분이 생각하는 것이 '똑같다, 똑같은 것'으로 생각해버릴 것입니다. 다시 말하지만, 여러분도 마음이라는 기운을 인지하고 살고, 나도 마음이라는 기운을 인지하고 살기 때문에 이같이 보면 나나 여러분이나 다 같은 마음이라고 생각하겠지만 잘못된 생각이고, 지구 상 70억의 인간이 있다면 다 다른 마음을 가지고 있어서 이같이 볼 때 나와 여러분 마음은 다릅니다.

자식의 마음이 다르고 부모의 마음이 다르다는 것을 여러분도 알 것인데 이 개념으로 보면 앞서 내가 말한 것이 무슨 의미인지 알 수 있고, 이 법당에 오는 것도 여러분이 내 마음을 닮아가기 위해서 오는 것이어서 이 부분 새겨봐야 할 것입니다. 따라서 뭔가에 끄달림으로 이 법당에 오는 것은 잘못된 것이고, 내 마음을 닮아가야 한다고 마음먹고 오는 것하고는 달라서 지금 여러분의 마음을 되돌아보면 어떤 마음으로 오는가를 알 수 있는데 앞에 말한 대로 뭔가에 끄달려 오는 마음이라면 그 마음부터 고쳐야 하고, 내 마음을 닮아가기 위해서 오는 것이라면 부지런히 닮아가야 하는데 이게 쉽지 않은데 그 이유는 여러분이 나라고 하는 아상을 세워가면서 생각으로만 닮아가야 한다고 하는 것도 잘못된 마음이고, 온 마음으로 그렇게 해야 한다고 마음먹고 행동을 하지 않으면 그 아상은 언제라도 올라오게 되어 있습니다. 오늘까지 내가 법을 말하는 것은 내 마음에서 일어나는 것을 그대로 말하고 있고, 여러분은 그 말이 맞다 생각하기 때문에 이 법당에 오는 것이 아닌가?

그렇다면 뭘 알려고 오는 것일가의 문제가 남는데 지금까지 나와 선율이는 여러분에게 아무런 조건 없이 여러분을 위해 최선의 말을 현실적으로 진리적 입장에서 말해주었는데 그 말을 믿지 못하고 따르지 못하면서 왔다 갔다 해봐야 여러분의 이치는 바뀌지 않습니다. 마음에서 일어나면 생각으로 정리하고, 행동으로 실천하지 않으면 그 결과는 의미 없는 결과로 나타나게 됩니다. 직설적으로 불교에서도 '부처의 마음을 닮아라.'라는 말을 하는데 나는 내가 부처이므로 내 마음을 닮으라고 말하지 않고, 내가 말하는 것이 이치에 맞는다면 내 말에 따라 여러분도 나를 닮아야 한다는 논리를 말하고 있어서 이 부분도 정립해야 할 것입니다.

불교에서 하는 말이나 내가 말하는 것이나 이치는 똑같지 않은가? 부모가 자식에게 '부모인 내 마음을 닮아라.'라고 말하는 것도 마찬가지입니다. 학교 다닐 때 선생을 보고 여러분은 '저 선생을 닮고 싶다'는 생각을 하지 않았는가? 문제는 그 마음 중에 어떤 마음이 이치에 맞는 마음인가 아닌가를 분별하지 않고 따른다면 그 결과는 서로 다르게 나타나기 때문에 이 부분도 새겨봐야 할 것입니다.

1309 깨달은 자

부처의 마음을 닮아야 한다고 말하는데 그렇다면 여러분은 부처의 마음이라는 것을 뭐라고 생각하는가? 여러분이 불교를 다닌다고 해도 아마 이런 부분 정립하지 않고 무작정 그 말이 좋은 말이라고 생각하고 있을 것인데 화현의 부처님 법에서의 부처의 마음이라는 것은 '이치에 맞는 말을 하는 자의 말'이 부처의 말이고 신의 말이라고 해야 맞는데 이 말 여러분은 어떻게 생각하는가?

이것이 아니라면 어떤 것을 보고 부처의 마음이라고 할 것인가를 생각해 보라는 이야기입니다. 종교에서는 '부처의 지혜와 능력'이라는 것을 다 말할 수 없다고 말하는데 그 이유는 '생사 없는 이치와 한없는 생이 있는 줄 알아서, 일신의 본래 이치와 우주 만유의 본래 이치, 자신 제도는 물론이고 일체중생을 제도할 능력, 중생에 우연히 받는 괴로움의 원인을 알아서'라 말하고 이것을 부처의 능력이고 지혜라고 말하는데 그렇다면 과연 그 종교에서는 여러분의 괴로움의 원인을 안다는 말이 될 것이고, 또 우주 만유의 본래 이치 등을 다 안다고 말하는데 사실 이런 말은 말의 조합에 불과하고 실제 그 종교의 말을 들어 보면 '나는 왜 존재하는가?' 자체를 한마디도 못하고 있습니다.

따라서 내가 말하는 '부처의 지혜와 능력'이라는 것은 지구 안에 존재하는 진리의 기운 작용, 즉 마음의 작용을 다 알아서 중생의 마음을 다스릴 수 있는 것이 화현의 부처님 법에서의 '부처의 지혜와 능력'이 됩니다. 종교에서 말하는 것을 보면 '자신의 제도는 물론 중생을 제도할 능력이 있는 것'을 '부처의 지혜와 능력'이라고 하는데 문제는 어떻게 중생을 제도하고 있는가를 보면 그들의 말이 얼마나 허구인가를 알게 됩니다. 생명체의 근본을 알아서 이치에 벗어난 것을 바로잡는 것이 아니라 이 부분에 대한 말은 하나도 없으면서 좋은 일 하고 착하게 살아야 한다는 말로 중생을 제도한다고 말하는 것은 수박의 표면만을 말하는 것이어서 이런 말은 말장난에 불과합니다.

선하고 착하게 살아야 한다고 말하면 여러분은 이 말은 좋은 말이고, 부처가 우리를 생각해서 하는 말로 해주는 말로 생각하겠지만 이런 말은 공자, 맹자 등도 말했고 이들의 말이 더 현실적입니다. 왜 불교의 말이 모순 인가 하면 불교가 2600년 전 처음으로 만들어질 때는 '석가'라는 이름 하나였는데 그러다가 대승(大乘) 사상이 발달하면서 아미타여래(阿彌陀如來)나 약사여래와 같은 무수한 여래가 등장하게 되었고, 보살이라는 것이 무수히 만들어졌습니다. 이것은 무엇을 의미하는가? 물론 애당초 석가는 진리를 깨달은 자가 아니라 가섭(迦葉)에 의해 화현의 부처님 법을 가져다가 자신의 신분 상승을 위해 석가를 부처라고 만든 것이라고 나는 말했고, 오늘날에는 무수한 부처가 난무하는데 여러분은 이런 것을 마음에 두지 않습니다.

이것은 무엇을 의미하는가 하면 불교의 말은 모두 사람들에 의해 꾸며진 말이라는 것을 의미합니다. 그런데 이것을 또 어떻게 묘사를 시켜가는가를 보면 '그 근원은 석가여래 한 분이며, 다른 이름들은 '하나'에 대한 별명들에 지나지 않는다'고 말합니다. 다시 바꿔 말하면 여래나 보살 그 자체는 오직 한 몸으로 나타났지만, 온갖 중생들은 각기 다른 모습으로 보게 된다고 말합니다. 이세 도데체 무슨 말인가? 바로 이런 개념으로 온 세상에 존재하는 모든 생명체는 부처가 될 수 있는 불성이 있다고 말하는데 이 말 여러분은 어떻게 생각하는가?

사실 이런 부분은 불교뿐 아니라 모든 종교가 다 마찬가지인데 어찌 되었든 이런 문제를 차치하더라도 바로 이런 말들이 여러분의 의식을 멍들게 한다는 사실입니다. '부처의 자비' 듣기에는 참 좋은 말로 들리겠지만, 여러분이 아는 부처는 허상, 상상 속의 부처임을 명심해야 할 것인데 그 이유는 종교에서 말하는 그러한 능력을 가진 존재는 사실 현실에서 존재하지 않으므로 그렇습니다.

참으로 안타까운 것이 생명체의 근본, 뿌리는 한마디도 못하고 있으면서 부처라는 이름하에 무수한 말을 하고 있는데 결론은 여러분이 아는 부처는 감성적으로 만들어진 존재일 뿐이고, 과거 화현의 부처님이 이치에 맞는 말을 하자, 그 말을 뺏으려 했지만 그것이 여의치 않자 석가 세력은 화현의 부처님을 살해했고, 화현의 부처님이 한 말을 모아서(결집) 석가를 부처로 만든 것이 전부이기 때문에 불교는 생명체의 근본을 말하지 못하고 있는 것입니다.

만약 석가가 진리를 깨달은 자라면 이 글을 보는 여러분이 왜 이세상에 존재해서 이렇게 살고 있는가를 말해야 하는데 이런 부분은 한마디도 못하고 있다는 것은 무엇을 의미하는가를 생각해보라는 이야기입니다. 이런 부분도 정립하지 못하면서 무슨 마음공부를 한다고 하는 것인지 모르겠지만 내가 말하는 것은 논리적으로 어떤 말이 맞는가를 객관적으로 보는 의식이 있어야 마음공부를 한다고 말할 수 있다는 이야기입니다. 예를 들어 비는 하늘이라는 곳에서 내린다고 할 경우 여러분은 막연하게 '하늘'이라는 것에서 비가 오니 맞다 생각하겠지만, 내 말은 하늘이라는 것은 대기권 이내까지를 하늘이라고 해야 맞고, 그 아래서 비는 내리는 것이기 때문에 여러분이 생각하는 하늘은 막연한 말이고, 내가 말하는 것은 구체적인 말임을 정립해야 합니다.

또 '비가 왜 내리는가?'라고 하면 저기압과 고기압이 어떻고를 말하는 것이 전부인데 내가 말하는 것은 진리의 기운 작용이 있어서 진리는 살아 있어서 그 작용으로 자연의 변화가 이루어지는 현상이라고 말하고 있는데 내 말이 여러분이 아는 일반적인 것과는 차이가 있을 것입니다. 그래서 나는 이 자연의 변화, 흐름을 보면 앞으로 이 세상이 어떻게 변할 것인가는 쉽게 알 수 있다고 말한 것입니다.

이 개념으로 여러분도 '마음'이라는 기운을 기반으로 살아가는 입장이어서 여러분의 행동을 보면 여러분이 왜 그런 행동을 하는가를 아는 것은 매우 쉽게 알 수 있는 것입니다. 그래서 이치에 벗어난 마음을 잡아 줄 수 있고, 이것이 바로 부처의 능력이라고 해야 맞지 않는가?

이런 말도 하지 못하면서 미륵, 보살이 어떻고 진여, 약사여래, 아라한, 아미타불 등이 어떻고 그런 것이 어떠한 능력을 가졌고 등 무수한 말 잔치를 하는데 참으로 안타까운 일이 아닌가? 여리분이 아라한(阿羅漢)이라는 말을 많이 하는데 이 말은 '진리 이치를 아는 자, 깨달은 자'를 아라한이라고 해야 맞는데 이 말 여러분은 어떻게 생각하는지 모르겠지만 하긴 여러분이 이런 존재를 본 적이 없으니 지금 내가 말하는 것을 우습게 생각하고 있을 것입니다. 뭔가 세상에 있어야 그것을 비교해서 내 말이 맞는가 틀리는가를 정립할 수 있는데 이런 말을 하는 사람을 처음으로 봤으니 내 말이 귀에 들어오지 않으며 '이것은 뭔가?'라고 의구심을 가질 것입니다.

1310   인간의 감성

과거 누군가가 지금과 같은 말을 했고, 그런 사람의 말이 시중에 퍼져 있으면 여러분은 내 말을 쉽게 이해할 수 있지만, 화현의 부처님을 살해하고 진리 이치를 아는 자의 가족을 다 몰살시켰으니 그 씨가 말라 버렸기 때문에 지금 내가 말하고 있는 것은 2600년 전에만 있었던 말이고 그 이후 오늘날까지 이런 말을 한 사람은 없었기 때문에 2600년이 지난 오늘에 새롭게 이런 말을 하니 여러분은 의아해 할 수밖에는 없을 것입니다.

이치에 맞지 않는 불교의 말은 세월이 지나면서 오늘날까지 변형을 이루어가면서 그 말이 유지되기 때문에 여러분은 '부처=석가'라는 공식을 은연중에 가지게 되었는데 사람의 관념이라는 것이 그만큼 무서운 것입니다. 이치에 맞지 않는 것이라도 그것이 오랜 시간 함께한다면 여러분은 결국 '맞는 말'로 인식을 해버린다는 점입니다. 그래서 도둑질을 오래 한 사람은 그 자신이 하는 도둑질에 대한 죄의식이 없는 것이고, 마약을 오래 한 사람은 그 자체가 잘못된 행동인지를 모르는 것과 이치는 똑같습니다.

그래서 나는 사람이 어떤 감성적인 것(대상), 말(사상) 등에 빠지면 그 속에서 빠져나온다는 것은 매우 어렵다고 나는 말한 것입니다. 따라서 의식이 깨어 있으면 똑같은 인생을 살지만 모든 것을 분별하는 마음에 힘이 생겨서 무엇이 감성적인 말이고, 무엇이 이치에 맞는 말인가를 여러분이 알게 되어 있습니다. 사람이 돌다리를 건널 때 처음 앞에 있는 돌다리를 밟아보고 그 돌이 흔들리거나 잘못되었을 때는 바로 뒤돌아 서버리면 되지만 두 개, 세계 등 갈수록 돌을 밟고 건너는 숫자가 많아지게 되면 중간에서 뒤로 돌아온다는 것은 처음 하나일 때보다는 어렵지 않은가?

그래서 나는 어린 사람들에게 이치에 맞는 말을 해서 그 마음을 바로잡기가 쉬운 것이고, 어느 정도 인생을 살고, 나이가 든 사람의 마음을 이치에 맞게 잡는다는 것은 어렵다고 말한 것입니다. 이치에 맞지 않는 말을 들어가면서 오랜 시간을 산 사람은 이미 감성적인 물에 흠뻑 젖어 있기 때문에 그런 사람에게 무슨 말을 해도 씨알이 먹혀들어가지 않습니다.

마찬가지로 지식을 많이 배운 사람도 마찬가지여서 이 〈나〉라는 이상이 굳어지기 전인 어린 사람에게는 아직 그 아이의 본성으로 굳어지지 않아서 마음공부가 쉽지만 물론 어린 사람은 다른 것도 쉽게 학습이 되겠지만 문제는 자신이 가진 그 업이 다하여 단단하게 굳어진 그 마음을 가진 사람, 내일, 모레 땅속에 들어갈 사람의 마음을 바로잡는 것이란 커다란 고목을 바로 잡는 것과 같이 어렵기 때문에 어지간한 의식, 의지 없이는 매우 어렵다 할 것입니다. 이런 부분은 법회 때 많이 한 말이기도 한데 그동안 내 말을 깊게 생각해 본 사람은 지금의 내 말을 이해할 것이나 문제는 이해를 머릿속으로 한다고 말하지만, 이것을 대입해서 자신을 고친다는 것은 또 다른 문제입니다.

내가 이 법이라는 것을 말한 지가 10년이 되었는데 여러분은 과연 얼마나 내 말을 이해하려고 했는가를 되돌아보면 10년 동안 허송세월만 보낸 사람도 있을 것이고, 조금이라도 변하려고 노력한 사람도 있고, 뭔가가 변했다는 것을 스스로 체득한 사람도 있을 것인데 바로 이것이 마음의 차이다라고 해야 맞는 말이 됩니다.

보통 사람들이 인생을 살아가면서 삶에 목적, 의미를 어디에 두고 사는가를 보면 대부분 돈 많이 벌고, 자식이 별 탈 없이 잘 성장하여 좋은 학교라는 것을 나오고 좋은 직장과 집 등을 가지고 사는 것, 내 몸이 건강하여 오래오래 사는 것 등에 삶의 의미를 두고 살지만, 정작 내 마음이라는 것이 뭔가를 알려고 하는 마음으로 사는 사람은 거의 없습니다.

물론 이같이 말하면 불교에서 '나는 누구인가'라는 물음으로 자신들을 알려고 하지만 그렇게 해서 '나 자신을 안 사람'은 하나도 없습니다. 열 명의 사람이 있다고 할 때 반드시 열 명이 생각하는 의식은 다 다릅니다. 왜 다를까? 그런데 일반적으로 열 명의 사람이 있다면 '다 같은 사람'으로 생각하는 것이 전부인데 내가 말하는 논리는 사람이라는 것은 동물학적으로 분류해서 그렇게 말하는 것이고, 내 말은 사람의 형태는 같지만 그 사람의 마음들은 다 달라서 의식도 다르다고 하는 논리를 나는 말하고 있습니다.

삶을 살면서 미래 자신에게 다가올 것이 뭔가를 하나도 모르고 앞서 말한 대로 감성적인 의식만 가득하여 '내가 잘 먹고 잘살면 되고, 내 가족들이 잘되기만 바라는 마음'을 가지고 사는 것이 일반적인데 이것 보고 눈앞에 붙어 있는 눈썹을 스스로 보지 못하는 것과 같다고 해야 맞는 말이 됩니다. 이 글을 보는 여러분은 지금 어떤 생각으로 인생을 사는가를 되돌아보면 각자의 마음에 따라 여러 가지 생각을 하고 있을 것이고, 보편적인 생각으로 살다가 나이가 들어 죽으면, 나이가 들지 않더라도 그 업에 따라 오늘, 내일이라도 죽어버리면 그뿐이 아닌가?

그렇다면 몸은 물질 이치에서 흔적도 남지 않겠지만 그 마음은 어떻게 되겠는가를 생각해 봤는가? 아무리 많은 돈이 있어도 내일 내가 죽는다면 그 돈이라는 것은 쓸데없는 것이 되지 않겠는가를 생각해 보라는 이야기입니다. 그래서 살아 있을 때 열심히 일하는 것도 좋고 자식 생각하는 것도 좋지만, 중요한 것은 이치에 맞게 벌고 이치에 맞는 곳에 쓰는 그 마음이 아름다운 마음이고 좋은 마음이라고 해야 맞습니다.

가진 사람이 선업(善業)이라는 것을 짓기가 더 쉬운데 그 이유는 없는 사람은 10원을 한 번에 쓰더라도 그 한 번의 씀씀이가 이치에 맞지 않는 곳이라면 이 한 번으로 선업을 지을 수는 없습니다. 그런데 천 원을 가진 사람은 100원으로 쪼개서 사용하면 그 열 개 중에 한 개는 이치에 맞는 곳에 쓸 수 있는 확률이 생깁니다. 물론 이것은 진리 이치를 모르는 사람이 일반적으로 행동하는 것을 말하는 것인데 다시 말하자면 열 군데의 상황이 있는데 그중에 한 군데만 이치에 맞는 곳(선업을 지을 수 있는 곳)이라고 한다면 없는 사람은 열 군데 중에 그 한 군데에 사용할 수 있는 확률이 있지만 가진 자는 열 군데에 다 똑같이 행위를 했다면 이치에 맞는 곳에 사용할 확률이라는 것이 100%가 됩니다.

설령 10원을 열 군데 다 1원씩 했다고 한다면 이 사람도 그 1원이 이치에 맞는 곳에 사용돼서 물질적으로 그 1원에 대한 선업의 인과 응보는 받습니다. 이 개념을 잘 생각해보면 사람이 인생을 살면서 잔잔하게 돈을 버는 사람이 있지만 굵직굵직하게 많은 돈을 버는 사람도 있어서 이 부분 정립해보면 여러분이 전생에 얼마나 물질적인 선업을 지었는가를 스스로 알 수 있습니다.

1311 태초

세상 사람들의 의식이 잘못되어 있는 것이 자신의 본분을 알려고 하지 않고, 외부에서 뭐가 어떻다고 하면 다들 그런 사람들이 하는 행동이나 말을 따라서 하는데 이것은 매우 잘못된 것이고, 나라고 하는 것은 반드시 '나의 본분'이라는 것이 있어서 본분에 맞지 않으면 아무리 용을 써 봐도 그들처럼 되지 않습니다. 젊을 때는 '나도 그들처럼 하면 된다, 못할 것 없다'는 생각으로 살다가, 중년쯤 되고 자식이 어느 정도 성장을 하면 편안한 노후를 생각하고, 인생 말년쯤 되면 '사는 게 다 그렇지, 내가 이러려고 태어났는가' 등의 회의감을 대부분 가지고 삽니다.

지구 상 무수한 사람이 살다가 죽었지만, 그들도 나름대로 최선을 다했다고 생각을 하겠지만 내가 말하는 것은 진리적으로 그들의 마음은 어떠했는가를 말하는 것이어서 이 부분 새겨봐야 합니다. 따라서 여러분이 처음부터 정립해야 할 것이 뭔가 하면 사람이 이 세상에 태어나는 것은 두 가지의 경로를 통해서 태어납니다.

그것은 우리가 보통 '태초'라는 말을 많이 하는데 여러분이 아는 태초는 대부분 이생에 태어나 오늘에 이르게 한 시점을 태초라고 말합니다. 이게 아니면 막연하게 전생이라고 말하는 것이 보통인데 이런 부분도 바르게 정립하지 않으면서 무슨 마음공부를 한다고 야단법석을 떠는지 모르겠지만 진리적인 개념을 하나씩 여러분이 정립하지 못하면 절대로 여러분 이치는 바뀌지 않음을 명심해야 할 것입니다.

과거 사람들은 사람이 태어나면 '냉줄이 길다, 명줄이 짧아졌다'는 식으로 말하기도 했는데 이때 말하는 명줄이라는 것은 무엇을 보고 명줄이라고 말하고 있는가? 사실 이런 것은 그 사람이 이생에서 하는 행동의 결과를 보고 그 사람에게 이런 말을 비유적으로 하는 것이 보통인데, 예를 들어 못된 짓을 많이 한 사람이 오래 살고 있으면 "그 사람의 명줄이 되게 길다."라고 했고, 사회적으로 좋은 일을 많이 한 사람이 젊어서 죽으면 "사람은 좋은데 명줄이 짧구나."라고 말하는 것이 전부입니다.

내가 말하는 것은 어린 아기가 세상에 태어나면 그 아이만의 운명이 있고, 이 운명 속에는 그 아이만의 명줄이 있어서 이 명줄이라는 것은 보통은 그 아이의 '수명'을 의미하기도 합니다. 어찌 되었든 사람이나 기타의 생명체가 이 세상에 태어나는 것은 각자의 운명, 명줄을 가지고 태어나는 것이다가 정석이고, 이것이 아닌 그 어떤 말도 사실 아무 의미 없고, 어떤 종교는 '누구의 뜻, 누구의 종'으로 존재한다고 말하는 사람도 있는데 이런 의식은 이미 상당하게 흐려 있어서 인생을 살 때 나 자신의 주관적 의식으로 살기는 매우 어렵습니다.

내가 존재해야 할 이유는 반드시 내가 태어나서 그렇게 살아야 할 업(業)이라는 것, 운명이 있어 존재하는 것인데 '누구의 뜻'에 의해서 존재한다고 믿는다면 모든 생명체의 운명은 '그 존재의 뜻'에 달려 있고 좌지우지된다는 것인데 이게 말이 되는가? 이 글을 보는 여러분 중에 이런 생각을 하고 있다면 내 글을 봐야 할 이유 없고, 내 운명을 좌지우지하는 그 절대자의 말에 따라 살아가면 됩니다.

그래서 세상에 많은 종교가 있지만, 그 종교가 지향하고 있는 말의 근본이 다 다름에도 여러분은 이런 것을 구분, 분별하지 못하고 종교는 인간 잘되라고, 나 잘되라고 존재하는 것으로 생각하고 있다면 여러분의 의식은 이미 흐려 있다 할 것이고, 그 의식을 깨어나게 한다는 것은 매우 어렵습니다.

다시 말하지만, 인간은 돌고 도는 윤회가 아닌 말 그대로 맨 처음 태초에 인간으로 태어나는 경우 엄마의 뱃속에 존재하면서 세포가 분열되기 시작하면서 그 부모로부터 사상의 영향(진리적인 개념), 환경의 영향(물질 개념)을 받게 되고 태어납니다. 따라서 어떤 집안의 환경에서 어떠한 부모의 사상의 영향을 받느냐에 따라 애당(윤회가 아닌 것)초 선악의 구별 없는 맑은 물방울이 자신을 잉태한 그 부모의 마음 작용에 따라 그 부모의 어긋난 마음에 따라 아이는 부모의 행동, 마음에 물들기 시작합니다.

이것은 윤회로 돌다가 죽은 사람이 다시 태어나는 것도 마찬가지지만 윤회를 돌다가 이생에 다시 태어나는 것도 이생에서의 태초는 맞지만, 문제는 이미 윤회를 돌고 도는 과정에서 다른 것에 길들여져 있어서 이생에 태어나는 것은 그 아이만의 본성은 이생에서의 부모를 닮는 것이 아니라 태초에 태어난 환경의 영향을 그 아이의 본성은 자리를 잡게 됩니다.

이 부분 잘 이해해야 하는데 이 글을 보는 어디분의 본성은 윤회를 돌고 돌다가 태어났다면 이생에 나를 낳아준 부모의 본성을 닮지 않았다는 것이 보편적이고, 윤회를 돌지 않고 물방울 개념으로 존재하다가 순수하게 처음으로 이생에 태어났다고 하면 이생에 부모의 마음, 환경의 영향을 받게 되어 있어서 이 부분 정립해야 합니다.

따라서 이생에 자식으로서 뭔가를 잘못하면 사람들은 "저놈은 부모를 잘못 만나서 못된 행동을 한다."라고 말하는데 이것은 매우 잘못된 말인데 그 이유는 대부분 이생에서 자식을 낳으면 그 자식은 이생에서의 부모의 성향을 닮은 것이 아니라 윤회를 도는 입장에서 전생에 이미 그 아이가 태초에 어떤 부모를 만났는가에 따라 그 아이의 성향이 만들어져 있어서 이 경우 이생에서 부모의 영향을 받아 '못된 자식'이 되지는 않습니다. 어떤 부모가 이생에서 내 자식에게 무지막지한 것을 가르쳤겠는가? 그래서 아이 때 누가 가르쳐 주지 않았음에도 성장하면서부터 특이한 행동이나 행위를 한다면 이것은 그 아이의 전생에 삶과 깊게 관련이 있다 할 것입니다.

그래서 이생에서 몸이라는 것은 이생에 부모가 만들어 주었지만 그 아이가 가진 성향이라는 것은 이미 그 아이의 전생에 따라 형성되는 것이어서 임신하고 태교를 한다. 어떤 것을 한다고 하는 것은 대단한 착각입니다.

그 아이가 반드시 태어나야 할 운명이 있고, 그 아이의 운명은 그 아이를 낳은 부모와 깊게 관련이 있어서 이것은 '업연의 인연'이라 하여 이유 없이 자식이 생기지는 않습니다. 똑같이 아이를 낳았지만 성장하는 과정을 보면 아이마다 다 다른 행동을 하며 성장하게 되고, 자라나면서 부모가 가르쳐주지 않았음에도 제각각 다른 성향을 나타내고 사는데 이같이 다 다르게 행동을 하는 것은 앞서 말했지만 이미 그 아이만의 본성이 있다는 것을 알 수 있지 않은가? 그래서 종교들이 일반적으로 〈태초〉라고 말하는 것은 윤회를 돌다가 이생에 태어나는 것인가? 아니면 윤회를 돌지 않고 순수하게 이생에 태어난 것인가를 분별하지 못하고 막연하게 '태초가 어떻다'고 말하는 것이어서 이 부분 매우 잘못되었다 할 것입니다.

1312 명줄

이 글을 보는 여러분도 이생에 태어나 삽니다. 그런데 각자가 가지고 있는 '적성, 특징, 성향, 습성'이라는 것이 다 있을 것인데 그런 것이 왜 생겨난 것인가를 생각해 봤는가? 사람들이 인생을 살면서 제일 궁금해하는 부분이 '나 자신의 명줄, 운명'일 것입니다. 명줄(命줄)이라는 것은 사전에는 '목숨을 이르는 말, 대를 잇는 핏줄'이라고 정의를 해두었는데 문제는 제각각 가지고 있는 이 명줄이라는 것을 이 세상 누구도 알지 못하고 있다는 점이고,

나는 이것을 아는 방법으로 그 사람의 마음을 알면 쉽게 알 수 있다고 말하고 있는데 여러분은 이 말 어떻게 생각하는지 모르겠지만 '부처님 손바닥 안에 있다'는 말을 들어 봤을 것인데 이 말은 '진리의 기운, 진리 이치, 참 나의 마음'을 알면 선생을 디 알 수 있어서 여러분의 명줄을 아는 것은 말 그대로 부처님 손바닥 안에 다 있다고 해야 맞는 말이 됩니다. 바로 이런 부분이 전무후무한 일인데 내가

너무 쉽고 간단하게 말하니 여러분은 쉽게 내 말을 받아들이지 못하는데 참으로 안타까운 일이 아닌가?

어떤 사람이 명줄을 잘 본다는 사람에게 자신의 명줄이 뭐냐고 물었습니다. 그 사람이 말하기를 "당신은 100살까지 잘 살 것이니 아무 걱정하지 말고 하고 싶은 것 다 하고, 먹고 싶은 것 다 먹고살면 된다."라고 말하는데 이 말 여러분은 어떻게 생각하는가? 또 방송에 '무엇이든 물어 보살'이라는 것이 있는데 이들이 하는 말 어떻게 생각하는지 모르겠지만, 세상 참 지저분하게 변했는데 말장난하는 말이 아닌가?

이상한 행색을 하고 자신들의 이름이 조금 세상에 알려졌다고 해서 그들을 앞세워 감성적인 말 무수하게 하는데 자신들의 본분도 모르면서 남이 하는 말을 듣고 그것에 답을 말한다는 것이 가능한 것인가를 생각해보라는 이야기입니다. 또는 〈손금〉이라는 것으로 사람의 운명을 알 수 있다고도 말하는데 웃기는 것이 뭔가 하면 사람이 인생을 살면서 자신이 어떻게 살고 언제 죽을 것인가를 모두 다 궁금해하니 관상이 어떻고 수상이 어떻고, 별자리, 사주팔자 등과 같은 것으로 인간의 운명을 알 수 있다고 말하는 세상이 되었습니다.

만약 이들이 말하는 것으로 인간뿐 아니라 지구 상에 존재하는 모든 생명체의 운명, 존재해야 할 이유를 다 알 수 있다면 이 세상 뒤집어집니다. 진리를 깨달았다는 그런 존재들도 인간의 운명을 말하지 못하였는데 조무래기들이 이 운명을 맞춘다고 말하는 세상 여러분은 어떻게 생각하는가? 그래서 사람들이 인간의 생김새를 분석하여 무수한 말을 만들어 놓았고, 명상 같은 것으로도 도를 깨닫는다고 말하는데 참으로 안타까운 일이 아닌가?

정리하면 사람이 이 지구 상에 인간으로 세상에 태어날 때 반드시 '처음 – 시작'이라는 것이 있고, 이때 내가 어디로 태어났는가에 따라 나의 본성(本性)이라는 것이 만들어집니다. 예를 들어 어떤 생명체가 최초로 태어날 때 '장사를 하는 집'에 태어나면 이 아이는 아무것도 때가 묻어있지 않은 상태여서 태어난 그 환경에 영향을 받습니다. 그리고 그 자신의 부모가 하는 행위를 보고 장사하는 것을 보고 배우게 되는데 이때 순수하게 장사를 하는 부모의 행위를 보고 자랐는가? 아니면 장사를 하면서 남에게 사기를 치는 행위를 보고 자랐는가에 따라 그 아이만의 본성이라는 것이 기본적으로 만들어집니다.

그래서 그렇게 살다가 죽고 다시 아이가 윤회하면서 태어나면 그 아이는 전생에 만들어진 그 본성으로 이생에서 '나는 장사를 하는 것이 적성에 맞는다'는 의식이 생겨납니다. 물론 이 말은 큰 틀에서 여러분을 이해하기 위해 하는 말인데 모든 것을 이 논리로 대입해서 보면 지금 여러분이 '나의 적성에 맞는 것이 뭔가'를 알 수 있고, 그렇게 안 각자의 본성에는 앞서 말한 대로 반드시 태초에 만들어진 나의 본성이 뭔가를 알 수 있습니다.

더 쉽게 말하면 지금 여러분이 살아가는 환경, 모습, 마음을 보면 모두 전생에 이치를 따라왔다는 것을 알 수 있다 할 것이고, 이것이 아니라면 각자가 노력 한만큼의 결과라고 할 것인데 이게 말이 되는가? 사람은 다들 각자의 입장에서 노력이라는 것을 다 하지만 내 말은 노력만으로 이루어지지 않는다는 것이고, 전생에 반드시 지어놓은 물질의 선업이 있어야만 이생에 되받아지는 것이지 노력을 해서 될 일은 아니라는 이야기입니다.

그래서 진급과 강급의 개념에서 이치에 맞는 행을 하고 사는 것이 진급이고, 이치에 벗어난 행을 했다면 그것은 여러분이 강급으로 되받아지는 것입니다. 이 개념으로 어떤 사람이 이생에서 좋은 말을 했다고 하여 추앙을 받고 살았다면 이 사람은 진급을 했을까? 아니면 강급을 했을까 인데 이 경우 그 사람이 하는 말과 행동이 이치에 맞았는가 맞지 않았는가에 따라 진급, 강급이 결정되게 되어 있습니다.

그래서 막연하게 도를 얻었다고 하거나 이치에 벗어난 사주, 점, 심리치유 등을 해준 사람이라고 하면 이 사람의 인생은 강급된다 할 것인데 그 이유는 그의 행위가 이치에 벗어난 것이어서 그렇습니다. 일반적으로 사람들이 하는 말 중에 '부모를 잘 만나야 한다'는 말을 많이 하는데 그렇다면 이 말대로 '부모가 나에게 지대한 영향을 주는가?'인데 이 말은 윤회가 아닌 태초에 어떤 부모를 만나는가가 중요하고, 윤회를 도는 입장에서 이생에 부모를 잘 만나야 하는 것도 맞는데 그 이유는 부모가 어떤 부모인가에 따라 그 결과는 달라지기 때문에 그렇습니다.

사실 이생에 내가 어떤 부모 아래 태어나는가는 내가 임의대로 정할 수는 없는데 그것은 윤회를 도는 입장에서는 각자가 지은 업에 따라 그 '업연'의 고리로 태어나기 때문에 그렇습니다. 또 윤회가 아닌 태초에 인간으로 태어나는 것도 진리에서 "너는 이곳에 태어나라, 저 부모를 만나라."라고 지정을 해주는 법은 존재하지 않습니다.

　그래서 종교에서 말하는 '선택되어 태어나는 것'이라는 말은 모두 이치에 벗어난 말이라고 해야 맞는 말이 되는데 누가 나에게 질문한 것을 보면 '윤회 아닌 태초에 화현의 부처님 자식으로 같은 형제자매로 태어나더라도 엄마가 잉태한 조건이 어떤 것인가에 따라 환경적으로 편안한 때 또는 힘든 조건 등 여러 조건에 맞게 다르게 영향을 받을 수 있다. 생각되고 화현의 부처님의 그 상황에 맞는 가르침으로 다른 영향으로 본성이 형성될 수 있다'고 물었는데 이 말은 잘못된 말인데 그 이유는 앞서 내가 한 말을 생각해보면 이해가 될 것입니다. 다시 말하면 '윤회 아닌 태초에 화현의 부처님 자식으로 같은 형제자매로 태어나더라도 엄마가 잉태한 조건이 어떤 것인가'라는 말이 잘 못되었는데 그 이유는 엄마가 잉태한 조건이라는 것으로 단정 지어서 말할 수 없어서 그렇기 때문에 이 부분 정립해야 할 것입니다.

1313　　　　　　　　　　　　　　태초의 개념

　'태초에 인간으로 태어나는 경우와 윤회를 돌다가 태어나는 것'은 반드시 다르기 때문에 이 부분 반드시 정립해야 한다고 앞에서 말했습니다. 사실 이 부분을 여러분이 이해해야 하는데 예를 들어 용량이 정해진 어떤 그릇에 구슬을 가득 채워야 할 경우에는 아직 채워야 할 자리가 있어서 이 경우 윤회를 돌다가 태어나는 경우도(채워지는 것) 있지만, 윤회를 돌지 않고 채워지는 구슬도 있을 것입니다. 그런데 갈수록 그 그릇에 구슬이 어느 정도 채워지면 새로운 구슬로 채울 필요가 없을 것입니다.

지금 이 시기 지구라는 그릇은 이미 채워질 것으로 다 채워졌기 때문에 새로운 구슬(윤회를 돌지 않고 태어나는 것-순수한 생명체)은 채워지지 않습니다. 이 말은 이미 지구 상태는 포화 상태가 되어서 그런데 과거 인간이 이 지구 상에 존재하기 시작할 때만 해도 지구라는 그릇은 한참 비워져 있어서 윤회를 돌다가 태어나는 경우도 있었고, 순수하게 태어나는 경우도 있었지만, 그 비율이 갈수록 기울어져 이제는 말 그대로 순수하게 처음으로 태어나는 인간은 과거처럼 흔하게 존재하지 않습니다.

그래서 이 세상에 태어나는 아이는 모두 윤회를 돌다가 태어나는 경우가 대부분이고, 윤회를 돌지 않고 태어나는 것은 극히 드문 일이 되어 버렸다 할 것입니다. 다시 정리하면 사람은 두 가지 조건으로 이 세상에 태어납니다. 하나는 윤회하면서 이 세상에 태어나는 경우(업연에 의해서), 다른 하나는 순수한 물방울의 개념에서 윤회를 돌지 않고 태어나는 경우라고 정리하면 됩니다. 따라서 이 두 가지의 경우로 태어나는 경우가 있다고 해야 맞고, 윤회를 돌지 않고 태어나는 경우에는 어떤 엄마의 배 속에 자라나는가에 따라 엄마가 가지고 있는 성향, 습성, 마음을 기본적으로 따르게 되는데 이것은 맑은 물방울이 어떤 색을 가진 부모를 만나는가에 따라 기본적으로 그 색의 성향을 닮게 되지만 결국 이것도 아무리 그런 상황이라고 해도 그 아이만의 의지, 의식에 따라 부모의 성향을 그대로 닮는가, 닮지 않는가의 차이가 있습니다.

윤회를 돌다가 태어나는 경우는 이미 태초(윤회가 아닌 것)에 태어났을 때의 영향으로 그만의 본성이 이미 만들어지고 굳어져 있습니다. 따라서 윤회가 아닌 태초에 인간으로 와서 엄마의 뱃속에 존재하면서부터 사상의 영향을 받게 되고 태어나서 어떤 집안의 환경에서 어떠한 부모의 사상의 영향을 받느냐에 따라 선악의 구별 없는 맑은 물방울이 자연 작용에 어긋난 흔적으로 물들기 시작한다는 것은 맞지만 이것은 포괄적인 이야기고, 중요한 것은 윤회를 돌지 않고 태어나는 아이도 결국 자신의 의식이 중요하다 할 것이나, 윤회를 돌다가 태어나는 경우는 이미 그만의 업습(業習)이 있어서 윤회를 돌지 않고 태어나는 아이와는 차이가 있습니다.

그래서 윤회하는 입장에서는 태초에 형성된 그 습성이 각자의 기본 본성으로 자리를 잡게 되고, 그것이 씨앗이 되어 윤회를 계속하는 것이 일반적인 윤회의 과정이고, 이 세상에 존재하는 사람 대부분은 이처럼 각자의 본성을 가지고 있다 할 것이기 때문에 시금 어러분의 본성은 수많은 윤회를 해서 이생에 존재하는 것이고, 각자의 본성이라는 것은 태초(윤회가 아닌 경우)에 받은 영향을 거의 그대로 가지고 있다는 이야기입니다.

그래서 누구라도 태초라는 것(윤회가 아닌 상태)이 있었지만 결국 어떤 부모를 만나는가에 따라 그 성향을 닮아 여러분의 본성이 만들어져 오늘에 이른 것이라고 해야 맞습니다. 이같이 만들어진 본성을 스스로 알고 고친다는 것은 그만큼 어려움이 있다 할 것인데 그 이유는 윤회를 많이 한 사람의 경우 그 마음은 이미 고목처럼 단단하게 굳어져 있어서 그렇습니다. 각자가 가지고 있는 본성이 이치에 맞는 본성이라면 다행이나 대부분 진리를 모르고 산 사람의 부모에 의해서 나라고 하는 몸이 만들어진 것이기 때문에 이 본성을 알고 고친다는 것은 사실 매우 어렵지만 불가능한 것도 아니라 할 것인데 그 이유는 어렵다 하더라도 강한 의지와 의식이 있으면 가능한 것이기 때문에 그렇습니다.

그래서 법을 말할 수 있는 것은 윤회가 아닌 태초에 진리 이치를 깨달은 자의 자식으로 태어나면 이치에 벗어난 것을 가르치지 않았을 것이고, 태초의 그 아이는 순수한 그 마음에 이치에 맞는 말을 마음에 담고 살았기 때문에 법을 말할 수 있는 것이라고 해야 맞습니다.

따라서 화현의 부처님이 부인에게 자식을 잉태시켰다고 하면 앞서 말한 대로 그 엄마의 성향을 어느 정도 닮을 수밖에는 없지만, 이 아이가 태어나서 이치를 아는 아버지에게 훈육을 받고 성장을 했다면 이 아이는 엄마의 성향으로 자라지 않고 아버지의 가르침으로 성장을 하게 됩니다. 이 조건은 반드시 윤회가 아닌 맑은 물방울의 개념에서 '태초이어야 한다'는 조건이 있습니다. 거꾸로 말하면 윤회를 도는 사람이 이치를 아는 자의 자식으로 태어났다고 하더라도 이미 그 아이는 긴 윤회 속에 길들여진 자신만의 본성이 있을 수밖에는 없어서 이 경우 아무리 이치에 맞는 말을 하는 자의 자식으로 태어나도 그 본성을 고치기가 매우 어렵다 할 것입니다. 이 경우 물론 이치를 모르는 가정에서 태어나서 자라나는 것보다는 이치를 아는 것이 수월하겠지만, 어찌 되었든 매우 어렵다 할 것이어서 이 부분 새겨봐야 할 부분입니다.

1314   자식

앞서 말한 부분을 여러분이 이해할 수 있는데 예를 들어 자식을 둘 이상 키워보면 내가 낳은 자식이라고 해도 두 사람의 성향은 다릅니다. 얼마나 무엇이 다른가의 정도 차이는 있지만 똑같지는 않은데 만약 하나의 자식만 두었으면 비교를 할 대상이 없어서 다른 부분을 이해하지 못하겠지만 둘 이상의 자식을 두면 지금 내가 하는 말을 쉽게 이해할 수 있을 것입니다. 그래서 열 손가락을 깨물어도 아프지 않은 손가락이 없다고 말하는 것은 지극히 인간적인 감정으로 하는 말일뿐이고, 냉정하게 보면 분명하게 아픈 손가락은 있습니다. 그래서 최소한 이런 이치를 알고 그에 대한 마음 준비를 하고 자식을 키우면 그나마 바르게 키울 수 있는데 막연하게 내가 낳은 자식이라는 것만 앞세우면 지금 내가 말하는 것을 이해하지 못할 것입니다.

열 명의 자식을 두었어도 마음이 더 가는 자식이 있고, 마음이 덜 가는 자식은 분명하게 있는데 이것은 그 자식과 부모가 어떠한 업의 관계인가에 따라서 그런 마음이 일어나는 것이어서 자식은 다 똑같다고 말하는 것은 인간적으로 내 속에서 나온 것이어서 그렇게 생각하는 것이고, 진리적으로 똑같지 않다는 것을 정립해야 합니다.

직설적으로 자식을 키우다 보면 어떤 자식은 부모의 속을 썩이거나, 혹은 심각한 장애를 가지고 태어났다고 하면 부모의 입장에서 '저런 자식은 없었으면 좋겠다. 내 자식이 아니었으면'하는 생각 한 번쯤은 속으로 다 해봤을 것입니다. 그러나 그 말을 밖으로 드러내고 하지 못하는 이유는 남들이 그런 말을 들으면 자식을 뭐라고 하는 것이 아니라 부모인 나 자신에게 뭐라고 하기 때문에 속으로 삭이고 마는 것입니다. 이런 말 부정할 사람도 있겠지만 냉정하게 따지고 보면 내가 말하는 것이 맞다고 생각하는 사람도 있을 것입니다.

그런데 왜 태어나면서부터 이 같은 장애를 가지고 태어나는가의 문제인데 그것은 바로 각자가 지은 전생의 업(業)때문에 그렇습니다. 그래서 이생에 장애를 가지고 태어날 수밖에는 없다는 진리적인 입장을 이해하고 그 마음을 풀면 그 자식의 환경은 변하게 되어 있는데 이런 이치를 모르고 어떤 약물로 마음에 병을 온전하게 치료는 할 수 없다는 이야기입니다. 따라서 이 세상에 태어나서 성장을 하고 늙고 병들어가는 일반적인 삶에는 반드시 각자가 지은 전생의 업과 깊게 관련이 있기 때문에 지금 여러분이 사는 환경을 보면 이런 부분은 매우 쉽게 알 수 있습니다.

나는 '진리의 종자는 반드시 인간 세상에 존재한다'는 말을 했는데 문제는 그가 진리의 종자라고 해도 법을 세상에 말하지 않고 일반적인 삶을 살다가 죽는 경우도 있지만, 이 경우 그냥 인간으로 살다가 죽은 것이 아니라 그 행동에는 반드시 그가 존재해서 해야 할 일이라는 것을 하고 죽습니다. 문제는 각자가 해야 할 일이 뭔가를 모르고 산다는 점이고, 그 운명을 알지 못하기 때문에 인간들은 자신에게 무슨 문제가 있으면 사람들은 소나 한 마리 잡아놓고 어떠한 의식을 해야만 뭔가를 한 것 같은 생각을 할 것인데 참으로 안타까운 일이 아닌가?

그래서 종교를 가보면 뭔가의 형상을 그럴듯하게 만들어 놓는 것이고, 어떤 의식을 물질적으로 해야만 여러분은 그것으로 뭔가 한 것 같다 생각하는데 내가 말하는 것은 일반적으로 개입되는 물질이 전혀 없음에도 앞서 말한 것처럼 과거의 생을 이생에 다 알 수 있다고 말하니 이런 말 쉽게 마음에 와 닿지 않을 것입니다. 여러분의 전생은 이생에 여러분이 사는 것을 보면 알 수 있다고 나는 말했고, 이것을 이해하기 위해 자신이 보이는 거울 앞에서 자신이 어떠한 행동을 하면 그 모습이 그대로 거울에 비치어지는 것과 이치는 똑같다고 무수하게 말했습니다.

그래서 미래가 궁금하면 거울 앞에서 자신의 행동을 보면 보이는 그 모습이 여러분의 미래라고 해야 맞기 때문에 지금 이 순간이 과거, 현재, 미래의 이치가 모두 나타나 있다고 나는 말한 것입니다. 이것을 스스로 볼 수 있는가? 없는가의 차이만 있고, 나는 모든 것을 다 알기 때문에 이치에 벗어난 여러분의 틀을 바르게 잡아 줄 수 있는 것입니다. 이게 무슨 차이 인가 하면 나는 마음에 아상이라는 것이 없어서 그것을 알 수 있고, 여러분은 아상에 찌들어 있어서 그 아상에 가려 있어서 스스로 보지 못하는 것에 차이입니다.

1315   인간과 의식

'운명은 정해져 있지만 얼마든지 바꿀 수 있다'는 말을 했고, 일반 사람들도 이런 말은 보편적으로 하면서 어떠한 종교를 믿으면 된다, 아니면 무슨 신앙을 가지면 된다는 말을 하기도 하고, 또 자신들이 도를 깨달았으니 자신들의 말을 믿으면 된다는 식으로 무수한 말을 합니다. 이 글을 보는 여러분의 입장은 이 부분에 대하여 어떻게 생각하는가? 노숙자가 복권을 사서 당첨이 되었다고 하면 사람들은 '이 사람 운명이 바뀌었네.'라고 말할 것입니다.

회사에 막 들어간 사람이 어느 날 임원으로 승진했어도 마찬가지로 이런 말 하기도 하고, 결혼하는 사람에게도 이런 말을 할 것인데 이 말은 현실적으로 눈으로 보이기 때문에 어떠한 물질의 변화로 여러분이 쉽게 알 수 있겠지만 이런 경우 운명(運命)이라는 것이 바뀐 것이 아니라 '환경이 바뀐 것이다.'라고 해야 맞는 말이 됩니다.

이것은 여러분이 하루를 살면서 얼마든지 환경의 변화는 체득할 수 있는데 집에 있다가 회사로 가는 것도 환경이 바뀐 것이고, 잠을 자다가 화장실에 다녀오는 것도 순간의 환경 변화이고, 누구랑 찻집에서 차를 마시는 것도 환경의 변화입니다. 이런 것을 진리적으로 운명(運命)이라고는 말할 수는 없고 환경의 변화인데 그렇다면 개개인이 일상을 사는데 움직이며 생활하는 환경은 우연히 이루어지고 있는 것인가의 문제인데 그렇지 않습니다. 사실 생명체를 움직이고 있는 것은 몸속에서 어떠한 기계가 작용해서 나를 로봇처럼 움직이게 하는 것이 아니라 '내 마음에 작용'에 의해서 내 몸은 그 마음 따라 움직입니다. 그래서 사람이 죽으면 마음이라는 기운이 단절되어서 몸이라는 물질의 움직임이 없어지게 됩니다.

일반적으로 운명이라는 것을 '인간을 포함한 모든 것을 지배하는 초인간적인 힘. 또는 그것에 의하여 이미 정하여져 있는 목숨이나 처지. 앞으로의 생사나 존망에 관한 처지'라고 사전에서 말하는데 이것은 인간들이 생각, 혹은 사상으로 이런 말을 나열하는 것이기 때문에 이런 말보고 진리적 이치에 맞는 말이 아니라 사상적인 말이라고 해야 맞는데 '인간을 포함한 모든 것을 지배하는 초인간적인 힘'이라는 것은 〈마음이다〉라고 해야 맞습니다.

그래서 어떤 사람에게 어떤 마음에 힘이 작용하는가를 아는 것을 보고 '진리 이치를 아는 사람이다, 깨달은 사람이다.'라고 해야 맞는데 여러분은 이 말 이해하는가? 내가 말하는 글을 의미 없이, 생각 없이 그저 따라 읽는다면 의미 없고, 한 줄을 보더라도 내가 무슨 말을 하는가의 핵심을 여러분이 반드시 정립해가면서 봐야 하는데 일반적으로 운명은 '인간을 포함한 모든 것을 지배하는 초인간적인 힘'이라고 하는 말은 '그 무엇'이 작용하기는 하는데 정확하게 그 무엇이 뭔가를 알지 못하고 이같이 말하는 것인데 여러분은 이 부분 어떻게 이해하는지 모르겠지만, 일반 사람들이 말하는 운명이라는 말은 의미 없고, 과거에 지어 놓은 내 마음에 흔적에 따라 오늘을 살고, 오늘을 사는 마음은 다시 내일, 모레 나를 움직이는 원동력이라고 정립해야 합니다.

이같이 볼 때 오늘을 사는 여러분의 삶은 우연히 이루어진 것은 아님을 알 수 있을 것입니다. 운명이 있다는 것을 전제로 운명론(運命論)이라는 논리가 만들어집니다. 그것을 보면 〈이 세상의 모든 자연 현상이나, 인생의 모든 일이 다 미리 정해진 필연적인 법칙에 따라 일어나기 때문에 사람의 힘으로써는 변경시킬 수 없어 그대로 따라야만 한다고 생각하는 사상적 입장, 숙명론(宿命論)이라고도 한다.〉라고 사전에는 말하고 있는데 이 말 가만히 들여다보면 '사람의 힘으로 어쩔 수 없다'는 말을 하는데 이것은 앞서 말했지만, 사람을 움직이는 근본을 알지 못해서 이같이 말하는 것이고, 마음에 따라 움직이는 사람이라는 것은 반드시 '이 땅에 내가 존재해야 할 원인'이 있어서 부모의 몸을 빌려 내가 태어나는 것이어서 부모가 연애해서 내가 생겼다는 논리는 단순 무식한 논리이며 이같이 말하는 것은 진리와 아무 관련이 없는 말입니다.

예를 들어 남자, 여자가 결혼했다고 하면 둘 사이에 자식이 없는 사람, 생기지 않는 사람은 무슨 짓을 해도 자식이 생기지 않는데 이 것은 왜 그럴까를 생각해봤는가? 결혼해서 둘 사이에 자식이 없다 면 둘 사이에는 자식으로 태어나야 할 인연이 없어서 그렇다고 정립 해야 합니다. 그런데 이혼을 하고 다른 사람하고 살게 되면 이 경우 전 사람과 없었던 자식이 이 사람과 살 때 생기는 경우도 있는데 이 것은 이 두 사람 사이에서 태어나야 할 업연(業緣)이 있어서 그렇다 고 정립해야 합니다.

그런데 둘 사이에 자식이 없음에도 요즘에는 인공수정이라는 것을 하여 인위적으로 자식을 만들어내고 있는데 이것은 진리적으로 매 우 좋지 않습니다. 순리에 따르며 산다는 말을 입으로 말하면서 자 식이 없으면 없다는 것을 수긍하고 살면 되는데 '자식 하나쯤은 있 어야 한다'고 말하면서 별의별 짓 다 하는데 참으로 안타까운 일이 고, 그러면서 입으로는 거창하게 '순리를 따르며 산다'고 말하는 것 은 상당한 모순이 있는 말이 아닌가를 생각해 보라는 이야기입니다.

그래서 어리석은 사람들은 자신의 문제에 대하여 어떤 말을 가져 다 붙이면서 그 행위를 합리화시켜가는 것이 일반 사람들의 삶이라 고 해야 맞는 말이 될 것입니다. 사람이 죽을 때, 아니면 인생을 살 면서 어떤 환경이 닥쳐오면 보통 '운명이다'라는 말을 쉽게 말합니 다. 자신의 힘으로 감당 되지 않는 상황에 이르면 '내 운명이지'라고 말하기도 하고, 어떤 사람이 즐거움에 취해 살면 그것을 부러워하 면서 '저 사람 운명이지.'라는 말을 쉽게 말하는데 말은 이같이 하면서 그러한 운명의 작용은 어떻게 이루어지는가는 구체적으로 말하는 사람이 없습니다.

1316 　　　　　　　　　　　　　　　　　　미래

　사람이 인생을 살면서 다가올 문제, 혹은 자신의 삶이 어떻게 흘러갈 것인가를 알고 산다는 것은 누구나가 바라는 것입니다. 여러분은 다가올 미래, 혹은 왜 지금 내가 이렇게 살고 있는가의 근본을 모르기 때문에 그저 오늘도 '내 마음에서 일어난 마음'대로 살아가고 있는 것이 아닌가? 그래서 그 미래가 궁금해 자신에 대하여 뭔가를 알려고 하는 것이 아닌가? 자식을 키우면서도 그 자식이 나와 어떠한 인연으로 태어났고, 또 그 자식이 어떤 성향의 운명을 가지고 태어났고, 누구를 만나서 결혼하고, 어떠한 직업을 가져야 하는가 등등을 모르기 때문에 뭔가를 알려고 하는 것이 전부가 아닌가? 그래서 인생을 살면서 자신의 본분(本分)을 알고 살아간다는 것이 어렵기 때문에 여러분은 각자의 마음에서 일어난 대로 행동을 하는 것이 전부입니다. 그러니 하루살이의 삶을 사는 것이고, 버마재비라는 것은 영생을 보고 살아가고 있는 것이고, 이 글을 보는 여러분은 과연 어떠한 삶을 살아가고 있는가를 되돌아봐야 할 것입니다.

　오늘을 사는 여러분의 입장에서 지금 사는 자신의 그 삶이 맞고, 최선이라고 생각하겠지만, 그 삶은 이치에 맞는 삶이 아닐 수도 있음을 나는 말하는 것입니다. 그래서 돈이라는 물질이 많으면 돈의 힘으로 이겨내고 위안으로 삼고 사는 것이고, 물질도 없고 마음도 뒤숭숭하고, 또 주변에 인과 관계로 복잡한 일상이 지속되면 이런 사람의 삶을 지옥의 삶이라고 해야 맞지 않는가? 그래서 나는 물질도 적당하게 있어야 하고, 마음이 편해야 하며, 주변 인과관계가 어느 정도 좋아야만 극락의 삶을 사는 것이라는 말을 했습니다.

그래서 이 세상에 각양각색의 사람들이 살기 때문에 앞서 말한 흐름을 생각해보면 서로 다 다른 마음을 가지고 있음을 알게 될 것이고, 이 부분은 정형화해서 단답형으로 말할 수 없기 때문에 지금 여러분의 삶보다 진급이 되는 삶을 살려고 노력을 하는 것이 이생에 인간으로 잘사는 삶이라고 해야 맞는 말이 되는데 거꾸로 말하면 지금 여러분의 상황이라는 것을 탄식하며 한숨을 지어 본들 아무런 의미 없습니다.

왜 마음공부를 해야 하고, 진리 이치를 알아야 하는가를 이해하지 못하면 여러분은 단답형으로 자신이 원하는 바대로만 이루어지는 것을 바랄 것인데 그게 그렇게 되는 특별한 방법이라는 것은 없으니 이 어찌 안타까운 일이 아닌가? 그래서 세상 모든 사람들이 '그 무엇을 믿으면 어떻게 된다'고 말하는 논리는 모두 감성적인 부분이고, 진리적으로는 아무런 의미 없습니다. 물론 각자가 어떤 것을 믿든지 의지하든지 그것은 자유이기 때문에 뭐라고 할 일은 아니나, 내가 말하는 것은 인간은 이 현실을 사는 동물이기 때문에 그렇습니다.

따라서 현실에 당면한 내 인생을 어떻게 꾸려가야 하는가는 매우 중요한데 죽을 때까지 믿어봐야 허송세월만 보내는 의미 없는 행동은 하지 말라는 이야기입니다. 이같이 말하면 누구는 '나는 그 무엇을 믿어서 무엇이 어떻게 되었다'고 말하는 사람이 있을 것이나 그것은 무엇을 하는 '그때'에 맞추어 그 일이 그렇게 되었을 뿐입니다.

다시 말하면 전생에 지어 놓은 업이 그때에 맞추어 진행되어서 그런 것이고, 그 무엇이 나를 그렇게 한 것은 아니므로 이 부분 깊게 정립해봐야 하는데 이것은 '까마귀 날자 배 떨어진다'는 말과 같은 의미라는 이야기입니다. 여러분 주변에 누가 죽으면 '하늘나라에 가서 만나자'는 말을 하는데 사실 사람이라는 것이 죽으면 죽기 전, 혹은 죽고 나서 이미 그 자신의 마음은 그 사람의 업연에 따라 이미 다른 생명체로 태어나거나, 혹은 누구에게 빙의로 영향을 주는 길을 가게 되어서 막말로 '죽어서 좋은 곳에서 만나자'고 하는 것은 지극히 인간적인 감성에 불과하다는 이야기입니다.

그래서 나는 죽은 사람의 흔적을 남기지 말고 다 없애라고 말했는데 죽은 사람이 남긴 것을 애지중지 가지고 있으면서 그것에 애착을 가지게 되면 결국 여러분만 좋지 않게 되는데 이같이 말하면 '자식이 부모를 생각하고 사는 것이 뭐가 문제냐?'라고 말하는 사람도 있을 것이나, 내가 말하는 것은 사람이라는 것은 지나간 것을 다 잊을 수는 없고, 특히 나를 낳아준 부모가 죽었다고 해도 자식 된 입장에서 생각날 것입니다.

그러나 중요한 것은 지나친 것은 진리적으로 나 자신에게 문제가 되기 때문에 단순하게 생각을 해버리는 것과 집착하여 그 감성에 끄달리는 것은 큰 차이가 있습니다. 따라서 살아 있을 때 자식으로 할 수 있는 최대한의 도리를 하면 되고, 살아 있을 때 자식 된 도리를 다하지 못하고 있다가 죽고 나니 평소에 잘못한 것을 생각하면서 울고불고하는 것은 매우 잘못된 의식입니다. 내가 말하는 것은 살아생전 평소에 마음에 흔적이 남지 않게 최선을 다하는 것이 중요함을 말하는 것이고, 최선을 다하지 못하고 죽고 나니 끄달리는 마음에 아무것도 존재하지 않는 묘지나, 제삿날을 잡아 울고불고하면서 그와의 관계를 마음으로 새기면서 집착을 하는 것은 나 자신 인생에 어떠한 도움도 되지 않습니다.

특히 제삿날만 되면 온갖 음식 차리고 또 그 묘지에 상당한 치장을 하여 부를 과시하기도 하는데 사람이 이 세상에 살다가 나와의 인연이 다하여, 혹은 그 자신의 인연이 다하여 이생에서 사라지면 함께 산 흔적이 남아 있어 생각할 수는 있지만, 진리적으로는 이미 죽은 그 사람은 그 사람만의 업연으로 그 길을 갔기 때문에 사실 진리적으로는 죽음으로써 이 세상과 모든 인연은 현실적으로 정리된 것입니다.

그런데 사람이고 인간적인 감성이 있어서 생각은 당연히 나겠지만 생각하는 것으로 끝내야 하고, 물심적으로 과하게 행동하고 집착을 하는 것은 나 자신 인생길에 장애가 되는 것이어서 이 부분 정립해야 할 것입니다. 심지어 어떤 사람은 강아지와 함께 살면서 그 강아지가 죽으니 납골당(納骨堂) 같은 곳에 두고 무지하게 집착, 애착을 가지고 살아가는 사람도 있는데 이것은 매우 잘못된 것이며 문제는 왜 이런 현상이 요즘 들어 나타나는가?

그것은 빙의들이 판치는 세상이 되어서 그렇고, 그다음 인간이 마음을 어디에 두고 살 것인가의 길을 모르기 때문에 그렇습니다. '마음이 길을 잃었다'고 하면 여러분은 어떻게 생각할지 모르겠지만, 이치에 맞게 살려고 하는 그 마음은 생각하지 못하고 앞서 말한 대로 죽은 사람에게 집착하는 마음, 자식에게 집착하는 마음, 물질에 집착하는 마음에만 끄달려 사니 이런 상황에서 과연 '진리적으로 어떻게 살아야 할 것인가'를 생각하는 사람이 있을까인데 답은 '없다'입니다.

1317 순환

지난 세월 지구 상에 무수한 인간이 존재했다가 사라졌고 지금도 사라지고 있습니다. 그들 입장에서 보면 다들 최선을 다했다고 말할 것이나 '진리 이치에 맞게' 산 삶은 아니고 앞서 말한 대로 물질에 끄달려 살아온 세월이고, 감성적인 치우침으로 살다가 죽은 것이 전부입니다. 그래서 나는 이런 상황을 보고 '마음에 길을 잃었다'고 말하는 것이고 마음에 중심을 잡고 산 사람은 없다는 것을 나는 말하고 있는데 이 글을 보는 여러분도 현실을 냉정하게 생각해보면 다들 먹고 사는 데만 급급한 것이 현실이고, 한편으로 이치에 맞는 말을 마음에 새기면서 사는 사람은 거의 없을 것입니다.

그러니 결국 태어나서 밥을 먹고 똥 싸고 어떻게 하면 지금보다 돈을 더 많이 벌까를 생각하고, 건강하게 살다가 죽는 것을 생각하고 살지만 문제는 그게 그러한 생각만으로 이루어지지 않는다는 점입니다. 따라서 인간으로 태어나서 먹고 사는 것에 집중해야 하는 것은 맞지만, 그 상황에서 내 마음에 중심을 어디에 두고 살아야 하는가를 생각하지 않고 산다면 결국 나 자신이 지은 업의 굴레에서 벗어나지 못하고 살게 되어 있습니다.

인간으로 태어나 보는 눈이 있고, 귀가 있으니 이런저런 것을 보고 듣고 하겠지만 그러기 이전에 내 마음자리가 뭔가? 어떤 마음을 가지고 태어났는가를 정리하지 못하고 살면서 해탈을 이야기하고 부를 꿈 꾸며, 진급하기만을 바라는 것은 매우 어리석은 생각임을 명심해야 합니다. 남보다 못한 마음을 가지고 있으면서 남 이상의 삶을 살기 바란다는 것이 이치에 맞는 것인가를 생각해보라는 이야기입니다. 사람들 입으로 흔히 하는 말 중에 '분수를 알고 살자'는 말을 많이 하는데 여러분은 이 말 어떻게 생각하는가?

물론 물질적으로 과하게 욕심을 부리는 것을 두고 '분수에 맞게'라는 말을 하는 것이 보통인데, 내가 말하는 것은 내 마음 그릇을 먼저 알고 그에 맞게 살아야 함을 말하는 것이어서 내 마음 그릇을 알아가는 것이 내가 말하는 화현의 부처님 법입니다. 사람이 인생을 살면서 지금보다 더 나은 삶을 살고자 하는 마음을 가지는 것 당연하지만 문제는 순서가 거꾸로 되었다는 것을 나는 말하고 있어서 순서를 바꾸고 살면 그에 맞게 여러분의 환경은 반드시 변하게 되어 있습니다.

학교에 가면 공부를 하러 가는 것이지 연애질이나 하려고 학교에 가는 것은 아니지 않은가? 그런데 학교에 가서 기본이 되는 공부는 뒷전이고, 딴마음을 먹고 교실에 앉아 있어 봐야 그 공부가 귀에 들어오겠는가를 생각해보라는 이야기입니다. 이같이 기본이 되는 것이 뭔가를 정립하지 못하면서 마음공부라는 말을 입에 올리고, 뜻하는 대로 뭔가가 이루어지기만을 바라는 것은 어리석은 사람들이나 하는 생각이고, 현명한 자는 먼저 나 자신의 마음 그릇을 알려고 하는 사람입니다.

나는 지금까지 세상을 살면서 개인적으로 무엇을 하고 살아야겠다, 어떤 상대를 만나 살아야 하겠다, 무엇을 해서 돈을 얼마큼 벌어야겠다, 누구처럼 뭔가를 하는 사람이 되어야겠다 등등의 생각(꿈) 한 번도 갖지 않았고 생각해 본 적이 없습니다. 그 이유는 이 현실에서(찰나의 순간) 당장 내가 해야 일이 뭔가를 찾아서 했을 뿐이고, 내일, 모레 도래되지 않는 상황을 미리 생각하고 살지는 않았습니다.

이같이 말하면 누구는 인생을 살면서 어떻게 내일, 모레라는 미래를 생각하지 않고 살 수 있는가 하고 말할 수 있겠지만 내 말은 생각할 수는 있지만, 마음에 중심을 그것에 두지는 않았다는 것을 말하는 것입니다. 마음에 중심이 현실이 아닌 것으로 넘어가면(기울어 버리게 되면) 현실을 바르게 살지 못하기 때문에, 바르게 보지 못하기 때문에 그렇습니다. 그래서 어떠한 사상에 빠져 버리면 감성적인 것에 몰입하게 되면 현실적으로 되는 일이 없게 되고, 이것은 마치 꿈속에서 헤매는 것과 같이 몽상에 빠져 사는 형국이 됩니다.

이런 사람은 현실에서 어떠한 결정을 할 때 바른 의식으로 그 문제의 본질을 알 수 없게 만드는데 결국 자기 무덤은 스스로 파는 형국이라고 해도 무리는 없을 것입니다. 그래서 다람쥐 쳇바퀴 돌듯이 뻔한 인생을 살게 되어 있어서 중생구제를 한다고 해도 100% 구제를 다 할 수 없는데, 문제는 뭔가? 종교에서는 지상낙원을 말하고, 극락 세상을 만들자고 말하는데 이 말 듣기는 좋은 말로 들리겠지만, 그들이 말하는 그런 세상은 절대로 될 수 없으므로 이 부분 정립해 봐야 할 것입니다.

사실 지금까지 10년을 나는 일반적인 말을 해오고 있고, 내 말을 보면 일반 종교들이 하는 말과는 완전하게 다르기 때문에 여러분의 입장에서 보면 이해할 수 없고 받아 드리기 어려운 부분도 있을 것입니다.

종교는 반드시 어떤 대상을 설정해 놓고 그 대상의 말을 따르게 하고 있지만, 나는 현실을 사는 여러분의 입장에서 A, B 논리 중에 어떤 논리가 맞는가를 정립해봐야 한다고 말하고 있고, 그렇게 정립을 해가다 보면 여러분의 의식은 깨어나게 되며, 깨어난 의식으로 여러분 스스로 길(운명)을 얼마든지 이치에 맞게 찾을 수 있다, 바꿀 수 있다는 논리를 말하고 있어서 종교가 하는 말을 따르면서 내가 말하는 것을 볼 수는 있겠지만, 종교의 말과 내가 말하는 것은 절대로 양립할 수 없는 부분이어서 반드시 어느 한쪽을 포기해야(마음에서 지워야) 하는데 이게 쉽지 않을 것입니다. 화현의 부처님 법이라는 말을 나는 많이 하는데 지금 내가 10년을 여러분에게 했던 말이 과거 마야시대, 석가 시대 때에 화현의 부처님이 한 말인데 그말을 다 하지 못해서 이생에 내가 그 말을 마무리하여 말하고 있다할 것입니다.

그래서 이생에 나는 과거 화현의 부처님이 다 말하지 못한 부분을 정리해서 말하면 나와 선율이는 이 세상에 존재하지 않으며, 이후 이 세상은 급속도로 자멸의 길(지구 상에 생명체를 다 없애는 상황)에 들어서게 되고, 다시 지구는 지각변동을 하여 새로운 지구의 환경을 만들게 됩니다. 따라서 오늘날 지구 상에 질병이 만연한데 이것도 지구의 자멸이 시작되었다는 것을 의미하기 때문에 이 부분은 인간의 힘으로 물리적으로 완전하게 막아 낼 수는 없는데, 그 이유는 자연과의 싸움이기 때문에 그렇습니다.

인간이 진리의 기운을 알고 오늘날의 사회적 질병을 이겨낼 수 있는가의 문제입니다. 자연재해로 인한 여러 가지 상황, 질병의 창궐, 인간성의 상실, 빙의들이 날뛰는 세상, 아상이 극에 달한 세상은 앞으로도 지속될 것이라고 나는 수없이 말했는데 오늘날 이 상황을 보면 내 말이 무슨 말이었는가를 알게 될 것인데 난장판이 되어 사는 세상을 보고 여러분은 살기 좋은 나라, 아무 문제가 없다고 생각한다면 여러분의 의식은 아직 깨어나려면 멀었다 할 것입니다.

1318 법

여러분은 법이라고 하면 거창한 문장이나 나열해서 말하는 것을 법이라고 생각할 것인데 예를 들어 일체유위법 여몽환포영 여로역여전 응작여시관(一切有爲法 如夢幻泡影 如露亦如電 應作如是觀)이라고 하여 '형상 있는 우주 만유의 모든 현상은 영원한 실재가 아니라는 뜻, 곧 꿈과 같고 환술 같고 물거품 같고 그림자 같은 것이며, 또한 이슬 같고 전깃불 같은 것이다. 마땅히 이처럼 볼 줄 알아야 우주의 실체를 바로 보게 되고 마음을 깨칠 수 있게 되는 것이다.'라는 식으로나 말해야 진리를 깨달은 자의 말이라고 생각할 것인데 참으로 안타까운 일이고, 위의 말은 사실 진리적으로 아무 쓸데 없는 말이라는 점 명심해야 할 것입니다.

참으로 안타까운 것이 여러분이 이런 말 어떻게 생각할지 모르겠지만, 이 말을 가만히 들여다보면 얼마나 조합된 말, 꾸며진 말인가를 알 수 있을 것인데 다시 보면, '형상 있는 우주만유의 모든 현상은 영원한 실재가 아니다.'라는 뜻인데, 여기서 말하는 '우주만유(宇宙萬有)'라는 말은 우주의 모든 것을 포괄적으로 말하는 것이고, 문제는 이것은 영원한 실재가 아니라고 하는데 이게 말이 되는가?

여러분이 보는 이 우주라는 것은 실제 존재하는 것인데 이 자체를 '꿈과 같고 환술 같고 물거품 같고 그림자 같은 것이며, 또한 이슬 같고 전깃불 같은 것이다.'라고 하니 말이 되는가 그럼에도 하는 말이 '마땅히 이처럼 볼 줄 알아야 우주의 실체를 바로 보게 되고 마음을 깨칠 수 있게 되는 것이다.'라고 하니 이 얼마나 웃기는 말인가를 생각해보라는 이야기입니다. 우리가 사는 이 자연계는 내가 죽어버리면 사실 눈과 귀가 없으니 모든 것을 보고 들을 수 없을 뿐이고, 살아 있을 때는 눈과 귀가 있어 이런 것을 다 볼 수 있는 데 있는 걸 없다고 생각하고 사는 그 정신이 과연 온전한 정신인가를 생각해 보라는 이야기입니다.

그러니 이런 말을 듣고 이 말이 맞는다고 생각한다면, 도를 깨달아야 이런 말을 할 수 있다고 생각한다면 여러분의 의식은 흐려 있음을 명심해야 할 것입니다. 있는 걸 없다고 말하는 논리, 여러분은 어떻게 생각하는가를 되돌아보라는 이야기입니다. 그래서 여러분은 어떤 사람이 이상한 행색을 하고 '일체유위법 여몽환포영 여로역여전 응작여시관(一切有爲法 如夢幻泡影 如露亦如電 應作如是觀)'이 어떻다고 말하면 마치 이런 사람은 대단한 도를 깨달은 사람으로 생각하는데 참으로 안타까운 일이 아닌가?

과거에는 우리네 조상이 사용했던 글자는 모두 중국에서 사용하는 한문이었고, 이것이 우리나라에 영향을 주었습니다. 한글이라는 것이 만들어지기 이전에는 사실 조상들은 한문을 사용했기 때문에 한문을 많이 안다고 해서 '무엇을 안다, 깨달았다'고 말할 수 없는데 여러분은 이런 글자쯤을 사용해야 그 사람은 유식한 사람, 도를 깨달은 사람으로 생각하는 그 자체가 문제가 있다는 이야기입니다. 그래서 나는 지식과 지혜는 분명하게 다르다는 말을 했는데 여러분은 이것을 분별하지 못합니다. 그러니 이 세상에 지식을 많이 배운 사람은 '뭔가를 많이 아는 사람, 그 사람이 뭔가를 말하면 맞는 말'쯤으로 생각하는데 대단한 착각이라고 나는 무수하게 말했습니다.

불교에서는 '중생(衆生)이 성불(成佛)할 수 있는 유일의 길은 석가의 가르침을 따르는 것이다.'라고 말합니다. 그 가르침은(敎) 일승(一乘)이라고 하고, 일불승(一佛乘)이라고도 말하는데 여기서 말하는 '승'이란, 불교의 깨달음으로 인도하는 가르침을 비유한 말입니다. '불교의 가르침은 다양하게 설해져 있지만, 그것들은 모두 사실은 방편설(方便說)이고 궁극적 진실의 가르침은 유일·절대적이다.'라 말하고 있습니다.

'이 유일·절대적인 가르침이 듣는 사람의 능력·소질·조건·환경 등에 맞춘 방편으로서 설해진 것이라고 한다. 이러한 생각은 인도에서 대승불교(大乘佛敎) 운동으로 일어나서 스스로 입장을 대승으로, 종래의 전통적인 불교를 소승(小乘)으로 구분하여 소승을 비난하고, 특히 대승(大乘: 菩薩, 즉 자타가 함께 깨달음을 얻고자 하는 지혜와 자비를 갖춘 사람)·소승(小乘: 聲聞, 석가의 가르침을 듣고 수행하는 사람)·연각(緣覺: 홀로 깨달음을 구해 실천하는 사람)의 셋으로 구분하여 후자를 공격하는 데 비하여 삼승(三乘)은 방편에 지나지 않으며, 일승이란 이들 모두를 통일하는 불승(佛乘)임을 설한 데서 비롯되었다. 이 가르침은 『묘법연화경(妙法蓮華經)』『화엄경(華嚴經)』『대반열반경(大般涅槃經)』『무량수경(無量壽經)』 등에서 설명되는데, 특히 『법화경』의 회삼귀일(會三歸一) 사상은 유명하다. 그래서 『법화경』을 '일승경' 또는 '일승의 묘전(妙典)'이라고도 한다'고 말하는데 여러분은 이 말 어떻게 생각하는가?

이런 말을 들으면 여러분은 막연하게 맞는 말로 생각하겠지만, 의미 없는데 그 이유는 앞에 나오는 무수한 경(經)이라는 것은 사실 애당초 불교가 만들어질 때 있었던 것이 아니라 우리가 아는 '대승불교' 때 만들어진 말입니다. 이것은 무엇을 의미하는가? 여러분은 많은 경전에 〈일승〉이라는 말이 있어서 불교가 말하는 것이 맞다 생각하겠지만, 이것은 그렇게 나열을 해야만 이 일승에 대한 말이 합리성을 가질 수 있기 때문에 나열하는 것이 전부이며,

또 진리적으로 석가가 한 말은 법의 말, 깨달음의 말이 아니라서 이런 말 자체를 나열하여 일승(유일하게 석가의 가르침으로 깨달음을 얻는다)이라고 하는 말은 의미 없습니다. 참으로 답답한 부분이 진리를 깨달았으면 나는 왜 존재하는가, 생명체는 왜 윤회하는가의 본질을 말해야 당연한데 이런 말은 그 어디에도 없고, 앞에 나열한 대로 무슨 가르침이 어떻고를 말하는데 참으로 안타까운 일이 아닌가?

거듭 말하지만, 앞에 〈삼승(三乘)〉은 방편에 지나지 않으며, 일승(一乘)이란 이들 모두를 통일하는 불승(佛乘)임을 설한 데서 비롯되

었다. 이 가르침은 『묘법연화경(妙法蓮華經)』 『화엄경(華嚴經)』 『대반열반경(大般涅槃經)』 『무량수경(無量壽經)』 등에서 설명되는데, 특히 『법화경(法華經)』의 회삼귀일(會三歸一) 사상은 유명하다. 그래서 『법화경』을 '일승경(一乘經)' 또는 '일승의 묘전(妙典)'이라고도 한다.〉라고 말하는 것들은 모두 원시불교, 초기불교, 부파불교를 거쳐 대승불교로 발전하면서 만들어진 말(경)이고 이것은 깨달은 자의 말이 아니라 지극히 개인적인 사상적인 말을 글로 남긴 것들이어서 사실 이 경의 내용은 진리와 아무런 관련이 없다는 점을 여러분이 정립해야 합니다.

따라서 간단하게 신(神), 귀신(鬼神) 등과 같은 말들이 나오는 경은 모두 진리와 관련이 없다고 정립해야 하고, 또 보살이라는 것이 등장하고 그 보살의 능력이라는 것이 어떻다는 식으로 무수한 말을 나열하는 것도 아무 의미 없는데 결국 진리 이치에 하나도 맞지 않는 말에 끄달려온 여러분의 의식은 반드시 문제가 있음을 명심해야 할 것입니다.

1319 분별

사람이 인생을 살아갈 수밖에는 없지만 중요한 것은 '무엇이 옳은 기 그른가'라는 것을 분별할 수 있어야 하고, 그것을 스스로 분별하지 못하면 이치에 맞는 말을 하는 자의 말을 따르는 것이 중요하고, 그렇게 해서 정립을 했다면 그 말은 마음에 깊게 새겨야만 합니다.

이같이 하지 않고 단순하게 생각하고 잊어버린다면 여러분의 이치는 절대 바뀌지 않는데 사실 나는 이런 부분은 15세경에 다 정립했던 부분입니다.

그러나 나이가 어린 내가 '이것은 이렇고, 저것은 저렇다'고 한 마디씩 말하면 사람들은 '어린놈이 무엇을 알아서 참견이냐'는 식으로 사람들은 말했고, 그런 말을 들을 때마다 내 마음에 문은 닫힐 수밖에 없었고, 그 마음에 문은 오늘날까지 이어져 왔습니다. 내가 법이라는 것을 말하는 입장이 된 것도 사실 누구에게 무엇을 전수받아 법을 말하는 것이 아니라 내 마음에서 일어난 마음을 그대로 말하는 것이어서 지금까지 내가 말하는 것이 맞다 한다면 내 마음과 여러분의 마음 차이가 다름을 알 수 있을 것입니다.

그러니 어릴 때부터 종교들이 하는 말을 들어 봤지만 나는 '산타가 와서 선물을 준다'고 해서 사람들이 모여들었고 그 당시 우유와 초코파이는 상당히 귀한 것이었지만 나는 한 번도 그 종교에 가서 받아먹어 본 역사가 없는데 그 이유는 '산타'라는 존재는 없다는 마음을 확실하게 정립을 해서 그렇고, 또 왜 이유 없이 그런 것을 받아먹어야 하는가 등 여러 가지의 말들이 이치에 맞지 않아서 그렇습니다.

문제는 그거 하나 받아먹으려고 한두 시간 그들의 말을 들어야 한다고 하는 그 말은 그것으로 인해 결국 그들이 말하는 그 종교를 믿게끔 하는 그 자체가 마음에 와 닿지 않았습니다. 물론 어려웠던 시기 우유와 초코파이라는 것은 당시 상당히 먹고 싶었던 것이었지만 그렇다고 내 마음에 와 닿지 않은 말을 억지로 들어가면서 그런 물질을 얻어먹으려 하는 마음이 없었습니다. 물질에 대한 인욕을 할 것인가? 아니면 나 스스로 양심을 버려야 할 것인가의 문제인데 보통 사람 같으면 그 시절에 그것이 어디냐고 생각했을 것입니다.

실제 친구들은 그곳에 갔다 오면 먹을 것을 가지고 오면서 가지 않은 나에게 자랑을 심하게 하면서 먹었는데 왜 이런 말을 하느냐면 그때 내가 그것을 먹지 않으면 죽는다 할 경우 죽지 않으려고 먹었을 것이나 그것은 내 생명하고 아무런 관련이 없는 부분이고, 그렇다고 먹는 것에 호기심을 가지고 그것에 끄달려 내 양심을 버린다는 것이 나는 용납되지 않았던 그런 마음을 가지고 어린 시절 성장을 했습니다. 여러분도 마찬가지겠지만, 자신의 마음에 들면 몸을 움직이고, 마음에 들지 않으면 몸을 움직이지 않는 것은 나와 여러분도 마찬가지입니다.

문제는 그 상황에서 '이치에 맞게 움직이는가'의 차이인데 이 부분이 여러분과 나의 차이입니다. 어떤 것에 이해가 되지 않으면 물질 이치에서 독학이라는 것을 하면서 그것을 배웠고, 진리 이치에서 어떤 논리가 맞는가가 당장 이해되지 않으면 그것을 마음속으로 되새김질해서 반드시 정립하는데 이것은 시간을 일부러 내가면서 한 것이 아니라 일상을 살면서 머릿속으로 계속해서 정리했고, 어떤 결론에 도달하게 되면 그것을 나는 마음에 새기고 오늘날까지 산 것입니다.

나라고 하는 아상이 있으면 그 상에 가리어져 있어 반대를 바로 볼 수 없어서 나는 이것을 투명한 거울에 이끼가 낀 것과 같다고 말했습니다. 아상이 없으면 거울에 이끼가 끼지 않음으로 거울 너머의 상황을 다 그대로 볼 수 있지만, 거울에 이끼가 끼면(나라고 하는 아집 된 마음) 거울 반대편을 투명하게 볼 수 없습니다. 이 말을 잘 이해하면 나라는 아상이 뭔가를 이해할 수 있는데 내가 아상이 없는 그런 마음을 가졌기 때문에 화현의 부처님은 이생에서 '내가 그런 존재다'라는 것을 알게, 깨어나게 해 준 것이 전부입니다. 수차 한 말이지만 나보다 마음이 깨끗한 사람이 세상에 존재한다면 그 사람에게 뭔가를 배우면 될 문제인데 세상에 그런 사람은 없습니다.

〈형상 있는 우주 만유의 모든 현상은 영원한 실재가 아니라 곧 꿈과 같고 환술 같고 물거품 같고 그림자 같은 것이며, 또한 이슬 같고 전깃불 같은 것이다. 마땅히 이처럼 볼 줄 알아야 우주의 실체를 바로 보게 되고 마음을 깨칠 수 있게 되는 것이다〉라고 하는 것으로 이 말은 좋은 말이고, 깨달음의 말이라고 생각한다면 무명의 존재가 말하는 내 글을 봐야 할 필요는 없을 것입니다.

따라서 자기 자신이 왜 존재하는가의 뿌리를 모르면서 남의 인생 가지고 소나 돼지를 잡아가면서 어떠한 행위를 하는 자체로 그 사람의 운명을 알고, 바꾼다고 말하는 세상인데 이런 부분을 생각하면서 여러분 스스로 무엇이 옳은가, 그른 행위인가를 반드시 정립해야 할 것입니다. 사람의 의식이라는 것은 한 번에 깨어나는 법은 존재하지 않으며, 점진적으로 바늘로 얼음을 깨듯이 조금씩 깨어나게 되는데 처음에는 이것이 어렵지만 하나의 개념만 정립하면 그것을 기반으로 갈수록 쉽게 깨어나게 되어 있습니다.

변화

　인생을 살면서 어떤 의식으로 일생을 사는가는 매우 중요한데 결국 그 의식으로 한 행위에 따라 이치에 맞는 행위는 〈선업 – 善業〉이 되는 것이고, 이치에 맞지 않게 한 그 행위는 〈악업 – 惡業 – 괴로움〉이 되는 것입니다. 그래서 여러분이 인생을 살면서 느끼는 삶에 굴곡이라는 것은 모두 전생에 여러분이 어떠한 행위를 했는가의 결과에 따라 이생에 '삶의 굴곡'이라는 것으로 나타나게 되는 것이어서 지금 뭔가의 문제로 괴로움이 있다면 그 문제를 이치에 맞게 해결하면 그 마음에 괴로움은 그에 맞게 줄어드는 것이고, 이것이 바로 화현의 부처님 법에서의 업장소멸의 길이며, 또 여러분 자신의 운명을 바꾸는 길입니다.

　여기서 운명을 바꾼다고 하니 미꾸라지가 하루아침에 갑자기 용으로 변하는 것으로만 생각한다면 잘못된 생각이고, 내가 말하는 운명의 바뀜이라는 것은 어둠에서 밝음으로 서서히 변하는 것과 같은데 이 부분은 진리적인 작용이 뭔가를 여러분이 모르기 때문에 보이지 않는 비물질의 작용이기 때문에 이 부분 쉽게 이해하시 못할 것입니다.

따라서 이 법(진리의 작용)이라는 것은 당장 눈으로 확인할 수 없는데 이 부분을 이해하는 방법이 하나 있습니다. 그것은 여러분이 오늘 하루를 살아도 아침의 이치가 다르고 저녁의 이치가 다르다는 것을 이해하면 지금 내가 무슨 말을 하는가 이해할 수 있는데 마음의 변화라는 것은 서서히 변하는 것이어서 여러분의 인생도 각자가 지은 업에 따라 서서히 변하고, 그 변화에 따라 여러분의 마음도 하루에도 수없이 변합니다. 그리고 어느 정도 시간이 흘러 되돌아보면 여러분의 마음이 어떻게 변해왔는가를 쉽게 이해할 수 있을 것입니다.

결국, 이치에 맞는 행을 하고 살면 진급의 개념에서 긍정으로 변할 것이고, 이치에 맞지 않은 마음을 가지고 있다면 이치에 맞지 않게 여러분의 삶은 변하게 됩니다. 따라서 이 같은 변화는 우주에 그 무엇이 작용하여 '신의 뜻'으로 변하는 것이 아니라 내 마음으로 움직이는 '마음에 작용'으로 나 자신의 의식으로 이치에 맞는 행을 하면 진리의 기운은 그에 맞게 반응을 하게 되어 있어서 오늘날 여러분의 삶은 그 무엇이 그렇게 만든 것이 아니라 나 자신이 그렇게 만들었으므로 지금 여러분의 삶은 결국 여러분 스스로 그렇게 만든 것입니다.

얼마 전 발생한 코로나로 인해 세상이 소란스러웠고 지금도 어찌할 바를 몰라서 우왕좌왕하고 있는 것이 현실입니다. 내가 말하고자 하는 것은 약 2년에 걸쳐 사람들의 마음을 변하게 했는데 그것은 이제 어딜 가더라도 마스크를 쓰고, 어디든 출입하려면 당연한 듯

'출입체크'를 말하지 않아도 훈련받은 사람들처럼 자연스럽게 다 합니다. 왜 이런 말을 하는가 하면 사람이 생명에 위협을 받는 상황이라면 목숨과 관련이 있어서 어떻게든 대부분 정부에서 시키는 대로 따라 하는데 처음에는 모임 자제, 마스크 쓰는 것이 부자연스러웠지만, 일상이 되어 버렸고 당장 눈에 보이진 않지만 '마음을 이치에 맞게 바꾸어 살라'고 하는 말은 직접적인 목숨과 관련이 없는 것이어서 이 말은 잘 따르지 않습니다.

그래서 인간이라는 것은 물질 이치에서 당장 눈에 보이는 뭔가가 있어야 목숨과 관련이 있어야만 현실적으로 잘 따르고, 이것은 전쟁하는 상황을 봐도 쉽게 알 수 있습니다. 하지만 마음을 곱게 써야 한다는 것은 당장 목숨과 관련이 없어서 사람이라는 것은 자신의 몸에 뭔가 문제가 생겨야만 신, 귀신, 조상, 절대자 등을 찾는 것이지 그저 그렇게 살만하면 견딜만하다고 생각하면 나 자신이 어떻게 살아야 하는가를 진리적으로 알려고 하지 않는 것이 일반 사람들의 의식입니다.

다시 말하지만 먹고살 만한 사람이 종교를 신앙하는 것은, 우선은 먹고살 만하여 의식주는 물질로 버티고 '인생 보험'을 드는 것처럼 생각하며, 몸과 마음이 괴로운 사람은 스스로 해결할 수 없으니 뭔가를 찾는 것이 현실 아닌가를 생각해보라는 이야기입니다. 따라서 사람의 마음을 실들인나는 것, 행봉을 실틀인나는 것은 마음만 넉으면 그리 긴 시간이 걸리지 않음에도 당장에 사는 데는 그리 큰 문제가 없다고 생각하고 있어서 나 자신의 마음을 고쳐야 한다는 생각은 거의 하지 않고 사는 것이 일반적입니다. "마음을 고쳐라!"라고 말하면 여러분은 "왜 멀쩡한 내 마음을 고쳐야만 하지?"라고 반문할 것입니다.

나는 그 마음이 잘못되어서 윤회하는 것이고, 괴로움이 있고, 나 자신이 세상에 태어나고자 해서 태어난 것도 아님에도 결국 진리 이치에 따라(여러분의 마음자리에 따라) 이생에 하나의 인간으로 존재하는 것이 전부이기 때문에 괴로움이 있든 없든 사람이라면 내 마음이라는 것이 '이런 것이고, 이래서 나는 존재하는구나'라는 것을 알고는 죽어야 합니다. 그래서 마음공부라는 것은 마음을 가지고 사는 인간이기에 당연히 필요한 것이고 자신의 마음에 이상 없다고 생각하고 산다면 결국 알 수 없는 생명체로 돌고 도는 인생을 살게 되어 있는 것이 자연의 섭리입니다. 어떤 어부가 멸치를 잡는데 어느 날은 멸치를 조금밖에 잡지 못했습니다. 이 사람이 하는 말은 '바다에서 주는 만큼만 잡아야 하는 거다.'라고 말하는데 이같이 말하면 여러분은 '그 사람은 순리에 따라 사는 사람이다.'라고 또 마음이 좋은 사람이라고 생각할 것입니다.

이 상황은 노력은 했지만, 자신의 능력으로는 마음대로 할 수 없기 때문에 자신이 성질대로 할 수 없는 문제기 때문에 이같이 '주는 만큼만'이라는 말을 하는 것이고, 만약 눈에 보이는 것이라면 어떻게 하든 자신이 잡고자 하는 만큼 잡아 드릴 것입니다. 인간의 마음이라는 것은 자연도 인위적으로 조작하고 사는 세상이 되었습니다. 하늘에서 비가 오지 않으면 구름을 만들고 비를 인위적으로 내리게 하는 세상에 여러분은 살고 있으면서 입으로는 '순리에 맞게 자연의 섭리에 맞게 산다'고를 말하고 있지 않은가? 따라서 물고기를 마음 대로 잡을 수 있는 상황과 마음대로 잡을 수 없는 상황에서 인간의 마음이라는 것을 보면 여러분은 어떤 생각을 하는가? 그래서 인위 적으로 할 수 없는 상황에서 인간은 자연의 순리를 따르는 척을 하 는 것이고, 만약 자신이 마음대로 할 수 있는 상황이라면 인간의 욕 심이라는 것은 한도 끝도 없는 것이 인간이 가지고 있는 마음이라고 하는 것입니다. 만약 이 글을 보는 여러분도 인생사 모든 것이 자신 이 생각하는 대로 다 된다고 생각하면 사실 종교라는 것도 필요치 않을 것입니다.

1321 존재이유

그런데 인생을 살면서 반드시 '내 마음, 내 뜻대로' 되지 않는 그 무엇이 반드시 있기 때문에 어리석은 인간들은 인간 자체가 만들어 놓고 설정한 〈그것〉을 따르고 사는데 참으로 안타까운 일입니다. 인간의 의지대로 안 되는 것이 있어서 현실적으로 지푸라기라도 잡 고자 하는 것이 인간의 마음이고, 하다 하나 안 되면 하늘의 뜻이 어떻고, 자연의 섭리가 어떻고를 나불거리는데 이런 세상을 보고 아비규환의 세상이라고 해야 맞는 말이 되기 때문에 우리가 사는 이 세상이 '천국, 극락'이라고 말하는 논리는 모두 이치에 맞지 않음을 알아야 할 것입니다.

그러니 불교가 말하는 '형상 있는 우주 만유의 모든 현상은 영원한 실재가 아니다.'라고 말하는 것도 죽은 사람의 입장에서 보면 죽었으니 이 세상이 없다고 생각하는 단순 논리에서 '형상 있는 우주 만유의 모든 현상은 영원한 실재가 아니다.'라는 말을 하는데 안타까운 것이 인간은 이 현실에 사는 존재가 아닌가? 그런데 '보이는 이 세상이 실재가 아니고 거품이다.'라는 말만 나열하고 있으니 그런 말에 따라 다들 한다는 말이 '한 번 왔다 가는 인생이 어떻다'는 말을 하는 것이 아닌가?

실제 사람들이 노래하는 것을 보더라도 노랫말 속을 들여다보면 다들 자신들은 마치 도를 깨달은 사람처럼 '욕심부리고 살지 말자, 나누고 살자, 빈손으로 왔다 빈손으로 가는 것이 인생이다, 베풀고 살자.' 등과 같은 말 무수하게 하고 있고, 그런 말을 하는 사람을 여러분이 보면 '저 사람은 착하고 좋은 사람이다.'라고 생각하는 것이 일반적인 생각일 것입니다. 여러분은 이 같은 사람들을 보면서 모두 다 도(道)라는 것을 닦았고, 깨달은 사람이고, 마음씨가 좋은 사람 등으로 생각하는데 잘못된 것이 실제 그들이 살아가는 평소에 모습을 보면 개차반으로, 자가당착에 빠진 것을 쉽게 알 수 있습니다.

다시 말하지만 어쩌다 무엇으로 이름 좀 알려지면 여러분은 그런 사람들이 하는 말과 행동이 마치 표준이고, 모범이고, 정석이라고 생각하고 그 사람이 하는 행동을 다 따라 하고 삽니다. 그래서 이름이 알려진 사람들을 부각해 광고 같은 것을 하는 것이고, 내가 말하는 것은 실제 마음을 어떻게 사용하고 살아야 하는가를 말하고 있지만, 앞서 말한 대로 다들 자신들이 가지고 있는 마음이라는 것은 아무런 이상 없다고 생각하고 살기 때문에 내 말이 여러분의 귀에 쉽게 들어오지 않을 것입니다.

인생을 살면서 이 세상을 '꿈과 같고 환술 같고 물거품 같고 그림자 같은 것이며, 또한 이슬 같고 전깃불 같은 것이다.'라고 말하는 종교의 말, 세상 사람들이 일반적으로 하는 말을 여러분은 어떻게 생각하는가? 그래서 과거에 공자, 맹자 등이 했던 말을 그나마 각자의 마음에 담고 살았다면 요즘 사람들은 유명하다는 사람들이 하는 행동을 그대로 아무 생각 없이 따라 하고 사는데 이 말은 세상이 이같이 변했다는 것이고, 그렇다면 이 세상이 갈수록 인간이 살기 좋게 변하고 있는가인데 그게 그렇지 않습니다.

여러분은 물질이 좋아지니 세상 살기 좋은 세상이라고 생각하겠지만 내가 말하는 것은 물질이 좋아질수록 인간의 의식은 그에 비례해서 흐려지게 되어 있다는 논리를 말하고 있어서 이 부분 깊게 생각해봐야 할 것입니다. 없는 것을 있다고 거창하게 만들어 놓은 것에 어리석은 인간은 그런 것이 참인 줄 알고 사는데 예를 들어 불교의 경중에 '반야심경(般若心經)'이라는 염불이 있는데 물론 이 반야심경이라는 것은 2600년 전 화현의 부처님 법과 관련이 있을 뿐이고, '관자재보살(觀自在菩薩)'이라는 것은 실제 존재하지 않음으로 이 경은 두 가지로 이해해야 합니다.

하나는 앞서 말한 대로 화현의 부처님 법과 관련이 일정 부분은 있고, 또 하나는 여러분이 신앙하는 보살이라는 것은 진리적으로나 현실적으로 존재하지 않는 대상입니다. 문제는 이런 글자를 금색으로 써서 의미 없는 그 말임에도 여러분은 그렇게 써놓으면 마치 그런 것에 신비한 능력, 효력이 있다는 생각을 하고 있는데 대단한 착각입니다.

그래서 아무것도 없는 것을 사실인 것처럼 믿게 하고 '그것을 여실히 볼 수 있어야, 마땅히 이처럼 볼 줄 알아야 우주의 실체를 바로 보게 되고 마음을 깨칠 수 있게 되는 것이다.'라고 말하니 이 얼마나 안타까운 일인가? 그래서 나는 이 현실을 사는 여러분의 의식을 깨어나게 하는 말을 하고 있고, 의식이 얼마나 깨어나는가에 따라 종교가 하는 말속에 무엇이 모순인가를 알 수 있다 할 것입니다. 인간은 현실을 사는 동물인가? 아니면 망각에 빠져 사는 동물인가에 대한 답은 다들 허상과 허구의 말에 빠져 있다고 해야 맞고, 이것을 부정한다면 여러분은 종교가 하는 말만 믿고 살면 됩니다.

그런 것도 분별하지 못하면서 사상으로 만들어진 말이나 물품 같은 것에 끄달려 있으면서 내가 말하는 화현의 부처님을 이해한다는 것은 매우 어렵기 때문에 그렇습니다. 현명한 자는 이치에 맞는 말에 따라 자신의 행동을 고쳐가는 자이고, 어리석은 자는 이것저것에 끄달려 환상에 빠져 꿈만 꾸고 사는 사람이라고 해야 맞는데 여러분은 어떤 의식을 가지고 사는가를 되돌아보면 자신의 마음이 뭔가를 알 수 있고, 이렇게 알아가면서 '나는 이런 마음을 가지고 있구나'를 알게 되는데 이것이 내가 말하는 화현의 부처님 법에서 '나를 알아가는 법'이라고 해야 맞습니다.

그래서 여러분이 지나온 시간을 되돌아보면 '그때는 내가 이것을 잘못했구나.'라고 반성하는 일이 있을 것인데 이것이 불교에서 말하는 '참(眞) 나를 찾아서'라고 해야 맞는 말이 되는데 다시 말하지만 조용하게 앉아서 차 한 잔을 마시면서 살아온 인생을 되돌아볼 때 반성하는 것은 진리와는 아무 관련이 없으며, 이때의 반성은 지극히 감성적이거나, 아니면 윤리·도덕·양심에 반하는 것을 생각하는 것이 전부입니다.

내가 말하는 것은 여러분이 하는 말이나 행동에는 반드시 그에 대한 결과가 두 가지로 나타납니다. 하나는 결과에 따라 현실에서 받아야 할 과보가 있는 것이고, 또 하나는 진리적으로 이치에 맞는가 아닌가에 따른 업(業)이라는 것이 정해지는데 이 말 가만히 생각해 보면 현실적으로 현행법에 저촉되는 것이라면 형벌을 받아야 할 것이고, 현행법에 맞는 행동을 했다면 포상이라는 것을 주는데 이것은 사람들이 만들어 놓은 〈형법〉에 따라 진행되는 것이기 때문에 물질 개념으로 여러분이 알 수 있지만, 진리적으로 결정되는 이 업(業) 관계는 여러분이 잘 이해하지 못합니다. 따라서 현실적으로 누가 무엇을 잘해서, 혹은 누가 무엇을 잘못해서 형벌을 받았다고 한다면 이것은 당장 눈으로 확인되겠지만, 자신이 한 말이나 행동의 결과로 받아지는 진리적인 부분은 그것이 어떠한 업이 되는가 오직 진리 이치를 아는 자만이 알 수 있는데, 이 부분은 앞서 말한 일반적인 형벌의 논리와는 차이가 분명하게 다릅니다.

반성

사람이 인생을 살면서 일부는 자신의 삶을 되돌아보면서 뭔가에 대한 반성이라는 것을 하면서 사는 사람도 있지만, 자신이 한 행동을 되돌아보지 못하고 사는 사람이 온 세상에 널려 있고, 이것은 정치하는 사람만 봐도 쉽게 알 수 있는 부분입니다. 그래서 왜 이런 의식이 만연하는가? 이것은 종교가 인간의 의식을 흐려지게 하는데 한몫했다고 해도 무리는 없을 것입니다. 이같이 말하면 여러분은 '종교가 사람 잘되라고 하는데…'라고 생각할 것이나 대단한 착각입니다.

예를 들어 '누가 오른쪽 뺨을 치거든 왼쪽 뺨마저 돌려 내주고, 내 겉옷을 빼앗는 자에게 속옷도 주어라'는 말을 종교는 말하고 있는데, 이 말도 처음에는 '누가 오른쪽 뺨을 치거든 왼쪽 뺨마저 내주라'고 말했고 이것을 사람들은 인욕(忍辱)이라고 생각하였지만, 또 어떤 종교는 여기에 더하여 '내 겉옷을 빼앗는 자에게 속옷도 주어라'고 말을 했다 하는데 여러분은 이런 말을 보면 어떤 생각이 드는지 모르겠지만 바로 이런 말이 인간의 의식을 흐려지게 한다는 점이고, 만약 이 글이 맞는 논리라면 여러분의 의식은 상당한 문제가 있다는 점 명심해야 합니다.

왜 이 말이 틀린 지 또 의식에 문제가 있다고 말하는가를 이해하지 못하면 여러분은 맞는 것과 틀린 것을 확실하게 보지 못한 채 인생을 살고 있다고 해야 맞는 말이 됩니다. 다시 말하지만, 이 말대로 '누가 오른쪽 뺨을 치거든 왼쪽 뺨마저 돌려 내주고, 내 겉옷을 빼앗는 자에게 속옷도 주어라'는 말대로 사는 사람도 없거니와 이같은 말이 맞고 또 이런 것이 부처의 자비행이라고 생각하고 있다면 여러분의 정신은 상당히 흐려져 있음을 명심해야 할 것입니다. 내가 말하는 화현의 부처님 법에서는 맞아야 할 상황과 반발을 해야 할 상황이라는 것이 반드시 있어서 그 상황에 맞게 행동하는 것이 옳다는 것을 말하고 있고, 그러기에 이치에 맞는 것과 맞지 않은 것을 분별하기 위해서는 반드시 여러분의 의식이 깨어나야만 합니다.

이렇게 깨어나지 못하면 어떠한 상황에서 여러분에게 어떤 문제가 생긴다면 그 문제의 모순이 뭔가를 모르기 때문에 막연하게 부처가 말했다는 말을 생각하면서 '누가 오른쪽 뺨을 치거든 왼쪽 뺨마저 돌려 내주고, 내 겉옷을 빼앗는 자에게 속옷도 주어라'는 말이 맞다 생각하게 되어 있는데 이런 말은 여러분의 의식을 멍들게 합니다.

나 자신이 어떤 상황에서 잘못했다고 하면 그것에 대한 업 관계를 여러분이 모르기 때문에 참아야 할 자리에서 성질을 내고, 참지 말아야 할 자리에서 참는 행동을 단순하게 한다면 어떻게 되겠는가를 생각해보라는 이야기입니다. 또 하나 예를 들면 불교는 '일체 모든 상을 여읜 자를 부처라고 이름 붙일 수 있다(離一切諸相 則名諸佛)'는 말을 하는데 이 말도 여러분은 '그런가 보다'라고 단순하게 생각하고 있다면 잘못된 의식인데 그 이유는 이 말을 이해하려면 먼저 여러분이 이 '부처'라는 것이 뭔가부터 바르게 정립을 해야 하는데 이것을 정립하지 못하면 위의 말이 '맞는가 보다.'라고만 생각하고 깊게 정리하지 않을 것입니다. 다시 말하지만 '일체 모든 상을 여읜 자를 부처라고 이름을 붙일 수 있다'는 말은 맞지만, 문제는 여기서 말하는 상(相)이라는 것이 뭔가의 문제입니다. 불교는 '누군가에게 상(相)을 두지 않고 베풀고 사람을 대하는 것은 바로 그것이 부처의 행이요, 그 자리가 보리심(菩提心)을 깨달은 자리다.'라는 말을 입에 달고 사는데 앞서 말한 '뺨'에 대한 논리가 맞다 생각한다면 이 말도 맞는 말로 생각하게 되어 있습니다.

따라서 말이야 쉽게 상(相)을 없애면 된다고 말하지만, 이것은 하늘에서 별 따는 것보다 어려운데 불교는 이 나라고 하는 상이 뭔가도 분명하게 정리하지 못하고 있는 상황에서 말이야 뻔지르르하게 하는데 안타까운 일입니다. 다시 보면 '누군가에게 상(相)을 두지 않고 베풀고 사람을 대하는 것은 바로 그것이 부처의 행이요, 그 자리가 보리심을 깨달은 자리다.'라는 말 중에 '누군가에게 상(相)을 두지 않고 베풀고'라는 말이 있는데 이 말이 맞지만, 문제는 여러분이 그런 사람을 구분하지 못한다는데 그 문제의 심각성이 있습니다.

그래서 여러분은 '누가 오른쪽 뺨을 치거든 왼쪽 뺨마저 돌려 내주고, 내 겉옷을 빼앗는 자에게 속옷도 주어라'는 행동을 한다면 그 사람은 상이 없는 사람, 부처의 행을 하는 사람이라고 생각하게 되어 있다는 이야기입니다. 이 말 중요한 말인데 여러분이 반드시 정립해야만 내가 무슨 말을 하는가를 알게 될 것인데 이 글을 보는 여러분은 사실 이런 논리에 관심 두지 않을 것입니다.

그 이유는 내 앞에 당면한 문제에 대하여 내가 생각하는 바대로 이루어지기만 바라고 있어서 그렇습니다. 그런데 앞서 내가 말한 논리를 정립하고 마음에 새긴다면 여러분의 의식은 그에 맞게 깨어나게 되고, 이같이 되면 여러분의 이치는 은연중에 좋아지게 되고 마음이 그에 따라서 편안해지게 됩니다. 그래서 내가 말하는 것을 몇 번이고 곱씹어 생각하고 마음으로 긍정하고 새겨야 하는데 이게 쉽지 않은 이유는 바로 여러분의 아상이 살아 있어서 그렇습니다. 그런 것 보고 '아상(我相)'이라고 하는 것인데 막연하게 나라는 아상을 없애면 부처라고만 말하는 불교의 말은 사실 의미 없다 할 것입니다.

누가 뭐라고 말하면 상을 세우지 말라고 하니 무조건 참는다는 것이 아상을 없애는 방법이 아니라는 이야기입니다. 내가 말하는 화현의 부처님 법에서는 어떤 사안에 대하여 나라는 상(相) 세우는 것도 아상을 없애는 방법일 수 있다는 논리를 말하고 있어서 이 부분 새겨봐야 하는데 누가 뭐라고 야단을 치면 그 상황에서 내가 혼나야 할 것이면 혼나는 것이고, 혼나지 않아야 할 상황임에도 혼을 낸다면 그 부분은 그에 맞게 나라는 상을 세워 말할 수 있어야 합니다.

그래서 법을 말하는 사람은 나라고 하는 아상이 없는 사람만이 법을 말할 수 있다고 나는 무수하게 말하고 있는데 여러분 자체가 이 법이라는 것을 이해하지 못하기 때문에 나와 신율이가 이런 사안에 대하여 지적을 하면 여러분은 '그 말이 맞으므로 따른다'고 정립하고 나와 선율이의 말을 생각해봐야 하는데 여러분은 당장 나에게 뭐라고 하는 것이 쉽게 이해되지 않겠지만, 시간이 지나면 '그 말이 맞다'라고 생각하게 됩니다. 그리고 그 말을 처음에는 따르기 싫었지만, 어찌 되었든 따르고 행동하고 나면 여러분 마음이 편안해졌음을 알 수 있었을 것이고, 또는 내 글을 보고 긍정하는 마음을 가지면 여러분의 마음은 안정되고 차분해지고 편안한 마음이 들기도 할 것인데 바로 이 부분이 여러분 마음에 중심을 잡아 주어서 그렇습니다. '길 잃은 마음에 길을 잡아주는 것'이 뭔가를 정립해야 할 것입니다. 바로 이 부분은 일반 종교에서 말하는 마음 편함과는 차이가 있는데 보이지 않은 마음이지만 여러분의 의식으로 이치에 맞는 말을 따른다면 그 결과는 결국 여러분의 마음 편하므로 나타나고 있고 이것은 뭔가의 변함이 있다는 것을 의미합니다.

1323   허구

사람이라는 것은 뭔가 어떤 식으로든 자신에게 이득이 되지 않는 것은 행하지 않습니다. 이 같은 개념으로 보면 이 글을 보는 여러분도 정도 차이는 있겠지만, 뭔가가 여러분에게 도움이 되어서, 되기 때문에 무명의 존재가 말하는 것을 보고 있다고 해도 무리는 없을 것인데 문제는 변하는 그 차이가 여러분이 얼마나 내 말에 긍정하고 따르고 실천을 하는가에 따라 그것에 결과는 반드시 차이가 있습니다. 그래서 사람의 마음이라는 것은 그 중심을 어디에 두고 사는가에 따라 반드시 그에 맞는 결과로 나타나는데 이것도 결국 '자업자득 인과응보의 이치'에 따라 각자에게 나타나는 것입니다.

단순 무식하게 이성 간에 마음이 든다면 옷을 다 벗어 버리고 몸을 주지 않는가? 그렇다면 이때의 마음이라는 것은 무엇이고, 이 법이 맞다 생각은 하지만 온전하게 마음을 주지 못하는 것은 무슨 차이일까? 이성에 마음이 가면 몸도 따라가고 쾌락을 얻을 수 있지만, 이 마음공부라는 것은 이성을 사귀는 것과 같이 당장 내 눈앞에 나타나지 않아서 여러분은 우선 보이는 물질에 마음을 끄달리는 것입니다.

그래서 절간 어디를 가면 웅장한 '목불(木佛)'이라는 것에 금색으로 칠해 놓으면 우선 보이는 물질에 끄달려 그러한 존재는 위대한 능력을 가지고 있다고 생각하게 되는 것이고, 사람의 이런 마음을 이용해서 모든 종교는 '위대하고 절대적인 존재'를 만든 것입니다. 그런데 마음 법당은 일반 종교에서 말하는 그런 것이 물질적으로 없고, 오직 말로만 '이것이 맞고, 저것이 틀렸다'고 말하고 그 마음을 고쳐야 한다고 말하니 여러분 입장에서 어떤 쪽에 마음이 더 쉽게 움직이겠는가?

더 말하면 '불사의 공덕'이라는 말을 하면서 여러분이 '부처의 사업'이라는 것을 하면 한량없는 복(福)이라는 것을 받는다고 하니 복을 받기 위해 바치는 돈이라는 것은 당연하게 할 수 있는 것으로 생각하고, 마음 법당에서 화현의 부처님 법이 세상에 나가기 위해 도움을 주는 행위는 '사이비에게 바치는 행위'라는 선입견을 가지고 있지 않은가? 심지어 길가에 있는 '보살'이라는 것이 존재하는 곳에다 '신(神)'을 위해 가져다 바치는 것은 당연한 것으로 생각하고 있지 않은가?

그래서 무당집에 갔다, 다닌다고 말하는 것은 '그럴 수 있지'라고 생각하고, 마음 법당에 다닌다고 하는 것은 남들이 사이비라고 생각할까 봐 남에게는 '나는 마음 법당에 다닌다'는 말을 하지 못하고 있는데 참으로 안타까운 일입니다. 그러한 마음을 기본으로 여러분이 가지고 있어서 그 마음에다 내가 아무리 이치에 맞는 말, 천기누설이라고 할 수 있는 진리적 작용을 말한다는 것은 내 입장에서는 벽에 대고 말하는 것과 무엇이 다르겠는가? 강아지도 십 년을 키우면 말귀라는 것을 다 알아듣는데 하물며 인간으로서 사람이 하는 말을 알아듣지 못한다면 이게 말이 되겠는가를 생각해보라는 이야기입니다.

각자의 마음이 다 다르기 때문에 어쩔 수 없는 상황이지만 분명하게 이 법을 의지하고 사는 사람은 마음 편함으로 일상을 살고 있지만, 아직도 이런 마음이 들지 못한다면 그것은 여러분의 업과, 또 이 법을 마음에 두고 살았던 지난날 과거와 깊게 관련이 있음을 알아야 할 것입니다. 지금 여러분이 인생을 살면서 어떠한 마음이 든다면 반드시 각자의 전생과 밀접한 관련이 분명하게 있어서 그 이치에 따라 사는 것이고, 여러분은 그런 사실을 모르고 딴 것으로만 자신의 전생을 알려고 하는데 이것은 매우 안타까운 일입니다.

마음을 주면 이성 간에 몸이 오가고 쾌락이라는 것을 당장 얻을 수 있지만, 마음을 이치에 맞게 사용해서 나타나는 것은 앞서 말했지만, 여러분이 쉽게 당장 체득할 수 없는 부분이라는 것 정립해야 하고, 내 말이 이치에 맞는 말이라고 의식으로 정립할 수 있다면 나와 선율이 가 여러분에게 해주는 말도 맞는다는 이야기가 되는 것이 아닌가를 생각해보라는 이야기입니다. 그런데 여러분은 글은 보면 맞는 말 같다고 생각을 하는 사람도 있겠지만 문제는 적극적으로 이성에게 마음 주는 것과 같이 그 마음이 움직이지 않는다는 것은 그만큼 여러분의 아집, 아상이 크다는 것을 의미하는 것이 아닌가?

그러니 일반 종교에서 말하는 것에는 쉽게 마음이 가는 것도 아상의 마음이 크면 쉽게 상의 논리에 마음이 가는 것이고, 아상이 적을수록 내가 말하는 것에 값어치를 알게 된다는 이야기입니다. 참으로 안타까운 것 중에 여러분이 인생을 살면서 마음대로 안 된다, 괴롭다, 즐겁다 등을 말하는데 결국 이 모든 것은 자업자득 인과응보의 이치에서 스스로 자신의 무덤을 판 것이지 남이 파준 것은 아님에도 '내가 잘 못 했다'가 아니라 '남 때문에'라고 말을 다 합니다.

'내가 잘 못 해서 그렇다'는 생각을 해봤는가? 어떤 사람이 결혼할 때가 지나자 자신이 결혼하지 못한 것이 내 탓이 아니라고 생각합니다. 물론 처음에는 '나도 남들처럼 결혼이라는 것을 때가 되면 하겠지.'라고 생각을 하지만 시간이 지나고 나이가 늘어나면 생각하는 것이 뭔가? 자업자득 인과응보의 법칙에서 결혼하지 못하는 이유는 분명하게 전생에 내가 결혼을 하지 못할 입, 상황을 만들고 살았기 때문에 이생에 부부의 인연이 없는 것임을 먼저 마음으로 받아들여야 할 것이고, 그 마음에 따라 이생에 없던 인연도 만들어지게 되는데 이것이 이치를 바꾸는 방법입니다.

그래서 '나는 왜 결혼을 하지 못하고 있는가'에 대하여 나는 아무런 이상이 없고, 남의 탓을 먼저 생각하는 것은 이치에 맞지 않습니다. 옛말에 '짚신도 짝이 있다'는 말이 있는데 이 말은 잘못된 것이고, 내가 말하는 것은 '짚신도 짝이 없을 수도 있고, 있을 수도 있다'는 논리를 말하고 있어서 막연하게 '짚신도 짝이 있다'고 생각하고 '언젠가는 짝이 있겠지'라고 생각하다가 결국 나이가 들어 버립니다.

사실 주변을 보면 여자가 되었든 남자가 되었든 홀로 늙어가는 사람이 상당한데 그렇다면 옛말에 있듯이 막연하게 짝이 있을 거로 생각하고 기다리는 것은 의식 없는 행동입니다. 그래서 오늘날 내가 이렇게 존재해야 할 이유를 먼저 진리적으로 이해하고 '그다음 어떻게 해야 하는가'를 생각하는 것이 중요한데 전생에 지어놓은 인연이 없다면 이생에 이치를 바꾸고 자신의 마음을 이치에 맞게 만들어 가면 됩니다. 신세타령, 세월 타령만을 하지 말라는 이야기입니다. 그래서 이 개념으로 이생에 물질로 고통을 받고 있다면 적극적으로 자신의 이치를 바꾸어가려고 노력을 해야 하는데 그런 노력은 하지 않고 하늘만 바라보고 신세 한탄을 하는 것은 매우 잘못된 의식이라고 해야 맞는 말이 됩니다. 사람이 밥을 먹고 사는 입장에 지금보다 더 나은 삶을 개척하고 살아가는 노력을 해야 하는데 잘 살든 못 살든 이 현실에 안주해 버리면, 태어났으니 그럭저럭 살아가겠지만 결국 자기 발전을 할 수 없습니다.

팔자

　남들은 부지런히 자기 계발을 하는데 누구는 운명 타령, 팔자타령 이나 하고 있으면서 감나무 아래서 익은 감이 떨어지기만을 바라는 것은 매우 어리석은 사람이고, 내가 어떻게 노력을 하는가의 시간 에 맞추어 그 감은 익어가게 된다는 이야기입니다. 그러니 이 세상 에 일확천금을 바라보고 사는 사람이 늘어나는데 이 말은 그만큼 인 간의 의식이 전반적으로 잘못되어가고 있음을 나타내는 것이 아닌 가? 따라서 이런 현상은 사회적으로 그대로 드러나고 있는데 이런 부분은 정치하는 사람을 보면 쉽게 알 수 있고, 이런 것을 보면 이 세상이 어떻게 흘러갈 것인가는 매우 쉽게 알 수 있습니다.

　옳고 그름을 분별하지 못하는 의식으로 사상, 이념에 사로잡혀 있 으면 사실 눈에 뵈는 게 없는데 특히 잘못된 종교 이념, 사상에 끄 달려 사는 사람을 보면 쉽게 알 수 있습니다. 최소한 자신이 믿는 그 무엇에 대하여 그것이 논리적으로, 합리성을 가지고 있는가를 보고 선택을 해야 하는데 감성에 끄달려 버리면 이같이 분별할 수 있는 의식이 흐려지게 되어 있습니다.

　예를 들어 '영혼이 맑은 사람'이라는 말 종교에서 많이 말하고 있 는데 여러분은 영혼이라는 것을 어떻게 정립하고 살아가고 있는가 를 생각해봐야 할 것입니다. 다시 말하지만, 일반적으로 말하는 영 혼이라는 것은 존재하지 않기 때문에 '영혼이 맑은 사람'이라는 것 은 없고, '마음이 맑은 사람'만이 존재할 뿐이고, 마음이 맑으면 의식이 깨끗하게 됩니다. 그래서 오늘날 이 세상을 보면 종교적으로는 '영혼이 흐려 있는 세상이다.'라고 해야 맞고, 진리적으로 맞는 말은 '마음이 청정한 사람, 깨끗한 사람의 비율이 줄어들고 있다'고 해야 맞는 말이 되는데 어떻게 된 것인지 다들 '영혼'이 어떻다고 말하는데 참으로 안타까운 일이 아닌가?

그렇다면 이 말대로 지금 이 글을 보는 여러분의 영혼은 어떤 것인가를 생각해봐야 하는데 잘못된 말이고, 마음이 얼마나 깨끗한가 (이치에 맞는 마음을 가지고 있는 정도의 차이) 아니면 마음이 얼마나 이치에 벗어나 있는가의 차이만 다를 뿐이라고 해야 맞는 말이 되어서 이 부분 깊게 정립해봐야 할 것입니다.

사실 일반적으로 종교에서 말하는 이 영혼(靈魂)에 대하여 철학적으로, 종교적으로 말을 하자면 한도 끝도 없는 말장난을 하게 되어 있습니다. 이를테면 어떤 종교에서 이 영혼에 대하여 뭐라고 정의하는가를 보면 '정신과 구별되는 일종의 생명 원리, 살아 있는 사람의 육신에 깃들어서 생명을 지탱해준다고 믿어지는 기(氣), 육신의 죽음과 무관하게 그 자체의 실체를 존속시킬 수 있는 능력을 갖추고 있다는 뜻에서 영혼은 초월성을 지닌다. 같은 뜻으로 혼·혼령·혼백·얼·넋 등이 있다.'고 말을 나열하는데 대단한 착각입니다. 참으로 웃기는 것이 '나는 왜 존재하는가?'라는 뿌리를 말하지 못하면서 사상적으로 무수한 말을 만들어가는데 여러분은 이 부분 어떻게 생각하는가? 이치에 맞지 않는 말임에도 사전에는 마치 이런 말이 표준이고 맞는 말인 것처럼 등장하고 있는데 이런 말들이 여러분의 의식을 흐려지게 한다는 것을 명심해야 할 것입니다. 모든 생명체를 움직이게 하는 것은 '진리의 작용'에 의해서 이루어지는 것이지 그 어떤 대상이 있어서 여러분을 움직이게 하는 것은 아닙니다.

따라서 오늘을 사는 여러분의 입장에서 보면 결국 '내 마음'이라는 것이 움직이는 대로 행동하고 있어서 이 마음이라는 것에 작용을 알면 여러분의 삶이 어떻게 전개되어 갈 것인가를 알기는 매우 쉽습니다. 이런 부분도 천기누설에 해당하는 말인데 여러분은 내 마음이라는 것은 그대로 두고 그 마음에 맞는 뭔가를 찾으려 하고 있는데 참으로 안타까운 일이 아닌가? 그래서 나는 아무리 현대 의학이 발전되어도 생명체를 움직이게 하는 '마음'이라는 것을 알 수 없고, 인위적으로 만들 수도 없다는 말을 한 것입니다. 그러니 이 글을 보는 여러분은 '영혼이 있다'고 생각하는 입장이기 때문에 내 말이 여러분 마음에 깊게 들어오지 않는 것입니다.

지구라는 땅덩어리는 반드시 진리의 기운이라는 것이 작용하고 있고, 그 기운의 흐름을 아는 것이 '진리 이치를 아는 것이다.'라고 해야 맞고, 이런 이치를 아는 자를 깨달음을 얻은 자라고 해야 맞는 말이 되어서 이 부분 정립해보면 지금 내가 말하는 것이 얼마나 깊은 의미를 지니고 있는가를 알게 될 것입니다. 반드시 여러분이 정립해야 할 것이 혼·혼령·혼백·얼·넋이라는 것은 없다고 정립해야 하고, 이치에 맞지 않는 것을 마음에 담고 살면 여러분의 의식은 반드시 흐려지게 되어 있음을 명심해야 할 것입니다.

조상이 죽어서 어떠한 혼령이 되어 어디에 있다는 식의 말 모두 진리적으로는 이치에 맞지 않고, 이런 말들은 여러분의 감성을 자극하는 말장난에 불과하다 해도 무리는 없을 것입니다. 이 개념으로 '죽은 사람은 무덤에 없으며 오로지 마음으로 이 자연 속에 남아 있다'고 해야 맞는 말이 되는 것이고, 마음을 알면 그 사람이 죽어서 지금 어떤 상황으로 윤회하고 사는가, 존재하는가는 매우 쉽게 알수 있어서 이것이 내가 말하는 '천기누설'이라고 하는 것입니다.

이같이 말하면 누구는 '이런 말이 무슨 천기누설'이라고 말하는가 하고 할 수 있겠지만 이같이 말하는 것은 그 사람의 마음에는 신이나 귀신 이야기를 하는 것만 생각하기 때문에 그렇고, 그 마음에 빙의가 작용해 있을 수 있어서 이런 말을 하는 것입니다. 왜 빙의가 작용하는가? 사실 빙의들의 입장에서 보면 자신들이 죽어서 신, 귀신의 행세를 하는 입장이어서 이것은 살아 있을 때 이치를 모르고 죽었기 때문에 자신들의 행위에 반하는 말을 하면 반발을 하는 것과 이치는 같습니다.

또 빙의들 자신이 혼·혼령·혼백·얼·넋 등과 같은 것으로 작용할수 있어서 그렇습니다. 그래서 내가 혼·혼령·혼백·얼·넋이라는 것은 없다고 말하니 빙의 입장에서는 자신들의 영역이 좁아 들기 때문에, 자신들의 본성이 다 드러나는 것이어서 그들의 입장에서 보면 내 말이 듣기 싫은 말일 수 있어서 내가 말하는 이런 논리에 반발하는 것입니다. 그래서 일반적인 사람들이 내가 말하는 것을 보면 뚱딴지같은 말이라고 생각하고 바로 반발을 하게 되어 있는데 그런 사람들의 마음에는 빙의가 있어서 그렇다고 해도 무리는 없을 것입니다.

반대로 내가 신, 귀신이 있다는 식으로 말하면 그들은 내 말에 호기심을 가지게 되는데 이 부분도 내가 여러분의 행동을 보고 감성적으로 위로해주면 여러분은 내 말이 좋은 말이라고 생각하고, 그 마음이 잘못되었다고 하면 여러분이 싫어하는 것과 이치는 똑같습니다. 세상에 자기 자신이 잘났다고 추켜세워주는데 싫어할 사람은 없을 것이고, 그런 마음을 가지고 죽으면 결국 그 마음만 남아서 죽은 빙의도 진리를 모르고 살다 죽은 입장이기 때문에 신, 귀신, 혼·혼령·혼백·얼·넋이 있다는 식으로 말해주면 그 빙의도 좋아할 것이고, 이런 마음을 가진 사람이 내 글을 보면 나는 그런 존재는 〈없다〉고 말하고 있으니 좋게 내 글을 보겠는가, 강아지도 자신을 예뻐해주면 살살거리고 따르지만, 강아지 자신에게 뭐라고 하면 싫어하는 것과 이치는 똑같습니다.

1325 ## 빙의의 이해

이 글을 보는 여러분은 신, 귀신, 혼·혼령·혼백·얼·넋 등과 같은 것이 있다고 생각하는가? 없다고 생각하는가? 다시 말하지만, 이 같은 것이 실제로 존재한다고 믿는다면 여러분의 의식은 흐려 있고, 그런 마음에 빙의는 알게 모르게 여러분 마음에 쉽게 작용할 수 있고, 실제 작용하고 있는 사람도 있을 것입니다. 빙의가 여러분 마음에 어떻게 작용하는가의 정도에 따라 사람들이 쉽게 알아차릴 수 있지만, 소리소문없이 작용하면 여러분은 이것을 쉽게 알아차리지 못합니다. 그래서 보통 사람이 할 수 있는 행동의 선을 넘으면 뭔가 이상이 있다고 생각하는 것이고, 보통 사람과 같은 범주의 행동을 하면 여러분은 그 사람을 평범한 사람으로 생각하게 됩니다.

방송을 보면 '특이한 정신세계를 가진 사람'이라는 방송을 하는데, 문제는 '이상한 정신세계'라고 말을 해야 하는데 이 말은 사용하지 않고 '특이한 정신세계'라는 식으로 말을 합니다. 사실 보통 사람들의 상식으로는 해서 안 되는 행위를 하는데 이런 부분도 빙의들이 어떻게 작용하는가에 따라, 빙의의 성향이 뭔가에 따라 사람에게 나타내 보이는 현상은 다 다릅니다.

똑같은 인간의 탈을 쓰고 있지만 특이한 행위, 행동하는 것을 보면 여러분은 '저 사람은 도를 닦은 사람, 수행을 많이 한 사람' 등으로 생각하고 그런 사람들이 하는 행위를 모방하기도 하는데 잘못된 의식입니다. 남에게 뭔가 특이한 행위를 하면서 자신이 주목받고자 하는 마음이라는 것은 살아 있을 때나, 죽어 있을 때나 똑같은데 다만 몸만 있고 없고의 차이만 다를 뿐입니다. 그래서 이생에서 어떤 사람이 수학 같은 것을 특별하게 잘해서 천재, 영재 소리를 듣고 살다가 죽었다면 만약 이 사람이 누구에게 빙의로 작용하게 되면 그 사람은 이 사람의 영향으로 졸지에 영재, 천제가 될 수 있습니다.

그러다가 그 빙의(죽은 사람의 마음)가 그 사람에게 영향을 주지 않고 그 사람을 떠나면 그 사람 본연의 자신으로 되돌아오게 되어 있습니다. 이 말은 뭔가 두각을 나타내는 것은 그 사람이 죽을 때까지 그렇게 두각을 나타내는 것이 아니라 어떤 시기, 때가 되면 빙의가 영향을 얼마큼 주고 있는가에 따라 급격하게 혹은 서서히 그 사람의 능력이라는 것은 변할 수 있다는 것이고, 이 사회를 보면 이런 흐름은 여러분도 알 수 있고 이런 것은 각자의 업에 따라서 다 다릅니다.

어릴 때 영재, 천재 소리를 들었다고 한다면, 그런 능력을 가지고 있다고 하더라도 그것은 그 사람이 죽을 때까지 그런 능력을 유지하지 않는다는 이야기입니다. 예를 들면 어떤 강아지가 다른 강아지보다 유독 사람의 말을 잘 듣는 강아지가 있다는 것도 어떠한 선을 넘어가면 앞서 말한 대로 강아지에게도 빙의가 작용할 수 있어서 특이한 행동으로 나타나는 것이고, 이런 현상은 이 세상에 비일비재합니다. 따라서 인간으로서 가질 수 있는 '한계점'이라는 것이 있고, 그 선을 넘어가면 정신이라는 것이 돌아 버리게 될 수도 있습니다.

또 하나는 아무리 그 사람이 영재, 천재 소리를 듣는다고 해도 내가 말하는 것과 같이 '진리 이치'라는 것은 알지 못합니다. 그것은 지식과 지혜의 개념, 의미가 다르기 때문에 그런데 보통 사람이 이 세상을 살아가는 것은 물질 이치에서 지식을 배워 그 논리로 살아가는 것이고, 진리 이치를 깨달으면 '지혜'로 살기 때문에 이 부분 정립해봐야 할 것입니다. 그래서 여러분의 의식이 뭔가에 따라 지금 내가 말하고 있는 것에 의미를 깊게 새기는 사람도 있겠지만, 내가 무슨 말을 하는가조차도 이해하지 못하고 있는 사람도 있을 것입니다.

다시 말하지만, 불교에서는 '사람이 부처님이다.'라고 말합니다. 사람을 사랑하고, 함께 슬퍼해 주는 행위가 바로 부처님께 공양 올리는 행위요, 실천수행인 것이라는 말을 하는데 이 글을 보는 여러분도 '자신이 부처'라고 생각하는가? 사실 이런 말은 대승불교의 경에 무수하게 나오고 있는 말인데 업이 있어서 존재하는 마당에 '사람이 부처다'라고 하니 이 말이 논리에 맞는가? 그래서 오늘내일 나 자신이 삶을 어떻게 살아야 하는가도 모르면서, 나 자신이 왜 존재하는가의 뿌리도 알지 못하는 처지에서 모두 너도 부처 나도 부처라고 하니 이런 말에 끄달리는 사람들의 의식이 과연 온전하겠는가를 생각해보라는 이야기입니다.

그래서 『법화경』의 「상불경보살품」에서는 수행자 상불경(常不輕)이 모든 사람에게 "저는 당신을 공경합니다. 당신을 경멸하지 않나니, 왜냐하면 그대들은 다 보살도를 행하여 반드시 부처님이 되실 것(成佛)이기 때문입니다."라고 하며 종교적 의식을 하는데 안타까운 일입니다.

불교는 '왕이든 거지이든, 남녀노소를 떠나 누구나 진정한 영혼을 가지고 있으니 상대를 차별하지 않고 대함을 강조하는 것이다. 이에 『금강경(金剛經)』14품에서 곧 가난하고 헐벗은 자에게 베풂은 하느님께 하는 것과 같은 것이다.'라고 말하는데 이런 말 진리적으로 아무런 의미 없습니다. 그 이유는 이 같은 말들은 여러분의 감성을 자극하는 것에 불과하고 여러분이 이런 마음 가지고 살아봐야 여러분에게 이득이 되는 것은 하나도 없어서 그렇습니다. 그래서 여러분이 인생을 살면서 부처가 나를 어떻게 돌봐준다고 믿고 산다 해서 누가 뭐라고 하지는 않겠지만 그 결과는 하늘과 땅 차이로 나타나게 됩니다.

따라서 똑같은 밥을 먹고 살지만 오늘을 내가 어떤 의식으로 살아가야 하는가를 생각하고 사는 사람이 지혜로운 자이고 그럭저럭 밥이나 먹고 살면 된다고 생각한다면 매우 잘못된 의식을 가지고 있다고 해야 맞는 말이 됩니다. 사실 인간으로 태어나 어린 시절을 보내고 성장을 하면서 자식을 낳고, 그 자식 뒷바라지하다 보면 어느새 죽음을 생각하고 사는 것이 보통 사람의 삶입니다.

물론 지구 상에 무수한 사람이 살다가 죽었지만 앞서 말한 과정을 거쳐 살다가 다 사라졌는데 이 과정에 '내가 어떠한 마음을 가지고 살아야 하는가'를 생각하고 자기 발전을 위해 살다가 죽은 사람이 있을까? 이같이 말하면 다들 나름대로 최선을 다하고 살았다고 말할 것이나 물론 이것은 물질을 가지려고 노력한 것은 맞지만 내가 말하는 것은 열심히 일하는 것도 중요하지만, 비물질적인 이 마음이라는 것을 어떻게 간수하고 살았는가를 말하는 것이어서 물질로 어느 정도 성공을 했다고 해도, 다음 생에 자신의 인생, 운명은 장담할 수는 없는데 그 이유는 전생에 것을 이생에서 되받아야 할 것이 있다면 그것은 어떻게든 되받아지게 되어 있어서 한편으로 이생에 노력해서 얻었다고 생각할 것이나, 진리적으로는 전생에 것을 그대로 되받는 것이어서 이 두 가지를 깊게 생각해봐야 합니다.

이 말은 전생에 지은 바가 없는 사람이 이생에 아무리 용을 써도 손에 잡히는 것은 없습니다. 따라서 '나는 이생에 부단한 노력을 해서 이만큼 산다'고 말하는 사람이 있겠지만, 이 경우 반드시 전생에 지은 바가 있어야만 한다는 이야기입니다.

1326   **복(福)**

그래서 전생에 물질의 선업을 짓지 않은 사람에게 이생에서 그나마 밥이라도 마음 편하게 먹고살라고 이렇게 저렇게 해보라고 말해주면 어지간히 말을 듣지 않는데 그것은 자신 스스로 노력하면 밥이야 못 먹고 살겠는가를 생각하고 오기를 부리면서 말을 따르지 않는데 참으로 안타까운 일입니다.

똑같은 밥을 먹어도 어떤 상황에서 어떤 밥을 먹는가는 다 다르고, 다 같은 밥을 먹어도 마음 편하게 먹는가, 마음 불안하게 먹는가는 앞서 말한 대로 사람마다 다 다릅니다. 이같이 보면 방송에서 외국의 어떤 나라 사람들이 비참하게 사는 것을 내보내면서 도와주라고 말하는데 사실 현실적으로 안타까운 부분은 있지만, 진리적으로는 그들이 지은 자업자득 인과응보의 이치에 따라 각자의 환경이 정해지는 것이어서 진리적으로는 안타까울 일은 없습니다.

비참한 상황을 보여주면서 인간적인 감성을 자극하는 상황 여러분도 쉽게 볼 수 있겠지만 내가 보기에 타고난 장애를 가지고 태어났다면 먼저 그 사람이 전생에 지은 업에 따라 그렇게 된 것임을 먼저 생각해봐야 합니다. 그러한 업 관계를 알고, 인지한 다음 그다음 인간적인 부분을 생각해봐야 하는데 무조건 동정심으로만 그런 것을 말하는 것은 매우 잘못되었다는 이야기입니다. 지구 상에 무수한 사람들이 태어나고 죽어가지만 다들 살아가는 환경, 태어나는 환경이 다 다른 것은 무엇 때문일까를 여러분은 생각해봤는가?

이것은 각자가 지은 업에 따라 모든 상황이 다 다른 것이어서 이것을 부정한다면 할 말이 없는데 이 부분을 이해하기 위해 여러분이 자연이라는 것을 보면 무수한 동물들이 지구 상에 존재하지만 그들도 각자의 업에 따라 제각각의 형상을 가지고 있어서 이것을 인간 사회에 대입해보면 내 말이 무슨 말인가 이해될 것입니다.

다시 말하지만 사람이라는 것도 다 같은 인간의 부류임에는 맞지만, 지구 상에 70억의 인간이 살아가는 층도 다 다르고, 나는 다 같은 사람이지만 70억 개의 인간 층이 있다는 말을 했는데 살아가는 모습, 환경이 70억 개가 넘는다는 의미입니다. 그래서 똑같은 사람은 하나도 없다고 말했는데 이 말 가만히 생각해보면 여러분이 누구에게 '나와 네 마음을 같다'는 말이 얼마나 잘못된 말인가를 알게 될 것입니다. '너와 나의 마음은 절대 똑같지 않다'는 것이 진리적인 입장이기 때문에 누가 여러분에게 '너와 나는 마음이 똑같다'고 한다면 그 사람은 나에게 뭔가 '이득을 볼 의도가 있어서' 그런 말을 앞세워 접근하는 말이어서 이런 말에 넘어가면 안 되는데, 문제는 이성 간에 사귈 때 대부분 '한마음이다, 마음이 통했다'는 식으로 말을 하는데 결국 그런 말로 접근하여 상대의 몸을 취하는 것이 아닌가?

그리고 시간이 지나면서 그렇게 말한 것은 변하게 되고, 나중에는 '원수'가 되어 버리는 것이 아닌가? 물론 그 관계를 죽을 때까지 유지하는 경우도 있지만, 이것은 두 사람의 업이 아직은 지속되고 있어서 그렇습니다. 결국, 마음이 다르기 때문에 지구 상에 살아가는 사람들의 환경이 다 다르고, 태어나는 이치가 다 다르게 되는 것이어서 태어나면서부터 장애를 가지고 태어났다는 것은 무엇을 의미하는가? 그래서 나는 인간으로 태어나서 몸이라도 제대로 가지고 태어나는 것은 천만다행이라는 말을 한 것인데 사람들은 이런 부분은 이해하지 못하고 막연하게 '나는 재수가 없어서 그렇게 태어났으므로 너와 다르지 않다'고 말하는 것은 잘못된 생각입니다.

먼저 '진리의 작용'을 이해하는 것이 중요하고 그다음 그렇게 태어날 수밖에 없는 나 자신의 뿌리를 이해하는 것이 그나마 장애를 벗어날 길입니다. 근본을 이해하지 못하고 현실적으로 '나는 재수 없어서'라는 말만 한다면 그것은 대단한 착각이고, 그 장애에서 벗어날 수 없음을 알아야 합니다.

여러분이 자연 속에 존재하는 무수한 동물을 보면서 다양하게 있으니 보기 좋다, 서로 다른 모습, 특징을 가지고 있으니 자연이 좋다고 생각만 한다면 여러분은 자연을 제대로 보는 것이 아닙니다. 그러한 것을 보면서 왜 강아지로, 소나 말, 호랑이, 뱀 등등으로 다양한 형상을 하고 살아가는가의 본질을 알면 그 이면에 반드시 그렇게 태어나야 할 업(業)이 있어서, 그들이 그렇게 만든 전생에 운명이 있어서 그 업에 따라 여러 가지 생명체로 태어나는 것이고, 이것을 '자연의 법칙'이라고 하는 것입니다.

그런데 여러분이 등산을 가서 자연을 본다고 하면서 여러 가지 의미를 부여하는데 지금 여러분이 보는 자연은 인간 세상이 아닌 다른 세상의 모습을 보고 있기 때문에 자연은 신비롭다고 생각하는 것이 전부입니다. 그래서 나는 자연이라는 것을 보려고 일부러 산속에 가는 행위는 자연을 보는 것이 아니라고 말했고 지금 여러분이 사는 그 자리도 자연의 법칙이 다 있는 것이어서 현실을 떠나 파란 나무가 있는 자연을 보러 간다고 하는 의식은 잘못된 의식입니다.

물론 도시에 살다가 나무가 우거진 다른 환경을 보면 환경의 변화로 다른 생각을 가질 수 있지만, 이것은 물리적인 변화에 따른 환경일 뿐이고, 내가 말하는 자연이라는 것은 지금 여러분이 서 있는 자리가 자연 속이라는 것을 말하는 것이어서 이 부분 정립해봐야 할 것입니다. 그래서 이 자연 속에서 나 자신이 몸이나 마음으로 어떠한 장애를 가지고 태어났다고 한다면 아니면 살면서 장애라고 생각하는 것이 나타났다면 이것은 우연이 아니라 반드시 그 이유가 있어서 그렇게 나타나는 것이라고 먼저 정립하고 살아야 합니다.

똑같이 주어진 인생의 시간을 살아가고 있는데 이런 작용을 이해하지 못하면 지금까지 그래 왔듯이 그저 그렇게 살다가 죽을 수밖에는 없고, 내가 원하든 원하지 않든 그렇게 살아온 그 마음의 결과에 따라 여러분은 자연 속에 또 다른 생명체로 윤회하는 것이 자연의 법칙입니다. 물에 빠졌으면(태어났다는 것 자체가 윤회이기 때문에 이 의미로 물에 빠졌다는 표현을 한 것) 그 물에서 나오려고, 벗어나려고 몸부림을 치는 것이 깨어 있는 의식이 아닌가를 생각해보라는 이야기입니다.

1327   인간의 기본

그런데 문제는 보통 사람의 의식은 내가 물에 빠졌는지 똥물에 옷이 젖어 있는지조차도 모르고 하루살이처럼 살아가는 것이 전부입니다. '한 번 왔다 가는 인생 두려울 것이 있는가'라는 말 여러분은 어떻게 생각하는지 모르겠지만 이런 말이 맞는다고 하면 내 글을 봐야 할 이유 없고, 각자의 마음에서 일어난 대로 하고 살면 문제는 간단한데 이치에 맞지 않는 말 마음속에 담고 있으면서 내 글을 보는 것은 어리석은 짓입니다.

여러분은 사전에는 자연(自然)에 대하여 뭐라고 정의를 했는가 하면 〈① 사람의 힘이 더해지지 아니하고 세상에 스스로 존재하거나 우주에 저절로 이루어지는 모든 존재나 상태. ② 사람의 힘이 더해지지 아니하고 저절로 생겨난 산, 강, 바다, 식물, 동물 따위의 존재. 또는 그것들이 이루는 지리적·지질적 환경〉이라고 되어 있는데 이 말 맞다 생각하는지 모르겠지만 잘못되었습니다.

그 이유는 인간도 자연 일부이기 때문에 인간을 빼고 이런 식으로 말하는 자체가 모순이라는 이야기고 내가 말하는 자연은 지구 상에 존재하는 모든 것(인간을 포함한 것)을 자연이라고 말하고 있어서 사전에 나와 있는 표현은 온전한 표현은 아니라 할 것입니다.

다시 말하면 인간 사회를 가만히 보면 모양은 다 비슷한 인간의 부류지만 인간의 형상(생김새)은 똑같은 것이 없고 다 다른데 이것도 자연 현상입니다. 마찬가지로 동물의 세계를 보더라도 무수한 종류의 동물이 있는데 이것도 마찬가지로 그 형상이 다 다른데 이것도 자연 현상입니다. 결국, 인간처럼 말을 하지 못하는 부류로 태어나는가, 아니면 인간으로 태어나는가의 차이만 있고, 그것에 경계선을 넘으면 인간으로 태어나고 넘지 못하면 인간과 가장 가까운 강아지, 소, 말, 닭 등으로 태어납니다. 인간으로 태어나야 할 선을 넘지 못한 것은 결국 인간과 가깝게 지내는 동물로 태어난다는 이야기입니다.

그래서 어떤 강아지가 강아지 모습을 가지고 있으면서 인간이 하는 말귀를 잘 알아듣고 인간처럼 행동하는 것을 가만히 생각해보면 지금 내가 무슨 말을 하는가를 이해하게 됩니다. 사람이 사람다워야 하고, 강아지는 강아지다워야 한다고 나는 무수하게 말했는데 강아지다움을 넘어서는 행동은 빙의의 행동이라는 이야기입니다.

그런데 이 같은 것을 보면 사람들은 많은 관심을 가지고 그 강아지를 대하고 추켜세우는데 이것은 곧 빙의가 인간과 교류를 하는 행위가 되어서 지나친 관심을 갖는 것은 잘못되었다는 이야기입니다. 다시 자연(自然)에 대하여 사회적으로 ① 사람의 힘이 더해지지 아니하고 세상에 스스로 존재하거나 우주에 저절로 이루어지는 모든 존재나 상태. ② 사람의 힘이 더해지지 아니하고 저절로 생겨난 산, 강, 바다, 식물, 동물 따위의 존재. 또는 그것들이 이루는 지리적·지질적 환경이라고 말하는 것, 이라는 정의를 보면 여기에 '우주'라는 말이 나오는데 이 부분도 공기가 있는 이 지구에만 '자연의 법칙'이 있는 것이고, 우주라는 것에는 '자연의 법칙'이라는 것은 존재하지 않음으로 우주라는 것을 끌어들여 '자연'을 말하는 것은 모순입니다.

따라서 생명체가 존재하고 생활하며 그것의 모습을 나타내는 현실만 자연이라고 해야 맞고, 생명체가 아닌 돌, 모래, 바위 등과 같은 것을 자연에 포함하는 것은 매우 잘못된 생각입니다. 다시 말하지만, 사전에서 말하는 자연이라는 것을 '사람의 힘이 더해지지 아니하고 저절로 생겨난 산, 강, 바다, 식물, 동물 따위의 존재. 또는 그것들이 이루는 지리적·지질적 환경이라고 말하는 것'은 이치에 맞지 않음으로 이 부분 정립해야 합니다.

그렇다면 인간이 살아가는 이 사회는 어디 부분에 속한다는 이야기인가? 내가 말하는 것은 인간이 사는 사회 그 자체도 자연의 섭리에 따라 살아가고 있어서 인간을 동물학적으로 본다면 동물 속에 속하기 때문에 움직이는 생명체는 모두 자연의 법칙을 따르는 것이고, 이 법칙에 따라서 제각각의 모습, 형상을 하고 있다고 말하는 것이 맞고, 막연하게 우주라는 것을 끌어들여 '사람의 힘이 더해지지 아니하고 저절로 생겨난 산, 강, 바다, 식물, 동물 따위의 존재. 또는 그것들이 이루는 지리적·지질적 환경이라고 말하는 것'을 자연이라고 할 수는 없다는 이야기여서 이 부분 여러분이 반드시 정립해야 할 것입니다.

따라서 생명체가 아닌 풀과 나무 같은 무정물(無情物)도 자연의 환경에 따라 그렇게 존재하는 것이어서 큰 틀에서 돌, 흙과 같은 것은 유정물, 무정물도 아니어서 엄밀하게 말하면 이것을 포함해서 모두 자연이라고 하면 안 되고 살아 있는 생명체가 살아가는 환경을 '자연(自然)'이라고 해야 맞고, 이 자연의 법칙을 아는 것이 깨달음이라고 반드시 정립해야 합니다.

그래서 공기나, 흙, 물이 없는 우주를 끌어들여 자연을 논한다는 것은 진리 이치를 모른다는 이야기가 되어서 일반 사람들이 말하는 '① 사람의 힘이 더해지지 아니하고 세상에 스스로 존재하거나 우주에 저절로 이루어지는 모든 존재나 상태. ② 사람의 힘이 더해지지 아니하고 저절로 생겨난 산, 강, 바다, 식물, 동물 따위의 존재. 또는 그것들이 이루는 지리적·지질적 환경을 자연이라고 말하는 것'을 말장난에 지나지 않는다는 점 명심해야 할 것입니다. 그래서 도회지에 살다가 산이나 강가에 가면 시원하다 등의 다른 감정을 느끼는 것은 순간 바뀐 환경의 변화에 따라서 느끼는 지극히 감성적인 느낌일 뿐이고, 그렇게 보는 그 자체로 자연을 느꼈다고 말할 수는 없습니다.

어떤 사람이 일요일만 되면 산에 자연을 보러 간다는 말을 하는데 이것은 앞서 말한 대로 자연을 보는 것이 아니라 아상이 섞여 있는 행동에 불과해서 의미 없습니다. 내가 말하는 자연의 개념은 인간이라는 생명체가 살아 움직이는 환경을 보고 이치에 맞게 살려고 노력을 하는 자가 자연의 섭리를 알 수 있다는 것을 나는 말하고 있어서 말들이야 다들 자연이 어떻다고 말하는데 대단한 착각입니다.

다시 말하면 하나의 가정을 이루고 살면 그 가정에 얽혀 있는 모든 사람들의 이해관계를 원만하게, 이치에 맞게 풀어가면서 사는 것이 자연에 사는 사람이라고 해야 맞는 이야기입니다. 그런데 이 현실에 적응하지 못하면서 산속이나 무인도에 들어가 살면서 '자연에 산다'는 것은 무엇을 의미하는가? 그들은 사실 자연에 사는 것이 아니라 인간사회를 떠나 사는 것이어서 결과적으로 '자연에 도피하고 사는 것이다.'라고 해야 맞는 말이 되는데 여러분은 인간관계에 실패하고 산속에 들어가 나무를 보고 풀잎을 따먹고 사는 것을 자연에 사는 사람이라고 생각한다면 여러분의 의식이 잘못된 것이고, 진리 이치를 모르고 사는 사람이라고 해야 맞는 말이 된다는 이야기입니다.

이 개념으로 바다에서 고기를 잡는 사람이 오늘 고기를 많이 잡지 못했다고 한다면 이 사람은 '자연이 주는 만큼만 잡는다'는 말을 하는데 이같이 말하면 여러분은 '저 사람은 자연의 순리에 따르며 산다'고 생각할 것인데 이것은 넓은 바다에서 인간이 마음대로 잡을 수 없는 한계가 있어서 그렇게 말하는 것이지 사실 강과 같이 범위가 좁은 곳에서 고기를 잡는다고 하면 그 물을 다 퍼내서 원하는 만큼의 고기를 잡을 것입니다.

그래서 인간의 의지, 힘으로 어떻게 할 수 없는 것에는 인간이 순응하는 척하는 것이기 때문에 이런 것을 분별하지 못하고 누가 어떠한 행동을 하면 여러분은 '저 사람은 좋은 사람이고, 자연의 순리에 따르며 사는 사람이다.'라고 생각한다면 여러분의 의식은 상당히 흐려 있다는 이야기입니다. 그래서 사전에 '① 사람의 힘이 더해지지 아니하고 세상에 스스로 존재하거나 우주에 저절로 이루어지는 모든 존재나 상태. ② 사람의 힘이 더해지지 아니하고 저절로 생겨난 산, 강, 바다, 식물, 동물 따위의 존재. 또는 그것들이 이루는 지리적·지질적 환경'을 자연이라고 정의하고 있는 말들은 모순이 되는 것입니다.

모든 생명체는 자연의 섭리에 벗어난 대로 이생에 갖가지 몸을 가지고 태어나기 때문에 강아지를 보면서 '나도 언젠가는 강아지로 태어날 수 있겠다'고 생각하는 것이 옳은 생각이고, 그렇게 되지 않기 위해서 나는 어떻게 해야 하는가를 생각하고 그 마음을 고쳐가는 것이 지혜로운 자의 의식이라고 해야 맞는 말이 된다 할 것이고, 이런 것이 내가 말하는 화현의 부처님 법입니다.

관념

지구 상에 인간으로 태어나 살다가 죽어간 모든 사람들은 '자기가 생각하는 것'이 맞는다고 생각하고 옳은 삶이라고 생각하고 살다가 죽었습니다. 이 글을 보는 여러분도 다들 그런 생각으로 현실을 삽니다. 그런데 내가 말하는 것은 각자가 생각하고 사는 그런 삶이 모두 '옳았는가'라는 것을 반문해보라는 말을 하고 있어서 이 부분 여러분이 의아해 할 것입니다. 그 이유는 모든 사람들이 사람들은 다위대하고 잘났다고 말하는 입장이기 때문에 '너의 그 관념, 생각이틀릴 수 있다'고 말하니 내가 하는 말 여러분이 쉽게 수긍을 할 수 있겠는가? 그런데 문제는 그렇게 자기 자신에게 일어나는 그 마음대로 하다가 결국 스스로 하다 하다 안 되면 이때는 누군가에게 답을 들으려고 이곳저곳을 기웃거립니다.

바로 이런 인간의 심리를 이용해서 생겨난 것이 사주팔자, 별점, 철학 등이라고 말했는데 거꾸로 자신이 생각하는 그 생각이 맞는다면 '사주팔자'와 같은 것들이 생겨나지 않았을 것이라는 이야기입니다. 지금 내가 말하는 것을 보면서 여러분 스스로 정리를 할 수 없는 부분이 있을 수 있는데 그에 대한 답을 찾고자 내 글을 보는 것이 아닌가?

지금까지 지구 상에 살아가고 있는 모든 사람들을 보면 자신이 말하고 행동하는 것이 옳다고 생각하고 살아가고 있지만 정작 자신의삶의 방식이 틀렸을 수도 있다. 내가 먹은 마음이 옳은 길이 아닐 수 있다고 생각하고 옳고 맞는 것을 찾아가려고 노력을 하는 사람이 얼마나 될까? 그래서 어떤 사안에 대하여 자신이 정립한 것이 있다면 그것이 이치에 맞는가 아닌가를 볼 수 있어야 하는데 지금까지 이 세상에는 이런 것을 알고 삶에 길을 잡아준 사람은 화현의 부처님 법 말고는 없었고, 앞으로도 이런 사람은 나오지 않습니다. 갈수록 빙의들이 판치는 세상이 되기 때문에 더더욱 그렇다 할 것입니다.

이 말을 이해하기 위해 과거 인간의 역사를 보면 공자, 맹자 등과 같은 사람들이 존재했지만 근래 들어와서 공자 맹자와 같은 인물들이 세상에 나타나지 않는 것만 봐도 이 세상이 어떻게 흘러갈 것인가는 쉽게 알 수 있을 것입니다. 노동해야 밥을 먹고 살 수 있다는 과거의 상황과 요즘은 힘든 노동을 하지 않고 돈만 좋아하는 세상이 되어 버렸고, 단체를 만들어 정부에다 목소리를 내면 정부는 돈으로만 그 문제를 해결하고 있는 세상입니다.

자식을 몇 명을 낳으면 돈을 얼마를 준다는 세상, 교육을 무료로 시켜준다는 세상이고, 힘든 것은 못 사는 나라 사람들을 데려다 일을 시키고, 주 5일제도 힘들다고 하여 주 4일제, 3일제를 시행한다는 말이 나오고 전반적으로 사회가 돌아가는 것을 보면 여러분은 어떤 시각으로 볼지 모르겠지만 이런 상황은 세상이 갈 때까지 다 갔다는 것을 의미합니다. 인간을 제외한 무수한 생명체는 스스로 몸을 움직일 수 있을 때까지 스스로 힘으로, 노력으로 먹이 활동을 하고, 스스로 먹이 활동을 하지 못할 때가 되면 그 동물은 죽습니다.

그런데 이놈에 마음을 가지고 사는 인간은 손가락 하나 까닥하지 않고 입으로 거저 밥을 먹으려 하는 세상이 아닌가를 생각해보라는 이야기입니다. 짐승만도 못한 행위를 하면서 인간의 탈을 쓰고 사는 사람이 지구 상에 하나둘이겠는가? 그래서 남녀가 결혼하기 위해 제일 먼저 보는 것이 상대가 가지고 있는 '재력, 능력'이라는 것을 먼저 보는 것이고, 여자의 입장에서는 팔자를 펴보겠다고 돈 많은 남자를 찾는 것이 현실 아닌가?

개고생, 생고생 등과 같은 말을 많이 하는데 이치에 맞는 일을 해서 얻어지는 결과는 고생 끝에 보람이라는 것이 생기지만, 이치에 맞지 않는 것에 용을 쓰고 사는 사람은 결과도 좋지 않을뿐더러 말 그대로 개고생만 할 뿐 얻어지는 것은 없습니다. 그래서 각자의 마음에서 '이렇게 하고 싶다'는 생각이 일어나겠지만, 그 생각이 이치에 맞는가 아닌가를 먼저 봐야 하고 이치에 맞다 한다면 자신의 마음에 벗어난 것, 자신의 마음에서 내키지 않는 일이라고 해도 그 일을 해야만 결과가 좋게 나타납니다.

그런데 내 마음에 싫어서 하지 못한다고 한다면 결국 자신의 마음에서 일어난 대로 하고 자신의 인생을 살면 되는데 이 경우 어리석은 사람들은 이치에 맞지 않은 행위를 하고 있으면서 자신이 원하는 결과를 기대하는데 이 경우 말 그대로 '개고생'을 한 것이 전부인데 그 이유는 그 결과가 이치에 맞지 않게 얻어질 수밖에 없어서 그렇습니다.

그래서 보통 사람의 경우 아무리 용을 써봐도 그 나물에 그 밥의 인생을 살게 되어 있어서 사실 가난하게 살 수밖에 없는 이유가 진리적으로 있어서 현실적으로 가난한 사람을 보면 인간적으로 안쓰러운 부분이지만, 진리적으로는 하나도 안쓰럽지 않다고 해야 맞는 말이 됩니다. 그래서 이 개념으로 태어나면서부터 장애를 가지고 태어났다면 인간적으로 생각하면 안쓰러운 부분이지만, 진리적으로는 자업자득 인과응보의 이치에서 하나도 안쓰럽지 않다고 두 가지의 의미를 정립해야 합니다. 따라서 이생에 인간으로 태어날 수밖에 없는 현실에서 어차피 인간으로 태어났다고 한다면 내 그릇에 맞는 것에 맞추어 자신의 본분을 알고 인생을 살아가려는 자세가 중요합니다. 전생에 지은 것이 없는데 이생에 모든 것이 내 마음대로 되라는 법은 세상천지에 존재하지 않습니다. 그래서 사람이 자신의 본분을 알고 산다는 것은 매우 어려운데 지금 정치를 하는 사람들을 보면 자신의 본분이 뭔지도 모르면서 설쳐대는 사람이 상당한데 참으로 안타까운 일입니다.

　어찌 되었든 자기 생각대로 사는 사람 중에 '내 생각대로 하니 사업이 잘되었다, 가게가 잘되었다'고 하는 것은 그 자신이 하는 일을 통해서 그 자신이 받아야 할 업(業)을 되받는 것이기 때문에 이 경우 개고생은 했지만 얻어지는 결과는 만족할 수밖에는 없고, 이 경우 문제는 '마음대로 되었다'고 생각하고 자신이 생각하고 행동하는 모든 것이 맞는다고 생각하며 남이 해주는 말을 전혀 듣지 않습니다. 그런데 반대로 마음먹은 대로 했지만, 그것이 마음대로 되지 않는 사람이 있는데 이것은 그 사람의 업과 맞지 않은 일을 하므로 똑같이 마음을 먹고 한 일이지만 누구는 잘되고 누구는 의미 없는 개고생의 결과로 나타날 수 있습니다.

그러니 같은 고생을 했어도 얻어지는 것이 있기도 하지만, 의미 없는 고생의 결과로 나타나는 것은 반드시 전생에 지은 물질의 선업의 결과에 따라 이생에 그러한 동기, 계기를 통해 나타나는 것이어서 여러분 인생에 어떠한 문제가 있다면 이것은 여러분에게 동기부여가 되는 것이어서 여기서 선택을 잘해야 하는데 이런 이치를 아는 자가 그동안 없었으니 여러분은 그저 자신이 마음먹은 대로만 되기를 비는 것이 아닌가? 이치에 맞는 길을 찾는 것이 아니라 이치에 맞지 않는 길에 들어서서 용써봐야 되는 일은 없다는 이야기입니다.

1329 허상과 꿈

일상을 사는 인간의 입장에서 매 순간 행동 하는 것에도, 또 어떠한 일에 관해 결정해야 할 상황이라는 것에는 반드시 전생에 지은 업과 깊게 관련이 있는 행동을 합니다. 그래서 사람이 하는 모든 행동을 보면 그 사람이 전생을 어떻게 살았는가는 매우 쉽게 알 수 있는데 그 행위가 이치에 벗어난 행위라고 한다면 이생에서 '그렇게 하지 말라'고 말해주는데 여러분의 입장에서 보면 '맞는 행위'라고 생각하게 되어 있습니다. 그래서 맞다 생각하는 그 마음을 바꾼다는 것이 어려운데 그 이유는 그것이 자신의 참 마음이라고, 이치에 맞는 마음이라고 생각하기 때문에 그렇습니다.

다시 말하면 만약 전생에 지은 업이 있다면 이생에 '이것이 하고 싶다, 저것이 하고 싶다.' 등의 마음이 일어나는 것이 보통 사람의 삶입니다. 그래서 어떤 사람은 일어난 그 마음대로 했는데 마음먹은 대로 잘 되는 사람도 있지만, 마음에 일어난 그 마음대로 했어도 그것이 생각하는 것처럼 잘되지 않은 사람도 있는데 여러분은 이 차이를 뭐라고 생각하는가? 반대로 사람이 이런 마음이 일어나지 않는 것은 전생에 지은 업이 없어서 그렇습니다.

그래서 없는 업을 이생에 새롭게 만들어가야 하는 입장인 사람도 있는데 이런 이유로 나는 여러분에게 현실적으로 가능한 것을 찾아서 개척해야 하기 때문에 이생에서 이런저런 것을 해보라는 말을 해주는 것입니다. 그런데 이게 쉽지 않은 것이 자신이 전생에 해보지 않았던 것이라면 이생에 하고자 하는 마음이 쉽게 일어나지 않아서 그렇습니다. 다시 말하면 전생에 어떠한 업을 지었다면 이생에서 본능적으로 마음 한구석의 그 업에 따라 나는 '이렇게, 이것이 하고 싶다'는 마음이 일어나지만, 마음에서 뭔가의 마음이 일어나지 않는다는 것은 되받아야 할 행위를 하지 않았다는 이야기입니다.

그러니 받을 것도 없는 사람이 눈에 보이는 것이 있어 남이 다 하니 나도 하면 된다고 생각을 하고 무엇을 해보려고 하다가 결국 망하고 마는 것입니다. 누구는 잘되고 누구는 마음대로 되지 않는 것에는 반드시 내가 그러한 것을 해서 되받아야 할 업(業)을 지었어야만 이생에 마음이 일어나고 그 행위를 했을 때 얻어지는 것입니다. 이것 보고 '자업자득 인과응보의 이치'라고 하는 것인데 이 글을 보는 여러분도 이 순간 무수한 마음이 일어날 것입니다.

그런데 똑같은 글을 보지만 각자의 마음에는 다 다른 감정이 일어날 것인데 그것도 이 법과 어떠한 인연을 전생에 만들었는가에 따라 그 마음이 다 다릅니다. 그래서 나는 사람이라는 것은 마음이라는 기운 작용으로 몸을 움직이고, 몸을 움직임으로써 하나의 결과가 나타나게 되어 있어서 의식이 깨어 있으면 이것은 흐르는 물과 같은 것이고, 의식이 멈추어 있으면 그 마음은 썩어들어가게 되어 있다는 말을 한 것입니다.

참으로 답답한 부분이 어떤 사람이 직장을 다니거나 전문직에 종사를 오랫동안 하다가 퇴직을 하면 자신이 쭉 해왔던 일 말고는 다른 일을 잘하지 못합니다. 내가 말하는 논리는 지금 어떠한 직업, 직장을 가지고 있다고 하더라도 틈틈이 시간을 내서 자신이 해보지 않았던 일을 취미 삼아, 아니면 평소에 해보고 싶었던 것을 조금씩이라도 해서 취미, 재미를 붙이고 그것에 능력을 키워가는 것이 중요한데 이같이 하면 지금 배운 것으로 나중에 여러분의 이치는 바뀌게 됩니다.

이 부분도 모임에서 여러분에게 많이 했던 말인데 지금 여러분이 하는 일만 하고 다른 것을 생각하지 않는다면 그 직장을 그만두고 난 다음 여러분이 할 수 있는 것이 없게 되는데 지금 당장은 직장을 다니면서 쭉 해왔던 것이어서 주된 직업이 되겠지만, 내가 말하는 것은 시간 나는 대로 본인이 마음 가는 것을 배우고 능력을 키워

가지 않으면 주된 직업에 일을 그만두더라도 연속성 있는 생활을 할 수 있기 때문에 하나의 직업으로 안주하는 것은 깨어 있지 못한 의식이라고 해야 맞습니다.

그래서 '이치는 바뀐다.'라는 말을 나는 한 것인데 이 말을, 확대해보면 잘 나가는 시기에 나의 죽음을 생각하지 못하고 사는 것은 깨어 있지 못한 의식이라고 해야 맞는 말이 됩니다. 얼마 전 뉴스를 보니 어떤 사람이 젊은 나이에 좋은 아이디어로 사업하여 우리나라에서 다섯 손가락 안에 들어가는 부자가 되었다고 합니다. 물론 이 사람이 번 돈은 넘쳐나는데 문제는 이 사람이 '조현병'으로 고생을 하다가 50대의 나이에 죽었다고 하는데 이런 것은 비단 이 사람에게만 해당되는 것이 아니라 이 글을 보는 여러분에게도 해당될 수 있습니다.

이 말은 지금 안주하는 각자의 삶이 영원하지 않다는 것을 의미하는 것이고, 물질도 받아야 할 것이 있으면 이생에 받아지겠지만, 그 물질의 유통기한이라는 것이 다하면 앞서 말한 대로 그 물질은 내 손을 떠나게 되어 있다는 이야기입니다. 그래서 아무리 업이 발현해서 되받아지고 있다지만 그 업의 유통기한에 따라 그것은 내가 죽을 때까지 나의 소유가 될 수 있지만 결국 그 물질은 다가오는 나 자신의 죽음 앞에는 아무런 도움이 되지 않습니다.

그래서 물질 이치에서 노력해서 물질을 많이 모으는 것도 중요하지만 그 반대로 내 마음을 알고 그에 합당하게 마음을 만들어가는 것도 중요해서 이 두 가지가 반드시 균형 맞아야 잘 사는 인생이 되고, 죽었을 때 홀가분한 마음으로 남아 자신의 이치는 바뀌게 됩니다. 이렇게 말하면 먹고사는 것도 어려운데 어떻게 하라는 말이냐고 말할 수 있겠지만, 이것은 내가 말하는 것을 잘 이해하지 못한 것이고, 돈이 아무리 많다고 해도 없다고 해도 자신이 어떠한 의식을 가지고 있는가에 따라 얼마든지 이치에 맞게 삶을 꾸려 갈 수 있는 것입니다.

부모가 어떤 사업을 해서 돈을 벌고 죽었다고 하면 그 자식이 대물림하겠지만, 부모의 업과 자식의 업이 다르기 때문에 부모의 그 재산을 자식이 온전하게 지키지 못합니다. 다시 말하지만, 부모라고 하더라도 남편의 업(業)과 부인의 업(業), 자식의 업은 반드시 다 다르기 때문에 부모가 아무리 물질을 많이 남겨준다고 해도 그것은 하루아침에 물거품이 될 수 있다는 이야기고, 실제 이런 것은 사회를 보면 쉽게 알 수 있을 것입니다.

1330 흐름

과거 시골에는 만석꾼이라는 사람들이 많이 살았고 부자라는 소리를 듣고 살았습니다. 그런데 오늘날 그 만석꾼의 집안을 보면 자식이 대대손손 그 부(富)를 이어오지 않고, 시간이 흐르면서 하루아침에 알거지가 되는 경우 주변에 흔합니다.

세월은 머물러주지 않는데 그 이유는 업의 이치가 수시로 바뀌기 때문에 그렇다고 해야 맞는 말이 되는데 보통 사람은 지금 자신의 환경이 영원할 거로 생각하는 것이 일반적인데 이게 그렇지 않습니다. 또 하나는 아무리 물질이 많다고 해도 나의 몸이 아프면, 병들어 죽으면 그 물질은 하나도 의미 없고, 그렇게 웅크리고 살았던 그 마음으로 다시 뭔가의 생명체로 태어나겠지만, 이생에 물질이 많았기 때문에 다음 생에도 물질이 많을 것으로 생각하면 대단한 착각입니다. 나는 '이치는 바뀐다.'라는 말을 많이 하는데 이 말은 부모의 업이 다르고 자식의 업이 똑같지 않고 다르기 때문에 나타나는 현상이어서 그렇습니다.

그래서 지금 당장 가진 것이 없다고 해도 이치는 바뀌기 때문에 이생에 이치에 맞게 마음을 만들면 자신이 처한 상황에서 최선의 환경은 만들어집니다. 단박에 미꾸라지가 용이 되는 것이 아니라 온전한 미꾸라지가 될 수 있다는 이야기입니다. 따라서 앞서 말했지만 한번 부자는 영원한 부자라는 것은 존재하지 않음으로 영원한 것은 없다는 것을 알아야 할 것입니다. 얼마 전 젊은 나이에 게임으로 성공한 사람이 우울증(조현병)으로 죽었다 했는데 비록 성공은 했지만, 개인적인 그 자신의 업으로 젊은 나이에 세상을 떠나는 것을 보면 결국 인생을 산다는 것은 물질이 우선이 아니라는 것임을 알 수 있는데 돈으로 치료할 수 없는 마음에 병이라는 것은 여러분이 상상하지 못할 만큼 무서운 것입니다.

아무리 돈이 많아도 그 돈을 어떻게 사용하는가가 중요하고, 마음의 병으로 나타나는 개인적인 업의 이치는 물질로 어떻게 할 수 없어서 결국 돈이 없더라도 마음을 간수하고 마음 편하게 사는 것이 잘사는 인생이 됩니다. 그렇다면 마음 편하게 하는 방법이 뭔가? 예를 들어 어떤 사람이 먹을 만큼의 재산도 있고, 자식도 원만하게 잘 키웠으니 마음 편하다고 말한다면 이것은 내가 말하는 '마음 편함'은 아닙니다. 현실에 부족한 것이 없으니 편하다고 느끼는 그런 마음은 진리적으로 편한 마음이 아니라는 것이고, 내가 말하는 마음 편함이라는 것은 진리 이치를 알고 그에 순응하는 삶을 사는 것이 마음 편함의 정석이라는 이야기입니다.

돈이 많든 적든 간에 인간은 반드시 한 번은 죽는데 앞서 말했지만 죽음의 잣대는 물질로 잴 수 없고 오로지 마음에 어떠한 업을 가지고 있는가에 따라 진행되는 것이고, 물질은 부수적으로 얻어지는 것이어서 물질 이치에서의 돈과 진리 이치에서의 마음은 철길의 두 갈래와 같이 균형이 맞아야 하고, 그런 삶이 잘 사는 사람이라고 해야 맞는 말이 됩니다. 다들 하는 말이 '죽을 때는 빈손이다.'라는 말을 하는데 왜 이런 말을 하는 것일까?

그것은 죽은 사람은 몸의 작용이 멈추어 버리기 때문에 살아 있을 때처럼 손으로 모든 것을 잡을 수 없는 상황이라는 것을 모든 사람들이 다 알기 때문에 '죽으면 빈손으로 간다'라고 말하는 것이고, 내가 말하는 것은 당연히 죽을 때는 빈손이겠지만, 문제는 살아 있을 때 어떤 마음으로 살았는가는 반드시 남고, 그 마음에 흔적에 따라 그 사람 미래의 운명은 결정되게 되어 있어서 물질 논리에서 죽으면 빈손이겠지만 진리 이치에서 마음이라는 것은 그렇지 않습니다.

바로 이 부분도 세상에서 처음으로 정리하고 있는 부분인데 참으로 안타까운 것이 어떤 사람들은 '한 번 왔다 가는 인생'이라고 해서 안하무인으로 나 잘났다며 하고 싶은 것 다 하고 살자는 식의 사고방식을 가지고 사는데 매우 잘못된 의식이고, 그런 의식으로 인생을 살아봐야 되는 일 없습니다. 그리고 나이가 들어 한다는 말이 '인생 살아봐야 별거 없다'는 식으로 마치 도를 깨달은 사람처럼 말하는데 이것이 보통 사람들의 의식이라고 해도 무리는 없을 것입니다.

따라서 내가 말하는 논리는 '흐르는 물에는 이끼가 끼지 않는다'는 논리를 말하고 있는데 문제는 내 인생에 흐르는 물은 어떤 물인가가 중요하고, 이 물을 알고 사는 것이 잘사는 인생이라 할 것입니다. 그래서 나는 현실적으로 여러분에게 시간이 나는 대로 각자의 발전을 위해 뭔가를 배우고 살라는 말을 많이 했고, 각자의 입장에서 실현 가능한 것을 찾아 뭔가를 해보라는 말을 한 것입니다. 사람은 현실을 사는 것이지 가상의 세상을 사는 것이 아니기 때문에 업이 어떻고를 따지기 이전에 '지금 내가 무엇을 하는 것이 최선인가'를 늘 생각하고 하루를 그것에 맞게 최선을 다해 사는 것이 중요하고 우선되어야 합니다.

하나의 직업을 가졌나고 해서 그 직업에 안주해버리는 것은 어리석은 생각이고 주된 직업을 가지고 생활은 하더라도 남는 시간에 자신을 위해 뭔가의 일을 찾고, 부수적으로 만들어가면 의식은 그에 맞게 깨어나게 되어 있는데 내가 제일 듣기 싫은 소리 중에 하나가 '나는 이것을 할 줄 모른다. 관심 없다'는 식으로 단정 지어 마치 그 것이 자랑이라도 되는 것처럼 목에 힘주어 말하는 사람이 있는데 이런 사람의 의식, 사고방식은 자신에게 전혀 도움이 되지 않습니다.

그래서 고고한 척하고 살던 사람에게 갑자기 환경이 바뀌면 바뀐 그 환경에 적응하지 못하고 극단적인 선택을 해버리는 것입니다. 인생을 살면서 매 순간 자신을 위해 해야 할 일을 찾아서 몸을 움직여야 하는데 현실에 안주하고 이성적인 생각만 하고 시간이 나면 삼삼오오 떼를 지어 영양가 없는 말을 하면서 히죽거리며 허송세월 보내는 사람 이 세상에 넘쳐납니다. 따라서 사람이라는 동물은 죽을 때까지 몸을 움직여서 건설적인 삶을 살다가 죽어야 하는데 자식 다 키우고 별문제 없다고 생각하면 '이제는 좀 쉬어야겠다, 고생했으니 즐기며 살고 싶다.'는 말을 하고 좋다는 음식 찾아다니고 경치 좋은 곳이라는 것을 찾아다니며 마치 그러한 삶이 잘 사는 삶이라고 생각하는데 대단한 착각입니다.

그러니 마음에 중심을 어디에 두고 사는가는 매우 중요한데 다들 마음에 중심을 잃어버리고 살기 때문에 이 세상이 요 모양 이 꼴로 변하고 있는 것이 아닌가? 이같이 말하면 누구는 '나는 마음에 중심이 있다'고 말하는 사람도 있을 것이나 삶에 애착, 집착하는 중심과 내 마음에 어떤 의지처를 마음속에 두고 사는가는 다른 부분이어서 이 부분 정립해야 할 것입니다.

미음에 중심, 다들 인생을 사는 사람들을 보면 나름대로 각자가 '마음에 중심'이라는 것을 가지고 삽니다. 하지만 그런 중심은 각자의 업(아상)에 따라 생활을 하는 방법을 말하는 것이고, 내가 말하는 것은 인생을 살면서 각자의 마음에 무엇을 의지하는가를 말하는 것이어서 이 부분 반드시 정립해야 합니다. 예를 들어 남자, 여자가 연애하면서 몸은 함께 있지만 두 사람의 마음은 서로 다른 생각을 하고 있을 수 있고 이 같은 마음, 생각은 눈으로 확인할 수 없어서 몸이 함께 있으니 그 사람의 마음도 함께 있다고 생각한다면 대단한 착각입니다.

이것 보고 '동상이몽(同床異夢)'이라고 하는 것입니다. 이 말은 말 그대로 '같은 침대에서 잔다고 해서 모두 같은 꿈을 꾸는 건 아니다. 잠(몸이라는 물질)은 같은 곳에서 자지만 꿈은 서로 다른 꿈(마음은 딴 곳에 있다.)을 꾸는 것'을 말하는데 이 말 새겨봐야 할 것입니다. 왜 이런 말을 하느냐면 보통 사람들이 살아가는 것은 속마음이 다르고 행동하는 것이 다르기 때문에 '하나의 마음'으로 인생을 산다는 것은 매우 어렵습니다.

따라서 여러분의 마음속에는 빙의가 작용하고 있으면 여러분의 몸은 허수아비가 되는데 그 이유는 마음을 빙의가 장악하게 되면 그 사람은 온전한 자신의 삶을 살 수 없게 됩니다. 물론 빙의가 100%로 영향을 주는가, 아니면 1%의 영향을 주는가에 따라 다르겠지만,

실제 이 부분은 세상 사람을 보면 쉽게 알 수 있는 부분인데 정작 당사자들은 빙의가 작용하는지를 모르고 자신이 행동하는 것이 '내 마음에 따른 행동'이라고 생각하는데 참으로 안타까운 일이고, 인간으로 태어나서 나답게 산다는 것은 사실 진리적으로 보면 매우 어렵습니다.

그래서 나는 일단 빙의가 자신에게 없다는 것이 중요하고, 그다음 다른 빙의가 내 마음에 들락거리면서 영향을 주지 않는 것이 최선인데 이같이 하려면 보이지는 않지만, 여러분의 마음을 이치에 맞는 마음으로 만드는 것이 최선입니다. 빙의의 침략으로부터 내 마음을 지키려면 나만의 무기가 있어야 하고, 그 무기는 이치에 맞는 말로 내 마음을 무장시키는 것 말고는 다른 방법은 없습니다.

사람들은 쉽게 쉽게 빙의(憑依)라는 말을 하고 있는데 이것은 매우 잘못된 것인데 그 이유는 빙의라는 것 자체는 여러분에게 어떤 식으로든 도움이 되지 않는 존재이기 때문에 그렇습니다. 그런데 세상 사람들이 말하는 것을 보면 아무렇지 않은 듯이 빙의라는 말 많이 하는데 그런 사람들에게 빙의는 더 쉽게 작용합니다. 따라서 세상 사람들이 말하는 것을 보면 빙의(憑依)가 뭔지도 정확하게 정의를 내리지 못하고 있으면서 인간에게 해를 주는 것으로 생각하고 자신이 어떠한 도를 깨달았다고 하면서 빙의 치유를 한다고 하는데 이것은 모두 잘못된 것입니다.

그 이유는 먼저 빙의가 뭔가, 어떻게 생기고 어떻게 사람에게 작용하는가를 알아야 하는데 이것을 모르면서 인간에게 어떠한 현상이 나타나면, 약물로 치료되지 않는다고 하면 모두 빙의, 혹은 귀신, 어떠한 령(靈)이라는 것이 들어와서 영향을 주는 것으로 생각하는데 안타까운 일입니다.

예를 들어 '혼령이 들어왔다'고 한다면 혼령이라는 것이 실제 존재하는가를 구분해야 하고 또 들어왔다고 한다면 인간의 몸속에 어떻게 들어왔는가를 알아야 하는데 웃기는 것이 인간의 몸을 해부해도 오장육부 말고는 아무것도 없습니다. 그런데 혼령이 들어왔다, 나갔다 등의 말을 하는데 여러분은 이 말 어떻게 생각하는가? 따라서 내가 말하는 논리는 마음이라는 것에 작용하는 것이 빙의라고 해야 맞고, 이 마음은 공기가 있는 지구 상에서 진리의 기운으로만 존재하는 것이어서 자연이라는 것이 없으면 지구 상에 진리의 기운 속에 존재하는 생명체는 존재할 수가 없습니다.

그래서 한통속에 존재하는 생명체이기 때문에 들어왔다, 나갔다 등등의 논리는 성립될 수 없어서 '빙의를 빼낸다'고 하면서 소, 돼지를 잡고 사상적인 행위를 한다고 하는 것은 모두 이치에 맞지 않고 그렇게 한다고 해서 빙의가 '내가 나갈게.'라고 하며 나가는 일 없다는 이야기입니다.

여기서 '나간다'는 말을 했는데 이 말은 빙의가 물질 개념으로 내 몸에서 빠져나간다는 것이 아니라 '나에게 영향을 주지 않는다'는 의미여서 이 부분 정립해야 합니다. 그래서 마음이라는 것은 보이지 않기 때문에 입으로 상대에게 '너를 좋아한다'는 말을 한다 하더라도 그 속마음에는 다른 생각을 하고 있을 수 있어서 이런 부분을 '동상이몽'이라고 하는 것입니다. 겉으로는 같은 생각을 하고 같은 행동을 하는 것처럼 보이지만, 속으로는 다른 생각을 하고 다른 행동을 하는 것이 보통 사람의 의식이고, '한마음, 한 생각'을 한다는 것은 매우 어렵습니다.

그래서 진리의 기운 속에 사는 인간의 입장에서 빙의의 영향을 받지 않고 사는 것이 중요한데 이같이 하기 위해선 필요한 것이 뭔가? 그것은 다부진 의식을 가져야 하는데 의식이 흐려 있으면 빙의는 내 마음에 거리낌 없이 들락거릴 수 있어서(영향을 주는 현상)나 자신의 의식을 깨어나게 하는 것이 빙의 영향에서 벗어나는 길이 됩니다.

따라서 빙의 현상은 누구라도 다 겪을 수는 있고, 다만 그 현상이 어떠한 상태, 상황으로 현실에 나타나는가는 사람마다 다 다릅니다. 예를 들어 몸에 병(病)으로 작용하는 경우, 혹은 정신 이상자로 나타나는 경우, 또 인간 사적인 괴로움의 경우, 부모·자식 간, 가족 간에도 영향을 주는 경우도 있는데 이 경우 일반적으로 정신과적 약으로 치료되지 않으며 그 빙의의 영향에서 벗어나면 자연스럽게 치유되기도 합니다. 실제 자식이 부모를 죽였다는 말 가끔은 뉴스로 듣기도 하지만 이것도 빙의 현상입니다.

강아지가 사람의 말을 유독 잘 알아듣는 것도, 멀쩡한 사람의 몸에 이상한 병이 찾아오는 것도, 이성적인 상대로 만나 회포를 풀어가는 것 등등 빙의 작용은 한도 끝도 없어서 빙의가 없는 세상이 말 그대로 극락, 천당의 세상, 지상낙원의 세상이라고 할 수 있는데 이런 세상이 온다는 것, 만들어진다는 것은 부처가 아니라 부처 할아버지가 이 세상에 있다고 해도 해결될 부분은 아니기 때문에 결국 더러운 물에서 내 몸을 간수하고 사는 것이 최선이라는 이야기입니다.

1332   수행

따라서 인생을 산다는 것은 각자가 지은 업이 있어 존재하는 것이지만, 그중에 앞서 말했지만, 빙의의 영향을 받지 않고 산다는 것은 매우 어려운 것이어서 이 부분을 정리하지 못하면 죽을 때까지 빙의가 병으로 작용하면 결국 죽음도 그 병으로 인해 죽게 되는 경우도 있는데 이같이 되면 그 빙의와 업연이 정리될 때까지 다음 생에도 빙의를 달고 이 세상에 태어납니다.

그래서 인생을 살면서 상대가 빙의되어 나에게 영향을 주지 않는 인간 사적인 관계를 맺고 사는 것이 중요한데 내가 상대에게 어떠한 업을 지었는가가 중요한 것이어서 인생을 *깨끗하게 산다는 것*은 상대에게 이치에 맞는 행위를 하는 것이 중요하고, 이치에 벗어난 행위를 하면 눈에 보이지는 않지만 그 행위로 인해 상대가 빙의로 되어 나에게 해를 줄 수 있어서 인생을 살아가는 방법은 '이치에 맞는 행위를 하고 사는 것'이 잘사는 인생이라고 해야 맞는데 이 부분 여러분은 어떻게 생각하는가?

그래서 나 자신이 생각하기에 나는 '좋은 사람이다.'라고 생각하고 사는 사람도 있는데 '좋은 사람'이라는 것의 정의를 여러분은 뭐라고 생각하는가? 지금 이 글을 보는 여러분의 입장도 '나는 좋은 사람이다.'라고 생각하는 사람이 있을 것인데 과연 여러분은 말 그대로 '좋은 사람'으로서의 행위를 하고 있는가를 생각해보라는 이야기입니다. 참으로 안타까운 것이 마음 작용으로 인간에게 나타나는 현상은 참으로 다양한데 이런 이치를 모르고 물질 개념인 약물로만 모든 것을 다 해결하려고 하는데 매우 잘못된 부분이고, 아니면 주술적인 어떤 것에 의지해서 인간에게 나타나는 모든 현상을 해결하려고 하는 자체도 모순입니다.

다시 한 번 말하지만 '마음의 병'이라는 것은 오로지 이치에 맞는 말로 자신의 마음을 만들어가는 것 말고는 답 없습니다. 이 말은 '괴로움의 소멸'이라는 것은 이치에 맞는 마음을 만들었을 때만 그 마음에 맞게 괴로움은 소멸한다는 이야기입니다.

그래서 불교가 말하는 '괴로움의 소멸'이라는 것은 팔정도(八正道)를 수행하면 괴로움이라는 것이 없어진다고 말하고 있는데 대단한 착각입니다. 그 이유는 여덟 가지의 바른길이라는 의미의 팔정도(八正道)라는 것은 존재하지 않기 때문에 그렇습니다. 그렇다면 거꾸로 이 팔정도(八正道)만 수행하면 여러분의 괴로움은 다 없어진다는 말이 되는데 이 얼마나 어처구니없는 말인가? 그 이유는 팔정도(八正道)라고 하면 '중생들이 고통의 원인이 되는 탐·진·치의 삼독심(三毒心)을 없애고 해탈을 얻어 깨달음의 세계인 열반을 얻기 위해 실천

수행해야 할 여덟 가지의 길, 또는 그 방법'을 말하는데 이 말 여러분은 어떻게 생각할지 모르겠지만 쓸데없는 행위이며, 내가 말하는 것은 '이치에 맞는 행'을 하면 된다는 논리를 말하고 있어서 이 부분 반드시 정립해야 할 것입니다.

그렇다면 이 팔정도(八正道)라는 것을 석가가 말했는가인데 그렇지 않습니다. 이 부분을 이해하기 위해 여러분은 초기 불교가 만들어진 상황에서 오늘에 이르기까지 불교의 변천사를 알아야 하고, 이 팔정도(八正道)라는 말은 지금의 불교, 즉, 대승불교 때 만들어진 말이고, 이 말은 곧 진리를 깨달은 자의 말이 아니라 지식을 가진 사람들이 권력과 세력을 이용해서 만들어낸 말이어서 진리와 아무런 관련이 없다는 이야기입니다.

따라서 불교의 말대로 여러분의 괴로움을 없애려면 이 팔정도(八正道)만 수행하면 괴로움이 다 없어질 것이니 무엇을 걱정하고 살 것이며, 무명의 존재가 말하는 내 글 봐야 아무런 도움이 되지 않을 것입니다. 그러므로 이치에 맞지 않은 말에 끄달려 팔정도라는 것을 수행한다고 하는데 모두 잘 못된 길을 가고 있다고 해야 맞는 말이 되고, 이치에 맞는 행(行)을 하면 그에 맞게 여러분의 이치는 바뀌고 궁극적으로 해탈이라는 것을 하게 되어 있는 것이 정답입니다.

따라서 내가 말하는 것을 보고 내 말이 맞으면 각자가 이치에 맞는 것이 뭔가를 찾아야 하고, 이 과정을 나는 화현의 부처님 법에서의 수행이라고 말한 것입니다. 이것이 아니라면 앞서 말한 대로 팔정도(八正道)라는 것을 하면 될 테니 선택은 여러분이 하면 되지 않겠는가? 따라서 여러분이 인생을 사는 입장에서 당면한 문제는 있을 수밖에는 없고, 그 문제를 하나하나 풀어 가다 보면 여러분의 삶은 그에 맞게 변화되어 스스로 이런 문제를 알지 못해 결국 '진리 이치를 아는 자'의 도움을 받아야 합니다.

이같이 하지 않고 어떤 문제에 대하여 울고불고하면서 뭔가에 빌어 해결할 수 있다면 다행이나 여러분의 문제 해결해줄 대상은 온 천지를 뒤져봐도 현실적으로 존재하지 않습니다. 그런데 불교는 '중생들이 고통의 원인이 되는 탐·진·치의 삼독심(三毒心)을 없애고 해탈을 얻어 깨달음의 세계인 열반을 얻기 위해 실천 수행해야 할 여덟 가지의 길, 또는 그 방법'이라고 말하면서 해탈이라는 말을 아주 쉽고 간단한 것으로 말하는데 참으로 안타까운 일이 아닌가?

내 앞에 놓인 문제도 이치에 맞게 풀어가지 못하는 주제에 해탈이라는 말을 하고, 괴로움의 소멸이라는 말을 식은 죽 먹는 것처럼 쉽게 말하는데 여러분은 이 부분 어떻게 생각하는지 모르겠지만 이런 말은 말 그대로 감성을 자극하는 말장난에 불과하다고 해도 무리는 없을 것입니다. 그렇다면 여덟 가지 바른 것이라는 것이 뭔가를 봐야 하는데 불교는 ① 정견(正見): 바르게 보기 ② 정사유(正思惟)·정사(正思): 바르게 생각하기 ③ 정어(正語): 바르게 말하기 ④ 정업(正業): 바르게 행동하기 ⑤ 정명(正命): 바르게 생활하기 ⑥ 정정진(正精進)·정근(正勤): 바르게 정진하기 ⑦ 정념(正念): 바르게 깨어 있기 ⑧ 정정(正定): 바르게 삼매(집중) 하기 등을 팔정도라고 하는데 이 말만 놓고 보면 그럴듯한 말로 들리겠지만, 문제는 무엇, 어떤 것을 기준으로 해서 '바른 것'이라고 판단할 것인가의 문제가 남습니다. 이 부분은 여러분이 심각하게 생각해봐야 할 부분이기 때문에 이 기준이 정리되지 않으면 여러분은 앞서 말한 8가지의 말이 맞는다고만 생각하게 되어 있습니다.

1333 　마음작용

인생을 살아가는 입장에서 다들 자신들이 하는 행동이 옳고, 생각하는 것이 맞다 생각하고 삽니다. 이 글을 보는 여러분도 여러분이 추구하고 판단하는 것이 맞다 생각하고 살아가고 있지 않은가? 그렇게 맞다 생각하는 입장에서 아이러니하게 뭔가가 괴로우면, 마음에 들지 않으면 여러분은 그 이유를 알고자 뭔가를 찾습니다. 부부가 싸움할 때 각자가 주장하는 것이 맞고, 옳은데 상대 때문에 상대가 자신을 따르지 않아서 괴롭다, 힘들다는 말을 많이 합니다. 그래서 특히 방송 같은 것을 보면 '내가 잘못되었다, 틀렸다.' 등의 말은 한마디도 하지 않으면서 상대에게 모든 책임을 전가합니다.

사실 방송에 나와서 말하는 사람들을 보면 다들 자신들이 살아온 방식이 맞다 생각하는데 그런 사람들에게 '네 생각이 틀렸을 수도 있다.'고 말하면 어떻게 될까? 바로 이런 부분이 어려운 부분인데 사실 나 자신을 되돌아보고 사는 사람 별로 없습니다. 고작 해봐야 윤리·도덕·양심에 반하는 것이나 생각해보고 '내가 잘못했다.'는 말을 하는 것이 일반적이지 않는가? 어쩌다 세상에 이름 좀 알려진 사람들은 자신들이 살아온 방식이 맞는다는 논리를 말하면 어리석은 사람들은 그 사람의 모든 것을 따라서 행동하려고 합니다. 그런 사람들이 광고를 찍어 어떤 것을 선전하면 그런 제품이 제일 좋은 것으로 인식하고 그대로 따라 하기를 하는데 이것은 잘못된 의식입니다.

결국, 어리석은 사람들은 자신의 본분을 알려고 하지 않고 어떤 것으로 이름 좀 세상에 알려지게 되면 자신들이 가지고 있는 사고 방식이 바른 것으로 생각하며, 다른 사람의 말은 전혀 듣지 않게 됩니다. 실제 이런 것은 이 사회가 돌아가는 상황을 보면 쉽게 알 수 있어서 이런 것들을 보면서 여러분은 무슨 생각을 하는지 모르겠지만, 불교에서 말하는 '여덟 가지의 바른 행위를 하면' 괴로움이 다 소멸한다는 논리도 무엇이 바름인가의 기준도 없이 막연하게 팔정도를 하면 괴로움이 소멸하고 부처가 되고 해탈을 한다는 식의 말에 끄달려 사는 사람 상당합니다.

인간이 인지하는 '내 마음'이라고 하는 것이 무슨 마음인가를 안다는 것은 사실 매우 어렵습니다. 그러나 이 마음의 작용이라는 것을 알면 마음이라는 진리의 기운으로 움직이는 모든 사람의 본질은 매우 쉽게 알 수 있고, 그 마음이 어떤 마음이기에 저런 행동을 하는가를 알 수 있어서 하나의 인간으로 왜 태어나 사는가는 매우 쉽게 뿌리를 알 수 있는데 '존재 이유'를 알고 세상을 사는 것과 존재 이유를 모르고 세상을 사는 것은 하늘과 땅 차이이기 때문에 존재 이유를 모르면 여러분은 각자의 마음에서 일어난 마음대로 살게 되어 있고, 그 마음에 빙의가 작용해도 여러분은 그것이 본인의 마음이라고 인지하게 되어 있습니다.

실제 각자의 마음에는 빙의의 마음이 작용하고 있어도 그것을 인지하지 못하고 마음에서 일어난 그 마음이 맞다 행동하는 사람 온세상에 널려 있고, 이런 부분은 앞서 말했지만, 사람의 행동을 보면 매우 쉽게 알 수 있습니다.

그래서 마음 치유라고 하는 것은 눈에는 보이지 않지만 여러분을 움직이게 하는 원동력인 '마음'을 이치에 맞게 하는 것이 내가 말하는 마음치유의 정석입니다. 예를 들어 현실적으로 인간의 몸에 어떠한 현상이 나타나면 우선은 약물에 의존할 수밖에는 없지만 이것도 사람마다 차이가 다 다른데 만약 빙의 작용으로 병이 왔다면 빙의가 떠나면, 영향을 주지 않으면 그 병은 현실적으로 약물치료를 하지 않아도 시간이 지나면 호전되기도 합니다.

이 말은 빙의가 영향을 줄 때 종교를 믿었다면 믿는 그 과정에 빙의가 영향을 주지 않으면 앞서 말한 대로 빙의 영향에서 벗어나는 것이 진리적 입장인데, 이 경우 사람들은 그 종교를 믿어서 그 병이 나았다고 보통은 생각합니다. 그래서 이런 사람은 자신이 믿었던 그 종교가 좋은 종교라고 생각하게 되는데 안타까운 일입니다.

시간이 지나면서 자연스럽게 업의 유통기한에 따라 없어지는 빙의도 있지만 죽을 때까지 그 사람에게 영향을 주는 빙의도 있어서 이러한 빙의 작용을 정형화해서 단답형으로 말할 수는 없다는 이야기입니다. 그래서 최선의 방법은 여러분이 빙의가 있든 없든 진리의 기운 속에 존재하기 때문에 스스로 자신의 마음을 지키며 사는 것이 최선이라고 해야 맞는 말이 되기 때문에 이 말 새겨봐야 할 것입니다.

다시 말하면 열 사람에게 빙의 작용으로 병이 생겼고, 똑같이 종교를 믿는다고 하면 누구는 호전되었다고 말하는 것은 그 사람에게 작용하는 빙의가 영향을 주지 않아서 그렇게 된 것일 뿐, 열 사람이 모두 빙의에 영향에 벗어날 수 없어서 사람마다 빙의의 작용에 따른 차이가 다 다릅니다. 수능 시험을 볼 때 열 사람이 다 붙지 않고 누구는 붙기도 하지만 누구는 떨어지기도 하는데 이것은 현실적으로 실력의 차이라고 하겠지만, 꼭 그렇지만은 않습니다.

그 이유는 공부가 비슷하다고 해도 수능에 붙어야 할 사람은 붙는 것이고, 공부를 잘해도 붙지 않을 사람은 붙지 않는데 이것도 빙의 작용과 관련이 있고, 또 각자가 어떤 업을 지었는가에 따라 그렇게 하는 길이 맞으면 붙을 수도 있습니다. 따라서 제일 중요한 것은 '나에게 빙의가 있다, 없다'를 먼저 따지기 전에 현실적으로 나의 의지, 의식으로 그 상황에 맞게 노력을 하는 것이 우선이고, 그다음 나 자신의 뿌리, 본분을 알고 내가 생각하는 진로가 맞는가를 진리적으로 알고 길을 선택하는 것이 중요합니다.

인생을 살면서 다양한 직업을 가질 수밖에는 없지만 자신의 본분과 맞지 않는 것은 아무리 용써봐도 이루어지는 것, 되는 일은 없습니다. 자신의 업의 이치와 맞아야만 그에 맞게 삶을 살 수 있고, 업의 이치에 맞지 않으면 겨우 그 입에 풀칠이나 하다가 죽게 되어 있다는 이야기입니다. 그래서 나는 나 자신의 길을 알고 인생을 살면 순탄한 길을 갈 수 있지만, 길을 모르고 가면 썩은 지푸라기를 잡고 늪에서 빠져나오려고 힘을 쓰는 것과 같다고 말한 것입니다.

1334 지식

만약 세상의 논리에 따라 사람은 무조건 끝까지 배워야 한다고 해서 배운다면 앞서 말한 대로 각자에게 어떤 업이 있는가에 따라 배움을 지속해야 하는 경우도 있지만, 적당한 선에서 배움보다 다른 것을 선택해야 하는 경우도 있습니다. 물론 이것은 각자가 전생에 어떠한 업을 지었는가와 깊게 관련이 있기 때문에 무조건 남이 하니 나도 한다는 식으로 똥고집으로 밀고 나가는 경우는 바람직하지 않으며 이런 사람은 반드시 패가망신하게 되어 있습니다.

그래서 각자의 마음에서 일어난 것을 정립하고 그 마음 중에 자신에게 맞게 일어나는 그 마음을 선택하는 것이 중요하고, 진리적으로 그렇게 일어난 마음이 맞는가 맞지 않는가를 봐야 하는데 이 부분은 여러분이 알 수 없어서 나는 '이치를 아는 자'에게 물어보고 어떤 것이 합리적인가를 선택해야 한다는 말을 한 것입니다. 마음에 중심을 잡고 세상을 사는 사람과 마음에 길을 잃고 세상을 사는 사람과의 차이는 반드시 다르기 때문에 화현의 부처님 법에서의 마음공부라는 것은 마음에 중심을 스스로 잡도록 하는 것이어서 일반 종교처럼 타력에 의지해서 삶을 살아가라고 말하지는 않습니다.

인간이 세상에서 제일 강한 척하지만 사실 제일 나약한 것이 인간이라고 해도 무리는 없는데 그 이유는 다른 동물들은 인간과 같이 사주팔자나, 자신의 운명을 알려고 하지 않는데 유독 이 인간만이 그런 것을 알려고 하고, 또 죽음이라는 것에 막연한 공포심을 가지고 살기 때문에 겉으로는 강한 척하지만 사실 자신의 의지대로 뭔가를 할 수 없다는 것에는 나약한 것이 인간입니다. 그래서 그러한 인간의 마음을 알고 만들어낸 것이 '누가 나를 지켜준다, 보호해준다'는 식의 말을 만들어 낸 것이 아닌가? 사람들이 쉽게 하는 말 중에 '태어날 때는 순서가 있지만, 죽을 때는 순서 없다.'는 말을 입에 달고 사는데 대단한 착각입니다.

과거 시계의 개념이 없었던 시기에는 '어느 때 태어났다.'고 말했지만, 시계, 달력이라는 것이 만들어지고 나서 연월일시라는 개념이 생긴 것입니다. 그렇다면 사람이 태어나서 연월일시라는 것은 각자에게 다 있을 것이고, 이것을 기반으로 무수한 철학적 사상이 만들어지게 됩니다.

이 말은 결국 여러분이 자신의 인생에 대하여 모든 것을 알려고 하는 그 심리를 이용해서 머리 좋은 사람들이 음양오행, 사주팔자,

철학 등과 같은 것을 인간의 머리로(지식) 만들었다는 것을 의미하는 것이고, 이같이 인위적으로 만들어진 말에 끄달려 여러분은 그 말에 따라 자신의 운명을 알려고 하는데 대단한 착각을 하고 있다고 해도 무리는 없을 것입니다. 따라서 과거 달력이라는 것이 없던 시기에는 '그 시기에 태어났고, 이때 죽었다.'는 식의 말을 했을 뿐이고, 이때는 사주라는 것으로 그 사람의 죽음이나 삶을 점치고 살지는 않았습니다.

따라서 달력이라는 것이 없었던 과거 마야시대, 석가 시대 때 화현의 부처님이 '너는 이렇게 살다가 이때쯤 죽게 된다.'는 말을 했는데 그 말대로 맞자 사람들은 화현의 부처님 법을 듣고 놀라게 됩니다. 이 글을 보는 여러분이 가만히 생각해보면 달력이라는 것은 이 사회가 물질문명의 근대화가 되면서 만들어진 것이고 과거에는 오늘날과 같은 달력이라는 것은 없었습니다. 그렇다면 그때 화현의 부처님은 사주팔자를 알고 그 논리에 따른 해석을 해서 여러분의 운명을 봐주었겠는가?

인간이 이 지구 상에 존재하기 시작하면서 마음이 있다는 것을 알았고 이때부터 인간사회는 급격하게 변화되기 시작합니다. 그래서 진리 이치를 아는 자가 '너는 이렇게 해라, 살라, 이런 마음은 고쳐라.' 등등의 말을 해주었고 그 말에 따라 인생을 산 사람은 모두 해탈을 했습니다. 그런데 그 말에 어깃장을 놓은 사람들은 이지에 벗어난 마음을 가지고 살았기 때문에 그 마음에 맞는 생명체로 윤회하여 오늘에 이른 것이어서 이 부분 깊게 고찰해봐야 할 것입니다.

그래서 나와 선율이는 이런 이치를 알기 때문에 오늘날 여러분이 무엇을 물어보면 이렇게 저렇게 하는 것이 좋겠다는 말을 하는데 여러분은 이 말 자체를 이해하지 못하고 여러분의 생각에 딴지를 거는 것으로 생각하고 결국 각자의 마음에서 일어난 그 마음대로 행동하고 사는데 안타까운 일이 아닌가? 이치에 맞는 말을 따르면 해탈하고, 이치에 맞는 말을 따르지 않으면 윤회한다는 이 말을 여러분은 어떻게 생각하는가? 따라서 불교가 말하는 팔정도(八正道)라는 것을 하여 해탈을 한다는 생각으로 여러분이 죽을 때까지 팔정도라는 것을 수행한다고 해서 해탈이 될 것으로 생각한다면 여러분의 의식은 흐려있다고 해야 맞는 말이 됩니다.

종교가 하는 말을 들어 보면 그럴듯합니다. 보면 〈중생들이 고통의 원인이 되는 탐·진·치의 삼독심을 없애고 해탈을 얻어 깨달음의 세계인 열반을 얻기 위해 실천 수행해야 할 여덟 가지의 길, 또는 그 방법 ① 정견(正見): 사물을 바르게 보는 것. ② 정사유(正思惟): 바르게 생각하는 것. ③ 정어(正語): 바르게 말하는 것. ④ 정업(正業): 바르게 행동하는 것. ⑤ 정명(正命): 바르게 생활하는 것. ⑥ 정정진(正精進): 바르게 수행 정진하는 것. ⑦ 정념(正念): 바르게 생각하는 것. ⑧ 정정(正定): 바르게 선정을 닦는 것. 이 팔정도는 쾌락주의와 고행 주의를 피한 중도의 수행법으로 부처님의 최초 설법에서 밝혀진 불교의 근본 교리이다. 팔성도(八聖道)·팔지성도(八支聖道)·팔정도분(八正道分)이라고도 한다.〉라는 말이 맞는다면 여러분은 이 말에 따라 살면 됩니다.

내가 말하는 요지는 〈바르게〉라는 말을 종교에서 말하는데 도대체 이때 사용하는 '바르게'라는 것이 뭔가를 말하고 있는데 이 '바르게'라는 말 여러분은 어떻게 생각하는가? 사실 동네 어디를 가면 마을 입구, 혹은 길가에 '바르게 살자'는 말이 새겨져 있는 것을 보는데 이들이 말하는 '바르게'의 정의는 뭔가를 생각해보면 기준이 되는 것이 없습니다.

이 글을 보는 여러분도 나름대로 바르게 산다고 생각하고 인생을 살지 않는가? 따라서 팔정도라는 것은 지식이 있는 사람이 인간이 할 수 있는 행동, 나타낼 수 있는 모든 행동을 8가지로 구분해서 정리한 것이 전부일 뿐이고, 구체적으로 '바르게'라는 것에 정의는 없습니다. 그래서 나는 이치에 맞는 말이나 행동을 기준으로 삼고 그것에 어긋난 것은 바르지 않다고 해야 맞는 말이 되기 때문에 일반적으로 말하는 팔정도라는 말은 사실 의미 없습니다. 예를 들어 팔정도 중에 〈① 정견(正見): 바르게 보기〉라는 말이 있는데 어떤 것을 볼 때 무엇을 기준으로 바르게 본다, 바르게 보지 않는다고 할 수 있는가를 생각해 보라는 이야기입니다.

인생을 사는 여러분의 입장에서 세상을 보면 다들 바르게 돌아가고 있다고 생각하는 입장이 아닌가? 물질이 발달되고 환경이 좋아지기 때문에 이 세상이 바르게 돌아간다고 생각하고 살지 않는가? 나는 이같이 보는 시각은 단순논리로 물질문명이 발달되니 좋아진다고 생각하는 아주 단순한 의식이어서 이것으로 바르게 세상을 본다, 보고 있다고 말할 수는 없다는 논리를 말하고 있으므로 이 차이가 뭔가를 여러분이 정립해야 합니다. 다들 바르게 인생을 살았다고 생각하는데 왜 나에게는 이런 아픔이 있는가를 생각해보면 여러분이 바르게 살지 않았기 때문에 인과응보의 이치에서 아픔이 있지 않은가? 다시 말하면 바르게 살았다고 한다면 지금 여러분에게 괴로움의 아픔이라는 것은 없어야 한다는 이야기입니다.

1335 바름

앞장에서 팔정도(八正道)에 대한 말을 했는데 다시 이 팔정도를 하나씩 들여다보면 팔정도 중에 〈② 정사유(正思惟)·정사(正思): 바르게 생각하기〉라는 부분이 있는데 이 역시 무엇을 기준으로 해서 바르게 생각할 것인가의 문제가 남습니다. 지금 이 글을 보는 여러분도 나름대로 자신들이 생각하는 것이 다 바르다고 생각하고 살아가고 있지 않은가?

그렇기 때문에 바르게 생각하기라는 것은 '바르다'의 기준이 뭔가를 여러분이 먼저 정립해야 할 것이고, 또 ③ 정어(正語): 바르게 말하기, ④ 정업(正業): 바르게 행동하기 ⑤ 정명(正命): 바르게 생활하기 ⑥ 정정진(正精進)·정근(正勤): 바르게 정진하기 ⑦ 정념(正念): 바르게 깨어 있기 ⑧ 정정(正定): 바르게 삼매(집중) 하기 등등의 말도 기준 없이 하는 말에 불과합니다. 예를 들어 공장에서 제품을 만들 때 KS 규격이 있고, 이것을 기준으로 해서 모든 제품은 만들어지는 것처럼 이 KS는 제품의 규격(물질 이치)을 인위적으로 정하고 그에 따르게 합니다.

마찬가지로 사람의 마음이라는 것도 이치에 맞는 말을 기준으로 삼아 그것에 맞게 마음을 만들어가야 하기 때문에 막연하게 '바르게 살자, 바르게'라는 식의 말은 의미 없습니다. 우리나라에는 KS 규격이 있고, 각 나라마다 자체적으로 규격을 정하고 그 규격에 따르게 하고 있어서 이것에 부합한 것이라면 맞다, 바르다라고 말할 수 있어서 반드시 표준이 되는 기준이 있어야 하는데 불교에서 말하는, 혹은 여러분이 일반적으로 알고 있는 〈바름〉이라는 것에 기준은 사람마다 다 다르기 때문에 막연하게 바르게 살자고 말하는 것은 대단한 착각입니다.

이 글을 보는 여러분도 나름대로 바르게 산다고 살아온 인생이 아닌가? 그런데 인생사 뭔가에 대한 문제가 발생이 되면 여러분은 '이 생에 특별하게 잘못한 것이 없는데 나에게 왜 이 같은 시련이 찾아오는가'라고 생각하고 한숨을 짓게 될 것입니다.

그래서 말도 안 되는 말, 앞뒤가 맞지 않는 말을 나열하고 그것이 표준인 것처럼 말하는 '팔정도'라는 것은 사실 인위적으로 인간들의 사상에 의해 만들어진 말이어서 잘못되었고, 이것은 결국 진리를 깨달았다는 석가가 한 말이 아니라는 점 명심해야 할 것입니다. 수차 말하지만, 과거 인간 문명이 오늘같이 발달되지 않았을 때 화현의 부처님은 '이치에 맞게 살라'는 말을 했지 어떤 것을 정해두고 그것에 따른 수행이라는 것을 해야 한다는 말 일절 하지 않았고 나도 여러분에게 종교적인 수행을 하라는 소리를 하지 않고, 이치에 맞게 살라는 말을 하고 있습니다.

그리고 이치에 맞는 말에 따라 순종하며 살아온 사람은 지금 대부분 해탈해서 하나의 〈기운〉으로 존재하는데 이같이 말하면 여러분은 어떠한 생각이 드는지 모르겠지만 이 부분에 대한 판단은 각자가 알아서 하면 됩니다. 따라서 진리 공부, 마음공부라는 것을 한답시고 어떤 문자, 염불을 나열하거나, 혹은 인간이 만든 수행이라는 것을 하면서 진리 이치를 안다. 도를 깨닫는다고 말하는 것은 모두 잘못된 것이어서 이 부분 정립해야 하고 그들이 하는 말이 맞다 한다면 여러분은 내가 말하는 글 볼 이유가 없습니다.

그래서 이 인간 세상에 사는 것을 자연에 산다고 해야 맞고, 인간 세상을 떠나 살면서 '나는 자연에 산다'는 것은 매우 잘못된 의식입니다. 산속에서 도를 닦는다는 사람들 여러분은 어떻게 생각하는지 모르겠지만 내가 말하는 것은 인간 세상에 살면서 인간 사적으로 얽히고설킨 문제를 해결하지 못하고 삶이 괴로우면 한다는 소리가 산속에나 들어가 살겠다는 식의 말을 입버릇처럼 하는데 이것은 매우 잘못된 의식입니다.

그래서 종교적으로 수행이라는 것을 하면서 이 속세를 떠나 홀로 살면서 인간사적으로 얽히고설킨 매듭을 풀어가지 못하고 회피하려고 하는 행동은 모두 잘못된 것이어서 이 부분 깊게 정립해야 하고, 또 하나는 이 현실에 살지만 내 의식, 의지로 문제를 해결하지 못하고 타력적인 그 무엇에 마음을 끄달리면서 사는 것도 매우 잘못된 의식이어서 그런 삶을 살면서 내 마음먹은 대로 뭔가가 되기를 바라는 것은 의식이 깨어 있지 않은 삶이라고 해야 맞습니다.

다시 말하지만, 현실에 내가 이렇게 존재하게 한 장본인은 바로 여러분입니다. 존재해야 할 이유를 내가 만들어 놓고, 일은 내가 저질러 놓고 그것을 회피하는 행동을 한다면 이게 말이 되겠는가를 생각해 보라는 이야기입니다. 우리가 보통 선과 악의 대립이라는 말을 많이 하는데 이 말은 사상＝악, 지혜＝선이라고 정립하면 됩니다.

이 말은 지구 상에 인간이 존재하기 시작하면서부터 그 상황에 맞게 항상 대립적인 관계로 양립되어 오늘에 이른 것이고, 결국 닭이 먼저냐, 계란이 먼저냐는 식으로 이 선과 악의 개념을 오늘날까지 정립하여 말하지 못하고 있는데 이 부분도 오늘 내가 처음으로 정리해서 말하는 것이기 때문에 사상(思想)＝악(惡), 지혜(智慧)＝선(善)이라는 말이 생소할 것인데 이 말을 이해한다면 다행이나 이 말의 개념, 의미를 정립하지 못한다면 아직 여러분은 내가 말하는 화현의 부처님 법의 개념을 정리하지 못하고 있다 할 것입니다. 그래서 여러분이 이 세상에 지금과 같이 존재하는 이유도 100%의 선이 있어서 존재하는 것은 아니고, 또 여러분이 잘나서 이 세상에 존재하는 것은 더더욱 아닙니다.

만약 100%의 선(善)을 가지고 태어났다고 한다면 이 세상에 애당초 존재하지 않기 때문에 그렇습니다. 그래서 선(이치에 맞는 것)

과 악(이치에 맞지 않는 것)의 비율이 얼마인가의 차이만 제각각 다 다르다고 해야 맞고 그 비율에 따라 여러분 이생에서의 환경과 마음을 가지고 있다고 해야 맞는 말이 됩니다. 따라서 지구가 지각변동을 해서 멸하고 다시 새롭게 지구의 환경이 만들어진다고 해도 생명체로 태어나는 입장에서 항상 사상(악)과 지혜(선)는 무시무종(無始無終)으로 양립되어 왔습니다.

그렇다면 또 지혜(智慧/知慧)라는 것이 뭔가를 알아야 하는데 사전에는 뭐라고 말하는가를 보면 〈① 사물의 이치를 빨리 깨닫고 사물을 정확하게 처리하는 정신적 능력. 삶의 지혜. ② 제법(諸法)에 환하여 잃고 얻음과 옳고 그름을 가려내는 마음의 작용으로서, 미혹을 소멸하고 보리(菩提)를 성취함. ③ 하나님의 속성 가운데 하나. 히브리 사상에서는 지혜의 특성을 근면, 정직, 절제, 순결, 좋은 평판에 대한 관심과 같은 덕행이라고 본다.〉라고 되어 있는데 이같이 말하는 것은 잘못된 말입니다. 그 이유는 온갖 말을 가져다가 지혜에 대한 말을 하기 때문에 그렇고, 내가 말하는 것은 '지혜란 진리 이치를 아는 것'을 지혜라고 말하고 있어서 보통 사람들이 이런저런 말을 가져다 사상적인 조합을 섞어서 말하는 것은 아무런 의미 없기 때문에 그렇습니다.

1336 음식

사람들이 참으로 웃기는 것이 뭔가 하면 뭔가 하나의 단어가 만들어지면 그 단어를 자신들 사상에 유리하도록 그 말에 대한 무수한 말을 만들어갑니다. 앞장에서 지혜라는 말을 보면 각자 입장에 따라 감성적인 해석을 무수하게 하는데 참으로 안타까운 일이고, 그래서 나는 여러분이 쉽게 사용하는 말 중에 '사랑, 행복'이라는 말이 얼마나 잘못된 말인가를 생각해보라고 말한 것입니다. 뿌리도 없는 말, 정리할 수 없는 말을 하면서 그 말로 자신을 합리화 정당화시켜 가는데 참으로 가관입니다.

우리가 상(相)이라는 말을 하는데 인간의 상이라는 것이 뭔가를 여러분이 알아야 하는데 예를 들어 과거 닭을 잡아먹을 때는 날것으로 먹었고, 이후 불(火)이라는 것을 발견하고 난 이후부터 구워 먹거나 삶아서 먹었고, 기름이라는 것을 알고 난 이후는 튀겨 먹었고, 이후 양념해서 먹었으며 이후 오늘날에는 무수한 양념들이 들어가서 사실 본연의 닭고기에 대한 맛은 없어졌고, 이런저런 양념으로 알 수 없는 맛으로 변해 버렸습니다.

이런 흐름을 보면서 여러분은 무엇을 생각하는지 모르겠지만 사실 이것은 나라고 하는 인간의 마음이 그렇게 변했다는 것을 알 수 있을 것입니다. 과거와 현재의 인간 마음이라는 것이 이만큼 달라졌다는 것은 이런 것을 통해 여러분 마음의 변화를 이해하면 됩니다. 그래서 나는 어떤 것을 먹어도 가급적 사람의 손이 많이 가지 않은 음식을 먹으려 하는데 요즘 세상에 이게 어렵기 때문에 식재료를 사서 직접 해 먹는 것이 마음이 편합니다.

음식이라는 것은 간만 맞으면 먹을 만한 것이고, 아무리 비싼 음식이라고 해도 그것이 보편적으로 간이 맞지 않는다면 그것은 사실 음식이라고 할 수는 없을 것입니다. 여러분이 일상을 살면서 주변을 잘 관찰해보면 인간의 상이라는 것이 뭔가를 쉽게 알 수 있고, 요즘 아이들이 먹는 음식을 보면 인간의 상이라는 것이 얼마나 변했는가를 쉽게 알 수 있을 것입니다.

흔히 나이 든 사람이 말하기를 '어린애들이 먹는 음식은 무슨 맛인지 모르겠다'는 말을 많이 하는데 요즘 아이들의 음식 맛이라는 것은 사실 무슨 맛인지 알 수 없을 만큼 변했고, 아이들은 그런 음식을 좋아하는데 이 부분을 여러분이 정립해야 합니다. '원초적인 것이 좋다'는 말 다시 한 번 정립하면 내가 무슨 말을 하는가를 이해하게 되고, 마음공부라는 것은 이런 것을 생각하는 것이 중요한데 이런 부분은 관심도 없고 그저 나 자신이 생각하는 것만 어떻게 되었으면 하기를 바라는 것은 마음공부가 아니라 나라는 아상을 세우는 것이어서 이 말 새겨봐야 합니다.

그래서 이같이 인간의 마음이 변했다는 것은 인간의 마음이 극단적으로 치우쳐가고 있다는 것을 진리적으로 의미하는 것이어서 이런 것을 보면 이 세상이 어떻게 흘러갈 것인가가 보입니다. 따라서 내가 보는 입장은 이 세상은 갈수록 좋은 세상이 되어가는 것이 아니라 끝을 향해가고 있어서 앞으로 이 세상은 살기 좋은 세상이고, 살만한 세상이라고 생각한다면 여러분은 아직 의식이 깨어 있지 않다고 할 것입니다.

양팔 저울의 개념에서 저울은 악(惡) 쪽으로 기울어져 있다는 이야기입니다. 그래서 모든 종교가 말하는 것을 보면 '인간 찬양, 인간 우월주의'를 말하지만 대단한 착각이고, 그들이 말하는 극락, 천당이라는 세상은 존재하지 않음으로 이 부분 새겨봐야 합니다. 사실 진리 이치라는 것을 모르는 여러분의 입장에서 보면 종교가 말하는 대로 죽으면 그들이 말하는 대로 뭔가의 거창한 것이 있을 것으로 생각하겠지만, 진리 이치를 알면 죽음 이후에 아무것도 없고, 오직 살았을 때 그 마음에 따라 어떤 것으로든 몸을 받아 태어나거나, 아니면 빙의의 기운으로 남아 인간에게 영향을 주는 것밖에는 없습니다.

그래서 죽음 이후에 뭐가 있고 어디로 간다는 식의 말은 모두 이치에 맞지 않는 말임을 명심해야 하고, 여러분이 '죽어서 다시 만나자'고 하는 것도 다 쓸데없는 말임을 명심해서 새겨 두어야 할 것입니다.

이 지구 상에 생명체가 다 멸해서 없어지고, 다시 새로운 지구 환경으로 바뀌게 되고 새로운 생명체들이 탄생하겠지만 그렇다고 해서 악의 종자들이 이 세상에 없어지는 것은 절대 아닙니다. 따라서 이 선악이 양팔 저울과 같이 균형이 잡혀 있는 세상이 좋은 세상이라고 할 수 있지만, 오늘날에는 사상(악)이라는 것이 극에 치닫고 있어서 선악의 균형은 이미 무너졌다고 할 수 있을 것이고 이것은 이 세상을 보면 여러분도 쉽게 이해될 수 있습니다.

따라서 이 선악의 균형을 화현의 부처님 법으로 바로 잡으면(여기서 바로 잡는다는 말은 선(善 - 이치에 맞는 말을 남겨 놓는다는 것, 불씨를 살려 놓는 것)을 의미함) 지구는 그 불씨를 가지고 다시 새로운 환경을 만들어가게 되어 있습니다. 사실 인간의 머리(지식)로 만들어진 것은 결국 사상(思想)인데 이 사상이라는 말의 한문을 보면 '생각하고 생각하여 만들어낸 말'이라는 의미를 지니어서 사상의 발달은 결국 인간이 지혜라는 것을 알지 못하게 만들어 버리게 됩니다.

그래서 잘못된 사상으로 치우치면 안하무인(자신들의 종교가 최고라고)이 되고, 뭐가 참이고 거짓인가 조차도 구분하지 못하게 만들어 버리는 것이 바로 종교적 사상이라고 하는 것입니다. 그래서 한쪽으로 치우치게 인간의 의식이 변하면 그 의식을 바꾼다는 것은 사실 매우 어렵고 이것은 부부 사이라고 해도 마찬가지입니다. 남편은 A 종교, 부인은 B라는 사상을 가졌다고 할 때 여러분은 그래도 원만한 부부 생활을 할 수 있다고 생각한다면 이것은 대단한 착각입니다.

현실적으로 보면 이치에 맞는 말(선)과 이치에 맞지 않는 말(악)이라는 것을 구분할 수 없도록 이상한 말을 만들어 놓고 그것에 빠져들게 하고 그 말이 맞는 것으로 생각하고 종교적 사상에 치우쳐 있는 사람이 넘쳐나는 세상이어서 나는 '내가 할 말만 한다.'고 말한 이유가 여기에 있습니다. 이 말은 그만큼 세상은 사상에 치우쳤기 때문에 개개인에게 아무리 이치에 맞는 말을 해도 그 말이 사람들에게 씨알이 먹혀들어 가지 않는 것이 현실입니다.

그래서 나는 내가 한 말만 남기면 된다는 말을 한 것이고, 인간으로서 이 지구에 머무르는 순간까지 내가 본 카페에 말한 것은 길이 남을 것이고 누군가가 내 글을 보고 '이 사람의 말이 맞는다'고 생각하는 사람이 있을 것이고, 이같이 되면 이 법은 세상에 길이 남을 것이고, 세상에 급속하게 퍼져갈 것입니다. 그러나 이같이 퍼져간다는 것은 '지구의 종말'이 가까워졌음을 의미하는 것이어서 이런 부분을 나와 선율인 알고 법을 말한다는 것은 마음 아픈 일(인간적인 부분)이고 안타까운 일(진리적인 입장)입니다.

천만년 살 것으로 생각하는 여러분의 입장에서 지구의 멸을 이야기하니 이게 무슨 말인가 하겠지만 '지구의 멸'이라는 말은 특정한 종교도 다 말하고 있는 부분이기 때문에 '지구의 멸'에 대한 부분은 새삼스러운 부분은 아닙니다. 다만, 그 내용에 세상 사람들이 하는 말과 내가 말하는 것은 전혀 다른 논리이기 때문에 이 부분 생각해 봐야 할 것입니다.

화현의 부처님이 이 세상에 처음으로 자신의 존재를 드러낼 때 '이것은 전무후무한 일이다.'라는 말을 일성으로 했고, 오늘날까지 함께 하면서 자신이 하고자 하는 말을 무수하게 했습니다. 그리고 본인은 '우주 신이다'라는 말을 많이 하는데 이런 날 여러분이 관심조차 두지 않을 것이나 진리의 거대한 흐름을 이해하지 못하면 결국 여러분은 우물 안에 개구리와 같은 삶을 살게 되어 있어서 왜 이 시기에 이런 말을 하는가에 대한 큰 틀을 반드시 여러분은 정립해야 할 것입니다. 그래서 우주를 아는 입장에서 여러분 개개인의 삶을 알기는 매우 쉬운데 문제는 내가 너무 쉽게 말하니 여러분의 입장에서 보면 내가 하는 말이 우습게 들릴 수 있을 것이고 '이게 무슨 법인가'라고 생각할 수도 있을 것입니다.

거창한 문자, 혹은 각을 잡아서 잘 차려입은 종교적인 의복, 금빛으로 찬란하게 꾸며진 신앙의 대상이나 봐야 여러분은 그 차림에 눌려 끔뻑하는 것이고, 보통 인간의 차림새로 이 법을 말한다고 하니 여러분은 기존 것에 비해 하찮게 보이기 때문에 우습게 생각한다면 대단한 착각이라 할 것입니다. 세상이 참으로 가관인 것이 〈마음〉이라는 것이 뭔지도 모르면서 마음, 마음이라는 말 무수하게 하는데 이것은 참으로 가관이 아닌가? 내 마음이라는 것이 뭔지도 모르면서 남의 마음이 어떻다고 말하고, 나 자신의 본분도 모르고 살면서 남의 인생 가지고 왈가왈부하는 사람들 이 세상에 넘쳐납니다.

빙의를 가지고 살면서 그 마음이 자신의 참 마음(참 나의 마음)이라고 생각하고 살고 있지 않은가? 빙의로 똘똘 뭉쳐 있는 가족임에도 자신들의 집안에는 아무런 문제가 없다고 생각하고 사는 이 현실을 보면 참으로 안타까운 생각이 들지만, 어찌 되었든 이렇게 살든 저렇게 살든 그것은 각자의 문제이기 때문에 그 자체를 간섭할 문제는 아니지만, 문제는 그런 사람들이 마음공부를 하네, 자신들을 위해서 기도를 한다고 허튼짓을 하는 것을 보면 왜 같은 인간으로서 저런 의식을 가지고 있느냐는 생각을 해보게 됩니다. 자신도 빙의가 있으면서, 이치에 벗어난 행위를 하고 있으면서 다른 사람이 하는 행동을 보고 이런저런 말을 하면서 자신은 마치 온전한 사람으로 생각하고 사는 사람 이 세상에 널려 있습니다.

그래서 그 우물에서 벗어나고자 하는 것을 좋은 말로 '해탈'이라고 하는 것인데 본분도 모르고 살면서 해탈이 어떻고, 괴로움에서 벗어나자는 말 무수하게 하는데 참으로 가관이 아닌가? 그래서 여러분은 어떠한 행색을 갖춰 입고 거하게 앉아서 이것이 법이고, 진리의 말이라고나 해야 끔뻑할 것입니다. 또 하나는 이 글을 보는 여러분은 '부처의 말이다.'라는 말을 앞세워 무슨 말을 하면 부처의 말이라고 하니, 부처가 이런 말을 했다고 하니 앞뒤 생각해보지 않고 그 말은 당연한 말, 맞는 말, 법의 말쯤으로 생각하는데 매우 잘못된 의식입니다.

이 글을 보는 여러분은 〈부처〉라고 하면 무엇이 떠오르는가? 보통 부처라고 하면 '깨달은 자(覺者), 불타(佛陀)·불타·부타(浮陀) 등으로 음역한다. 한자로는 불타 또는 줄여서 불(佛)이라고 한다. 의미상으로는 각자(覺者)·지자(知者)·각(覺)의 뜻이므로, 붓다인 석가모니불 곧 석존(釋尊)이나 모든 부처를 가리킨다.'라고 사선에 나와 있는데 그렇다면 여기서 말하는 이 말은 어떤 것을 기준으로 해서 이같이 말하고 있는가를 생각해봐야 할 것이고, 내가 말하는 부처는 '이치에 맞는 말을 하는 자를 부처'라고 말하고 있어서 반드시 이 부분 정립해야 할 것입니다.

이 말에 〈각(覺)〉이라는 말이 많은데 여기서 말하는 각(覺)이라는 것은 무엇을 깨달았다는 의미로 이 각자를 사용합니다. 그렇다면 또 〈부처는 B.C. 6세기경 인도의 카필라국(Kapila國)에서 태어나 태자의 지위를 버리고 출가한 뒤 6년의 수행을 거쳐 일체의 번뇌를 끊고 무상(無上)의 진리를 깨달아 중생을 교화했던 석가모니를 존경하여 부르는 말이다.

그러나 부처는 깨달은 사람이라는 말에서 볼 수 있듯이 석가모니에게만 국한된 절대적인 명칭은 아니다. 부처는 일체법(一切法), 곧 우주 만법의 참모습을 있는 그대로 보고 알아서 더할 수 없는 진리를 체득한 성자(聖者)를 의미하는 것이며, 그러한 성자가 바로 석가모니이기 때문에 그를 부처라고 한다. 부처의 깨달음에는 ① 자각(自覺: 스스로 깨달음), ② 각타(覺他: 다른 중생들을 깨닫게 함), ③ 각행원만(覺行圓滿: 깨달음 작용이 전지전능(全知全能)하게 충만함)의 3가지 의미가 있다.〉라고 보통은 말하는데 여러분은 이 말 어떻게 생각하는지 모르겠지만 바로 이런 말들은 사람들이 지어낸 말의 조합일 뿐이고, 실제 석가는 이런 존재가 아닙니다.

왜 이런 말이 필요한가? 그것은 석가는 왕자의 신분은 맞지만 정신 이상자였기 때문에 그렇습니다. 그러니 더 이상 무슨 말이 필요하겠는가? 사실 불교의 창시자라고 하면 석가라고 생각하겠지만 착각이고, 불교는 석가의 몸종인 가섭에 의해서 결집을 하여(결집=말을 모아서 꾸며진 말, 지어낸 말을 의미함) 초기 불교라는 것을 만들었고 다시 무수한 결집을 거쳐 오늘날 여러분이 아는 불교(대승불교)라는 것이 만들어지게 됩니다.

따라서 여러분이 불교의 창시자를 석가라고 생각하고 있다면 착각입니다. 다시 말하면 〈부처는 B.C. 6세기경 인도의 카피라국에서 태어나 태자의 지위를 버리고 출가한 뒤〉라는 말이 있는데 앞서 말했지만, 석가는 정상인이 아니었기 때문에 온전치 못한 정신을 가졌고 따라서 집을 들락거리는 것은 정신 이상자이기 때문에 그런 행동을 한 것에 불과합니다. 따라서 이후 〈6년의 수행을 거쳐 일체의 번뇌를 끊고 무상(無上)의 진리를 깨달아 중생을 교화했던 석가모니를 존경하여 부처라고 한다.〉라는 말은 의미 없고 철저하게 꾸며진 말에 불과합니다.

1338   고해

앞에 〈6년의 수행을 거쳐 일체의 번뇌를 끊고 무상(無上)의 진리를 깨달아 중생을 교화했던 석가모니를 존경하여 부처라고 한다.〉라는 말을 했는데 그가 왕자가 되었든 무엇이 되었든 중요한 것이 아니라 〈6년의 수행을 거쳐 일체의 번뇌를 끊고 무상(無上)의 진리를 깨달아 중생을 교화했던 석가모니를 존경하여 부처라고 한다.〉라는 말은 모순이 있는데 여기서 '일체의 번뇌를 끊고'라는 말을 하는데 여러분은 이 말 어떻게 생각하는지 모르겠지만, 번뇌라는 것을 어떻게 끊었는가의 문제를 봐야 하는데 여러분은 번뇌라는 것을 어떻게 끊는다고 생각하는지 모르겠지만, 이것을 끊는다는 것은 매우 어렵고, 그 방법으로는 '진리 이치'를 알면 '번뇌'라는 것을 끊을 수 있어서 6년간의 수행을 해서 번뇌를 끊었다고 말하는 것은 현실적으로 이치에 맞지 않습니다.

바로 이런 말 때문에 다들 수행이라는 것을 한답시고 산속에 들어가 벽을 보고 앉아 있는 것이 아닌가? 그렇게 해서 번뇌를 끊은 사람이 과연 있을까? 여러분은 이 말에 대하여 어떻게 생각하는가? 만약 불교에서 말하는 이런 논리가 맞는다고 생각하고, 여러분 마음에서 일어나는 번뇌라는 것을 없앨 수 있다고 생각하면 그것은 오산입니다. 내가 말하는 번뇌(괴로움을 없애는 것)는 여러분이 인생을 살면서 뭔가에 괴로움이 있다고 한다면 그것에 본질을 알고, 내가 이해할 수 있어야만 그 괴로움은 없어진다는 것을 말하고 있어서 불교에서 말하는 괴로움의 소멸이라는 것과는 다른 의미의 말을 하고 있는데 괴로움의 본질을 모르면서 종교적 수행을 한다고 하여 괴로움이라는 것이 없어진다고 말하는 것은 잘못된 말입니다.

따라서 여러분이 일상을 살면서 뭔가의 괴로움은 시시각각으로 일어나게 되어 있고, 이것을 보통은 '인생 고해'라고 말하는데 그 괴로움의 원인은 반드시 여러분이 전생에 지은 업의 이치에 따라 이생에 그대로 나타나는 것입니다. 지금 여러분이 이생에서 부모를 만나서 태어나는 데 문제는 왜 지금의 부모를 만나서 태어나는가? 그것은 내가 지금의 부모를 만나서 그 사이에서 태어나야 할 업(業)이 있어서 태어나는 것이고, 이것을 보통은 '부모 자식의 인연'이라고 말하지 않는가?

그래서 불교가 인연, 업이라는 말을 하고는 있지만 정작 무슨 업인가를 구체적으로 말하지 못하고 막연하게 업이 어떻고, 괴로움이 어떻고, 인연이 어떻다고 말하고 있는데 이 부분은 또 어떻게 정리할 것인가를 생각해 보라는 이야기입니다. 그래서 막연하게 인연이라는 말을 하며, 조금 좋다고 생각하면 '좋은 인연'이라고 하고, 좋지 않은 관계라면 '나쁜 인연'이라고 말하면서 흘러가는 세월을 살고 있지 않은가? 그래서 지금, 부모로 혹은 자식으로 태어났다면 '내가 이런저런 업이 있어 오늘을 살고 있구나.'라는 것을 알고는 죽어야 하지 않겠는가?

이것을 이해하지 못하고 죽으면 결국 그 마음속에 감추어진 참 나의 본질을 알지 못하고 죽을 것이고, 지금 이때 이런 것을 알지 못한다면 이후 어떤 세상에서 태어나도 여러분은 자신의 본질을 알 수 없어서 마음을 풀고 살라고 말하는 내 말 깊게 정립해 봐야 할 것입니다. 마음에 흔적을 지우면 여러분의 마음은 편안해지고 밥 한 끼를 먹어도 그 밥이 보약이 된다는 이야기입니다. 따라서 일반 사람들이 몸보신 한다고 이것저것을 먹는데 문제는 이런 진리 이치를 이해하고 긍정하는 마음이 되지 않으면 그 어떠한 것을 먹어도 의미 없습니다.

따라서 '인간은 마음을 곱게 쓰고 살아야 한다'는 말 무수하게 하는데 곱게 쓰는 마음이라는 것이 뭔가? 정확한 표현은 '진리 이치'에 맞는 마음을 만들고 그에 맞는 마음을 쓰고 사는 것이 '곱게 쓰는 마음이다.'라고 해야 맞는 말이 될 것입니다. 다들 입으로는 마음을 곱게 써야 한다고 말하지만 정작 그들이 하는 행동을 보면 망나니 같은 행동을 하는 것을 보는데 참으로 세상 난장판이 아니고 무엇이라고 할 것인가?

다시 말하지만 '부처'라는 말은 '깨달은 자'를 의미하는데 그렇다면 석가를 부처라고 한다면 그가 깨달아서 한 말이라는 것이 뭔가를 봐야 하는데 문제는 십사무기(十四無記)라고 하여 붓다가 대답하지 않고 침묵한 열네 가지 무의미한 질문이라고 취급한 말이 있는데 보면, ① 세계는 영원한가? ② 세계는 무상한가? ③ 세계는 영원하면서 무상한가? ④ 세계는 영원하지도 무상하지도 않은가? ⑤ 세계는 유한한가? ⑥ 세계는 무한한가? ⑦ 세계는 유한하면서 무한한가? ⑧ 세계는 유한하지도 무한하지도 않은가? ⑨ 여래(如來)는 사후(死後)에 존재하는가? ⑩ 여래는 사후에 존재하지 않는가? ⑪ 여래는 사후에 존재하면서 존재하지 않는가? ⑫ 여래는 사후에 존재하지도 존재하지 않지도 않은가? ⑬ 목숨과 신체는 같은가? ⑭ 목숨과 신체는 다른가? 등에 대한 답은 말하지 못했는데 이것은 무엇을 의미하는가를 생각해 보면 불교의 말이 얼마나 모순된 말인가를 알 수 있을 것입니다.

이 글을 보는 여러분도 제일 궁금해할 수 있는 부분이 이런 말이 아닌가? 그런데 핵심이 되는 이 부분을 말하지 못하고 있다는 것은 무엇을 의미하는가? '붓다가 대답하지 않고 침묵한 열네 가지 무의미한 질문'이라고 한 이 말 여러분은 어떻게 생각하는가? 이런 질문이 무의미한 질문이라고 하니 안타까운 일이고, 이것은 결국 석가를 부처, 깨달은 자로 만들다 보니 깨닫지 못한 사람의 입장에서 이에 대한 답을 알 수 없으니 결국 '무의미한 질문'이라고 취급한 것이 아닌가?

사실 진리를 깨달으면 위에 대한 답은 매우 쉽게 내릴 수 있는데 이것을 무의미한 질문이라고 해버리니 답답할 노릇이 아닌가를 생각해 보라는 것이고, 그러면서 막연하게 '부처는 깨달은 자'라고만 말하고 있는데 도대체 무엇을 깨달았다고 말하는 것인가? 석가모니 부처는 일체법(一切法), 곧 우주 만법의 참모습을 있는 그대로 보고 알아서 더할 수 없는 진리를 체득한 성자(聖者)라고 하는데 참으로 안타까운 일이고, 여러분은 막연하게 그를 부처라고 하는데 안타까운 일입니다.

1339　　　　　　　　　　　근본

생명체의 뿌리도 말하지 못하면서 무수한 말 잔치를 하고 있는데 부처의 깨달음에는 ① 자각(自覺: 스스로 깨달음), ② 각타(覺他: 다른 중생들을 깨닫게 함), ③ 각행원만(覺行圓滿: 깨달음 작용이 전지전능(全知全能)하게 충만함)의 3가지 의미가 있다는 식의 말만 무성하게 합니다. 다시 말하지만, 생명체의 본질도 말하지 못하면서 무의미한 질문이라고 취급해버리고 수박 겉핥기식의 말만 하고 있으니 여러분이 그런 곳에 가서 '나는 왜 존재하는가?'라는 것을 물으면 그에 대한 답을 말할 수 있겠는가를 생각해보라는 이야기입니다. 이런 것도 정립하지 못하면서 부처라는 말만 들어가면 굽실굽실하며 사족을 못 쓰는데 참으로 갑갑한 인생이라고 해야 맞는 말이 될 것입니다.

얼마 전 코로나가 발생 초기에는 조금만 참으면 된다고 생각하고, 사람들의 움직임을 강제로 통제했습니다. 그런데 이같이 통제하자 굶어 죽겠다고 못 살겠다고 아우성을 치니 정부에서 단계를 낮추어서 결국 독감과 같이 코로나도 함께 달고 살자는 말을 하고 통제를 풀어 주었습니다.

이같이 되니 사람들이 가을 구경을 하러 간다고 도로에 차들이 넘쳐나고 관광지에는 인파들이 넘쳐납니다. 뭐가 그리 좋은지 다들 코와 입을 막고 사는 입장임에도 시시덕거리고 입이 찢어지라고 웃는데 이런 사람들에게 '이치에 맞게 살라'고 하면 그런 말을 하는 나만 정신 나간 놈, 미치고 넋이 빠진 놈이 될 것이 아닌가? 이 말은 이제는 코로나라는 것에 만성이 되어서 초기와 달리 이제는 코로나라는 것을 무서워하지 않는 세상이 되었습니다. 앞서 석가가 말하지 못했다는 십사무기(十四無記)에 대한 답을 모르니 결국 코로나라는 질병이 왜 생기는가의 답을 모르는 것이 아닌가?

반대로 십사 무기에 대한 답을 다 했다면 코로나라는 것이 왜 생겨났는가를 쉽게 알 수 있는데 세상에 존재하는 종교들이 코로나가 진리적으로 어떤 관계가 있는가는 한마디도 못 하고 있다는 것은 무엇을 의미하는가? 안타까운 일이고 앞으로는 코로나보다 더 강한 질병이 찾아오게 되어 있는데 이것에 의미는 이제 지구 상에 생명체를 다 멸하게 하는 지구윤회의 수순에 접어들었다는 것을 의미합니다.

빙의가 이 세상을 지배하고 질병의 창궐, 자연재해, 인간성의 말종 등 인간의 힘으로 어떻게 해결할 수 없는 사회적 문제들이 나타나고 있는데 이것은 무엇을 의미하는가를 생각해보라는 이야기입니다. 문제는 이같이 사회적으로 나타나는 현상은 여러분이 매우 심각하게 생각해봐야 할 것이나 이런 것에는 무관심하고 갈수록 세상살기 좋아진다는 말만 앞세우고 있으니 참으로 안타까운 일입니다. 따라서 선과 악이라는 것을 정립하지 못하고 오늘날까지 무수한 말들이 만들어지고 있는데 간단하게 '선과 악의 정의'를 말하면 지혜는 선이고, 사상은 악이라고 정립하면 되고, 실제 사상의 발달로 인해 지혜가 뭔지 알지 못하게 인간의 눈과 귀를 다 틀어막았다고 해야 맞는 말이 됩니다.

누가, 무엇이 인간의 의식을 흐려지게 하고 있는가? 그것은 바로 인간이 만든 사상이라는 것이 여러분의 의식을 흐려지게 해왔음을 알아야 할 것입니다. 아무것도 존재하지 않음에도 신, 귀신이 있다고 말하고, 절대자, 부처라는 것이 여러분을 돌봐준다고 하니 그런 말을 믿고 산 여러분의 의식은 이미 흐려질 대로 흐려져 있어서 세상이 요 모양으로 된 것입니다. 이같이 말하면 누구는 '나는 의식이 바르다'라고 생각하는 사람도 있겠지만 그렇지 않고, 지구 상에 70억의 인간이 있다고 하면 70억 명의 인간 의식은 다 다르기 때문에 말 그대로 100% 깨어 있는 의식을 가지고 사는 사람은 없습니다.

그래서 그 의식이 흐려진 만큼 각자의 환경이 만들어져 있기 때문에 지구 상에 사람들이 살아가는 환경을 보면 이 부분은 쉽게 이해될 것이고, 나는 이 부분을 〈끼리끼리 모여 산다.〉는 논리로 오래전에 말했습니다. 여러분이 생각하는 선(善)과 악(惡)의 정의는 뭐라고 생각하는가? 이런 부분을 정립하지 못하고 막연하게 나는 착하고 문제가 될 것이 없고, 나를 힘들게 하는 상대가 나쁜 사람이고, 악이라고 생각하고 인생을 살아가고 있지 않은가?

남이 하면 불륜이고, 내가 하면 로맨스라는 말 여러분은 남녀 이성의 문제로 이런 말 쉽게 떠오를 것인데 대단한 착각이고, 내가 말하는 논리는 내 인생에 있어 나 스스로 불륜을 저질러서(이치에 맞지 않는 행위) 오늘날 여러분이 존재하는 것이어서 이 말 새겨봐야 할 것입니다. 다시 말하지만 지금 여러분이 당면하고 있는 모든 문제는 내가 불륜을 저질러서 인간이라는 생명체로 존재하는 것이 아닌가를 생각해보라는 이야기입니다. 그러니 이같이 어수선한 세상이지만 이 와중에 여러분은 그나마 이 법이라는 것이 뭔가를 조금은 이해하고 있으니 천만다행이 아닌가? 남녀만 인연이 있어 인간사적으로 만나는 것이 아니라 이 법을 만났다는 것도 어떤 업이 되었든 이 법과 업연이 있어 이생에 만났고, 만약 이생에 이런 법을 만나지 못했다면 내가 말하는 진리적인 부분 평생 알지 못하고 살았을 것이기 때문에 이 법, 이 법당이 얼마나 소중한가를 알 수 있을 것입니다.

여러분 주변을 가만히 보면 사상에 빠져 정신 놓고 사는 사람 자체가 악의 행동을 하면서도 정작 본인은 그 행동이 악인 줄을 모르고 행동하는데 안타까운 현실이고 이것은 부부가 다른 이념, 사상을 가지고 사는 사람은 내가 무슨 말을 하는가를 알 수 있을 것입니다. 그렇게 살다가 어리석게도 자기 몸에, 마음에, 주변에서 뭔가 괴로운 상황이 일어나면 그때는 몸도 마음도 괴로운 고통이 있어서 단방약으로 뭔가를 찾는 것이 현실 아닌가?

결국, 사람들이 하는 짓이라는 것이 어찌 그리 답답한지 모르겠지만 이에 대한 답은 그 당사자들이 실제 죽어봐야 알 수 있는 부분이어서 아상이 있는 보통 사람은 각자가 가진 관념 현실적으로 이치에 맞게 고친다는 것은 매우 어렵습니다. 여러분이 아는 말 중에 '똥 묻은 개가 겨 묻은 개 보고 짖는다'는 말이 있습니다. 이 말은 무슨 말인가 '자기는 더 큰 흉이 있으면서 도리어 남의 작은 흉을 본다'는 의미의 말인데 세상에 이런 사람들 넘쳐납니다. 다른 사상에 빠져 있으면 다른 말이 귀에 절대 들어오지 않으며 자신은 정상이라고 생각하고 사는 사람 이 세상에 수두룩합니다.

1340 균형

우리가 보통 선과 악의 대립이라는 말을 많이 하는데 이 말은 〈사상＝악, 지혜－선〉이라고 정립하면 됩니다. 이 말은 지구 상에 인간이 존재하기 시작하면서부터 그 상황에 맞게 항상 대립적인 관계로 양립되어 오늘에 이른 것이고, 결국 닭이 먼저냐, 계란이 먼저냐는 식으로 이 선과 악의 개념을 오늘날까지 그 정의를 말하지 못하고 있는데 이 부분도 오늘 내가 처음으로 정리해서 말하는 것인데 이런 말 여러분이 쉽게 이해하기는 어려울 것입니다. 따라서 인간이 이 세상에 태어날 때 선을 가지고 태어나는가?

악을 가지고 태어나는가의 문제는 악(惡-이치에 벗어난 행위의 결과)이라고 해야 맞고, 다만 그 정도 차이는 제각각 다 다르다고 해야 맞는 말이 됩니다. 그래서 온전한 선(善)(100% 이치에 맞는 마음을 가진 사람)은 존재하지 않는다고 정립해야 할 것입니다.

따라서 물질이 많은 사람은 '저 사람은 무슨 복(福)을 지어서 그런가?'라고 생각하는데 이 부분은 물질 이치에서의 받아야 할 업과, 진리 이치에서 받아야 할 업이 다르기 때문에 이 부분은 구분을 지어 생각해봐야 할 것입니다. 따라서 악의 종자라고 해도 그 사람이 물질 이치에서 물질로 받아야 할 선업이 있다면 성격이 지랄 같은 사람이라도 물질의 부를 누릴 수 있고, 선을 많이 가진 사람이라도 물질이 없는 삶을 살 수 있어서 막연하게 복을 많이 지어서, 복을 짓지 않아서라는 식의 논리를 말하는 것은 잘못된 것입니다.

그래서 제일 좋은 것은 물질도 어느 정도 있으면서 마음도 이치에 맞는 마음, 이 두 가지가 균형을 이루는 것이 중요하다 할 것입니다. 그래서 이 개념으로 물질도 없고, 마음도 되먹지 않은 마음을 가지고 빈천하게 사는 사람이 제일 좋지 않은 업을 가지고 있다고 해야 맞는 말이 됩니다. 따라서 이런 이치를 알고, 마음도 좋게 만들고 물질의 선업도 이생에 만들어가는 것이 균형 있는 삶이라고 해야 맞는데 이 말 깊게 새겨봐야 할 것입니다.

전생에도 물질의 선업이 없는 사람은 이생에도 받아야 할 물질의 인과응보는 없습니다. 그런데도 이 이치를 모르니 '무엇을 하면 성공한다'는 말을 하면서 있는 돈 없는 돈 다 끌어다가 무엇을 한다고 하는데 그게 그렇게 되지 않습니다. 그래서 현실적으로 '꿈은 이루어진다'는 말을 많이 하는데 과연 여러분이 가진 꿈이라는 것이 이루어질까인데 선업으로 받아야 할 것이 있는 사람이 생각하는 것은 그것을 받아야 하므로 꿈은 이루어진다고 할 수 있을 것이고, 받아야 할 것이 없는 사람은 아무리 꿈을 꾸어도 이루어지지 않기 때문에 인생을 살면서 내가 지어놓은 만큼만 받아 가면서 살아가는 것이어서 이런 본분을 알고 인생을 사는 것이 중요하고 이런 이치를 알지 못하고 사는 것을 무명 속에 빠져 산다고 해야 맞는 말이 될 것입니다.

어찌 되었든 부모의 마음이 움직여서 〈나〉라고 하는 인간이 이 세상에 존재하는 것은 맞지만, 그렇게 존재해야 할 이유를 알고 사는 것이 '나를 알자'입니다.

사실 인간의 인생살이를 되돌아보면 태어나서 밥을 먹고 성장하고 뭔가를 배우고, 누구를 만나 자식이라는 것을 또 낳고 그 자식 뒷바라지하다 보면 세월은 흘러가고 나이가 들어가면서 얼굴에 수름살이라는 것이 늘어나고 결국은 모두 죽습니다. 인간 역사 이래 정도 차이는 있겠지만 큰 틀에서는 이 흐름 속에 살다가 무수한 사람이 죽어갔는데 이 글을 보는 여러분도 큰 틀에서 보면 결코 이 범주에서 벗어나지 않습니다.

이런 흐름을 불교는 생로병사라는 네 글자로 표현했고, 이것은 석가가 진리를 깨닫고 한 말이라고 하여 성스러운 말이라고 하고 있는데 안타까운 일이 아닌가? 누가 생각해도 이 범주에 속해 있어서 생로병사라고 하면 맞는 말이라고 생각할 것이고, 또 어떤 종교는 성주괴공(成住壞空)이라는 말로 말하기도 하는데 의미 없습니다. 내가 말하는 것은 인간으로 살아가는 과정에 무엇을 마음에 깊게 남기고 죽을 것인가의 차이는 사람마다 다 다르기 때문에 이 마음에 따라 결국 내일, 모레 다음 생의 나의 삶의 이치는 변하게 되어 있습니다.

그래서 부부로 살았지만 결국 이생에 두 사람의 업연이 다하면 그 마음은 다시 각자의 흔적에 따라 서로 다른 길을 가기 때문에 '한 번 부부는 영원한 부부다'라는 생각은 잘못된 생각입니다. 이생에 업연으로 만났다면 그 업연을 어떻게 서로가 정리할 것인가의 문제만 남을 뿐이고 죽으면 그 흔적에 따라 무수한 생명체 중에 하나로 태어나는 것이 진리 이치이기 때문에 '인생 사는 거 별거 없다'는 생각으로 산다면 그 의식에는 상당한 문제가 있는 의식임을 알아야 할 것입니다. 남들이 무엇을 하여 성공했다면 여러분은 무조건 그것을 모방하거나 따라 하려고 하는데 그렇게 한다고 해서 열 사람이면 열 사람이 다 그 사람처럼 되지 않는다는 이야기입니다.

왜 그럴까? 그것은 각자의 업이 다르기 때문에 그렇습니다. 따라서 같은 학교에 다니다가 졸업을 하게 되면 각자의 삶의 환경이 정해지게 되는데 이것도 업(業)이라는 것이 성숙하여지는 과정에서 각자의 마음이 가는 대로 인생길은 정해지게 되어 있어서 나는 업이 있어 존재하지만, 그 업은 나이가 들면서 서서히 성숙하여진다고 나는 말했고, 나이가 40 정도가 넘으면 각자의 업은 고목 나무처럼 단단하게 굳어져 자리를 잡게 되어 있어서 나는 이것을 '분재 나무 바로 잡는 것'에 비유해서 수차 말했습니다.

지금 자식을 낳아 기른다면 그 자식의 업이 성숙하여지고, 굳어지기 이전에 이치에 맞는 말로 그 아이의 업의 이치를 바꾸어주는 것이 최선인데, 만약 나이가 들어간다면 그 자식은 이미 그만의 업(業)이 성숙하여지기 때문에 그 마음을 바로잡는다는 것은 매우 어렵다는 이야기입니다. 그래서 나는 결혼을 한다면 서로가 진리 이치를 알고 결혼해도 하라는 말을 했는데 아무런 계획도 없이 눈이 맞아 결혼이라는 것을 하면 연애질하게 되고 그 사이에서 자식이라는 것이 만들어지게 되는데 그런 자식에게 무엇을 가르칠 것인가?

고작해야 돈 벌어 자식 입속에 들어가는 음식을 사들이고, 학교 공부라는 것을 가르치는 것이 전부 아닌가? 그래서 현실에서 '성공'이라고 하면 좋은 학교 나와 좋은 직장 다니고 돈을 많이 버는 것으로 인간의 성공을 이야기하는데 이것은 매우 잘못된 사고방식입니다. 인생의 성공은 진리 이치를 알고 그에 순응하는 삶을 사는 자가 성공한 삶이라고 해야 맞는 말이 되는데 여러분은 이 말 어떻게 생각할 것인가?

그래서 자식을 낳으면 그 자식에게 돈을 어떻게 벌어야 한다는 것을 가르치는 것이 우선이 아니라 먼저 인간이 어떻게 살아야 하는가, 인간으로 해야 할 도리가 무엇이고, 근본이 뭔가를 알게 하는 것이 중요하고, 이 마음을 바탕으로 물질을 순리에 따라 벌 수 있는 것이 순서인데 요즘 세상은 거꾸로 돌아가고 있어서 다들 권력과 명예, 물질을 갖고자 눈이 뒤집혀 서로 잘났다고 으르렁거리는 세상이 되었는데 이 부분 깊게 정립해봐야 할 것입니다. 그러면서 입으로는 나누고 베풀고 살자, 아낌없이 다 줄 거야, 인생은 빈손으로 왔다 빈손으로 가는 것이니 욕심부리지 말고 살자 등등의 말 무수하게 하는데 웃기는 소리 하고 있다고 해도 무리는 없을 것입니다.

그래서 이런 인간들을 다 변하게 하려고 진리의 기운이 있는 지구는 스스로 복원을 하기 위해 멸(滅)의 수순에 들어서 있다는 것이 진리적 입장이어서 이 부분 새겨봐야 할 것입니다. 그래서 지구가 지각변동을 해서 지구 상에 생명체를 다 멸하게 한다고 해도 다시 새롭게 태어나는 생명체의 입장에서 항상 사상(악)과 지혜(선)는 무시무종(無始無終)으로 양립될 수밖에는 없는데 그 이유는 만약 내일 지구가 멸한다고 하면 오늘까지 가지고 있는 마음이라는 기운이 흔적되어 그대로 사라졌다가 다시 태어나는 입장이기 때문에 선과 악이라는 것은 항상 존재할 수밖에는 없습니다.

이 말은 지구 상에 생명체가 다 멸하고 깨끗한 마음을 가진 인간들로 모두가 새롭게 태어나지 않는다는 이야기입니다. 공장에서 제품을 만들 때 기계가 멈추게 되면 멈춘 그 상황에서 다시 제품라인은 돌아가게 되어 있는 것과 이치는 똑같아서 온 세상을 천국으로 만들고, 극락 세상으로 만들자는 것은 감성적인 말에 불과하고 그렇게 되는 세상은 존재할 수 없다는 이야기입니다. 만약 내가 '이치에 맞는 말로 인간의 의식을 모두 바꾸자'는 표어를 만들었다고 하면, 이 말 듣기에는 좋은 말로 들리겠지만, 이것은 앞서 말한 대로 현실적으로 불가능하다는 이야기입니다.

그러니 전쟁과 평화라는 말을 여러분이 들으면 '평화'를 좋아하게 되는데 문제는 그들이 말하는 온전한 평화라는 것은 이상으로 살아가는 세상에 이념, 사상이 다른 인간이 뒤섞여 살아갈 수밖에 없는 상황에서 꿈같은 소리라고 해야 맞는 말이 됩니다. 그래서 어떤 사람들이 데모할 때 미국의 성조기, 혹은 우리나라 태극기를 앞세워 데모나, 시위하면 의식 없는 사람들은 앞세운 국기, 성조기를 보고 그들이 하는 행위가 바르다고 생각하게 되어 있는데 이것은 매우 잘못된 의식입니다.

표면으로 보면 미국이 평화를 주장하고 있고, 우리나라도 민주주의를 표방하고 있어서 성조기와 태극기를 앞세우면 그들이 맞는 행동을 한다고 생각하게 되어 있는데 이 부분 여러분은 어떻게 생각할지 모르겠지만, 근본적으로 평화라는 것은 시구 상 각각의 나라마다 이념·사상·의식·관념이 다르기 때문에 그들이 말하는 것은 꿈, 희망 사항에 불과합니다.

이 개념으로 종교들이 표어로 말하는 것을 보면 모두 감성을 자극하는 말이 대부분이고, 그런 말들이 바로 여러분의 의식을 멍들게 한다는 점 명심해야 할 것입니다. 누가 어떤 존재가 여러분을 지켜주고 보살펴준다는 것은 세상에 존재하지 않는 논리입니다. 빙의들만 득실거리는 세상에 위대한 존재가 나를 지켜준다고 말하는 논리가 이치에 맞는가를 생각해봐야 할 것이고, 이 우주를 다 뒤져봐도 그들이 말하는 위대한 신, 절대자라는 것은 존재하지 않습니다.

내가 말하는 것은 오직 나 자신의 깨어 있는 의식으로 내 앞에 당면한 문제를 지혜롭게 해결하고 살다가 죽으면 그뿐인 것이 참된 인생살이라고 해야 맞고 이 부분은 사실 내가 15세경에 정리한 부분이기도 합니다. 사실 어릴 때 가졌던 그 마음을 나는 오늘날 여러분에게 풀어서 말하고 있는데 요즘 사람들은 이 나이에 내가 생각하고 정리했던 것처럼 각자의 마음을 정리하고 살고 있는가인데 그렇지 않습니다.

다들 허파에 바람이 들어 눈과 귀가 있어 남들 성공하여 잘 사는 것을 모방하고, 이름 좀 난 사람들의 행동을 그대로 따라 하는 삶을 살고자 하는 것이 일반적이어서 내가 말하는 것 미친개가 짖는 소리라고 생각할 것입니다. 그래서 나는 본 카페를 만들면서 '내가 할 말만 남기고 죽자'는 말을 한 것이고, 내가 하는 말이 아무리 옳은 말이라고 해도 그 말을 나는 여러분에게 강요하지는 않는데 그 이유는 종교처럼 감성을 자극하여 여러분에게 말하지 않아서 그렇고, 또 세상이 흐려질 때로 흐려진 상황에서 종교처럼 꿈, 희망을 여러분에게 말하지 않습니다.

그러니 여러분의 입장에서 보면 인간은 위대하고 잘났다는 논리를 말하지 않으니 내 말을 쉽게 이해하지 못할 것임을 알지만 그렇다고 내가 일반 종교들이 말하는 감성적인 말을 따라 한다는 것도 이치에 맞지 않습니다. 그 이유는 종교들이 말하는 것은 모두 인간들에 의해서 꾸며진 말이기 때문에 그렇고, 그런 말들은 결코 여러분에게 어떠한 도움도 되지 않아서 그렇습니다.

따라서 이 선악(善惡)이라는 것이 균형 잡혀 있는 세상이 좋은 세상이라고 할 수 있지만, 오늘날에는 사상(악)이라는 것이 극에 치닫고 있어서 선악의 균형은 무너졌다고 말할 수 있을 것이고, 이 균형을 화현의 부처님 법으로 바로 잡으면(여기서 바로 잡는다는 말은 선의 불씨를 살려 놓는 것을 의미함) 지구는 그 불씨를 가지고 다시 새로운 환경을 만들어가기 위해서 진리는 그 흐름에 따라가게 되어 있고 결국 지구 청소를 해야만 가능한 것이어서 지구의 멸을 나는 말하고 있는데 이것은 지구가 다 사라지는 것이 아니라 지구 상에 생명체를 다 없애는 것을 나는 지구의 멸이라고 말하고 있는 것입니다.

사실 인간의 머리(지식)로 만들어진 것은 결국 사상(思想)인데 이 한문의 의미는 '생각하고 생각하여 만들어낸 말'이라는 의미를 지니어서 사상의 발달은 결국 인간이 지혜라는 것을 모르게끔 의식을 흐리게 만들어 버립니다. 그래서 여러분이 잘못된 사상, 이치에 맞지 않는 의식으로 마음이 치우치면 안하무인이 되고, 뭐가 참이고 거짓인가 조차도 구분하지 못하게 만들어 버리는 것이 사상이라고 하는 것이어서 이 부분 심각하게 새겨봐야 할 것입니다.

1342 옥석

온갖 인간들이 세상에 존재하지만, 그들이 하는 말 중에 옥석(玉石)을 가려낸다는 것은 어지간한 의식으로 할 수 없습니다. 문제는 천 개의 말이 있다면 그 말 중에 한 개를 가려내는가, 열 개를 가려내는가 등의 정도 차이만 다를 뿐이어서 부부가 싸움할 때도 서로의 말이 맞는다고 생각하기 때문에 대립이 생기는 것이고, 이것은 결국 각자의 의식과 깊게 관련이 있어서 의식과 관념이라는 것이 비슷하거나 맞으면 집안에서 큰 소리가 날 수 없을 것입니다.

사람들을 만나 무수한 말을 들어 보면 결국 '나는 이상 없고, 상대가 이상 있다'는 논리가 대부분인데 문제는 뭔가 하면 물론 상대가 이치에 벗어난 행위를 할 수 있고, 그것을 알기 때문에 상대가 잘못했다고 말할 수는 있겠지만, 그 문제의 본질을 보면 나 자신이 원인제공을 했을 수 있고, 그로 인해 상대에게 어떠한 빌미를 제공했기 때문에 그 문제의 불씨는 결국 나에게 있을 수 있다 할 것입니다.

작게는 하나의 가정에서, 크게는 사회적인 상황으로 보면 현실적으로 이치에 맞는 말(선)과 이치에 맞지 않는 말(악)이라는 것을 구분할 수 없도록 이상한 것에 치우쳐 있는 사람이 넘쳐나는 세상이어서 나는 '내가 할 말만 한다.'고 말한 이유가 여기에 있습니다. 이 말은 그만큼 세상은 사상에 치우쳤기 때문에 개개인에게 아무리 이치에 맞는 말을 해도 그 말이 사람들에게 씨알이 먹혀들어 가지 않습니다.

결국, 인간이 지구 상에 머무르는 순간까지 내가 본 카페에 말한 것은 길이 남을 것이고 누군가가 내 글을 보고 '이 사람의 말이 맞다'고 생각하는 사람이 있을 것이고, 이같이 되면 이 법은 급속하게 퍼져갈 것입니다. 그러나 이같이 퍼져간다는 것은 '지구의 종말'이 가까워졌음을 의미하는 것이어서 이런 부분을 나와 선율인 알고 법을 말한다는 것은 마음 아픈 일(인간적인 부분)이고 안타까운 일(진리적인 입장)입니다.

얼마 전 코로나로 인해 사람들의 움직임을 강제로 통제했습니다. 그런데 사람들이 하도 죽겠다고 아우성을 치니 정부에서 단계를 낮추어서 결국 독감과 같이 코로나도 함께 달고 살자는 말을 하니 사람들이 가을 구경을 하러 간다고 도로에 차들이 넘쳐나고 관광지에는 인파들이 넘쳐납니다. 뭐가 그리 좋은지 다들 시시덕거리고 입이 찢어지라고 웃는데 이런 사람들에게 '이치에 맞게 살라'고 하면 그런 말을 하는 나만 정신 나간 놈, 미치고 넋이 빠진 놈이 될 것입니다.

그 이유는 나와 선율이가 말하는 것이 여러분이 일반적으로 알고 인지하는 부분이 아니어서 그렇습니다. 그러나 되돌아서 깊이 생각해보면 이 세상에서 이런 말을 하는 사람이 하나도 없다는 것을 알수 있고, 여러분이 내 말을 이해하면 내가 얼마나 값어치 있는 말, 의미 있는 말을 하는가를 알 수 있을 것입니다.

어찌 되었든 다시 말하지만, 선과 악의 정의는 〈지혜는 선이고, 사상은 악〉이라고 정립하면 되고, 실제 사상의 발달로 인해 지혜가 뭔지 알지 못하게 인간의 눈과 귀를 막았다고 해야 맞는 말이 됩니다. 그러니 이 와중에 여러분은 그나마 이 법이라는 것이 뭔가를 조금은 이해하고 있으니 천만다행이 아닌가. 이 법과 업연이 있어 이생에 만났고, 만약 이생에 이런 법을 만나지 못했다면 내가 말하는 진리적인 부분 평생 알지 못하고 살았을 것이기 때문에 이 법, 이 법당이 얼마나 소중한가를 알 수 있을 것입니다.

사상에 빠져 정신 놓고 사는 사람 자체가 악의 행동을 하면서도 정작 본인은 그 행동이 악인 줄을 모릅니다. 이것이 현실이고 몸에, 마음에, 주변에서 뭔가 괴로운 상황이 일어나면 그때는 몸도 마음도 괴로운 고통이 있어서 단방약으로 뭔가를 찾는 것이 현실 아닌가? 결국, 사람들이 하는 짓이라는 것이 어찌 그리 답답한지 모르겠지만 이에 대한 답은 그 당사자들이 죽어봐야 알 수 있는 부분이어서 각자가 가진 관념 현실적으로 이치에 맞게 고친다는 것은 매우 어렵습니다.

선과 악의 대립은 절대로 인간 사회에서 없어질 수 없는 부분이어서 종교들이 하는 말을 보면 얼마나 모순된 말을 하는가를 알 수 있고, 이 부분은 여러분의 의식이 깨어나면 더 깊게 알 수 있을 것입니다. 여러분은 '사이비'라는 말을 알 것인데 그렇다면 이 사이비의 정의는 무엇일까? 사이비(似而非)라는 글자를 사전에서 찾아보면 '겉으로 보기에는 비슷한 듯하지만, 근본적(根本的)으로는 아주 다른 것'이라고 되어 있는데 여러분은 이 말 어떻게 생각하는지 모르겠지만 내가 말하는 것은 '이치에 맞지 않는 것, 행위, 말' 등을 사이비라고 해야 맞기 때문에 이 말 깊게 새겨봐야 할 것입니다.

따라서 애당초 종교가 만들어지고 그 종교를 모방하는 것이 만들어졌다고 한다면 여러분은 후자에 만들어진 것을 보통은 사이비라고 할 것이나 이것은 대단히 잘못되었는데 그 이유는 누가 맨 처음 만들었는가에 따라 그것은 사이비가 아니고, 그것, 그와 비슷한 것이 새롭게 생기면 처음 생긴 것을 기준으로 해서 사이비라고 하는데 잘못되었습니다.

왜 그럴까를 생각해보면 일반적으로 여러분이 아는 사이비라는 것은 처음 것과 비슷한 것이 훗날 만들어진 것을 사이비라고 하는데 이 논리와 후자에 생겨난 것이라도 그것이 이치에 맞는 것이라면 후자의 것이 사이비가 되지 않고, 전자에 맨 처음 만들어진 것이 사이비가 되기 때문에 막연하게 여러분이 사이비라고 취급하는 것은 매우 잘못된 의식이라고 해야 맞지 않는가? 그래서 이 개념으로 기존 불교가 말하는 것은 사이비가 아니고, 내가 화현의 부처라는 말을 하면 내가 사이비가 된다는 이야기인데 만약 여러분이 이런 의식을 가지고 있다면 사이비가 말하는 내 글 봐야 할 이유는 없을 것입니다.

그래서 나는 누가 어떤 말을 했는가가 중요한 것이 아니라 그 말이 이치에 맞는 말인가 아닌가를 먼저 따져봐야 한다고 말한 것이고, 이것을 구분할 수 있는 사람의 의식은 깨어 있다 할 것이어서 이 부분 새겨봐야 할 것입니다. 이런 것도 구분하지 못하기 때문에 여러분이 화현의 부처님 말을 듣고 있으면서도 이것을 다른 사람에게 당당하게 말하지 못하고 있는 것이 아닌가?

1343 사이비

물질 이치에서 어떤 제품을 처음에 만들면 그것을 표준, 기준이라고 생각하고 그것에 비슷한 제품을 만들면 그것을 짝퉁, 모방한 것이라는 말을 합니다. 하지만 사람이 하는 말이라는 것은 비물질의 논리에서 오직 의식으로만 정립해야 할 부분이어서 이것은 여러분의 의식에 따라 사이비가 될 수 있고, 사이비가 아닐 수도 있어서 지금 여러분이 내 글을 보면서 어떤 생각으로 보는가를 생각해보면 여러분의 의식이 뭔가를 알 수 있을 것입니다. 다시 말하지만 나는 기존 종교나 사람들이 하는 말을 모방하여 말하지 않고, 기존의 말과 화현의 부처님 법에서 말 이 두 가지를 이야기하고 어떤 논리가 맞는가를 말하는 것이어서 종교가 하는 말을 흉내 내는 말이 아니어서 이 부분만 보면 사이비는 아닐 것입니다.

흔히 여러분이 아는 사이비 종교는 아니라는 이야기고, 사이비라는 것은 어떤 것을 모방하여 그것을 그대로 따라 하는 행위가 사이비라 할 것이나, 문제는 애당초 만들어진 종교라고 하더라도 그 말이 이치에 벗어나면 모두 사이비라고 해야 맞지 않는가?

그러니 여러분이 기성종교는 사이비가 아니고, 후자에 종교 같은 것을 모방하여 어떠한 단체를 만들거나 하는 것도 그들의 입장에서는 맞지 않는다는 논리이기 때문에 종교는 사이비가 아니고 종교를 모방하는 것은 사이비라고 이분법적으로 정리하는 것은 이치에 맞지 않고, 내가 말하는 요지는 어떤 종교가 되었든 종교가 아니든 간에 그 말이 이치에 맞는가 맞지 않는가를 봐서 이치에 벗어난 말이면 기성종교의 말이라고 해도 사이비라고 해야 맞는 말이 됩니다. 따라서 이치에 벗어난 말을 하는 사이비 종교는 전 세계적으로 퍼져 있으며, 이들은 공통적으로 수많은 범죄와 사건·사고를 저지르고 있는 것이 현실입니다.

이 말을 거꾸로 하면 이치에 맞는 말을 하는 곳에서 사회 문제가 되는 행위는 일절 하지 않는데 그것은 이치에 벗어난 행위이기 때문에 그렇습니다. 그래서 현실적으로 이 세상 모는 집단에서 강간, 금품 갈취, 사기죄 등의 범죄와 같은 것이 끊임없이 일어나고 있는데 이유는 그들 자체의 말이 사이비이기 때문에(이치에 반하는 말과 행위를 하기 때문에) 그렇습니다.

그래서 여러분은 '종교는 인간 잘되라고, 인간 좋게 하기 위해 존재하는 것이다.'라고 생각한다면 대단한 착각을 하고 있음을 알아야 할 것입니다. 예를 들어 어떤 종교인이 가난한 자에게 먹을 것을 주었다고 하면 여러분은 '그 사람은 좋은 사람'이라고 생각하게 되어 있고, 나아가 그가 속해져 있는 종교는 '좋은 종교'라고 생각하는 것이 보통인데 이거 대단한 착각입니다. 그 이유는 그 사람이 가난한 자에게 하는 행위는 지극히 인간적인 행위일 뿐이고, 문제는 그 자신이 가지고 있는 의식이 어떤 것인가는 다르기 때문에 인간적인 행위나, 말을 했다고 해서 그 종교가 좋은 종교라고 생각한다면 문제가 있다는 이야기입니다.

종교는 인간을 떠나 존재할 수 없기 때문에 결국 인간의 감성을 자극하는 말을 할 수밖에는 없고, 이 말에다 그들이 신격화한 '교주의 말'이라는 것을 섞어서 말하면 여러분은 어떤 말이 참이고, 거짓인가를 분별하지 못하게 됩니다.

예를 들어 여러분도 아는 관세음보살(觀世音菩薩)이라는 것은 불교에서 〈대자 대비심을 근본 서원으로 하는 보살. 관자재(觀自在)·광세음(光世音)·관세자재(觀世自在)·관세음자재(觀世音自在)라고도 하고, 줄여서 관음·관음보살이라고도 한다. 미타삼존(彌陀三尊)의 하나로 아미타불의 좌도 처에 해당한다. 관세음(觀世音)이란 세상의 음성을 관(觀)한다는 뜻이며, 관자재란 지혜로 관조(觀照)하기 때문에 자재한 묘과(妙果)를 얻는다는 뜻이다. 이 보살은 중생에게 온갖 두려움이 없는 무외심을 베푼다는 뜻에서 시무외자(施無畏者)라고 하며, 세상을 널리 구제하므로 구세대사(救世大士)라고도 한다.

이 보살은 세상을 널리 교화함에 있어서 그때그때 중생의 근기에 맞추어 여러 가지 형태로 나타내는데 이를 보문시현(普門示現)이라 하고 삼십삼신(三十三身)이 있다고 한다. 관세음보살은 일체 세간 중생들을 널리 구제해 주는데 신통 자재해서 시방 국토에 그 몸을 나타내지 않는 곳이 없다고 한다.

그래서 천수천안관세음보살(千手千眼觀世音菩薩), 십일면관음보살(十一面觀音菩薩)이라고도 한다. 관세음보살(觀世音菩薩)이 머무는 국토를 보타락가(補陀落迦)라고 한다. 우리의 본래 마음 곧 깨친 마음을 관세음(觀世音) 또는 관자재보살(觀自在菩薩)이라고도 하는데, 이는 깨친 마음은 곧 부처와 같은 것이라 한량없는 대자 대비심(大悲心)을 갖추어 일체중생(一切衆生)을 제도한다는 뜻이다. 관세음보살 상을 보면 모두가 여자이다.

남자 관세음보살은 찾아볼 수 없다. 이는 어머니의 자식에 대한 사랑과 중생을 사랑하는 관세음보살의 대자 대비심은 서로 같은 것임을 가르쳐주고 있다.〉라고 말하고 있는데 여러분은 이 말 어떻게 생각하는지 모르겠시만 사실 이런 존재는 우주 그 어디에도 존재하지 않습니다. 사실 이런 말은 과거 인간이 무지했던 시기, 지구가 네모나고 달에 토끼가 산다고 믿었던 시절, 호랑이가 담배를 피우던 시절에나 있었던 말이고, 요즘에는 사람들의 지식이 있어 호랑이가 담배를 피웠다는 식의 말은 그 누구도 믿지 않습니다.

과거에서 오늘날 시대의 흐름을 보면 나이가 아주 많은 사람의 의식과 오늘날 젊은 사람들의 의식은 완전하게 다른데 그 이유는 지식이 있어서 상식적인가 아닌가는 쉽게 압니다. 그래서 갈수록 종교가 하는 말들은 사람들 사이에서 신뢰를 잃어가게 되고 종교의 말에 관심을 두지 않는 세상이 되었습니다. 이같이 되자 종교는 또 인간의 감성을 자극하는 무수한 말을 만들어내고 있는데 참으로 안타까운 일이 아닌가? 마찬가지로 〈정치〉라는 것도 누구의 말이 맞는가에 대한 정답은 없습니다. 그 이유는 각자의 이념, 사상이 다르기 때문에 각자의 입장에서 맞으면 그 사람이 좋은 사람이고, 마음에 드는 사람이라고 생각하게 되어 있고, 반대편에서 생각하면 그 사람은 좋지 않은 사람이라고 생각하게 되어 있습니다.

다만 어차피 의식 사상은 다를 수밖에는 없지만 그나마 어떤 사람의 의식이 겨자씨만큼이라도 좋은가, 바른가를 선택할 뿐인데 오늘날 이 사회는 세상이 뒤집어져 버렸고 이것은 이 사회가 돌아가는 것을 보면 쉽게 알 수 있을 것입니다.

1344   빙의와 무의식

나는 〈의식〉이라는 말을 많이 하는데 의식이 깨어 있으면 이 사회, 자연이 어떻게 흘러가고 있는가는 매우 쉽게 알 수 있고, 의식이 깨어 있지 못하면 근시안적인 사고로 인생을 살아가게 되어 있습니다. 한 치 앞을 보고 사는가? 십 리 밖을 내다보고 사는가의 차이가 다르다는 이야기입니다. 그래서 이치에 맞지 않는 말이 이 세상에 만연하게 되면 이 시기를 '말법의 시대다(법, 이치에 맞는 말이 다 사라진 시기를 말함)'라고 해야 맞는 말이 되는데 여러분이 과연 얼 만큼 내 말을 이해할지 모르겠지만 참으로 안타까운 일입니다.

그래서 기존의 것을 말하지 않으면 사이비 짝퉁이라고 생각하는 여러분의 의식을 고치지 못한다면 내가 말하는 글 죽을 때까지 봐야 여러분에게 도움이 되지 않습니다. 예를 들어 처음 결혼하고 산 부부가 이혼했고, 서로 다른 사람을 만나 결혼 생활을 이어간다면 여러분의 입장에서 재혼을 한 사람은 사이비, 짝퉁이 된다고 해야 맞을 것이나 내가 말하는 요지는 나중에 만나 재혼을 한 사람이 처음 사람보다 이치에 맞는다고 한다면 나중에 만난 사람은 사이비, 짝퉁이 되지 않는다는 논리를 나는 말하고 있어서 이 말 새겨봐야 할 것입니다.

그래서 인간의 감성을 자극하는 말인가? 아니면 이치, 상황에 맞는 말을 하는 말인가를 여러분이 반드시 구분해서 살면 괴로움은 줄어들게 되어 있습니다. 현실에서 사기를 치는 사람들을 보면 상대의 입맛에 맞는 말을 무수하게 합니다. 어떻게든 상대를 현혹해 이득을 취해야 하므로 이것은 사기꾼이 가지고 있는 전형적인 술수(術數)인데 마찬가지로 종교라는 것도 감성을 자극하는 말 무수하게 나열하고 그 속에서 자신들이 추구하는 것을 얻으려 하고, 사세를 확장해가는 것도 여러분이 구분하지 못한다면 여러분은 어떻게 되겠는가를 생각해보라는 이야기입니다. 그래서 사상에 빠진 사람을 보면 이치에 맞지 않는 말(책)을 옆구리에 차고 온종일 그 책만 보고 사는데 그런 사람의 의식이 바르다고 생각한다면 대단한 착각입니다. 분명하게 말하지만, 인간의 의식이 한쪽으로 치우치게 되면 반대쪽을 똑바로 볼 수 없게 된다는 점 명심해야 합니다.

나는 모든 것에 〈나〉라는 아집을 더하여 보지 말고 그 문제의 본질을 객관적으로 보라는 말을 한 것이고, 이것이 '나를 없애는 방법, 아상을 줄여가고 하심(下心) 하는 방법'인데 과연 이런 마음을 가지고 사는 사람이, 이런 노력을 하고 사는 사람이 이 세상에서 얼마나 될까? 정치인들이 흔히 하는 말 중에 '국민을 위해서'라는 말을 많이 하는데 이 말 깊게 정립해보면 얼마나 모순된 말인가를 알 수 있을 것입니다. 평화를 위해서, 자연을 위해서, 국민 통합을 위해서 등의 말 무수하게 하는데 예를 들어 '국민통합'이라는 것 할 수 있는가인데 이거 할 수 없습니다. 그 이유는 사람 개개인의 의식이 다르고 이념, 사상이 다 다르기 때문에 국민을 통합한다는 말은 말 그대로 이룰 수 없는 꿈인데 이런 말에 현혹된 여러분의 의식을 되돌아보라는 이야기입니다.

그래서 온 지구 상에 존재하는 나라에 전쟁이 없게 하고, 지구촌이라고 하여 하나의 세계라는 식의 논리는 매우 잘못된 이야기인데 다시 말하지만, 가정을 이루고 사는 입장에서 가족 간에도 사상, 이념이 다르기 때문에 늘 문제가 생기는 것이고 이 지구만 보더라도 무수한 전쟁이 일어나는데 그 이유도 결국 인간의 마음이 다 다르기 때문에 일어나는 것입니다.

이런 논리를 세상에서 처음으로 말하고 있으니 여러분의 입장에서 내 말 쉽게 받아들일 수 없을 것입니다. 그러니 내 말을 사이비 쯤으로 생각하는 것이 아닌가? 여러분이 무당집에 갔다 왔다고 누구에게 말하면 그런 것은 '그럴 수 있는 것'이라고 생각하고, 당연하게 생각하지 않는가? 그런데 이 글을 보는 여러분이 누구에게 '마음 법당'이라는 말을 하면 사이비에 빠져 있다는 소리를 듣게 될까 봐 다른 사람에게 당당하게 '마음 법당'이라는 말을 하지 못하고 있는데 참으로 안타까운 일인데 무당집에 갔다 온 것은 당연히 그럴 수 있고 그것은 사이비가 아니라 생각하는 그 의식은 무엇이고, 이치에 맞는 말을 하는 곳이라고 하면 사람들은 기존 것에 벗어난 것이어서 '사이비'라고 생각할 것입니다.

그래서 일반적으로 사이비라고 하면 기존 것과 다른 것을 무조건 사이비라고 생각하는 것이 일반적인데 예를 들어 교주의 신격화, 금품의 강요, 또한 종교적 맹신을 이용해 사람을 이용하고 그로 인한 가정 파괴나 강력 범죄 등을 유발하거나 혹은 주도하는 것을 일반적으로 사이비라고 하는데 이 말 어떻게 생각하는가?

사실 기성 종교들도 위와 같은 행위 다 하지만 문제는 그것이 당연하고 그렇게 할 수 있다고 생각하는 여러분의 그 의식에 문제가 있다 할 것입니다. 사이비 종교라는 것은 '이치에 맞지 않는 말을 하는 곳이다.'라고 정리해보면 여러분은 어떤 생각이 드는가를 생각해 보라는 이야기입니다. 물론 현실적으로 이치에 맞지 않게 행동하는 곳은 주변에 수두룩합니다.

이것은 기존의 것에 더하여 확연하게 차이가 눈에 띄게 나타나는 행동을 보고 여러분은 그것이 사이비다, 아니다를 판단하는 것이고, 확연하게 '거짓 가짜'라고 생각하는 것이 아닌가. 문제는 사전에 보면 사이비는 '거짓 종교. 겉으로는 종교로 위장하고 있으나 종교의 기본 요건(교조·교리·신도)을 구성하지 못하고 비(非)종교적인 목적을 추구하는 단체나 집단을 가리킨다. 신흥종교·유사종교·사교(邪敎)가 여기에 속한다. '신흥종교'란 전통적인 종교, 곧 기독교, 불교, 이슬람교 이외에 새롭게 일어난 종교를, '유사종교'란 미신을 믿는 토속 종교를, '사교'는 범죄 행위에 가담한 종교집단을 말한다'고 정의되고 있는데 이 말 맞는다고 생각하는지 모르겠지만, 이 말속에는 기존에 생겨난 것은 종교의 기본 요건(교조·교리·신도)을 갖추었기 때문에 이런 것이 없으면 사이비라고 말하는데 대단한 착각입니다.

내가 말하는 요지는 여러분 개개인이 어떤 집단을 만들었다고 해도 그 말이 반드시 '이치에 맞으면 그것은 사이비'라고 할 수 없고, 반대로 종교의 기본 요건(교조·교리·신도)이라고 하는 것을 갖추었다고 해도 그들의 말이 이치에 벗어난 말이면 이것은 사이비라고 해야 맞는다는 논리를 나는 말하고 있어서 이 부분 정립해봐야 할 것입니다. 그러니 이 〈사전〉이라는 것도 어떤 집단이나 세력이 커지게 되면 다들 그들이 하는 말이 표준이 되는 것으로 말하는데 이런 부분은 인터넷 사전이라는 것을 보면 얼마나 이치에 맞지 않는 말이 나열되어 있는가는 쉽게 알 수 있습니다.

따라서 내가 말하는 화현의 부처님 법이라는 것도 우선 보이는 물질 이치에서의 규모가 있어야 하고, 그렇게 되면 일단 규모가 있어서 사람들이 하찮게 생각하지 않을 것이고, 진리 이치에서 그 말(법)이라는 것도 반드시 이치에 맞는 말이어야 하는 것이고, 기존 사람들이 말하는 종교의 기본 요건(교조·교리·신도)이라는 것은 갖추고 있지 않아도 된다는 논리를 나는 말하고 있어서 이 부분 새겨봐야 할 것입니다.

1345 이치

또 하나는 만약 일반 사람들이 종교라고 인정해 주는 기준, 종교의 기본 요건(교조·교리·신도)이 마음 법당에도 있으니 이렇게 보더라도 마음 법당은 '종교'의 틀은 갖추었다고 하겠지만, 그러나 나는 마음 법당은 여러분에게 일반 종교들이 말하는 논리를 말하지 않고 오직 '깨어난 의식으로 이치에 맞게 살라'는 말만을 하고 있어서 여러분이 앞서 말한 대로 마음 법당도 종교가 되어야 한다고 생각한다면 잘못된 생각입니다.

사실 내가 진리 이치를 깨달아갈 때 내가 말하는 것이 어떤 법(法)인가 라는 의구심이 들었는데 결국 내가 말하는 것은 이 세상에서, 없는 말, 누구도 말하지 못하고 있는 말임을 알게 되었고 그 법의 주인공이 화현의 부처님이라는 것을 알았기 때문에 애딩초 내기 '종교간판'이라는 것을 달았으면 이 법은 세상에 더 쉽게 이름이 알려질 수 있었겠지만 그렇게 하지 않았기 때문에 현실적인 어려움은 있지만, 오늘날 생각해보면 내가 말하는 것은 세상의 그 어떤 말(사상)과도 섞일 수 없다는 것을 알았습니다.

따라서 일반적으로 사전에는 〈사이비 종교의 특징은 다음과 같다. ① 겉과 속이 다른 이중 교리를 가지고 있다. ② 교주를 신격화한다. ③ 시한부 종말적인 성격을 띤다. ④ 반사회적이고 비윤리적이다. ⑤ 기성종교에 대한 적개심을 갖게 한다. ⑥ 요행수를 바라고 운명에 기대게 한다. 결국, 사이비 종교는 어리석은 자를 미혹시키는 사악한 집단일 뿐만 아니라 사회적으로나 국가적으로도 암적 존재다. 이런 사이비 종교가 부패한 기성종교의 토양에서 자란다는 사실은 기성종교의 책임이 얼마나 중요한지를 말해준다.〉라고 말하는데 이 말 맞는다고 생각하는지 모르겠지만 잘못된 부분이 '기성종교의 책임이 얼마나 중요한지'라는 말을 하는데 그렇다면 기성종교가 하는 말이 이치에 맞는가인데 이 부분에 심각한 문제가 있다 할 것입니다.

왜 그럴까? 다시 말하지만 〈사이비〉라는 것을 정의할 수 있는 기준은 그들이 하는 말에 하나라도 모순이 있으면 그것은 큰 틀에서 사이비라고 해야 맞습니다.

그다음 사이비의 차이가 어느 정도인지 그만큼만 다를 뿐이라고 해야 맞고, 이에 따라 무수하게 사람들이 말하고 있는 사이비라는 말은 의미 없습니다. 종교적인 구색을 다 갖추었다고 해서 종교가 아니라는 것이고, 그런 것을 갖추었다고 해서 '종교는 좋은 곳'이라

받아들여야만 나 자신의 운명을 이해하게 되는데, 이같이 나 자신을 수용하지 못하면 결국 사형수가 사형될 날을 잡아 놓고 사는 상황과 같아서 막연하게 여러분이 내 운명이 뭔가를 알려고 하는 것은 이치에 맞지 않습니다. 그래서 이 도(道-진리 이치)를 안다는 것은 나 자신이 그것을 수용할 수 있을 때 스스로 운명을 받아들이게 되는 것이고, 나 자신을 수용하지 못하면서 '내 운명'이라는 것만 알려고 하는 것은 대단한 착각입니다.

아무리 좋은 것을 먹어도 자기 몸에 금, 보석으로 치장해도 결국 인간 100년도 살지 못합니다. 그래서 이생에 태어났다는 것은 곧 죽음을 향해가는 배와 같은 것이고, 이 항해 중에 단맛 쓴맛을 다 보게 되어 있는 것이 인생(人生)이라고 하는 것입니다. 그동안 이 세상에 존재하면서 인간의 수명을 늘리고자 무수한 사람들은 별의별 짓을 다 했지만 결국 그들도 그 자신들이 지은 운명 줄대로 한세월 살다가 모두 죽었고, 이 글을 보는 여러분도 결국 그 길을 가게 되어 있습니다. 그렇다면 인생이라는 것이 주어진 운명대로 사는 것인가인데 답은 '그렇다'입니다. 아무리 여러분이 용을 써봐도 이 '운명 줄'을 타고 가는 것은 변함이 없고, 다만 진리 이치를 알고 마음을 다스리면 그 운명 줄의 이치는 그것에 맞게 변하는 것이 전부라고 해야 맞으므로 이 부분 정립하고 살아야 할 것입니다. 그래서 자식이라는 것을 낳으면 그 상황에 맞게 부모로서 해야 할 도리만 다 해주면 그뿐이고, 그 자식에게 늙어서 밥이라도 얻어먹고 살아야 한다고 생각하고 있다면 그 생각 매우 잘못된 의식입니다.

다시 말하지만, 윤회를 돌 수밖에는 없는 입장이 생명체가 가진 공통적인 부분은 '업대로 윤회하여 그 상황에 맞게 태어나는 것'이 전부입니다. 그래서 오늘날 내가 이 법이라는 것을 말하는 것도 윤회가 아닌 태초에 태어날 때 이치에 맞는 말을 하는 자의 자식으로 태어났고, 맑고 순수한 물방울이 이치에 맞는 말을 하는 자의 말을 듣고 성장을 했기 때문에 일반 사람들처럼 개인적인 업(이치에 맞지 않는 행위)을 짓지 않았던 것이고, 만약 윤회해서 그 업연으로 화현의 부처님 자식으로 태어났다고 한다면 이 법이라는 것을 말할 수 없습니다.

실제 화현의 부처님은 이생에 7남매의 자식을 두었지만 다들 저 잘났다고 뿔뿔이 흩어져 제 갈 길 가고 있지만 나와 형제의 인연을 끊고 산 지가 수십 년이 넘었고 지금은 그들의 생사조차도 알 수 없는데 그것은 자식이라고 해도 서로의 마음이 다르기 때문에 그 마음 따라 각자의 인생길을 가게 되어 있습니다. 마찬가지로 부부의 인연으로 살지만, 그 인연이 1년이 가는가, 10년, 100년이 가는가의 차이와 같고, 결국 마음이 맞지 않으면 제 갈 길 가는 것이 인생이라고 하는 것입니다.

따라서 내가 젊었을 때 세상사 고생을 한 것도 되돌아보면 석가시대 때 내 나이 15세경에 화현의 부처님도 죽고, 선율이도 죽은 상태에서 홀로 남아 인생을 살았던 그 시기만큼 이생에 인간사적인 고생을 했는데 그때는 약 50세경 까지라고 말했습니다. 그래서 아무리 화현의 부처님 자식이라고 해도 전생의 이치에 따라 인생을 살게 되어 있어서 화현의 부처님의 자식으로 태어났지만, 석가처럼 옆구리로 잉태하고, 또 태어나자마자 걸음을 걸으면서 오른손을 치켜세우면서 '천상천하 유아독존'이라는 말과 같이 허무맹랑한 소리 하지 않았습니다.

다만, 엄마가 나를 낳았을 때 내가 태어나는 순간 몸에 고통이 하나도 없었고 말 그대로 '순산'이라는 것을 했다는 말을 들었고, 여름(8월)날 아침밥을 하려고 아궁이에 불을 때다가 산기가 와서 방에 들어가 나를 낳았다고 합니다. 그리고 내가 성장을 하면서 주변 사람들에게 무수하게 들었던 말이 '저놈은 법 없이도 살 놈이다.'라는 말이 그것인데 이같이 말하면 물론 여러분 중에는 '나도 법 없이 살 놈이다.'라는 소리 듣고 살았다고 할지 모르겠지만 내가 말하는 것에 판단은 여러분 각자가 하면 됩니다.

모든 생명체는 윤회를 돌 수밖에는 없지만, 윤회를 한 번 했는가? 두 번 했는가 아니면 알 수 없는 윤회를 했는지는 매우 중요하고 이 윤회에서 결국 벗어나는 것이 핵심인데 이같이 말하면 돈 있는 사람은 이 세상 살만하니, 나음에도 인간으로 태어나고 싶다고 말할 것이나, 그게 그렇게 될 수 없는 것이 물질이 아무리 많다고 해도 그것으로 해탈이라는 것을 살 수 없어서 그렇습니다. 해탈은 물질이 우선이 아니라 그 마음이 어떤 마음인지가 우선이기 때문에 물질이 많다고 해서, 또는 지식을 많이 배웠다고 해서 자동으로 해탈이라는 것을 하지는 않음으로 여러분이 일반적으로 지식인을 추앙하는 것은 잘못된 의식입니다. 따라서 불교에서 이 '해탈'이라는 말 참으로 쉽게 말하는데 결국 불교가 말하는 수행이라는 것을 해서 그들이 말하는 해탈이라는 것을 한 사람은 불교 역사 이래 존재하지 않았다는 것을 알아야 할 것입니다.

1347   씨앗

　남녀가 성행위를 하면 자식이 생기는데 사람들은 이것을 '사랑의 씨앗이다.'라고 말하지만 대단한 착각이고, 그 사랑이라는 막이 거두어지면(마음이 변하면) 그 자식은 졸지에 원수가 되어 버리지 않는가? 이것은 여러분이 인생을 살아온 과정을 보면 내가 무슨 말을 하는가를 이해하게 될 것입니다. 그래서 남자나 여자 할 것 없이 누군가에게 이성적인 호기심이 간다고 하면 반드시 그와 풀어야 할 매듭(마음의 흔적)이 있어서 그렇게 마음이 움직이는 것이어서 우선 이성적인 마음이 별로 없다고 한다면 이성에 끄달리며 사는 사람보다는 업(業)이 좋다고 해야 맞습니다.

　그래서 나이가 들어 이성적인 마음이 있음에도 상대가 생기지 않는 것과는 다른데 애당초 이성적인 마음이 일어나지 않는 사람과, 마음이 일어나지만, 상대가 생기지 않는 것과는 그 의미가 다르기 때문에 무조건 이성적인 상대가 없어서 좋다고만 생각하면 안 됩니다. 직설적으로 가족은 진리적으로 업연의 집단이라고 해야 맞고, 감성적으로는 사랑으로 만난 것이라고 해야 맞기 때문에 이 말 정립해봐야 합니다.

따라서 이 개념으로 볼 때 사업을 하든, 장사를 하든 '가족이나 혈연의' 이름을 부각하여 상호를 짓는 것은 진리적으로는 '우리는 이런 업 동지다'라는 것을 드러내는 것이어서 좋지 않으며 이 같은 것은 지극히 인간의 감정을 자극하는 것이어서 가족 이름이나 지역색이 있는 지명, 이름을 내세워 장사하는 것은 진리적으로는 좋은 현상은 아니어서 이 부분 정립해봐야 할 것입니다. '나'라는 아상의 마음을 드러내지 않고 사업, 장사를 하는 것과 감성적인 말을 내세워서 뭔가를 하는 것은 아상을 내세우는 것이어서 좋지 않습니다.

그래서 나는 장사를 하든 사업을 하든, 종교적인 상징물을 사업장소, 영업장소에 거하게 걸어두는 것은 좋지 않다고 말했는데 스스로 '나는 이런 사람이다.'라는 것을 앞세우는 것이어서 이런 부분이 여러분 의식에 무의식으로 머릿속에 박혀 있기 때문에 이런 의식을 바꾼다는 것은 매우 어려운 일입니다.

종교를 믿는다는 집에 가보면 현관문(출입문) 위에 실과 마른 명태를 걸어두는 것을 봅니다. 또 자동차를 사면 핸들 아래에 실을 감아두고 막걸리를 차바퀴에 뿌리면서 무사고를 비라는데 이런 것이 여러분 주변에 비일비재합니다. 이같이 말하면 누구는 '좋다고 하니 손해 볼 것이 없지 않은가?'라고 생각하겠지만 그런 의식은 이미 썩어 있는 의식이라고 해야 맞기 때문에 이런 마음으로 의식으로 내가 말하는 것 마음에 담을 수는 없을 것입니다.

그런 의식으로 자식을 낳으면 그 자식은 부모가 그렇게 살아왔으니 당연한 것으로 또 그런 행위를 따라 하는 것이 현실 아닌가? 이런 것이 바로 '업의 대물림'이라고 하는 것입니다. 그러니 문명이 급속하게 발단한 오늘날에도 바다에는 용왕이 있고, 산에는 산신령이 있고 집안에는 조왕신 등등이 있다고 생각하는데 이만큼 여러분의 의식은 알게 모르게 흐려 있다고 해야 맞는 말이 될 것입니다.

사람이 인생을 살면서 뭔가에 마음을 끄달리게 되어 있지만, 내가 말하는 것은 그런 것이 이치에 맞지 않는다고 하면 과감하게 마음에서 지워버리는 것이 중요한데 이런 말 여러분이 얼마나 마음에 새기고 살 것인가?

일반적으로 '할머니, 어머니, 장모님 손맛'이라는 말을 많이 하는데 이같이 말하면 감성적으로 여러분은 '저 집에 음식 맛은 좋을 것 같다'는 생각을 먼저 떠오르게 될 것이고, 왠지 친근감 있게 이 말이 들릴 것인데 정작 그 식당에 음식 맛이라는 것이 그 말대로 맛이 있을 것인가의 문제는 별개라는 것을 나는 말하고 있는 것이고, 이 관점에서 요즘 방송에서 누가 음식을 잘한다고 하니 여러분은 마치 그들이 하는 음식이 표준이라고 생각하고 따라 하는데 매우 잘못된 의식이고, 내가 먹는 음식이라는 것은 나 스스로 만들고 '간'이라는 것은 내 입맛에 맞게 만들어 먹는 것이 '보약'이 되는 것입니다.

사실 여러분의 입맛이라는 것도 전생에 먹었던 그 음식의 맛을 이생에서 '내 입맛에 맞다'라고 말하는 것이어서 사람이 이생에서 입맛에 맞는 맛이라는 것은 모두 전생에 먹었던 그 맛을 따라가게 되어 있어서 앞서 말한 대로 남의 장모, 할머니 등의 맛이라고 하는 그 말은 진리적으로는 아무 의미 없고, 감성을 자극하는 말이라고 정립해야 할 것입니다. 그래서 나는 이생에 태어나는 상황은 반드시 여러분의 전생과 아주 깊게 관련이 있어서 태어난 것이고, 스스로 자신의 본분을 알았을 때를 나는 '깨달음이다.'라고 말하고 있는데 이같이 말하면 누구는 '나는 내가 이런 사람이구나.'라는 것을 조금 알았다고 해서 자신이 깨달음을 얻은 것으로 생각할 수 있는데 그것은 진리적인 깨달음이 아니라 지난날 나 자신이 행동했던 것을 이제 와 생각해보니 나에게 문제가 있었다는 것을 반성하는 차원에서 자신을 스스로 안 것이지 진리적으로 자신의 본분, 근본을 알았다고는 말할 수 없습니다.

그래서 어떠한 업을 지었는가가 중요한 것이 아니라 이생에서 내가 어떠한 마음으로 살아야 하는가가 중요한 것이어서 타력적으로 무엇에게 빈다고 해서 내 인생이 자동으로 좋아지는 것은 절대 아닙니다. 결혼해서 오늘날 어떤 문제로 괴롭다고 한다면 그 선택은 누가 했는가를 생각해보라는 이야기입니다. 그것은 서로 마음에 든다고 해서 만났던 두 당사자 본인들 스스로 선택한 것이 아닌가? 상황이 이런데도 여러분은 〈그 무엇〉이라는 것을 찾아 울고불고하면 자동으로 그 괴로움이 없어질 것으로 생각하는데 내가 지적하는 것은 그런 의식은 여러분의 마음을 멍들게 한다는 것을 말하고 있어서 이 부분 새겨봐야 할 것입니다.

어떤 사람이 간(肝)이 좋지 않아서 간에 좋다는 약을 무지하게 먹는데 그렇다고 해서 그 사람의 간이 좋아질까인데 내가 말하는 것은 열 사람의 간이 좋지 않다고 하면 진리적으로 각자의 업이 다 다르기 때문에 열 사람 중에 약을 먹어 좋아지는 경우도 있겠지만 약을 먹는다고 해서 열 사람 모두가 좋아지지 않는다는 것을 말하고 있는데 이것은 각자의 업의 이치가 다 다르기 때문에 그렇습니다.

마찬가지로 요즘 담뱃갑에 그려진 그림을 보면 담배를 피우면 그림대로 병이라는 것이 더 생긴다고 말하는데 과연 그럴까를 여러분은 생각해봤는지 모르겠지만 앞서 말한 대로 사람에게 나타나는 병(病)이라는 것은 모두 전생에 지은 업과 깊게 관련이 있어서 꼭 담배를 피운다고 해서 그런 병이 생기지는 않습니다. 사실 여러분이 몸이 아파서 병원에 가면 기본적으로 무엇, 무엇을 하지 말라는 말 무수하게 하는데 그 사람들이 말하는 것을 다 실천하면 그 사람의 몸에 병이라는 것이 생기지 않을까인데 그렇지 않습니다.

그래서 나는 어떤 것이든 적당한 것이 좋다는 논리를 말하는 것이고, 어떤 선이라는 것을 넘어서면 그것은 반드시 몸과 마음에 영향을 주는 것이어서 '치우침이 없는 행동'을 하는 것이 중요합니다. 사실 내가 이런 말을 하는 것도 여러분이 '그렇구나.'라고 긍정을 하면서 마음에 새긴다면 여러분 마음은 편안해지고 따라서 그 환경은 변하게 됩니다. 다들 이런 부분이 있어서 무명의 존재가 말하는 글을 보고 있는 것이 아닌가? 〈나〉라고 생각하는 여러분 자신에게 뭔가가 이득이 되는 것이 없다면 내 글을 보지 않는다는 이야기입니다.

물방울

사람이 윤회하면서 돌고 도는 인생을 살 수밖에는 없고, 무수한 생명체도 윤회하면서 몸을 바꾸어 태어나는 것은 불변의 법칙입니다. 따라서 이 글을 보는 여러분도 각자의 업에 따라 오늘날의 삶을 살고 있기 때문에 이 윤회 자체를 부정하는 그 어떤 논리도 진리적으로는 이치에 맞지 않아서 일단 생명체 모두는 윤회라는 굴레를 벗어나서 부모가 연애해서 우연히 존재한다는 논리는 매우 잘못된 논리인데 문제는 불교도 윤회를 말하면서 일부는 인간은 부모가 연애해서 우연히 태어난 것이라고 말하는 부류도 있는데 참으로 안타까운 일이 아닌가? 그래서 여러분이 어떤 업을 가지고 태어났는가도 중요하지만 어릴 때 부모로부터 어떠한 가르침을 받고 살았는가가 매우 중요합니다.

물론 타고난 기본 성향도 중요하지만, 이생에서 부모로부터의 영향도 크기 때문에 부모를 잘 만나야 하는데 이게 또 마음대로 되지 않는다는 것이 문제입니다. 일반적으로 윤회해서 일반 가정에서 태어나는 것과 윤회가 아닌 순수한 물방울의 개념에서 〈이치에 맞는 말을 하는 자의 자식〉으로 태어나는 것은 다릅니다.

그래서 맨 처음 윤회가 아닌 입장에서 일반적인 윤회를 하는 집안에 태어나는 자식과 이치에 맞는 말을 하는 자의 집안에 태어난다고 해도 결국 이치에 벗어난 행동을 하는 부모를 만났다면 순수한 물방울이라고 해도 결국 그 부모의 영향으로 여러분의 본성은 만들어집니다. 하지만 이치에 맞는 말을 하는 자의 집안에 태어난다면 순수한 물방울의 본성은 결국 이치에 맞는 마음으로 본성이 만들어지기 때문에 이 두 가지의 상황을 정립해봐야 하고, 문제는 이같이 태어나는 것은 누가 시켜서, 내가 원해서 그렇게 되는 것이 아니라 자연의 섭리에 따라 그렇게 자연스러운 현상이기 때문에 이 부분 가지고 여러분이 '나는 왜 이렇게 태어났지?'라고 생각할 필요는 없습니다.

다시 말하지만 물 조리개에 물을 담아 화초에 뿌리면 조리개에서 나오는 물방울은 자연스럽게 분산이 되어 그 물이 떨어져야 할 곳에 떨어지는 것이지 '너는 이쪽으로, 나는 이쪽으로 떨어져야 한다'는 법칙은 없는 것과 같다는 이야기입니다.

그래서 이 법이라는 것을 말하는 나도 태초에는 맑고 순수한 물방울과 같은 상황에서 우연히 이치에 맞는 말을 하는 자의 자식으로 태어난 것이기 때문에 이것은 내가 '그런 자리에 태어나야겠다'라는 마음을 먹어서 그렇게 태어난 것은 아닙니다. 만약 모든 사람이 태어나기 전 '나는 이치에 맞는 집안에서 태어나고 싶다.'고 한다면 이 세상이 어떻게 돌아가겠는가? 내가 어떠한 자리에 태어났다고 하더라도 나라고 하는 존재가 어떤 의식으로 살아가야 하는가를 스스로 깨닫지 못한다면 이치에 맞는 말을 하는 자의 자식으로 태어난다고 해도 의미 없습니다.

결국 〈나의 의식〉이라는 것이 문제가 되는 것이지 태어난 그 환경에 문제를 논한다는 것은 어리석은 사람이 되는 것입니다. 따라서 윤회를 도는 사람이라고 해도 어느 정도 이치에 맞는 말을 하는 자의 지식으로 태어나는 것이 중요하고, 그렇다고 하면 부모가 오래 살아서 충분하게 그 자식을 훈육하는 것이 중요하고, 지식을 먼저 배우게 하는 요즘 사람을 보면 무엇이 잘못되었는가를 알 수 있을 것입니다.

따라서 윤회해서 태어나는 입장이지만 아무리 자신의 업이 그렇더라도 분재 나무의 틀을 잡는 것과 같이 어느 정도는 잡을 수 있게 되는데 부모 자체가 이 '이치(理致)'가 뭔지를 모르면 아무리 태교하고, 그 자식에게 지식을 많이 가르친다고 해도 결국 진리적으로나 현실적으로 그런 것은 자식에게 어떠한 도움도 되지 않습니다. 그래서 나무가 이상한 모양을 하고 있더라도 그 나무를 보기 좋게 다듬고, 바로 잡을 수 있으려면 부모의 의식이 매우 중요한데 이같이 말하면 다들 자신들의 입장에서 자식을 잘 키우고 있다, 키웠다고 말하는 사람도 있을 것인데 그게 그렇지 않습니다.

잘 먹이고 잘 가르쳤다고 해서 부모로서 도리를 다했다는 것은 인간적이고, 내가 말하는 것은 그 아이의 마음을 이치에 맞게 만들어 주는 것이 자식 잘 키웠다고 말하는 것이어서 이 두 가지의 상황을 잘 정립해야 할 것입니다. 부모의 의식이 얼마나 흐려 있는가에 따라 자식의 입장에서 부모를 대하는 자세가 달라지게 되어있다 할 것이고 실제 이런 부분은 현실을 보면 쉽게 알 수 있습니다.

사실 과거의 삶을 보면 삶이 어려워 먹고사는 것이 급해 부모의 입장에서 그 자식 원만하게 훈육을 한다는 것은 시대적 상황으로 어려울 수밖에는 없었을 것입니다. 그렇다면 반대로 물질이 많은 가정에서 자란 아이는 물질로서의 편함을 가졌을 것이나, 문제는 그렇다고 해서 부모가 올바른 의식, 이치에 맞는 의식으로 자식을 이치에 맞게 훈육했는가의 문제인데 그게 그렇지 않습니다. 따라서 중요한 것은 부모가 어떠한 의식을 가지고 있는가가 중요하지, 물질이 많고 적음으로 의식을 논한다는 것은 이치에 맞지 않습니다.

결국, 부모의 의식이 어떤 것인가에 따라 그 자식들도 영향을 받아서 지금 자식 문제로 여러 가지 상황이 있다면 그 책임을 자식에게 우선 돌리려 하는 것은 이치에 맞지 않고, 그 자식이 그렇게 행동하는 것은 부모의 책임, 의식의 결과라고 먼저 정립하는 것이 중요합니다. 따라서 내 몸으로 낳았지만, 그 자식은 결코 부모의 뜻, 바람대로 자라주지 않는 것은 진리적으로는 업연의 고리이기 때문에 그렇고, 현실적으로는 부모가 자식을 이치에 맞지 않게 키워서 모든 문제는 내 안에 있는 것이라고 해야 맞습니다.

사실 여자의 입장은 자식을 배 속에 넣고 10달이라는 시간을 보내지만, 남자의 입장에서 성행위를 한 것으로 끝나기 때문에 엄마가 자식을 생각하는 그런 감정이 남편, 남자들에게는 없습니다. 이 부분 잘 생각해봐야 하는데 엄마가 자식을 생각하는 것은 뱃속에 자식을 넣고 열 달을 함께 했기 때문에 인간적인 감정이라는 것이 자식에게 있지만 남자는 엄마가 생각하는 것 같은 감정을 자식에게 갖지 않기 때문에 부모의 입장에서 자식을 생각하는 것이 똑같다고 할 수는 없습니다.

　이렇게 말하면 부모의 입장에서 자식을 생각하는 것이 다 같은 것이라고 말하는 사람도 있겠지만 대단한 착각이고, 엄마의 입장에서는 그 자식을 낳을 때 심한 산고를 겪으면서 자식을 낳았기 때문에 이 자체만으로 자식을 생각하는 마음이 다르지만, 남자가 한 것이라고는 성행위를 한 것이 전부이지 엄마 같은 산고를 겪지 않았기 때문에 자식에게 느끼는 감정은 부모라고 해도 엄마, 아빠가 다르기 때문에 '부모의 마음은 다 같은 마음이다.'라고 하는 말은 이치에는 맞지 않습니다.

1349　　　　　　　　　　　　　　　　　　　　행위

　성행위 하고 난 이후, 엄마의 몸에 급격하게 변화가 일어나고 성행위의 흔적으로 자식이라는 물질을 그 몸속에 넣고 함께 일상을 살아가지만, 남편의 입장에서는 평상시에 했던 성행위일 뿐이어서 이 두 가지 다른 상황을 이해해보면 엄마가 자식을 생각하는 것과 아버지가 자식을 생각하는 느낌이나 감정은 다 다르기 때문에 이런 부분을 정립해가는 것도 내가 말하는 화현의 부처님 법입니다. 그래서 '이 세상에 부모 마음 다 같은 마음'이라는 말도 있는데 그렇지 않습니다.

　부모라고 해도 엄마(여자)가 자식을 생각하는 마음과 아버지(남자)

가 자식을 생각하는 마음이 다 다르다고 해야 이치에 맞는 말이 되는데 이것은 현실에서 느끼는 지극히 인간적인 감정일 뿐이고, 진리적으로는 그 업연이 무엇인가에 따라 부모 자식이라고 해도 기본적으로 느끼는 부모 자식의 감정은 또 다른 문제입니다. 그래서 어떠한 업(業)을 지었는가에 따라 부모 자식으로 만나는 것이 다 다르기 때문에 이런 문제의 원인은 모두 부모 자신에게 있음을 명심해야 하는데 이런 것은 생각하지 않고 현실적으로 자식이 부모의 뜻에 반하는 행동을 하면 자식에게만 그 책임을 전가하는 것이 일반적인데 매우 잘못된 의식입니다.

과거 생에서 이치에 맞는 말을 하였던 자는 이생에 평범한 인간으로서 삶을 살았지만, 그 자신은 이치에 벗어난 행위를 하지 않고 살았습니다. 그러다 7명의 자식을 낳고 내가 15세경에 급사를 해서 하룻밤 사이에 죽었습니다. 이생에서 아버지는 철공소 업을 하면서 생계를 이어갔지만, 부모에게 물려받은 것이 없는 3대 독자였기 때문에 매우 어려운 생활을 했고, 7명의 자식을 제대로 가르칠 수도 없었습니다.

사실 50~60년대의 상황이라는 것이 매우 어려운 경제적 상황임은 모두 다 알 것이고 사실 그 당시에는 사회적으로도 매우 혼란스러운 시기여서 요즘같이 물질적인 풍요라는 것은 상상할 수 없고, 지금 나이 든 사람들은 그 당시 얼마나 먹고 살기 어려웠는가를 알 수 있을 것입니다. 그래서 보통 사람은 자식에게 가난은 물려주지 말자는 생각으로 억척스럽게 일했고, 그렇게 해서 번 돈으로 자식에게 '배움'이라는 것을 알게 해주었지만, 문제는 그렇게 배운 것으로 부모로서의 본분을 다했다고 생각하는데 대단한 착각입니다.

다시 말하지만 배움이라는 것은 지식을 더 알게 해서 그 논리로 밥벌이하는 수단을 가르친 것일 뿐이고, 그런 배움이 있다고 해서 자신의 삶을 이치에 맞게 살게 하는 것은 아니기 때문에 나는 배움도 중요하고(물질 이치에서의 지식), 반대로 진리 이치(비물질에서의 지혜)를 알게 하는 것도 중요한데 여러분이 이 세상을 보면 다들 어떻게 하면 몸뚱이 편하게 돈을 벌 것인가만 신경을 쓰는데 이런 것은 여러분 운명에 아무런 도움이 되지 않습니다. 사람이라는 것은 뭔가가 조금 부족한 듯 살아야 긴장하고 사는데 물질이라는 것도 넘쳐나면 정신이라는 것은 반드시 해이해지게 되어 있고, 정신이 해이해지면 의식이라는 것은 반드시 흐려지게 되어 있음을 알아야 할 것입니다.

그래서 보통 사람들은 자식을 낳아서 대학이라는 것을 나오게 하면 부모로서 할 도리를 다했다, 다 키웠더라는 말을 쉽게 하고, 이같이 말하면서 '이제 나도 내 인생을 즐기며 살아야 하겠다.'는 말 자랑스럽게 많이 하는데 대단한 착각입니다.

이런 생각은 물질로써 자식을 어느 정도 뒷받침했다는 의미일 뿐이고, 내가 말하는 것은 응당 부모의 처지에 맞게 자식을 물질 이치에서 가르치는 것은 당연하지만, 반대로 자식이 인생을 어떠한 의식으로 마음가짐으로 살아가야 하는가를 가르치는 것도 중요해서 이 두 가지는 반드시 균형이 맞아야 하고, 이같이 되었을 때 '자식을 잘 키웠다.'고 말할 수 있는 것입니다. 그러니 과거 시대부터 오늘날까지 이 사회를 보면 '이치에 맞는 말'을 하는 자가 없었으니 부모의 입장에서 이 〈이치〉라는 것을 알지 못하고 물질로만 자식을 훈육하려고 하니 이 어찌 안타까운 일이 아닌가를 생각해보라는 이야기입니다.

사람이라는 것은 다른 동물과 달라서 반드시 지식이라는 것이 필요하지만, 문제는 그 지식에 치우치게 되면 결국 인간의 존엄성과 가치관, 인성을 상실하게 되어 있어서 이 말 어떻게 생각할지 모르겠지만, 이 글을 보는 여러분이 깊이 생각해봐야 할 부분입니다.

다시 말하지만, 자식을 낳았다고 해서 그 자식에게 의식주를 해결해 주는 것만으로 자식을 잘 키웠다고 할 수 없고, 의식주를 제공하는 것은 비단 인간만이 하는 짓이 아니라 인간이 아닌 무수한 동물들도 본능적으로 자식에게 의식주를 해결해줍니다. 그러나 다른 동물은 스스로 성장하면 홀로서기를 하면서 자신만의 삶을 사는데 유독 이 인간이라는 동물은 그렇지 않습니다. 왜 그럴까? 바로 이것이 인간이 가진 〈나〉라고 하는 아상이 있어서 그런 것이고, 자식이 어느 정도 성장하면 독립해서 그만의 인생길을 가는 것이 맞지만, 성장을 했음에도 부모 옆에서 부모의 피를 빨아먹고, 부모의 등골을 빼먹는 자식이 있는데 이거 대단히 잘못된 것이고, 이같이 만든 그 책임은 결국 부모 자신에게 일차적인 책임이 있음을 명심해야 할 것입니다.

여러분이 반드시 알아야 할 것이 만약 여러분이 윤회하는 과정에서 어쩌다 이치에 맞는 말을 하는 자의 집안에 태어난다고 해도 어느 정도 성장을 하게 되면 각자가 가야 할 길을 가는데 이것은 서로의 업연의 이치가 다르기 때문에 그렇습니다.

그래서 윤회를 도는 입장에 이치에 맞는 말을 하는 자의 자식으로 태어나면 여러분은 '좋겠다'고 생각할 수 있는데 그게 그렇지 않은 것이 이미 윤회를 돌고 있는 입장이라면 반드시 그만의 본성이 있어서 결국 팔은 안으로 굽는 것처럼 때가 되면 자신만의 인생길을 가게 되어 있어서 업연이라는 것은 매우 무서운 고리입니다.

이생에 화현의 부처님은 7명의 자식을 두었지만 결국 때가 되면 업에 따라 자신만의 길을 가게 되어 있고, 반대로 이치에 맞는 말을 하는 자의 집안에 윤회가 아닌 태초에 인간으로 태어나면 그 아이는 이치에 맞는 말을 하는 자의 행동을 보고 자신만의 본성을 만들어 가는데 이 두 가지의 차이가 뭔가를 반드시 정립해야 할 것입니다. 결국 사람이라는 것은 처음에 만들어진 본성이라는 것이 매우 중요한데 이 본성을 이치에 맞게 바꾼다, 고친다고 하는 것은 사실 매우 어렵습니다.

1350 허구

그래서 이런 본성을 알고, '나는 이런 사람이구나.'라는 것을 의식하고 그 본성을 억제하려고 하는 노력이 중요하고 이것은 상당한 의식이 있어야 통제할 수 있는 부분이어서 나의 본성을 아는 것도 중요하고 그 본성을 알았다면 스스로 그 본성을 다스리려고 노력하는 것이 화현의 부처님 법에서의 인욕이고 수행이라고 하는 것입니다. 그런데 이런 노력은 하지 않으면서 화현의 부처님 법을 믿으니 모든 것이 여러분 마음대로 이루어지리라 생각하는 것은 잘못된 것이고, 내가 말하는 것을 기준 삼아서 어긋난 각자의 마음을 고쳐가는 것이 여러분의 이치를 바꾸는 방법인데 이같이 하지 않는 것은 그만큼 여러분의 관념이 잘못되었다는 것을 알아야 할 것입니다.

쉽게 말하면 이성을 사귈 때 상대의 말에 귀를 기울이고 관심을 가지는 사람은 쉽게 상대를 얻을 수 있지만, 가식으로 상대의 말을 듣는척하여 상대를 얻으면 그 상대는 온전하게 자신의 것이 되지 않는 것과 이치는 똑같습니다.

이치에 맞지 않는 사상에 마음을 끄달리면 그 마음은 반드시 이치에 맞지 않게 변하게 되어 있어서 이런 부분은 종교나 어떤 사상에 치우친 마음을 가진 사람들이 하는 행동을 보면 쉽게 알 수 있을 것입니다. 예를 들어 종교인이 밥을 먹을 때 '무엇에 대한 감사'라는 것을 하는데 여러분은 이 상황을 어떻게 생각하는지 모르겠지만, 음식을 먹으면서 '사은에 감사한다'는 것은 진리적으로는 이치에 맞지 않습니다.

그 이유는 객관적으로 보면 모든 것에 감사한다고 하니 그 사람이

'좋은 사람'으로 보이겠지만, 내가 말하는 의도는 먼저 내 마음이 진리 이치에 순응하는 마음이 우선되어야 하는데 이치에 맞지 않는 것에 마음을 끄달리고 살면서 남 보기에 그럴듯하게 '천지, 부모, 동포, 법률'이라는 네 가지의 은혜에 감사한다고 말하는 것은 가식적인 행위가 되기 때문에 이 부분 새겨봐야 할 것입니다. 따라서 나 자신이 태어나야 할 업이 있어 태어나 존재하는 입장임에도 이 부분을 먼저 생각하지 않고 내가 태어난 것에 대하여 천지에, 아니면 조물주에게 자연에 감사한다는 것은 매우 잘못된 것이어서 이 부분 새겨봐야 할 것입니다.

따라서 여러분이 윤회를 돌다가 이치에 맞는 말을 하는 자의 집안에 태어나도 결국 그 자식만의 본성이 있어서 자식들의 의식이 바르지 못하면 썩은 나무에 물 주는 것과 같고, 의식이 바르게 서 있으면 어떤 것에도 물들지 않기 때문에 나는 업이고 뭐고를 떠나 〈의식〉이 중요하다는 말을 많이 한 것입니다. 질문에 '윤회 아닌 태초에 화현의 부처님 자식으로 같은 형제자매로 태어나더라도 엄마가 잉태한 조건이 어떤 것인가에 따라 환경 측면으로 편안한 때 또는 힘든 조건 등 여러 조건에 맞게 다르게 영향을 받을 수 있다'는 말을 했는데 큰 틀에서는 맞는 말이지만 앞서 말한 대로 그 조건이라는 것이 각자의 본성에 따라 다 다르기 때문에 아무리 화현의 부처님의 그 상황에 맞는 가르침으로 가르친다고 해도 각자가 가지고 있는 그 본성에 따른 차이가 다 다르게 되어 있습니다.

이것은 결국 윤회를 도는 입장에서 각자의 업의 영향으로 이미 각자의 본성이 형성되어 있어서 그렇습니다. 그래서 윤회를 돌지 않고 맨 처음 물방울의 개념에서 태어나는 자식에게 이치에 맞는 말을 하는 것이 제일 빠르고 그다음 윤회를 돌다 태어나는 입장이라면 어느 정도 그 의식이 자리를 잡을 때까지 훈육하는 것이 좋고, 그다음 윤회를 돌다가 태어났다고 해도 그 자식의 의식이 어떤 것인가에 따라서 결과는 다 다르게 나타나게 되어 있습니다.

그래서 나는 현실적으로 내가 말하는 이 법은 나이가 어릴 때부터 아는 것이 현실에서는 최선이지만 결국은 화현의 부처님의 자식으로 태어났다고 해도 각자의 업에 따라 각자의 인생길을 가게 되어 있어서 이 본성의 업이라는 것은 매우 무서운 것입니다. 각자가 가지고 있는 이 〈의식〉이라는 것은 매우 중요한 것이고, 결과적으로 이 의식에 따라 각자의 인생길은 만들어지고 있어서 지금 여러분의 삶을 보면 '나의 의식'이라는 것이 뭔가를 스스로 알 수 있을 것입니다. 그래서 나는 말에 모순, 함정에 빠져 있으면서 스스로 그 함정 속에 갇혀 있는지를 모르고 사는 것이 요즘 사람들의 의식이라고 말한 것입니다.

마찬가지로 이 글을 보는 여러분도 인간으로 태어나 살지만, 전생에 각자가 만들어 놓은 자신만의 의식을 이미 가지고 태어나기 때문에 어린아이라고 하지만 그가 몸이 성숙하지 않아 말과 행동이 어눌한 것이고 실제는 어리다고 해도 이미 그 자신만의 본성을 가지고 태어난 것이기 때문에 아이를 보고 순수하고, 천사 같다는 식의 말은 이치에 맞지 않습니다. 실제 이런 것은 아이의 행동이나 눈빛을 보면 쉽게 알 수 있고, 진리적으로는 그 아이의 참 나를 보면 그 아이가 어떠한 성향을 가진 아이인가는 매우 쉽게 알 수 있는데 사람들은 이면에 이런 부분을 알지 못하니 눈으로 보이는 물질 논리에서 어눌하게 행동하는 아이의 모습만으로 그 아이를 천사라고 말하는데 참으로 안타까운 일입니다.

그래서 윤회를 얼마만큼 많이 했는가에 따라 그 아이의 본성이라는 것은 이미 단단하게 형성되게 되어 있어서 이런 아이가 자식으로 태어나면 엄마가 산고의 고통을 심하게 겪을 수도 있습니다. 윤회 아닌 태초에 인간으로 와서 엄마의 뱃속에 존재하면서부터 그 부모가 가진 마음의 영향을 받게 되고, 태어나서 어떤 집안의 환경에서 어떠한 부모의 사상의 영향을 받느냐에 따라 그 아이는 태어나지 않았지만, 그 아이만의 본성이 만들어지기 시작합니다. 이 글을 보는 여러분도 윤회가 아닌 태초라는 것이 반드시 있을 것이고, 그 태초에 어떤 부모를 만났는가에 따라 각자의 본성, 성향이라는 것은 만들어졌고, 그것을 기반으로 윤회라는 것을 해서 오늘날 존재하기 때문에 '선악의 구별 없는 맑은 물방울이 자연 작용에 어긋난 흔적으로 물들기 시작한다.'는 말은 윤회를 돌지 않은 맑은 물방울도 생명체로 태어나면 반드시 그 부모의 마음, 사상, 환경에 물들게 되어 있다고 해야 정확한 말이 됩니다.

그래서 지구 상에 무수한 인간들이 존재하지만, 이 중에 똑같은 마음(진리 이치)과 몸(물질 이치)을 가지고 있는 똑같은 사람이 하나도 없는 이유도 각자의 업이 다르고 마음이 다르기 때문에 그렇다고 해야 맞고, 이것이 자연스러운 자연의 섭리, 이치라고 해야 정확한 말이 됩니다.

1351 종자

나는 진리의 기운 속에는 반드시 '진리의 종자'라는 것이 있다고 말했습니다. 이것은 꼭 이 법에만 해당하는 것이 아니라 여러분 가정사도 다 마찬가지인데 예를 들어 한가족이라는 이름으로 모여 사는 입장이라면 반드시 그 가정에도 '업의 기둥'이 되는 사람이 있는데 이것은 비단 부부에게만 해당하는 것이 아니라 자식으로 태어났어도 그 자식이 그 집안에 '업의 종자'일 수 있다는 것을 알아야 할 것입니다. 그래서 한 가정을 보면 아버지가 기둥이 되지만, 진리적으로는 자식이 업의 기둥이 될 수도 있다는 이야기입니다.

그래서 한 가족의 울타리 안을 들여다보면 자식이 현실적으로 대장 노릇을 하는 것을 볼 수 있는데 거꾸로 이야기하면 모양은 아버지, 혹은 어머니라고 하지만 실제 자식이 그 집안을 좌지우지하는 경우도 흔하게 볼 수 있는데 이런 현상은 한 가족의 업의 대장도(종자) 자식이 될 수 있음을 알아야 할 것입니다.

이렇게 모두 업(業)의 고리로 만나는 가족이라는 것도 업 대장이 죽어 버리면 그 집안의 업은 와해가 되어 버리게 되고, 이것은 실제 한 가정을 보면 쉽게 알 수 있습니다. 부부로 만나 살다가 어느 한

쪽이 이 세상에서 자신의 업연이 다했다면 이 사람은 그 가정에서 나오거나, 아니면 살아야 할 의미가 없다면 반드시 죽게 되거나, 혹은 헤어지게 되어 있어서 만남과 헤어짐이라는 것도 결국 업연의 인연이 다하여 일어나는 것입니다. 따라서 우연히 만나고 우연히 헤어졌다고 말하는 것은 매우 잘못된 생각이고, 이 세상에 인간이 행동으로 움직이고 마음이 일어나는 것에는 '이유 없는 것은 없다'고 해야 맞는 말이 됩니다.

이것은 한 가정을 예를 들어 한 말이지만, 이 개념으로 이 나라의 지도자가 되는 것도 결국 앞서 말한 대로 이 세상에 이때 드러나야 할 업 대장이 있어 그 흐름에 따른 것인데 문제는 어떤 업이 세상에 드러나는가에 따라 이 세상에 흐름은 달라집니다.

그래서 이 시국을 보면 '빙의들의 세상이다.'라는 것을 쉽게 알 수 있는데 이 부분은 여러분이 이 세상 돌아가는 것을 보면 쉽게 알 수 있고, 시간이 조금 지나고 보면 내가 무슨 말을 하는가를 알게 될 것입니다. 나는 오늘날 세상은 '장수는 없고 조무래기들이 판치는 세상이다.'라는 말을 했는데 이 말을 대입해서 현실을 보면 이 세상이 얼마나 난장판인가를 쉽게 알 수 있을 것입니다. 이것을 축소해서 보면 대부분 집안의 가장이 죽게 되면 그 집안의 사람들은 가장이 있을 때와 없을 때의 상황이 변하는 것을 알 수 있을 것입니다.

예를 들어 강아지가 새끼를 낳았는데 그 엄마가 죽게 되면 그 강아지는 모두 흩어지게 되는 것과 이치는 똑같습니다. 내가 말하는 것은 어미 강아지가 살아서 끝까지 강아지를 돌보다가 어느 정도 새끼들이 성장을 해서 제각각의 갈 길을 가는 것이 자연스러움인데 그렇지 않고 강아지 어미가 죽어 버리면 그 강아지 새끼들은 졸지에 뿔뿔이 흩어지게 되어 있어서 이 개념으로 한 가정의 구성을 보면 결국 업에 따라 가정사의 흐름은 진행되는 것을 쉽게 알 수 있습니다.

따라서 작게는 가정 사적으로, 혹은 확대를 해서 이 나라, 사회가 흘러가는 것도 결국 진리의 기운(마음의 흐름)에 따라 한 치의 오차도 없이 〈그때〉를 향해 흘러가고 있음을 알 수 있는 것입니다. 그래서 나는 지구 상에 모든 생명체는 업(業) 때문에 태어나고 업의 이치에 따라 죽고를 반복하는 것이라는 말을 한 것이고, 지구 종말이 가까워져 오면 빙의들이 세상을 지배하게 된다는 말도 오래전에 한 말인데 지금 이 세상을 보면 내가 한 말이 무슨 의미인지 실감이 날것입니다.

어떤 종교에서는 '아버지'가 하늘에 있다고 말하면서 그 '아버지'를 찾으면서 온갖 행위를 다 하는 것을 보는데 이 얼마나 안타까운 일인가? 아버지라는 말은 사실 이생에서 나를 존재하게 한 당사자, 부모를 아버지라고 해야 맞는데 이것이 아니라 그 어떤 대상을 찾으면서 그 대상에게 아버지라는 말을 하는 것이 과연 이치에 맞는가를 생각해보라는 이야기입니다.

현실에서의 아버지라는 것은 나를 낳아주고 키워준 혈연의 관계에서의 부모를 아버지라고 하는데 이것이 아닌 그 어떤 것을 상정하고 그 대상에게 아버지라고 하는 것, 여러분은 어떻게 생각할지 모르겠지만 그런 정신이 온전한 정신이라고 할 수는 없을 것입니다.

그래서 부모 된 입장에서 자식이 이치에 맞지 않는 것을 믿고 살아가는 것을 보면 뭔 생각을 하고 있는지 모르겠지만, 자식이 이치에 맞지 않는 행동을 한다면 그것을 과감하게 지적을 하고 바로 잡을 수 있어야 하는데 자식을 둔 부모의 입장에서 이런 것을 바로잡지 못하고 '종교는 다 좋은 것이니 괜찮다'고 생각한다면 여러분의 의식에 문제가 있음을 명심해야 할 것입니다. 실체 하지 않는 것을 상정해두고 그것을 믿고 따르게 하는 행동은 알게 모르게 여러분의 의식을 멍들게 한다는 점 반드시 정립해야 할 것입니다.

이 개념으로 얼마 전 나라의 지도자를 뽑는 선거가 있었는데 이 사람의 의식을 보면 참으로 가관인데 앞으로 이 나라가 어떻게 흘러갈 것인가는 매우 쉽게 알 수 있어서 이런 상황을 보고 있는 입장은 더더욱 안타까운 마음만 들지만, 이제는 되돌릴 수 없는 것이 현실이기 때문에 두고 볼 수밖에는 없겠지만 분명한 것은 〈빙의들의 세상〉이 되어 버렸다는 것이고, 이런 부분은 여러분도 이 세상의 흐름을 보면 쉽게 알 수 있을 것입니다.

정부에서도 코로나에 대한 부분을 포기한 것으로 보이는데 이제는 독감처럼 코로나라는 것을 달고 살자, 함께 살자고 하여 거리 두기를 모두 완화하여 코로나 이전 상태로 되돌아가자는 말을 하는데 여러분은 이 말 어떻게 생각하는가? 독감이라는 것은 겨울 한 철만 발생하는 계절병(감기 등)이라고 한다면 이제는 1년 365일 코로나라는 것과 함께 살아야 하는 세상이 되어 버렸는데 안타까운 일입니다.

1352 질병

처음 코로나가 발생했을 때 나는 '이 코로나라는 것은 절대로 없어지지 않는다'는 말을 했는데 결국 사람의 힘으로 해도 해도 안 되니 결국 포기하는 것이고, 가만히 두어도 치사율이 그리 높지 않기 때문에 견딜 만하다고 생각하고 있는데 그런데도 인간들은 살판났다고 무엇이 그리 좋은지 모르겠지만, 얼굴을 가리면서 시시덕거리고 거리를 활보하고 다들 마스크를 쓰고 사는 환자의 입장임에도 살판났다고 하는 행동을 보면서 정말 이 세상이 극으로 치닫고 있다는 것을 쉽게 알 수 있습니다.

이 부분을 여러분이 어떻게 생각할지 모르겠지만, 아직도 여러분은 이 세상이 살만하다고 생각한다면 대단한 착각이고, 살만하다고 하는 것은 물질이 많아서 그렇게 생각하는 것이고, 물질을 떠나 순수한 인간의 모습을 보면서 오늘날의 삶이 제대로 된 인간들의 삶인가를 생각해보면 내가 무슨 말을 하는가를 이해할 수 있을 것입니다.

다시 말하지만, 인간성이라는 것이 사라지면, 인간말종 시대가 되면 사회적으로 심각한 현상이 나타나게 되어 있습니다. 인간성이 사라졌다는 것은 인간들의 마음이 빙의의 마음으로 바뀌고 있음을 의미하는 것이고 빙의들은 인간성이라는 것이 없어서 인간의 몸에 영향을 주면서 그 사람을 통해 세상을 지배하는 것이고, 이것은 요즘 정치를 보면 쉽게 이해할 수 있을 것입니다. 〈빙의 집단이 세상을 지배하는 세상〉이 되어 버렸는데 이 부분에 더 많은 말을 해야 하지만 앞으로 세상이 돌아가는 것을 보면 지금 내가 얼마나 심각한 말을 하고 있는가를 알 수 있을 것입니다.

세상 사람들은 각자가 생각하고 행동하는 것이 맞는다고 생각하고 살아가고 그 관념으로 다른 사람이 하는 행동을 보면 '잘못된 행동이다.'라는 말을 쉽게 합니다. 내가 가진 마음은 맞고, 좋은 마음이고 다른 사람이 가진 마음은 잘못된 마음이라고 생각하는 것이 일반적인 생각입니다. 그래서 이런 사람이 어떠한 지위나 권력을 가지면 안하무인이 되는 것이고 그런 사람에게는 어떤 말을 해도 귀담아듣지 않습니다.

일마 진 누가 '배우지 못한 국민은 무식한 국민이다.'라는 말을 공개적으로 했는데 그렇다면 반대로 '배웠다'는 사람들이 하는 행동은 모두 이치에 맞는 행동을 한다는 이야기가 되는데 참으로 가관이 아닌가? 수차 말하지만, 과거 무지했던 시절에는 해탈한 사람이 많았지만 요즘 세상은 해탈한 사람이 없다는 말 나는 많이 밀했는데 이 말이 무슨 말인가? 따라서 종교적으로 수행한다고 해서, 혹은 배움이라는 지식이 많은 사람일수록 해탈이라는 것을 쉽게 한다고 생각한다면 여러분은 대단한 착각을 하고 있음을 명심해야 할 것입니다. 직설적으로 오히려 배움이 적은 사람이 해탈하기 쉽다는 것이 진리적 입장인데 그 이유는 배울수록 인간성, 인간적인 정이라는 것이 없어지게 되어 있어서 그렇습니다. 배웠다는 사람들을 보면 그들은 자신 위에, 자신 앞에는 사람 없는 것으로 압니다.

그런 시각이기 때문에 그들 입에서 배우지 못한 국민은 짐승만도 못하다라는 말을 하는 것이 아닌가? 그래서 자식을 낳아 서울로 보내라는 말은 이치에 벗어난 인간들의 아상에서 하는 말이고, 내가 말하는 것은 인간에게 필요한 것은 지식이 아니라 지혜라는 말을 한 것이고, 이 개념으로 문명이 발달하지 않았던 고대 시대에도 피라미드나 마야유적, 이집트유적 등이 만들어질 수 있었던 것도 〈지혜〉로 만든 것이지 그것을 오늘날과 같은 지식으로 만들지는 않았습니다. 그래서 나는 〈지식〉은 '지혜를 이길 수 없다.'는 말을 한 것인데 요즘 사람들은 지식을 배우면 안하무인이 되어 버리는데 참으로 안타까운 일이 아닌가?

그래서 나는 내가 말하는 것을 듣고자 한다면 소위 '가방끈'이라는 것은 집에 두고 와야 한다는 말을 한 것입니다. 만약 여러분의 자식을 잘 가르쳤다고 한다면 그렇게 가르친 그것으로 인간다움의 삶을 살 수 있다고 생각한다면 대단한 착각입니다.

지식이라는 것은 이생에서 어떠한 직업을 가지고 밥을 먹고 사는가에 필요한 것이라는 말을 한 것이고, 지혜라는 것은 내 인생 줄을 결정짓는 것이라는 말을 했는데 이 말은 지식이 아무리 많다고 해도 그것으로 자신의 운명 줄을 바꾸지 못한다는 이야기입니다. 만약 지식을 배워야 인간다움의 삶을 살 수 있다고 생각한다면 여러분의 의식은 매우 잘못되어 있다고 해야 맞고, 먼저 인간성이 정립되지 않으면 그 어떤 것을 배운다고 해도 그것은 의미 없다는 점 명심해야 할 것입니다.

그래서 나는 배웠다는 사람들이 내가 말하는 화현의 부처님 법을 이해하기 어렵다는 말을 한 것이고, 종교는 각자의 마음을 후벼 파는 것이 아니라 각자가 인지하는 내 마음 그대로를 두고 그 상태에서 타력적으로 무엇을 믿으면 되는 것이어서 이 부분과 내가 말하는 자력(自力)의 논리에서 스스로 자신의 마음을 파는 것과는 차원이 다른 이야기여서 이 부분 정립해봐야 할 것입니다.

내 마음이라는 것을 건드리지 않고 그 어떤 것을 믿고 신앙하는 것과 내 마음이라는 것을 건드려서 스스로 마음을 고쳐가는 것은 분명하게 다르기 때문에 보통 사람들이 종교를 믿는 것은 지금 각자가 인지하고 있는 그 마음이라는 것은 손대지 않고 타력적 개념으로 무엇을 믿으면 되지만 내가 말하는 것은 각자가 가지고 있는 그 마음이 잘못되었다는 것을 말하기 때문에 이 부분은 다른 의미입니다.

나를 사신들이 인시하고 있는 그 마음은 그대로 두고 다력직 개념으로 무엇을 끌어들여서 각자가 원하는 바대로 뭔가가 되기를 바라는 것은 진리 이치에 맞지 않음에도 지구 상에 생명체가 존재하기 시작하면서부터 이같이 '타력 신앙'이라는 것이 만들어진 것이 오늘날까지 이어져 오고 있는데 참으로 안타까운 현실이 아닌가? 그래서 어리석은 사람은 앞서 말한 것처럼 내 마음은 건드리지 않고 소나 돼지를 잡고 그러한 행위를 하면서 자신의 운명을 어떻게 해보려고 하는데 잘못된 것이고, 그렇게 한 행위로 나타나는 현상은 오래가지 못하고 나를 패가망신(敗家亡身)하게 한다는 것 명심해야 할 것입니다.

1353   허상

따라서 어떤 '대상'을 의지하는 것은 그 대상인 신(神)이라는 것이 자신이 원하는 것을 해준다고 믿는 의식에 빙의는 쉽게 작용할 수 있어서 여러분이 생각하는 신이라고 하는 것은 '거룩하고 성스러우며, 영묘 불가사의한 능력을 갖추고 우주와 자연계를 지배하며, 인간에게 화복을 내린다고 믿어져, 종교신앙의 대상이 되는 초월적인 존재'라고 생각하고 있겠지만, 내가 말하는 것은 이런 존재는 그 어디에도 없습니다. 그런데도 어리석은 인간들은 이런 것이 있다고 믿는데 그런 의식으로 살아가니 스스로 자신의 문제를 해결할 수 없고, 그렇게 뭔가에 의지하는 마음에는 반드시 빙의가 작용하고 있음을 명심해야 할 것입니다.

그런데도 실체 하지도 않는 것을 여러분은 '하느님·하나님·한울님·천지신명' 등과 같이 말하고 있는데 안타까운 일이고, 이런 것은 진리 이치를 모르는 사람들이 과거부터 자연물이나 자연현상에 초자연적인 정령(精靈)이 머물러 있다고 믿었는데 이런 믿음이 문명이 발달한 오늘날에도 이어져 오고 있는 것은 매우 안타까운 일이라 할 것입니다.

실체 하지 않는 것을 실체하고 있는 것으로 생각하는 그 의식, 여러분은 어떻게 정립할 것인가를 생각해보라는 이야기입니다. 다시 말하지만, 가상의 그 무엇을 설정하고 그것을 다시 인간이 믿는데 이런 개념으로 보면 결국 인간이 신이고 귀신 그 자체라고 말해야 맞는 말이 됩니다. 따라서 이치에 맞는 말을 하는 자를 신이라고 해야 맞고, 이치에 벗어난 행동을 하는 인간은 귀신이라고 해야 맞는 말이 될 것입니다.

사람들은 귀신에 대하여 말하기를 귀신(鬼神)은 ① 민간 신앙에 있어 죽은 사람의 혼령(魂靈), 또는 눈에 보이지 않으면서 인간에게 화복(禍福)을 내려 준다고 하는 정령(精靈). ② 어떤 분야의 일에 뛰어나게 재주가 많은 사람. ③ 자유자재로 변화하는 초인적인 힘을 가지고 사리에 통달한 능력을 갖춘 영적(靈的) 존재, 또는 그런 사람이라고 정의하고 있는데 잘못된 말이고, 귀신(鬼神)은 인간에게 해를 주는 존재(나쁜 의미로 사용하는 것), 신(神)이라는 것은 좋은 의미로써 신이라고 정리하면 되는데 사람들은 귀신을 '눈에 보이지 않으면서 인간에게 화복(禍福)을 내려 준다고 하는 정령(精靈)'이라고 정의하고 있는데 잘못된 말입니다.

그러나 내가 말하는 신, 과 귀신이라는 것은 모두 '빙의 현상'일 뿐이고 좋은 의미에서의 신이라는 것도 없고, 나쁜 의미로서의 귀신이라는 것은 구분되어 존재하지 않고 자업자득 인과응보의 이치에서 빙의 작용만 존재한다고 반드시 정립해야 합니다. 사람이 인생을 살다가 죽으면 마음만 남고, 그 마음이 어떤 사람에게 어떠한 영향을 주는가에 따라 제각각의 사람들은 나타나는 그 결과에 따라 자신에게 좋게 인식이 되면 그것을 신이라고 하고, 좋지 않은 것에는 귀신이 있어서라는 말을 하는 것이 전부입니다.

그래서 나는 지금의 이 현실은 빙의들이 날뛰는 세상이라고 말했는데 이런 것은 다 같은 사람의 탈을 쓰고 있지만, 그 사람이 하는 행동을 보면 그 사람의 참 나가 하는 행동인가, 아니면 앞서 말한 대로 죽은 사람 마음만 남은 그 마음이 살아 있는 다른 사람의 마음에 영향을 주는 것인가는 빙의 작용이기 때문에 빙의도 몸은 없지만, 그 마음으로 살아 있는 사람의 마음을 얼마든지 영향을 줄 수 있어서 이것 보고 빙의 현상이라고 하는 것입니다.

그러니 일반 사람들은 이런 이치를 모르기 때문에 신이라고 하여 〈눈에 보이지 않으면서 인간에게 화복(禍福)을 내려 준다고 하는 정령(精靈)〉이라는 것이 있다고 믿고 있는데 매우 잘못된 의식입니다. 내가 마음먹은 대로 뭔가가 이루어졌다고 생각한다면 그것은 자신이 그때 반드시 되받아야 할 업(業)이 있어서 그렇게 나타나는 것이지 전지전능한 신이 있어서 자신에게 화복을 준 것은 아니라는 이야기입니다. 그래서 이생에 여러분이 살아 있으면서 삶의 굴곡으로 나타나는 희로애락이라고 하는 현상은 모두 '지은 대로 되받아지는 자연적인 현상이다.'라고 해야 이치에 맞는 말이 됩니다. 지은 업이 없는 사람이 이생에 빙의(신, 귀신)에게 울고불고 빌어봐도 쓸데없는 행위가 되는데 현실을 보면 이런 것에 정신을 놓고 사는 사람이 넘쳐나는데 참으로 안타까운 일이 아닌가를 생각해봐야 할 것입니다.

 문제는 이런 것에 마음을 끄달리고 살면 그 마음에 빙의는 얼마든지 작용할 수 있고, 그런 빙의 현상이 그 사람 마음에 자리하고 있으면 이런 사람에게는 되는 일이 없고, 그 사람의 관념에는 그런 존재가 신이고 귀신이라고 생각하게 되어 있습니다. 따라서 이치에 맞지 않는 것에 마음을 끄달리고 살면 그것에서 벗어난다는 것은 매우 어렵습니다. 예를 들면 '신이라는 것을 모시고 산다'는 사람들이 주변에 상당한데 이런 현상은 그들이 말하는 '위대한 조상신'이 아니라 그들이 지어놓은 업에 따른 빙의 현상에 빠진 것이라고 해야 맞는 말이 됩니다.

 따라서 여러분은 일반적으로 말하는 귀신(鬼神), 신(神)이라는 개념을 반드시 정립해야 하는데 결론적으로 귀신(鬼神), 신(神)이라는 것은 없고 오로지 죽은 사람의 마음 작용인 빙의 현상만이 존재한다고 반드시 정립해야 합니다. 그래서 여러분 인생이 뭔가 마음대로 되지 않는다면 존재하지 않는 빙의에게 빌 것이 아니라 그 문제를 이치에 맞게 풀면 그 문제는 그것에 맞게 풀어진다고 해야 맞는 말이 되므로 이 부분 명심해야 합니다.

뭐가 마음에 들지 않는 부분이 있어 괴롭다고 한다면 그 괴로움에는 귀신(鬼神), 신(神)이라는 것이 개입해서 풀어줄 수는 없다는 이야기입니다. 내가 겪는 인생사는 반드시 자업자득 인과응보의 이치에서 내가 지어놓은 업의 결과로 나타나는 것이고, 업을 지었다는 것은 내가 이치에 맞지 않는 마음으로 행동해서 얻어지는 것이어서 결국 내 마음을 이치에 맞게 만들면 그 괴로움은 사라지는 것이 아닌가를 생각해보라는 이야기입니다.

그러니 괴로움의 늪에서 벗어나지 못하는 사람은 하루하루가 괴롭고 시간이 지날수록 마음이 편안해지는 사람은 그 마음을 이치에 맞게 고치려는 의식이 있어서 그 의식에 따라 마음이 좋아지고 편안해지는 것이 전부입니다. 그래서 귀신(鬼神), 신(神)이라는 것을 의지하면서 마음이 편하다고 하는 사람과, 이치에 맞는 마음으로 고쳐가려고 노력하는 사람이 인지하는 편안함이라는 것은 근본적으로 다른 편안함이어서 이 부분 정립해보면 타력적으로 얻어지는 편안함, 자력적으로 얻어지는 편함에 차이가 뭔가를 알게 될 것이고 어떻게 다른가를 이해하게 됩니다.

1354   이성

나는 사람이 하는 행동을 보고 '이렇게 해라, 저렇게 해야 한다'는 식의 말을 많이 합니다. 이같이 하면 상대는 막연하게 '시키니까 한다'는 생각으로 나와 선율이가 하는 말을 듣기도 하지만, 반발심을

내기도 하는데 그 이유는 나와 선율이가 하는 말을 이해하고 고쳐가는 행동을 하는 것이 아니라 각자가 가지고 있는 관념에 반하는 생각을 하므로 눈앞에서 이렇게 하라고 하니 따라는 오지만 그러한 행동으로 근본적인 여러분의 마음을 고칠 수는 없습니다.

이 부분도 여러분이 쉽게 이해하도록 이성 간에 사귐을 예를 들어 말했는데 이성의 상대를 얻을 때 가식적으로 행동하게 되면 얻어지는 그것이 온전한 것이 될 수 없는 것과 이치는 똑같습니다. 그래서 당장 눈앞에 보이는 것만을 해결하고자 '따라 하는 것'은 가식적인 행동이 되는 것이고, 상대의 말을 온전하게 이해하고 받아들이는 것은 가식적인 행동이 되지 않습니다.

물론 이 경우 '상대의 말'이 이치에 맞는가 맞지 않는가는 나중에 문제이고 우선은 상대의 그 말을 조건 없이 따르는 것은 가식적인 것이 아니기 때문에 이같이 따르면 상대를 얻을 수 있지만 여기에 어떠한 조건을 달면 상대를 얻을 수 없는데 '조건'이라는 것이 있어서 여기서 따른다는 것은 가식적인 것이 됩니다.

이 부분 깊게 징립해봐야 하는데 물론 이치에 맞는 말인가 아닌가를 분별하고, 이치에 맞는 말을 조건 없이 따르는 것은 가식적인 행동이 되지 않지만, 그 말을 따름으로써 내가 좋아질 것이라는 조건을 붙이면 가식적인 행동이 된다는 이야기입니다. 그래서 보통 인간관계에서 어떠한 조건을 붙여 행동하기 때문에 모두 가식적인 마음, 행동하고 있다고 해야 맞는 말이 되는 것입니다. 지금 내가 말하고 있는 이 부분을 명확하게 이해한다면 여러분의 의식은 상당하게 깨어 있다 할 것이므로 이 부분 생각해봐야 합니다.

다시 말하지만 어떤 종교를 믿을 때 여러분의 입장에서 반드시 반대급부로 얻고자 하는 바람이 있을 것이어서 이 경우 가식적인 행동, 믿음이 되지만 어떠한 조건 없이 상대를 믿는 것은 가식적인 행위가 되지 않는다는 이야기입니다. 따라서 관세음보살만 믿으면 괴로움에서 구원해준다고 하니 그 보살을 믿는 것은 가식적인 행동이 되는데 그것은 그러한 믿음에는 '나를 구원해준다'는 조건이 있어서 그렇습니다.

인간이 한세상을 살면서 '조건 없이 하는 행동'이라는 것은 절대로 있을 수 없는데 이 글을 보는 여러분도 어떠한 행동을 할 경우 반드시 그 행동을 하는 이유, 조건이라는 것이 반드시 있을 것이며, 나를 내세우지 않은 '무조건'의 행위를 하지 않습니다. 그런데 문제는 나를 내세우지 않으며, 상대를 받드는 행동하는 것을 무아봉공(無我奉公)이라고 하는데 과연 이 말의 의미대로 사는 사람이 있을까의 문제인데 답은 '없다'입니다. 그 이유는 사람이 몸과 마음을 움직이는 것에는 반드시 '나'라는 아상이 포함되어 있어서 그렇습니다.

그래서 종교적으로 어떤 사람이 외국에 나가서 어떠한 봉사활동을 했다고 하여 이 사람을 무아봉공의 뜻대로 '나를 없애고 공익을 위해 성심성의를 다했다'고 해서 무아봉공을 했다고 말하는데 착각입니다. 다시 무아봉공(無我奉公)의 의미를 보면 '무아봉공은 개인이

나 자기 가족만을 위하려는 사상과 자유, 방종한 행동을 버리고, 오직 이타적 대승행(利他的大乘行)으로써 일체중생을 제도하는 데 성심성의를 다하자는 것'이라고 정의한다. 개인 간이나 국가 간이나 모든 마찰과 불화가 개인주의나 이기주의나 자유, 방종(放縱)한 데서 비롯된다. 이러한 모든 불화와 이기심(利己心)의 근원을 따져 들어가 보면, 가장 깊은 뿌리는 '나'라는 상(我相)이다. 아상은 '현재의 육신과 마음이 영원한 나라고 생각하고 거기에 집착하는 것이며

그 집착으로 인하여 오직 나만을 위하려는 생각이며, 더 나아가 내 가족 또는 내 자녀만을 위하려는 생각이다.'라는 식으로 말하는데 이 말만 놓고 보면 참 듣기 좋은 말이라고 생각하겠지만 내가 말하는 것은 '나'라고 하는 의식으로 살아있는 인간의 입장에서 어떤 행동을 해도 그 행동 속에는 반드시 〈나〉라는 아상이 들어 있을 수밖에 없어서 종교적으로 말하는 것은 잘못되었습니다.

만약 여러분이 어떠한 행동을 할 때 〈나〉라는 아상이 없는 무아봉공의 행동을 이생에서 한다면 그 사람은 사실 해탈을 하므로 이생에 인간으로서 존재할 수 없습니다. 그렇기 때문에 얼마만큼의 아상이 들어 있는가의 정도 차이만 다를 뿐이고 종교적으로 말하는 것처럼 "무아봉공은 개인이나 자기 가족만을 위하려는 사상과 자유, 방종한 행동을 버리고, 오직 이타적 대승행으로써 일체중생을 제도하는 데 성심성의를 다하자는 것"이라는 말은 먼 훗날의 꿈에 불과한데 이 말 깊이 생각해보면 종교적으로 말하는 것이 얼마나 모순된 말인가를 알 수 있을 것입니다.

다시 말하지만 '사상과 자유, 방종한 행동을 버리고'라는 말을 하는데 이 말도 모순인 것이 인간이 제각각 가지고 있는 '사상'이라는 것은 절대로 버릴 수 없어서 '사상과 자유, 방종한 행동을 버리고'라는 말은 대단한 모순이 됩니다. 그래서 이런 말은 현실에서 서로 다른 이념, 사상을 가졌지만, 인간에게 봉사하며 살자고 말하는 것에 불과하고 실제 인간이 제각각 가지고 있는 사상, 이념은 절대로 없앨 수는 없어서 얼핏 듣기에는 좋은 말이겠지만 쓸데없는 말 잔치에 불과한 말이 됩니다.

또 하나는 앞에 '무아봉공은 개인이나 자기 가족만을 위하려는 사상과 자유 방종한 행동을 버리고, 오직 이타적 대승행(利他的 大乘行)으로써 일체중생(一切衆生)을 제도하는 데 성심성의를 다하자는 것'이라고 하는 말을 보면 '이타적 대승행으로써 일체중생을 제도하는 데 성심성의를 다하자는 것'이라고 말하는데 그렇다면 이 말도 '일체중생을 제도하는 것, 행위'라는 것이 뭔가의 문제인데 이 말대로라면 불교가 중생을 위해 말하는 것이 '일체중생을 위한 것일까?'의 문제가 남게 될 것인데 여러분은 이 부분 어떻게 생각할지 모르겠지만, 불교와 종교가 말하는 것은 이치에 맞는 말로 제도를 하는 것이 아니기 때문에 이 말은 잘못되었습니다.

거꾸로 말하면 여러분이 생각하기에 불교는 중생을 위해 제도하며 존재하는 것으로 생각한다면 대단한 착각을 하고 있다는 이야기입니다. 그래서 내가 말하는 무아봉공(無我奉公)의 정의는 '이치에 맞는 행동을 하는 것' 혹은 어떠한 행위를 할 때 〈나〉라는 아상을 빼고 순수하게 타인을 위해, 공익을 위해 하는 행동을 하는 것이라고 해야 맞는데 과연 이 세상이 이런 사람이 있느냐의 문제인데 답은 〈없다〉입니다.

1355　순수와 가식

　나라고 하는 아상을 빼고 행동하고 인생을 산다는 것 말이야 쉽지만, 이것은 대단히 어려운 일인데 불교는 이 말 참 쉽게 말하고 있는데 안타까운 일입니다. 그래서 인간적으로 서로 돕고 살자고 말하는 것과 진리적으로 이치에 맞는 행을 하고 산다는 것은 전혀 다른 의미여서 이 말 깊이 생각해봐야 합니다. 사람이 인생을 살면 누구라도 나 자신을 위한 행동을 다 하고 삽니다. 그렇게 각자가 원하는 바, 목적하는 바를 이루고자 인생을 사는 입장이어서 여기에다 〈나〉라는 것을 빼고 행동하라고 하면 여러분은 '내가 있는데 어떻게 나라고 하는 아상을 빼고 살라는 말인가?'라고 반문을 하게 될 것입니다. 누구를 받드는 삶이라고 해서 '봉공(奉公)'의 삶을 살자는 말 많이 하는데 말이야 듣기 좋은 말이겠지만 사실 '받든다'의 의미로 '봉공'이라는 말 사체는 좋은 의미지만 여기에 나라는 것을 빼고 순수하게 그 도리를 다한다는 것은 매우 어려운 일입니다.

　어떤 종교에서 '봉공회(奉公會)'라는 것을 만들어 사회적인 봉사를 하는 경우가 있는데 이것도 단체적으로 모여 남에게 이로움을 주는 물질적인 행위를 하는 것에 불과한 것이고, 실제 그 행동 속에는 반드시 개개인이 추구하는 '나'라고 하는 아상이 다 들어 있는 행동을 하는 것이고, 그것을 집합적으로 모여서 하나의 행동을 할 뿐이라고 해야 맞는 말이 됩니다. 다시 무아봉공(無我奉公)에 대한 말을 하면 불교는 〈인간의 정신 기운을 탁하게 하고 어둡게 하여 천만 가지 죄고를 불러오게 하는 탐·진·치 삼독심(三毒心)의 뿌리도 아상(我相)이다. 아상을 놓지 않고는 공익심(公益心)이 나오지 않고 세상을 극락으로 만들 수가 없다. 옛말에도 살신성인(殺身成仁)이라 했듯이 나를 놓지 않고는 인(仁)을 이룰 수 없다. 아상을 벗어나지 못하는 데는 몇 가지 원인이 있는데, 첫째는 지금의 내 몸과 마음이 영원한 것으로 착각하는 것이다.〉

또 불교는 〈'나'라는 존재가 인연 따라 나타났다가 인연이 다하면 사라지는 무상(無常)의 존재라는 것을 모르고 현재의 '나'에 집착하는 것이다. 둘째는 사은(四恩)의 은혜 되는 내역을 모르기 때문이다. 자신의 심신은 사은으로부터 나서 사은 속에서 살다가 사은으로 되돌아가는 것이며, 또한 이 세계는 일체 생명이 함께 어울려 사는 큰 집임을 알지 못하는 것이다.

아상을 벗어나기 위해서는 첫째, 모든 것이 변화하는 것이라는 무상의 진리를 깨달아야 하며, 인과보응의 이치를 깨쳐야 한다. 무상의 진리를 깨쳐야 나에 대한 집착심을 놓게 되고 인과보응의 이치를 깨쳐야 선행을 베풀고 덕을 쌓아가는 일이 곧 자신을 위하는 것임을 알게 된다. 둘째, 아상을 벗어나려면 사은의 은혜 되는 내역을 알아야 한다. 사은 없이 우리는 이 세상에 나올 수도 없었고 살아갈 수도 없다. 또한, 이 세상은 사은이 함께 어울려 존재하므로 서로서로 의지하고 도움이 되는 것이며, 인생의 가치와 보람을 실현할 수 있다. 셋째, 아상을 벗어나려면 진리를 깨쳐야 한다. 진리를 깨치고 보면 사생(四生)이 한 몸 되는 이치를 알게 되고 시방 삼계가 한 집안인 줄을 알게 된다.〉라는 식으로 말하는데 여러분은 이런 말 어떻게 생각할지 모르겠지만 이러한 말은 의미 없는 말 잔치에 불과하다고 해야 맞는 말이 됩니다.

얼핏 들으면 참 좋은 말로 들리게 될 것인데 말의 조합, 사상의 조합, 감성적인 말을 뒤섞여 버리면 여러분은 이런 말에 쉽게 현혹되게 됩니다. '나'라는 존재가 인연 따라 나타났다가 인연이 다하면 사라지는 무상(無常)의 존재라는 것을 모르고 현재의 '나'에 집착하는 것이라는 말을 보면 '인연 따라 나타났다가 인연이 다하면 사라지는 무상(無常)의 존재'라는 말이 있는데 잘못된 말입니다.

그 이유는 물질 개념에서 몸이라는 것이 만들어졌고 죽으면 물질 이치에서 이 몸이라는 것은 사라지게 되어 있는데 불교의 말은 단순하게 이 물질 논리만 이야기하고 있어서 이 말 자체가 잘못된 말입니다. 또 하나는 '인연이 다하면 홀연히 사라진다'는 말을 하는 것도 물질 개념으로 없어지는 것만을 말하는 것인데 과연 죽으면 다 사라지는 것일까? 따라서 앞에 '무상(無常)의 존재'라는 것은 물질 개념에서 나, 내 몸이라고 인식하고 살았던 이 몸이라는 물질은 죽으면 사라지는 것이어서 불교가 말하는 '무상(無常)의 존재'라는 것은 물질이 상으로 남아 있지 않다는 논리에 불과합니다.

그래서 현존하는 모든 종교는 〈운명〉이라는 것을 부정하고 있는 입장인데 아이러니하게 '타고난 팔자'라는 말을 합니다. 다시 말하지만, 무상의 개념은 말 그대로 무와 공, 즉 죽으면 아무것도 남지 않는다는 논리인데 그런데도 '타고난 팔자'라는 말, 숙명이라는 말, 죽은 사람을 대상으로 천도재, 49재 등을 하는 행위는 무와 공 속에 뭐가 있다는 것을 의미하는 것이 아닌가? 여러분이 이 부분 반드시 정립해야 할 부분인데 죽으면 앞서 말한 대로 무와 공, 무상의 논리는 아무것도 남지 않는다는 것이 핵심 사상입니다.

그런데도 뭐가 있다고 말하는 것은 서로 모순된 말이 아닌가를 생각해보라는 이야기입니다. 종교적으로 숙업(宿業)이라는 말을 많이 하는데 이 말은 '과거의 업, 아득히 오랜 옛날부터 짓고 쌓아온 선악의 업'을 의미합니다. 그렇다면 이 말과 무와 공이라는 말은 서로 배치되는 말이 되는데 이 부분 여러분은 어떻게 정리하고 있는가?

따라서 "일념이 청정하면 숙업이 자멸하고, 상생상화(相生相和)하면 만복이 흥륭(興隆)하리라."라는 말도 이치에 맞지 않는 말이 되는데 다시 말하면 여기서 말하는 일념(一念)이라는 것은 무엇을 의미하는가의 문제가 남기 때문에 그렇습니다. 또 '숙업이 자멸하고'라는 말은 전생에 지은 업을 의미하는데 운명을 부정하면서 이런 말을 하는 자체가 모순이 아닌가? 그래서 막연하게 죽기 전에 일념(一念)을 가져야 한다고 무수한 말을 하는데 죽음에 문턱에 이른 사람이 어떠한 일념이든 똑바로 가지고 죽을 수는 없습니다.

사실 죽음에 이른 사람은 무의식에 빠지기 때문에 이 경우 그 사람이 어떠한 생각을 가지고 죽었는지는 알 수 없는 상황인데 불교는 죽음에 이르면 일념(一念)을 청정하게 하고 죽어야 한다는 말을 쉽게 하는데 대단한 착각입니다. 따라서 나는 평소 살아 있을 때 '이치에 맞는 마음'을 만들어 놓는 것이 중요하다는 말을 많이 하는데 평소에 내 마음을 이치에 맞게 만들면 그 마음이 곧 나의 마음이 되고, 이 마음을 가지고 죽으면 그 마음 따라 다음 생에 태어나는데 이것이 윤회의 정석이라고 해야 맞는 말이 됩니다.

1356 　　　　　　　　　　　　　　　심고

그래서 평소 개망나니처럼, 안하무인으로, 나 잘났다고 살던 사람이 죽음에 이르러 그 마음을 청정하게 마음먹고 죽는다는 논리는 이치에 맞지 않는 말이 되므로 이 부분 깊게 새겨봐야 할 것입니다. 그래서 평소에 어떤 마음을 만들었는가가 숙업(宿業)이 되는 것이고, 이것을 기반으로 해서 오늘, 내일 다음 생 나 자신이 태어나게 하는 근본 종자의 마음이 되는 것입니다. 그래서 종교가 말하는 것을 보면 참으로 가관인데 말도 안 되는 말을 가져다 그것을 법이라고 말하고 있으니 결국 이치에 벗어난 말에 여러분은 마음을 끌려다니고 있으며, 그런 종교의 말이 법의 말, 진리의 말이라고 믿고 사는데 참으로 안타까운 일입니다.

불교는 숙명(宿命)이라는 말을 많이 합니다. 이 말에 의미를 뭐라고 하느냐면 '사람이 태어날 때부터 정해진 운명. 선천적으로 타고난 운명. 숙분(宿分), 숙운(宿運)이라고도 한다. 인간을 포함한 우주 만유의 일체(一切)가 어떤 힘이나 존재의 지배를 받는 것으로 생각하여 그 지배하는 필연적이고 초인간적인 힘, 또는 그 힘으로 신상에 닥치는 길흉화복을 숙명적이라고 보았으며, 이러한 사상을 숙명론(宿命論) 또는 운명론이라고 한다. 그러나 숙명에 의해 현생의 모든 일이 이미 선천적으로 결정되었다고 보는 숙명론은 인간의 자유의지를 부정하는 것이 되므로 원불교에서는 이를 인정하지 않고 자작자수(自作自受)의 인과법(因果法)에 따른 것으로 본다.'고 정의하고 있는데 이 말 죽으면 무와 공으로 다 없어진다는 불교의 핵심 사상과 배치되는 말이어서 이 부분 반드시 정립해야 할 것입니다. 단순 무식하게 무와 공이라는 사상은 아무것도 없다는 논리이고, 숙명이라는 것은 글자 그대로 '사람이 태어날 때부터 정해진 운명, 선천적으로 타고난 운명, 숙분(宿分), 숙운(宿運)이라고도 한다.'고 하여 반드시 내가 태어나야 할 이유가 있음을 숙명이라고 말하는데 그렇다면 불교는 '나는 왜 존재하는가?'라는 것에 대한 핵심을 말해야 하는데 이 과정에 대한 말은 하나도 하지 못하고 있지 않은가?

그런데도 여러분은 불교에 가서 '나의 운명'이라는 것을 알려고 하는데 과연 그들은 여러분의 운명, 숙명과 같은 부분을 알고 있을까 인데 불교는 여러분의 운명, 숙명에 대해 말 한마디도 하지 못한다는 것입니다. 이게 참으로 모순인데 운명, 숙명을 논하면서 죽으면 무와 공이라는 말만 하고 있고, 무와 공이라고 하면서 죽은 사람을 위해 뭔가의 행위를 하는 그 자체는 이율배반적인 행위가 아닌가를 생각해보라는 이야기입니다. 따라서 숙명이라는 말을 나열하고, 숙명은 '인간을 포함한 우주 만유의 일체(一切)가 어떤 힘이나 존재의 지배를 받는 것으로 생각하여 그 지배하는 필연적이고 초인간적인 힘, 또는 그 힘으로 신상에 닥치는 길흉화복을 숙명적이라고 보았으며,

이러한 사상을 숙명론(宿命論) 또는 운명론이라고 한다.'는 식으로 말을 나열하고 여기에 '인간을 포함한 우주 만유의 일체(一切)가 어떤 힘이나 존재의 지배를 받는 것'을 말하는데 참으로 가관입니다. 다시 말하지만, 포괄적으로 우주라고 하는 말은 진리가 뭔지를 모르고 하는 말이고, 이것은 곧 그들은 진리 이치를 알지 못하고 있음을 스스로 자인(自認)하는 것입니다. 그래서 여러분이 감성적인 말에 빠져버리면 이치에 맞는 말이라는 것이 뭔가를 알지 못하게 된다고 나는 말한 것입니다.

다시 말하지만, 이 글을 보는 여러분은 반드시 각자의 숙명(宿命)이 있고, 이것은 여러분이 전생에 지어놓은 여러분의 뿌리가 되는 것이고, 이생에 태어난 것은 전생에 그 뿌리로 인해(존재 이유) 오늘날 제각각의 삶을 사는 것입니다. 윤회를 믿는 입장이라면 내가 말하는 이 자체를 부정하지는 않을 것인데, 그렇다면 내가 존재해야 한 이유를 아는 것이 깨달음이 아닌가?

그런데 모든 종교는 운명, 숙명 등을 말하면서도 정작 그 핵심을 말하지 못하고 막연하게 우주를 끌어들여 묘한 말을 만들어가는데

참으로 안타까운 일이고, 말도 안 되는 말 무수하게 하고 있으며 뜻도 모르는 말을 금색(金色)으로 써놓으면 그것에 어떠한 효력이 있는 것으로 생각하는데 그 정신은 매우 잘못된 정신이고, 그런 정신으로 살다가 죽어봐야 내가 무슨 말을 하고 있는가를 알게 되겠지만, 나라고 하는 아집이 살아 있는 그 마음에 지금 내가 말하고 있는 것 받아드리고 정립하기란 쉽지 않을 것입니다.

그래서 어리석은 사람은 보이는 물질에 뭔가의 의미를 부여하면 그 물질에 사족을 쓰지 못하는데 안타까운 일입니다. 그래서 사람들이 자연 속에 뭔가 특이한 물건이나, 지형, 행색을 보면 그것에 어떤 의미가 있을 것으로 생각하기 때문에 도를 닦는다는 사람들의 행색을 보면 뭔가 특이한 행색을 하고 있는데 이것도 여러분을 현혹하기 위한 것에 불과합니다. 잘못된 도라는 것을 알려고 하므로 빙의 현상으로 나타나는 이상한 것을 느끼면 어리석은 사람들은 그것은 스스로 도를 잘 닦아서 그런 형상을 경험하는 것으로 생각하게 되어 있다는 이야기입니다. 이 개념으로 온 세상 사람들이 말하는 것을 보면 사실 그 말의 90%는 이치에 맞지 않는 말, 영양가 없는 말, 쓸데가 하나도 없는 말이라고 해야 맞고, 여러분 인생에 아무런 영양가 없는 말장난에 불과하다고 해야 맞는 말이 될 것입니다. 다시 말하지만 어떤 종교는 심고(心告), 기도 같은 것을 해야 한다고 말합니다.

이 말은 '하루의 시작과 마침의 시간에 그날의 계획, 한 일을 부모님께 고하듯이 해야 하고, 또 조석 심고, 특별한 원을 세우고 수시로 올리는 심고, 의식에서 순서에 따라 올리는 심고 등이 있다. 혼자서 하는 경우에는 대개 묵상으로 심고를 올린다'는 식으로 말하는데 진리적으로 이런 행위는 의미 없습니다.

내가 말하는 것은 매사에 이치에 맞는 행을 하다 보면 그 마음에 맞게 나의 괴로움은 사라진다는 논리여서 내 마음 바탕을 고치지 않고, 앞서 말한 대로 심고, 기도하는 행위는 지극히 타력적인 것에 기대는 행위에 불과하여 의미 없기 때문에 이 말에 의미 깊게 정립해야 합니다. 마음이 이치에 벗어나 있는 사람이 기도, 심고를 한다고 하면 그 결과가 어떻게 되겠는가? 따라서 무와 공, 아무것도 없다는 허공에 대고 그날의 계획, 한 일을 부모님께 고하듯이 해야 하고, 또 조석 심고, 특별한 원을 세우고 수시로 올리는 심고, 의식에서 순서에 따라 올리는 심고 등을 한다고 하면 이 자체로 이치에 반하는 행위가 되지 않는가를 생각해보라는 이야기입니다.

반드시 인간은 전생에 지은 것이 이생에 좋은 일로, 혹은 좋지 않은 일로 교차하여 나타나는데 이것은 전생에 지었던 여러분의 숙업(宿業)이 작용해서 그런 것이기 때문에 이런 진리의 작용과 그 이치를 이해하고 나면 내가 말하는 것이 얼마나 소중한 말인가를 알게 될 것이고, 내 말이 무슨 말인지 모른다면 종교가 말하는 대로 심고를 하든, 기도하든 빌고 살면 될 것이고 이 선택은 여러분이 알아서 하면 됩니다.

마음으로 고함

요즘 세상을 보면 매우 잘못되어가고 있는 것이 하나 있는데 그것은 종교적으로 하는 말을 마치 '표준적인 말, 이치에 맞는 말'이라는 의미로 인터넷 사전에 버젓이 '대사전'이라는 이름으로 그들의 말이 나와 있는데 이것도 매우 잘못된 것인데 그 이유는 종교가 하는 말은 그 종교 사상 안에서만 통용될 수 있어야 하는데 문제는 그런 말들이 포털 사이트에서 '사전'이라는 이름으로 나와 있는데 이것은 결국 이치에 맞지 않음에도 그 말이 마치 맞는 말이라는 의미를 부여하고 있기 때문에 잘못되었다 할 것입니다.

그래서 공공성이 있는 방송이나 포털 사이트 같은 것은 어떤 것을 다룰 때 매우 신중해야 하는데 그 이유는 그런 것들이 많은 사람에게 심각한 영향을 끼칠 수 있어서 그렇습니다. 따라서 어떤 단어에 대한 의미를 사전이라는 이름으로 버젓이 그 의미가 나와 있는 것에 대해 여러분이 분별하지 못하면 그렇게 나와 있는 말이 맞는 말로 생각하게 되어 있고, 특히 어린이들이 이런 말을 보고 '사전에 나와 있다.'는 식으로 말을 하면 답 없습니다.

예를 들어 심고(心告)에 대하여 "사은으로써 신앙의 근원으로 삼고 즐거운 일을 당할 때는 감사를 올리며, 괴로운 일을 당할 때는 사죄를 올리고, 결정하기 어려운 일을 당할 때는 결정될 심고 또는 설명기도를 올리며, 난경(難境)을 당할 때는 순경 될 심고 또는 설명 기도를 올리고, 순경을 당할 때는 간사하고 망령된 곳으로 가지 않도록 심고 또는 설명 기도를 올린다."라고 말할 경우 그렇게 하지 않으면 사람이 죽어서 '간사하고 망령된 곳'으로 간다는 말이 되는데 여러분은 이 말 어떻게 생각하는가? 결국, 심고와 기도하지 않으면 '간사하고 망령된 곳'에 태어나고, '간사하고 망령된 곳'에 태어나지 않으려면 심고와 기도해야 한다는 논리가 되는데 이게 말이 되는가를 생각해보라는 이야기입니다.

이 개념으로 이 사회에서 현재 일어나고 있는 상황을 보면 참으로 안타까운 부분인데 얼마나 이 세상이 지저분해졌는가를 알 수 있을 것입니다. 사람이 인생을 살면서 자신도 의식하지 못하며 살아가는 사람이 수두룩합니다. 긴 시간을 수행이라는 것을 한다는 명분으로 이치에 맞지 않는 것에 온 정신을 쏟아붓고 사는 사람이 넘쳐나는 세상이고, 문제는 그런데도 그 자신들은 자신들이 하는 행동, 행위가 맞는다고 생각하고 살아갑니다. 이런 사람의 의식에는 자신이 하는 행동은 옳고 맞는 것이며, 남이 하는 행동은 모두 잘못되었다는 시각을 가지고 있는데 참으로 안타까운 일이 아닌가?

따라서 종교적으로 하는 말이 심고와 기도라는 것을 하라고 하면서 '심고와 기도를 정성으로써 계속하면 자연히 사은의 위력을 얻어 원하는 바를 이루고 낙 있는 생활을 하게 된다. 사람이 마음으로 생각하는 것이 다 허공 법계에 스며들기 때문에 심고하는 사람의 정성에 따라 무위자연(無爲自然)한 가운데 상상하지 못할 위력을 얻게 되는 것이다.' 하여 심고와 기도에 대한 합리성을 강조하는데 안타까운 일입니다.

종교가 말하는 것을 가만히 살펴보면 참으로 듣기 좋게 들릴 것이나 내 마음을 이치에 맞게 하고 그 마음으로 행동하는 것이 아니고, 그 마음은 그대로 두고 빌어서, 원하여 뭔가를 얻으려 하는 것이 전부인데 그 누가, 무엇이 있어서 여러분의 그 말을 듣고 '그래 내가 네 마음을 알았으니 다 들어 주고 해결해 줄게'라고 말해준다는 것인가? 여러분은 이 부분 어떻게 생각하는가를 정립해보면 여러분의 의식이 뭔가를 알 수 있을 것입니다. 따라서 심고와 기도라는 것은 타력적인 개념으로서의 신앙이고, 내가 말하는 논리는 자력적인 개념이기 때문에 앞서 종교가 하는 말과의 차이를 정립해야 할 것입니다.

다시 말하면 '심고와 기도를 정성으로써 계속하면 자연히 사은의 위력을 얻어 원하는 바를 이루고 낙 있는 생활을 하게 된다. 사람이 마음으로 생각하는 것이 다 허공 법계에 스며들기 때문에 심고하는 사람의 정성에 따라 무위 자연한 가운데 상상하지 못할 위력을 얻게 되는 것이다.'라는 말대로 그렇게 수행을 해서 이 말대로 뭔가를 얻은 사람이 있을까의 문제인데 답은 '없다'입니다.

사실 이치에 맞지 않는 사상 죽을 때까지, 아니 영생을 가지고 산다고 해도 그들이 하는 말대로 될 수 없는데 그 이유는 이런 말의 내용은 진리적으로 하나도 이치에 맞지 않아서 그렇습니다. 전봇대가 부처라고 믿고 평생을 살면 그 사람의 눈에는, 의식에는 전봇대가 부처로 보이게 되어 있고 의식이 바른 사람은 전봇대는 전봇대일 뿐이라고 생각합니다. 그래서 전봇대가 부처라고 생각하는 사람과 그렇게 생각하지 않는 사람은 분쟁이 있을 수밖에 없어서 이런 부분은 부부 사이나, 혹은 가족, 친구 사이에도 쉽게 나타나는데 이것은 바로 각자의 〈의식〉에 차이라고 해야 맞는 말이 되고 함께 살면서 의견이 맞지 않고 의견 대립이 심화하는 것도 의식이 달라서 그렇습니다.

그래서 이 의식은 매우 중요하다고 나는 말했고, 잘못된 종교의식을 바꾼다는 것은 사실 매우 어렵습니다. 잘못된 의식으로 정신병(조현병)이라는 것이 걸려 있는 사람도 상당한데 문제는 그런 사람은 스스로 정신병에 걸려 있는지(빙의 현상)조차도 모르고 산다는 점입니다.

그래서 나는 이 세상에 '똥 묻은 개, 겨 묻은 개보고 짖는 사람들이 넘쳐난다.'는 말을 한 것입니다. 사실 이 말은 누구에게도 해당하는 말인데 그 이유는 사람들 자체가 자신의 본분을 망각하고 살기 때문에 그렇고, 또 빙의가 소리소문없이 작용해도 이런 상황은 쉽게 나타납니다. 참 안타까운 일인데 그러면서도 불교는 '나를 알자, 나를 찾아서'라는 말 무수하게 하고 있는데 과연 그들이 말한 수행이라는 것을 해서 자신에게 어떤 똥이, 어떤 겨가 묻어 있는지를 알 수 있느냐인데 답은 '알 수 없다'입니다.

사실 오늘날 내가 법이라고 말하는 말은 아주 쉽고 간단한데 문제는 너무 쉽고 간단하게 말하고 있어서 여러분은 대수롭지 않게 내 말을 생각하는데 이 역시 안타까운 일입니다. 그래서 여러분은 고

고한 척, 또는 아무 의미 없는 거창한 문장이나 들이대면서 '이것이 부처가 한 말이고, 법이다.'라는 식으로 말해야 듣는 척하고 따르는 척하는데 이런 것은 이 인간사회가 그만큼 마음에 병이 들었다고 해야 맞는 말이 됩니다.

1358 현대의학

　참으로 안타까운 것이 '석가부처가 이런 말을 했다'고 하는 말은 마음에 두면서 내가 화현의 부처님 법은 이렇다고 말하는 것은 마음에 두지 않습니다. 왜 그럴까? 여러분은 이 부분 어떻게 생각하는지 모르겠지만, 석가가 법을 말했다고 하는 말들은 모두 지식인에 의해 철저하게 꾸며진 말이라고 하면 이 부분 여러분은 이해할 수 있겠는가를 생각해보라는 이야기입니다. 또 과거 무지했던 시절 해탈한 사람은 많았지만, 지식이 만연해질수록, 높을수록 해탈한 사람은 적어진다고 해야 맞고, 따라서 근대 사회에 이르러 다들 좋은 학교라는 것을 나오고자 하는데 그렇게 해서 지식이 높으면 그만큼의 아상이 커지기 때문에 이 말 새겨봐야 할 것입니다. 그래서 나는 나를 만날 때는 내 앞에서 '가방끈' 자랑하지 말라는 말을 한 것입니다.

　예를 들면 나도 인간의 몸을 가지고 있어서 몸(물질)에 뭔가 이상이 생길 수 있고 현실적으로 물질 이치에서 물질(몸)을 다스려야 할 부분이 있어 병원이나 약국에서 약을 사 먹기도 합니다. 이런 부분은 여러분도 마찬가지겠지만 내가 말하고자 하는 말은 내 몸의 상태는 내가 잘 알기 때문에 의사, 약사가 처방해준다고 해서 그들의 말을 100% 신뢰하지 않으며 내가 필요한 약을 내가 골라서 먹습니다. 이같이 말하면 여러분은 어떻게 생각할지 모르겠지만 내 뜻만을 말하는 것이니 이 부분 정립해야 할 부분이고, 반대로 마음을 다스리는 상황에서 순리에 따르는 마음을 가지고 있어서 물질 이치에서의 약과, 진리 이치에서의 순리에 긍정하고 따르는 삶을 살지 않으면서 몸이 아프면 약을 먹는다고 하는 일반적인 관념과 비교하면 내가 삶을 살아가는 방식은 다릅니다.

만약 약으로만 모든 질병을 치유할 수 있으면 다행이겠지만 천만 년이 흘러도 이런 세상은 도래되지 않습니다. 만약 인간에게 나타나는 모든 질병을 인간이 만든 약(물질)으로 다 해결할 수 있다면 세상은 뒤집히게 되고, 난리가 날 것이고, 신·절대자·부처·보살이라는 존재들은 다 사라져야만 할 것입니다.

그렇다면 그들에게 여러분이 빌거나, 기도 같은 것을 하는 이유는 현실에서 물질로 다 해결할 수 없는 부분이 있어서 그런 것을 믿는 것이 아닌가? 종교를 만들어낸 핵심도 사실 인간에게 일어나는 무수한 병을 고칠 수 없으므로 앞서 말한 존재들을 인간의 지식으로 설정한 것이기 때문에 그렇습니다. 그래서 현실적으로 인간의 육체(물질)는 낱낱이 분석하여 물질 논리로 치료라는 것을 하지만, 이제까지 마음에 병(비물질)이라는 것은 누구도 치유하지 못하고 있는데 이 부분 여러분은 어떻게 정리할 것인가의 문제가 남습니다.

다시 말하지만, 인간에게 나타나는 무수한 상황을 현대의학으로 다 해결할 수 있다면 오늘날 사회적으로 모든 문제가 다 해결되어야 하지 않겠는가? 그래서 '똥 묻은 개, 겨 묻은 개 보고 짖는다'는 식으로 자신이 마음에 병이라는 것이 들어 있으면서 남의 마음을 가지고 왈가왈부하는 세상이 되어 버렸는데 사람이라는 것이 몸이 성하면 자신들은 아무런 이상 없다고 생각하고 있지만 정작 중요한 마음이라는 것이 병들어 있으면 몸이 성해도 마음의 병은 치유되지 않습니다. 이것은 마치 철길의 두 갈래처럼 균형이 맞아야 하는데 현실적으로 이런 논리를 말한 사람은 존재하지 않는데 그 이유는 모두 잘못된 사상이 있어서 그렇습니다.

가족이라고 해도 가족 간의 마음은 다 다른데 그 이유는 제각각 개인적인 업이 달라서 그렇고, 큰 틀에서는 업연의 연결고리가 있어서 그렇습니다. 따라서 나는 어린아이가 업이 성숙하여지면 그 과정에 독립해서 나가는 자식도 있지만, 성인이 되어서도 부모 옆에 껌딱지처럼 붙어 있는 자식도 있는데 이것도 부모와 자식 간에 업이 그래서 그대로 현실에서 나타나는 것입니다. 그러니 이 부분은 어릴 때 자식 어떻게 훈육했는가에 따라 이치는 변하는데 부모 자체가 이치를 모르니 각자의 관념대로 자식을 키우기 때문에 결국 그 자식의 이치를 바꾸어주지 못하고 업에 따라 질질 끌려다니는 형국이 되어 버리는 것이어서 이 부분 누구 탓할 것 하나도 없습니다.

이것 보고 '자업자득 인과응보의 이치'라고 하는 것입니다. 여러분이 아무리 학교는 좋은데 나왔다고 해도 이것은 물질 개념에서 밥벌이하는 수단으로 이생에서 어떤 직업에 종사하면서 삶을 살아가는 가만 관련이 있을 뿐이고, 그렇다고 해서 그 배움으로 인해 여러분 자신의 본성을 알고, 그 마음을 안다고 할 수는 없습니다.

의식 없는 사람들은 배웠다는 사람들이 무슨 말 한마디 하면 그 말에 쉽게 현혹되는데 안타까운 일입니다. 다시 말하지만 배웠다는 그들은 전문 분야에서 전문성을 일부 배운 것이지만 그렇다고 해서 각자의 운명을 알고 사는 것은 아닙니다. 하지만 나는 모든 생명체의 뿌리를 알고 말하고 있고, 결국 스스로 마음을 알고 다스리면 지혜는 얼마든지 얻을 수 있다는 논리를 말하고 있어서 이 부분 심각하게 정립해야 합니다. 인간이라는 생명체가 존재하는 근본은 내 마음이 어떤 마음인가가 중요할 뿐이고, 잘 배웠다고 하는 것은 진리적으로 윤회하는 처지에, 어떠한 도움도 되지 않음으로 이 부분 정립해야 할 것입니다.

자식을 낳으면 서울로 보내야 하고, 말은 제주도로 보내야 한다는 식의 말 여러분은 마음에 두고 사는데 매우 잘못된 생각이고, 그런 의식이 결국 나와 내 자식을 패가망신한다는 것을 알아야 할 것입니다. 그래서 뭔가를 배워야만 학업을 성취해야만 인간답게 살 수 있다는 것도 잘못된 것이고, 배우지 못했어도 인간의 심성을 잃지 않고 사는 사람이 잘사는 사람이고, 이런 사람이 쉽게 해탈(괴로움에서 벗어나는 것)을 할 수 있다는 이야기입니다.

요즘 배웠다는 사람들을 보면 인간성, 인간미라는 것은 하나도 없습니다. 학교에 다닌다는 것은 인간이 만들어낸 아상의 논리에서 일반적으로 알 수 없는 부분에 대하여 전문적으로 그것을 배운다는 의미밖에는 없습니다. 이것이 물질 개념이고, 진리적으로는 '내 마음'이라는 것을 어떻게 사용해야 하는가만 존재하기 때문에 물질이 많다고 해서 그 자체로 이생에 혹은 다음 생에도 그 물질을 가지고 태어난다는 보장은 없는데 그 이유는 물질로 되받아지는 것은 반드시 유통기한이 있어서 그 기간이 다하면 사라지는 것이고, 이 개념은 은행에 저축해둔 돈을 빼 쓰는 것과 이치는 똑같습니다.

따라서 인간으로서 물질도 있어야 하지만 반대로 진리적으로 이 마음이라는 것이 뭔가를 알고 사는 것이 중요한데 아무리 물질이 많아도 그 물질로 자신의 운명을 바꿀 수는 없습니다. 얼마 전 돈 많은 어떤 회장이 식물인간으로 살다가 죽었습니다.

평소에 이런 사람을 보면서 자신이 하고 싶은 말이라도 하게끔 해주고 싶다고 말했는데 현실적으로 그들의 벽이 두꺼워 접근하지 못했던 게 결국 수년을 병상에 있으면서도 한마디도 하지 못하고 그대로 죽었습니다. 그래서 이 죽음이라는 것은 물질로 해결할 수 있는 부분은 하나도 없고, 오로지 그 사람의 마음에 따라 결정되게 되어 있어서 이 부분 심각하게 정립해야 합니다. 따라서 제일 가난한 사람은 진리적으로 마음도 구질구질한 사람이고, 물질적으로는 빈천하게 사는 사람인데 문제는 그렇다는 것을 인정하지 못하고 그래도 '나 잘났다'는 아상을 내세우며 자신을 굽힐 줄 모르고 살아가는데 안타까운 일입니다.

결론적으로 인간이라는 몸을 가지고 인생을 살지만 '내 마음'이라는 것을 어떻게 알고 다스리고 살아야 하는가를 알려고 하는 사람은 하나도 없고, 다들 각자 입장에 따라 '나 잘났다'는 생각으로만 살아가는 세상인데 여러분은 이런 세상 속에 살면서 '살기 좋은 세상이다.'라고 생각한다면 아직 여러분은 인생살이라는 것이 뭔가를 모르고 있다 할 것입니다.

그래서 이 사회를 보면 '인간으로서의 가치관'을 심각하게 말하는 사람은 없고, 오직 '나 잘났다'는 논리만 가르치는 세상이기 때문에 나는 이런 세상을 보고 '답 없는 세상이다, 인간말종(빙의)들이 판치는 세상이다.'라고 말한 것이고 이 판단은 여러분이 해야 할 부분입니다. 사람은 누구나 '지은 바대로 거두고 산다'는 것을 알아야 하고 지어 놓은 것이 없는 사람이 이생에 아등바등 해봐야 별 볼 일 없습니다. 지은 바가 없으면 이생에 지어야 하고, 이생에 자신의 이치를 바꾸어야 하는 노력을 해야 하는데 그 방법을 모르거니와 설령 그것을 알려준다고 해도 결국 〈나라고 하는 아상〉이 살아 있어서 해주는 말 따르지 않습니다. 그래서 의식이 깜깜한 사람은 대책이 없는 것이고 자신 마음이 끌리는 대로 살다가 죽게 되어 있어서 이것 보고 한 번 천민은 영원한 천민으로 살아가게 된다고 해야 맞는데 이 말은 그만큼 인간의 의식을 깨어나게 한다는 것이 어렵다는 것을 의미합니다.

자신의 본분을 알고 고치려고 노력하지 않으면서 눈으로 보고, 귀로 듣는 것은 있어서 남이 하니 나도 할 수 있다는 똥고집만 가지고 살아가는 사람 이 세상에 넘쳐납니다. 그래서 과거 어렸을 때 내가 가지고 있던 마음과 요즘 사람들의 마음을 보면 참으로 마음이 많이 달라졌다는 것을 느낄 수 있는데 안타까운 일입니다. 인간으로 태어나면 '각자가 먹을 것은 달고 나온다, 타고나는 것이다.'라는 말을 하면서 사람으로서 입에 풀칠은 다 하고 산다는 말 쉽게 하지만, 잘못된 것이고 내가 말하는 것은 어떤 의식으로 어떤 밥을 먹는가는 사람마다 다 다르기 때문에 감성적인 말로 인간 자신을 스스로 자화자찬하는 말은 하지 말아야 할 것입니다.

살아 있으니 그 입에 뭔가를 밀어 넣어야 생명을 유지 할 수 있으니 살아 있다면 뭔가는 다 먹습니다. 하지만 어떤 사람이 어떠한 의식으로 먹는가를 알면 이 세상이 아수라장으로 보이게 됩니다. 각자 마음 끌리는 대로 살아가다가 뭔가가 마음에 들지 않으면 그것만 어떻게 해결해보려고 하는 것이 의식 없는 인간들이 하는 보편적인 행동입니다.

그래서 근본이 되는 나의 마음자리를 고쳐가지 않으면 아무리 용을 써 봤자 뒤로 넘어져도 입에 재갈이 입으로 박히게 되어 있음을 알아야 할 것입니다. 어떤 종교에서 '기도'라는 것을 하는데 다음과 같은 마음으로 해야 한다고 말합니다. 〈자력과 타력을 겸해야 한다. 곧 자신의 각오와 실천할 것을 먼저 고백하고 그에 대하여 위력을 내려 주시도록 기원해야 자 타력을 겸하고 사실적으로 소원을 성취할 수 있다.〉라는 말을 하면서 기도하라고 하는데 여러분은 이 말 어떻게 생각하는가? 만약 이런 논리가 맞는다면 무명의 존재가 말하는 글 볼 필요 없고, 이들이 하는 말대로 기도하고 살면 됩니다.

참으로 안타까운 일인데 〈자신을 위해서만 빌지 말고 세상과 도반들과 모든 사람을 위해 심고 해야 한다. 세상과 도반, 모든 사람의 고락을 나의 고락으로 생각하고 심고 해야 윤기가 바로 닿고 맥맥이 상통하게 된다.〉라는 말만 들으면 마치 기도라는 것을 하면 다들 이렇게 되는 것으로 아는데 길 아닌 길 가봐야 수렁에 빠지게 되어 있다는 점 명심해야 합니다.

나 자신이 세상에 태어나 살면서 나 자신의 본분도 모르면서 하는 말이 '모든 사람의 고락을 나의 고락으로 생각하고 심고 해야 윤기가 바로 닿고 맥맥이 상통하게 된다.'고 하니 이 얼마나 웃기는 말인가? 또 '이웃의 고통을 나의 고통으로 생각하고 살라'는 말 무수하게 하는데 종교들이 하는 말을 보면 모두 감성적인 말이 전부이고 내가 말하는 것과 같이 인간으로서 어떤 마음을 가지고 살아야 하는가는 누구도 한마디도 못 하고 있는데 안타까운 일이고, 고작 한다는 말이 앞서 한 말과 같이 여러분이 듣기에 좋은 말만 하고 살기 때문에 감성에 의식이 빠지면 여러분은 무의식의 빙의가 여러분 마음을 잠식하게 되어 있어서 이 부분은 이 세상 사람들이 살아가는 모습을 보면 쉽게 알 수 있습니다.

직설적으로 여러분이 〈기도〉라는 것을 하면 이것을 누가 들어 준다고 생각하는가? 들어 주지 않는다고 생각하는가? 만약 들어 준다고 생각한다면 내 글 보지 말고 유명하다는 곳에 가서 울고불고하면서 기도라는 것을 하고 살면 됩니다.

1360   조상의 이해

기도하고 살 것인가, 아니면 내 말대로 나 자신의 마음을 고쳐 조금씩 나의 이치가 바뀌도록 하면서 인생을 살 것인가의 문제 여러분은 어떻게 생각하는가? 이런 것이 정리되지 않은 마음으로 내 글 평생을 봐야 여러분에게 아무런 도움이 되지 않습니다. 어떤 종교에서 말하기를 '심고는 서원에 위반되면 사은의 위력으로써 죄벌이 있으므로 거짓 심고를 해서는 안 된다.'는 말을 하고 있습니다. 여기서 심고(心告)라고 하는 말은 '마음으로 고하다'라는 의미가 있습니다.

따라서 인간이 어떤 일을 하더라도 종교적인 그 대상에게 마음으로 고(告)하고 그 일을 하라는 의미로 심고라는 말을 하는데 참으로 안타까운 것이 대명천지, 이 밝은 날 우주 어디에 그 무엇이 있다고 이 난리 굿을 하는가를 생각해보라는 이야기입니다. 이 개념으로 여러분의 조상이 이생에 살다 죽었다고 할 때 여러분은 그 조상이 어디에서 나를 지켜주고 보살펴 줄 것으로 생각하는데 매우 잘못된 의식입니다.

조상에게 기대는 것은 단순한 인간적인 감정일 뿐이고, 실제 죽으면 그 조상은 몸을 버리고 그 마음에 흔적으로 뭔가의 생명체로 혹은 빙의가 되어 다른 사람에게 영향을 주는 존재로 남는 것이 전부입니다. 그래서 조상이 죽은 날을 '기일'이라고 하여 오만가지 음식을 차리고 종교적인 의식을 하는데 안타까운 일입니다. 없는 것, 존재하지 않는 것에 비는 행위 여러분은 어떻게 생각할지 모르겠지만 그런 것에 마음을 끄달리고 살면 빙의는 그 마음에 여러분의 조상이라고 접근하게 되고, 영향을 주게 됩니다.

그래서 제사를 지내고 나면 꼭 하는 소리가 '나는 꿈에 부모, 혹은 할아버지' 등과 같은 존재를 실제 봤다고 말하는데 이것은 모두 일종의 빙의 현상이어서 조상을 꿈에 자주 본다는 것은 그만큼 여러분의 마음이 약하다는 의미입니다. 여러분이 인생을 살면서 각자의 마음에 '이렇게 되었으면'이라는 생각을 누구나가 다 하겠지만 문제는 이생에서 각자가 누려야 할 것은 진리적으로 다 정해져 있고 이것은 각자의 마음 상태를 보면 쉽게 알 수 있습니다.

그래서 지금 여러분이 사는 환경은 앞서 말했지만 '거기까지만'일 수 있고, 아니면 받아야 할 것이 조금 더 있다면 그것에 맞게 조금 더 시간이 주어지게 됩니다. 이생에 받아야 할 것을 다 받은 사람이 무엇을 더 바란다고 해서 진행하다 보면 결국 패가망신하는 결과를 가져오고 이런 부분은 '잘나가다 힌순긴에 이띠힌 일로 망히는 사람'을 보면 쉽게 알 수 있습니다.

그래서 여러분이 '그렇다면 나는 어디까지인가'라는 것을 모르기 때문에 그것을 알고자 이곳저곳을 헤매는 것이 아닌가? 얼마 전 어떤 사람이 몸에 이상이 와서 고생했다고 말했는데 그것도 자신이 그 시기에 되받아야 할 업의 이치에 따라 몸에 그러한 현상이 나타나는 것이어서 이 사람의 경우 사업을 확장하면 안 되고 지금 상태로 사업을 운영하는 것이 최선입니다. 그 이유는 자신이 되받아야 할 업의 이치가 끝이 나가기 때문에 그렇습니다.

그래서 결국 지금까지는 되받아야 할 업이 있어서 그것을 받기 위해 사업했다면 앞으로는 되받아야 할 업이 없어서 뭔가를 더 욕심을 낸다면 반드시 좋지 않은 결과를 가져오게 될 것입니다. 사실 화현의 부처님 법을 믿으니 뭔가를 더해도 그 사업을 지켜주리라 생각한다면 잘못된 생각이고, 어리석은 것이 자신이 지은 바가 한계점에 이르렀는데 화현의 부처님이 그 도리를 잘하지 못하는 사람에게 '내가 알아서 다 해줄게.'라고 하지는 않습니다.

따라서 나는 '이치는 바뀐다.'는 말을 많이 하는데 앞서 말한 대로 업의 이치가 다하면 이생에서 이 법에 마음을 얼마나 주는가에 따라 그 사업이 원만하게 진행될 수 있는데 이것은 자신이 되받아야 할 업의 이치는 끝났지만, 이 법을 아는 상황에서 나머지는 이 법과의 정리 여하에 따라 나머지 인생의 이치는 바뀌게 되어 있다는 이야기입니다. 다시 말하면 이생에 50에 죽어야 할 업을 타고난 사람이라고 해도 이 법에 어떠한 마음을 쓰는가에 따라 그 사람의 죽음에 이치는 70이 될 수 있고 80살이 될 수도 있는데 이 부분은 과거 여러분에게 수차 했던 말이기도 합니다.

　과거 아난은 약 50세 경에 죽었고, 이 이치로 보면 이생에도 그 나이 때에 죽는 것이 맞습니다. 하지만 이 법을 마무리하는 처지로 존재하기 때문에 이치가 바뀌어 법을 마무리하는 시간까지 법의 사람으로 존재하기 때문에 사실 나와 선율의 수명은 이치가 바뀌었기 때문에 세속에서 일반적으로 사는 사람과는 차원이 다른 '법의 사람'으로 살아가게 되어 있어서 이 경우도 이치는 바뀐 것입니다. 마찬가지로 여러분이 하루를 살아가는 것도 개인적인 일반 사람의 삶처럼 살 것인가, 아니면 법에 마음을 온전하게 두고 살면 개인적인 삶이 아니라 법의 일을 하며 살기 때문에 여러분의 개인적인 업의 이치는 분명하게 바뀌게 되어 있고 그렇게 이치가 바뀌지 않으면 결국 여러분은 각자의 죽음의 순서대로 죽게 되어 있습니다. 그래서 나는 '타고난 운명'이라는 것은 반드시 존재하지만, 그 운명은 얼마든지 바꿀 수 있다고 말한 것입니다.

　다시 말하지만 내가 말하는 법을 본다고만 해서 여러분의 이치는 자동으로 바뀌는 것이 아니라 반드시 법의 일을 하는 태도로 여러분의 몸과 마음이 온전하게 법을 중심에 두고, 그 행동을 해야만 이치는 반드시 바뀌게 되어 있습니다. 그런데 여러분은 이러한 진리의 작용을 여러분이 모르기 때문에 오직 '나만 잘 먹고 살면 된다'는 마음가짐으로 내가 말하는 것을 죽을 때까지 봐도 여러분의 이치는 절대로 바뀌지 않습니다.

그래서 이 법당에 몸을 움직여서 오고 마음을 주고받으면서 '법의 일을 하는 사람'은 알게 모르게 이치는 바뀌는데 어리석은 중생은 이것은 체득하지 않으면 알 수 없어서 적당한 거리를 두고 글만 보는데 그렇게 한다고 해서 이 법을 얻을 수 없고, 진리에서 여러분의 이치를 자동으로 바꾸어주지는 않습니다. 또 이런 말 하면 여러분이 어떻게 생각할지 모르겠지만 나와 선율이 얼굴을 본다는 것은 진리적으로 매우 중요한 의미가 있는데 이것도 여러분이 이 법을 얼마나 깊게 이해하는가에 따라 내 말을 이해하는 차이가 다 다르므로 이 부분은 각자가 알아서 판단하면 됩니다.

1361 삶과 죽음

〈삶과 죽음〉이라는 것은 기본적으로는 정해진 운명이 있어서 그에 따라 진행되는 것이고, 이치를 바꾸어가지 못하면 결국 정해진 각자의 운명의 그 길을 따라 살다 죽게 되어 있습니다. 여러분은 다가올 미래, 혹은 과거 생에 내가 어떻게 살았는가를 알지 못하는데 만약 이것을 여러분 스스로 안다면 여러분은 깨달은 사람이 됩니다. 여러분이 이 법당에 처음으로 왔을 때와 오늘날 상황을 비교해 보면 여러분이 어떻게 변해왔는가는 쉽게 알 수 있는데 이런 흐름을 이해하지 못하고 그저 자신이 목적하는 것만 이루고자 하는 사람이 있는데 그것은 착각입니다.

결국, 이 법당에 와도 나라고 하는 아상을 내리지 못하면 이 법당을 떠나게 되어 있는데 이것은 그만큼 자신의 상(相)이라는 것이 크다는 것을 의미합니다. 상이 없는 사람은 어떤 것을 하더라도 그것에 맞게 몸과 마음을 쓰는데 상이 큰 사람은 무슨 일을 하더라도 몸을 사려가며 움직이기 때문에 그 행동이 부자연스럽습니다.

논에 모내기하러 간다면 다부진 마음으로 흙탕물에 내 옷이 젖을 것을 각오하고 논에 들어가야 하는데 어리석은 사람은 흙탕물에 들어가면 내 옷이 젖을 것으로 생각하고 몸을 사리는데 이런 부분은 여러분의 말이나 행동을 보면 쉽게 알 수 있습니다. 따라서 땀을 흘려 일하고 나면 몸도 개운하고 더러워진 옷을 다시 갈아입게 되는데 이것은 이치가 바뀌어서 그렇고, 만약 논에 물이 더럽다고 생각하고 그 물에 들어가지 않은 사람은 자신의 그 옷을 새 옷으로 바꾸어 입지 않아도 될 것입니다. 이 말 의미 있는 말인데 인생을 살면서 '이것이 맞다'라고 한다면 몸과 마음이 하나가 되어 행동으로 나타내는 것이 중요합니다.

이같이 하지 않으면 여러분의 이치는 절대로 바뀌지 않는다는 이야기입니다. 그래서 내가 말하는 글을 보니 화현의 부처님이 나를 어떻게 해줄 거로 생각하는 것은 잘못된 것이고, 먼저 여러분이 이 법에 나라는 자존심을 버리고 머리를 숙이고 들어오지 않으면 여러분의 이치는 바뀌지 않습니다.

지난 10여 년 동안 나는 꾸준하게 이런저런 말을 많이 했지만, 아직도 진리적으로 다 말하지 못한 부분이 상당히 있습니다. 때가 되면 그 상황에 맞는 말을 할 날이 있겠지만 이렇게 말하는 이유는 여러분에게 '이렇기 때문에 이 법을 믿어라.'라는 말을 하는 것은 아닙니다. '이 법이 이런 것이다.'라고만 나는 말하면 되는 것이고, 이 법과 인연이 된 사람들이 내 말을 듣고 각자의 마음에 실타래를 풀어갈 수 있다면 나는 그것으로 충분한 것이고, 일반 종교처럼 사람들을 인위적으로 끌어모으기 위해서, 현혹해서 내가 뭔가의 이득을 얻으려고 하는 마음 애당초부터 없었습니다. 그래서 인터넷에 글을 쓰는 것은 지구 상 모든 사람이 이 법과 인연이 있다면 내가 말하는 것을 어디에서라도 쉽게 볼 수 있고 반드시 때가 되면 이 법당에 모이게 되어 있습니다.

지금 이 시각에도 이 법은 모르지만 참 나가 바뀌어 세상사 일에 관여하는 사람들도 많이 있는데 그 이유는 이 법이 나가야 할 길이 있어서 그들도 그 나름대로 역할을 하는 것입니다. 나는 이 부분을 오래전에 〈지구의 기운이 바뀐다.〉라는 말을 했는데 이 말을 여러분이 기억하고 있다면 이 세상의 흐름이 어떻게 변해가는가를 쉽게 알 수 있을 것입니다. 앞에 세상의 기운도 바뀌고 있다고 말했는데 이런 말은 여러분의 관점에서 이해하기 어려울 수 있고 나와 선율이는 진리 기운의 흐름을 아는 처지여서 세상 기운이 바뀌네! 어떻다고 말하는 것은 여러분에게 별로 관심이 없을 것입니다. 그래서 진리의 흐름을 알고 그에 부합되는 생활을 하려고 하는 자와 나라는 아상을 세우고 살아가는 여러분의 마음은 다를 수밖에 없어서 인간의 몸을 가지고 이 법이라는 것을 말하는 처지를 이해하지 못하고 다 같은 인간이라고 생각하고 나와 선율이를 대한다면 여러분은 아직 의식이 깨어 있지 못하다고 해야 맞습니다.

나는 이런 이치를 알기 때문에 '선율이 눈에 눈물 나게 하지 말라, 마음 아프게 하지 마라.'는 말을 오래전에 말한 것인데 이같이 말하면 누구는 또 이런 말에 비아냥의 마음을 가질 수 있겠지만 그 판단은 여러분이 하면 됩니다. 참고로 화현의 부처님과 함께 있으면서 신비한 일 들이 있지만, 세부적으로 그 내용을 여러분에게 말하지 않았습니다. 그 이유는 그런 말을 앞세우면 여러분은 내 말을 듣는 것이 아니라 허상의 신비주의에 빠져 버리기 때문에 그렇고, 또 화현의 부처님 자체가 '내가 이렇게 했다'는 말을 일절 하지 않습니다.

그래서 여러분이 이치에 맞는 행동을 하면 그 마음에 따라 가래로 막을 것 호미로 막는 상황이 되고, 이런 부분은 시간이 지나면서 여러분이 체득할 수 있는 부분이나, 문제는 이 법당과 어떤 식으로든 교류가 없으면 여러분 혼자 북 치고 장구 치고, 하는 시간만 보내게 되어 있습니다. 그리고 허송세월 다 보내고 그래도 뭔가 자신에게 변화가 없으면 한다는 말이 뭔가? '마음 법당 화현의 부처님 법을 믿어도 별거 없다'는 생각을 하게 되어 있습니다.

1362　　　　　　　　　　　　　　돈과 물질

만성질환을 앓고 있는 사람이 나에게 뭔가를 물어보면 그에 대한 답으로 이런 부분은 이렇게 해라, 저렇게 하라는 말을 많이 합니다.

그런데 문제는 자신이 생각하는 그 병과 내가 말하는 부분이 일치되지 않는다고 생각하면서 결국 다른 것을 찾아 이 법당을 떠납니다. 그렇다면 다른 것으로 자신의 그 병을 온전하게 고쳤을까? 다시 말하지만, 이 법을 믿고 따르는 사람이 현재 아무 문제가 없다고 하더라도 뜬금없이 '무엇을 먹어라.'라는 말을 합니다.

그러면 당사자 처지에서 그렇게 먹으라고 한 것이 당장 자신에게 필요 없다고 생각하게 되어 있습니다. 그래서 사람이라는 것은 꼭 눈앞에 뭔가의 일이 터져야만 어리석게도 뭔가를 하려고 하고, 당장 뭔가 문제가 없다면 무엇을 해보라는 말 듣지 않기 때문에 제일 간사스럽고 요망한 것이 아상의 마음을 가진 인간이라고 하는 것입니다.

예를 들어 회사를 하는 사람의 처지에서 자신의 회사가 별문제 없이 돌아가게 되면 이 사람은 그 회사가 앞으로도 별문제 없이 돌아갈 것으로 생각합니다. 그래서 나는 자신이 받아야 할 물질의 선업이 있다면 그 물질의 업대로 되받아야 할 것이 있어서 회사는 돌아갈 것이나, 문제는 진리 이치에서 그 사람의 마음으로 인하여 몸에 고통은 찾아오게 되어 있습니다. 그래서 물질 이치와 진리 이치 이 두 가지를 잘 정립하여야 한다는 말을 한 것인데 다시 말하지만, 회사가 돌아가는 것은 물질 이치이고, 그 회사를 운영하는 처지는 그 사람의 진리 이치에 따릅니다.

그래서 몸(물질) 마음(비물질) 이 두 가지의 업을 항상 생각하고 균형이 있게 살아야 하는데 보통 사람은 회사가 잘 나가면 자신도 이상 없이 천수(天壽)를 누릴 것으로 생각하는데 그렇지 않습니다. 그래서 얼마 전 돈 많은 회장이 죽었는데 그렇게 많은 물질을 가졌음에도 결국 개인적인 그 사람의 업으로 인해 식물인간으로 살다가 죽은 것입니다.

따라서 돈이라는 물질은 이생에서 움직이는 데 필요한 것뿐이고 그것이 많다고 해서 자신의 개인적인 업을 어떻게 할 수는 없는 것입니다. 앞에 천수(天壽)라는 말을 했는데 이 말의 의미는 '하늘이 준 수명'이라는 의미로 이 말을 사용하지만 잘못된 말이고, 내가 말하는 것은 '전생에 지은 업에 따라 이생에 타고난 수명'이라는 의미로 이 천수(天壽)라는 말을 한 것입니다. 일반적으로 불교나, 무속에서도 이 천수라는 말을 하는데 이 자체로는 이치에 맞지 않고, 앞서 말한 대로 타고난 수명을 나는 여러분도 잘 아는 천수(天壽)라는 말을 한 것인데 이 부분 새겨봐야 할 것입니다.

어찌 되었든 여러분 스스로 자신이 타고난 〈운명〉이라는 것을 모르니 스스로 답답하게 생각하는 것이 아닌가, 그런데 반대로 내가 여러분의 운명을 상세하게 말해준다고 하면 여러분은 과연 내가 말해주는 여러분의 운명을 이해할까인데 답은 절대 이해하지 못하고 수용하지 못합니다.

왜 그럴까? 그 이유는 여러분은 여러분 자신에게 듣기 좋은 말은 받아들이겠지만, 여러분이 이해하기 어려운 것은 아무리 진리적 실체, 사실을 말해준다고 해도 수용하지 못합니다. 예를 들어 어떤 사람이 몸에 병이 들어 있는데 이 사람의 입장은 한 방에 자신의 병을 고칠 수 있는 것만을 우선 생각하고 있는 것이고, 나는 그 병을 고치기 위해서는 사소한 것부터 이렇게 저렇게 해보라는 말을 하는데 당사자의 처지에서 보면 내가 말하는 것이 그 병과 관련이 없는 것으로 생각하고 마음에 두지 않습니다. 그래서 이런 사람은 자신에게 "내가 너의 병을 한 방에 고쳐줄게."라고 하면 이 사람 마음은 한 방에 고쳐준다는 그 사람의 말을 따르게 되어 있습니다.

나는 인간에게 나타나는 병은 모두 마음을 기반으로 해서 나타나는 것이라고 했고, 직설적으로 존재하는 인간은 모두 '마음의 병'을 가지고 태어났다고도 말했습니다. 만약 마음에 병이라는 것이 없으면 이 세상에 태어나야 할 이유는 없는 것이기 때문에 '나는 이상이 없다'고 생각하는 사람에게 '마음의 병으로 태어난다.'고 말하면 내가 하는 말 쉽게 긍정할 수 없을 것입니다.

그래서 마음에 병이 어떤 것인가는 각자의 마음을 들여다보면 쉽게 알 수 있고, 쉽고 간단하게 고칠 수 있는 병인가, 아니면 오랜 시간을 거쳐야만 고칠 수 있는가는 사람의 업에 따라 다 다릅니다. 참으로 어리석은 것이 '내 마음에는 아무런 문제가 없다'고 생각하고 사는 사람인데 이런 사람에게 '마음을 이치에 맞게 고쳐라.'라고 말하면 바로 반발할 것입니다. 세상 사람들 대부분이 인간은 잘났고 위대하다고 말하고 있어서 나도 여러분에게 '여러분은 모두 위대하고 잘났다.'고 한다면 여러분은 내 말 쉽게 받아들이겠지만 그게 아니기 때문에 내 말에 반발하는 것은 어찌 보면 당연하지만 그렇다고 나도 다른 사람이 말하는 것처럼 '당신은 위대하다'고 말할 수는 없는데 그 이유는 이 세상에 진리적으로 위대한 사람이라는 것은 존재하지 않아서 그렇습니다.

모든 사람이 하는 말 중에 '인간은 빈손으로 왔다 빈손으로 간다.'라는 말 많이 합니다. 얼핏 보면 이 말 맞는 말처럼 들리겠지만 대단한 착각인데 그 이유는 물질 논리에서 죽으면 손에 힘이 없어서 무엇을 잡을 수 없는 것은 누구라도 다 알기 때문에 '인간은 빈손으로 왔다 빈손으로 간다.'라고 말하면 긍정하겠지만, 과연 이 말이 맞을까? 내가 말하는 것은 물질 논리에서 '인간은 빈손으로 왔다 빈손으로 간다.'라는 말은 단편적인 논리고, 죽으면 마음만 남고 그 마음에 따라 윤회하므로 이 부분을 알지 못하는 대부분 사람은 '인간은 빈손으로 왔다 빈손으로 간다.'라는 생각으로 잘 먹고 잘살다 죽자고 생각하고 사는 게 보통 사람들의 의식인데 참으로 안타까운 일이 아닌가?

그러다가 뭔가의 문제를 스스로 해결할 수 없으면 그때는 또 우왕좌왕하는데 이런 삶을 아비규환(阿鼻叫喚)이라고 해야 맞는 말이 될 것입니다. 그래서 나는 하루살이 인생과 영생을 알고 사는 사람의 삶은 본질 자체가 다르므로 모습은 다 같은 인간이라고 해도 진리적으로는 다 같은 인간이 아니라는 말을 한 것입니다.

내 인생의 끝

'그것이 그렇게 될 수밖에 없는 것'을 아는 것이 깨달음입니다. 쉽게 말하면 '존재 이유(存在理由)'인데 이 말은 말 그대로 '어떤 사물이 존재하는 이유'인데 여러분은 여러분이 왜 존재해야 하는가를 모르고 나와 선율이는 여러분이 왜 이생에 존재하는가를 아는 차이가 있습니다. 이거 말은 쉬운데 실제 지난 역사를 되돌아보면 모든 생명체가 왜 그렇게 존재해야 하는가의 근본은 그 누구도 말하지 못한 것이 사실입니다.

'이것이 있어서 저것이 있다.'는 불교의 연기법 여러분도 잘 알고 있는 말인데 그런데도 정작 불교는 '나라는 것이 왜 존재하는가?'에 대한 부분은 일절 말하지 못하고 있는데 여러분은 이 말 어떻게 생각하는지 모르겠지만, 불교를 안다고 해도 이 부분 깊이 생각해보고 살지는 않았을 것입니다. 그러면서 마음공부를 하니, 혹은 깨달음을 얻는다고 말하는데 참으로 모순이 되는 부분이 아닌가를 생각해보라는 이야기입니다.

그래서 이생에 지금의 인간으로 태어나야 할 근본이 있어 태어난 것이라고 일반 사람인 내가 쉽게 말하니 여러분은 반신반의할 것인데 이 말이 사실 화현의 부처님 법에서의 핵심입니다. 이성 간에 남녀가 만나는 것도 '인연이 있어서다.'라는 말 쉽게 말하지만 내가 말하는 것은 구체적으로 왜 마음이 상대에게 끌리는가의 본질을 알고 있어서 과거 생에 어떠한 인연이 있고 그 인연이 될만한 이유가 있어서 두 사람이 이생에 만나는 것이라는 부분 여러분은 어떻게 생각하는가?

내가 여러분에게 거창한 문자를 들이대면서 내가 말하는 것이 아니라 내 마음에 일어난 것을 그대로 말하고 있어서 이러한 것을 아는 것은 거창한 수행이라는 것을 해서, 혹은 누구에게 법을 전수 하여서 이런 부분을 말하는 것이 아닙니다. 너무 쉽게 이런 말을 하니 여러분은 이것이 생소하여 내 말 매우 쉽게 생각하고, 대수롭지 않게 생각하는데 참으로 안타까운 일입니다.

여러분이 인생을 살면서 내가 왜 지금의 부모를 만나야 하는가, 혹은 내가 이생에서 어떻게 인생을 전개해 갈 것이며 내 인생의 끝은 이생에서 어디까지인가 등의 문제 많이들 궁금해할 것인데 이런 부분은 여러분의 〈참(眞) 나〉라는 것을 알면 매우 쉽게 알 수 있고, 더 말하면 여러분의 마음(진리 이치)과 몸(물질 이치)을 보면 그렇게 되어야 할 이유가 반드시 있습니다. 이런 부분도 전무후무한 일인데 이런 것에는 관심조차 두지 않고 내가 말하는 글을 보고 있다면 아직 여러분은 이 법이라는 것이 뭔가를 모른다고 해야 맞는 말이 됩니다.

그래서 사회적으로 이름 좀 나 있는 사람이 무슨 말을 하면 그 사람들 말에 쉽게 마음을 끄달리고, 무명의 손재인 내가 진리적 시실, 실체를 말하면 무명이기 때문에 내 말 대수롭지 않게 생각하는데 이것은 보이는 것에 끄달리고 사는 것이 여러분의 입장이기 때문에 그렇습니다.

　진리 이치를 알면 하나의 인간이나, 한 마리의 개미는 동등한 생명체임을 쉽게 알 수 있습니다. 이 말은 '다 같이 살아서 움직이는 것'으로 동등한 생명체라고 말하는 것에 불과하고 내가 말하는 것은 움직인다는 점에서는 똑같지만 다른 동물이 인간으로 혹은 인간이 다른 생명체로 몸만 바뀌는 것을 말하는 것이어서 보통 사람이 살아서 움직이는 것으로만 동등하다고 말하는 것과는 차원이 다른 이야기입니다. 그래서 어떠한 생명체로든 윤회하지 않는 것이 최선이고, 윤회한다고 해도 이생보다는 진급되어 살아가는 것을 여러분은 목표로 삼아야 하는데 마음은 지랄 같으면서 거창하게 해탈이라는 것을 앞세우는 것은 이치에 맞지 않습니다.

　진급이라는 말을 하니 이것이 뭔가도 이해하지 못하는 사람이 있는데 내가 말하는 진급이라는 것은 똑같은 일상을 살지만, 하루가 다르게 마음이 편해지는 것이 내가 말하는 진급(進級)이라는 것이고, 이것은 사람마다 차이가 다 다른데 그 이유는 각자의 업에 따라 다 다릅니다.

　하루가 갈수록 마음이 편해진다면 진급이고, 이것이 확대되어가면 결국 윤회의 괴로움에 벗어나는 해탈이라는 것을 하게 됩니다. 갈수록 삶의 환경이 좋아지는 것도 진급의 개념이고, 시간이 지나도 자신이 변한 것이 없다면 자신의 마음에 문제가 있다는 이야기입니다. 그래서 나는 똑같은 먹이(법)를 주지만 여러분 스스로 그 먹이를 어떤 마음으로 먹는가에 따라서 진급도 되고 강급도 되는 것이고, 이것은 과거 이 법을 알기 전과 알고 난 이후 여러분의 삶을 되돌아보면 얼마만큼 진급이 되어가고 있는가는 쉽게 알 수 있습니다.

따라서 같은 먹이를 먹는다지만 그것이 각자에게 독이 되는가 약이 되는가는 각자의 마음에 달려 있다는 이야기입니다. 윤회하는 처지에서 이생의 인간이냐, 동물이냐의 차이만 다를 뿐이어서 이 법에 긍정하고 따라오면 이치는 바뀌는 것이고(진급), 부정하는 마음이 있다면 그 마음 절대로 이치는 바뀌지 않습니다(강급 개념).

개미나 인간이 죽는 것은 다 똑같은데 인간이 죽으면 인간적인 정으로 울고불고하지만, 개미 한 마리가 죽는 것에는 여러분은 모두 관심을 두지 않고 삽니다. 그러면서 하는 말이 뭔가? '생명체는 동등하다.'는 말을 하고 있는데 이것은 아주 이중적인 태도이기 때문에 이런 것을 통해 나 자신의 마음이 뭔가를 알아가는 것이 화현의 부처님 법에서의 마음공부 법입니다. 마음공부를 한다는데 왜 이런 말이 필요하냐고 생각하는 사람도 있을 것인데 그렇다면 이런 것이 아닌 그 어떤 것이 마음공부가 되는가를 생각해보라는 이야기입니다. 그래서 아이러니하게 '이것이 있이 저것이 있다.'는 불교의 연기법은 사실 붕어 없는 붕어빵 같은 말을 하는 것이어서 그런 곳에서 여러분이 자신의 문제를 해결하려고 하는데 안타까운 일이 아닌가?

선업, 악업

어디 가서 여러분이 '점사'나 '사주팔자' 같은 것을 보면 앞서 말했지만 그런 말이 진리와 아무런 관련이 없음에도 그렇게 봐주는 대가로 얼마간의 금전을 씁니다. 그렇게 쓰는 금전은 하나도 아깝지 않게 생각하는 것이 현실 아닌가? 또는 부처가 뭔지도 모르는 여러분의 관점에서 '부처님 사업(불사)'을 한다는 명분으로 돈을 주는 것은 아깝지 않다고 생각할 것이고, 또 그렇게 했으니 여러분은 복 받겠다고 생각하는데 과연 여러분은 그러한 행위를 해서 복이라는 것을 받았는가? 다시 말하지만, 명분은 좋다고 하더라도 그 명분의 행위가 이치에 맞지 않으면 악업(惡業)이 된다는 점 분명히 알아야 합니다.

다시 말하지만, 부처라는 것이 뭔가를 여러분이 정립하지 못한 상태에서 '부처님 사업'이라는 말에 끄달려 어떠한 행위를 한다면 그것은 선업이 되는 것이 아니라 악업이 된다는 의미인데 그 이유는 실질적인 그 행위가 〈이치〉에 벗어나면 그렇게 됩니다.

그래서 이치에 맞게 단돈 1원을 쓰면 그것이 선업이 되지만 막연하게 〈부처님 사업〉이라고 해서 그 말에 끄달려 사용하는 것은 악업이 된다는 이야기입니다. 여러분이 어디를 가다 보면 '불사의 공덕'이라는 말을 많이 봤을 것인데 말이야 그럴듯하게 들리겠지만, 그 말에 끄달려하는 그 행위가 이치에 맞지 않으면 그 행위는 여러분에게 괴로움으로 되돌아온다는 것을 알아야 할 것입니다. 결국,

여러분이 먼저 〈부처〉라는 것이 뭔가를 반드시 정립해야 하는데 어리석게도 이것을 정립하지 못하면서 '부처'라는 말만 들어가면 사족을 못 쓰는데 참으로 갑갑한 인생들입니다.

그래서 나는 지금까지 여러분이 아는 '부처'라는 의미는 잘못된 것을 사실로 알고 있다고 말한 것이고, 이치에 맞지 않는 말 부처가 한 말이 아님에도 거창한 문자로 말하면 의식 없이 여러분은 그 말에 어떠한 능력, 효력이 있는 것으로 생각하고 애지중지하는데 잘못된 의식이고 그런 마음에 빙의는 쉽게 작용하게 되어 있습니다.

수천 년이 지난 오늘날에도 인간들에 의해 만들어지고 설정된 말에 마음을 끄달리고 사니 그 정신이 온전한 정신인가를 생각해봐야 할 것입니다. 직설적으로 정리하면 '이치에 맞는 말을 하는 자'의 말이 부처의 말이고, 이치에 맞지 않는 말은 사이비의 말이라고 해야 맞지 않는가를 생각해보라는 이야기입니다. 그런데 여러분은 이치에 맞는 말인가 아닌가를 따져보지 않고 감성적인 말을 앞세워 말하면 여러분은 감성적인 것에 쉽게 마음이 흔들리게 되어 있습니다. 사실 사람이 인지하는 마음이라는 것은 여러분의 의식으로 얼마든지 길들일 수 있고 이것은 마치 '소 길들이는 것과 같다.'고 해야 맞는 말이 됩니다.

여러분의 마음은 여러분의 의식으로 만들어진 깃이어서 인간으로서 어떤 의식을 가지고 사는가는 매우 중요하기 때문에 나는 A와 B의 말 중에 어떤 논리가 이치에 맞는가를 여러분에게 던지는 것이고 이에 대한 선택은 여러분의 몫이라는 말을 한 것입니다.

그러므로 윤회를 열 번 했는가, 한 번 했는가에 따라 여러분의 마음은 차이가 있는 것이고 윤회를 많이 할수록 여러분의 마음은 콘크리트처럼 단단하게 굳어지게 되어 있고, 단단해진 그 마음을 바꾼다는 것은 매우 어렵습니다. 그래서 인간이 잘못된 의식을 하고 있으면 그것을 고친다는 것은 매우 어려운 것이라고 말한 것입니다. 윤회를 도는 자가 화현의 부처님 자식으로도 태어날 수 있습니다. 이생에 우리 집안은 7남매의 자식이 있었는데 이 법을 말하는 나만 진리적으로 화현의 부처님 법의 인연으로 태어났고, 나머지 형제들은 각자의 업으로 화현의 부처님 법과는 아무 관련이 없이 태어났습니다.

그렇다면 윤회 아닌 태초에 화현의 부처님 자식으로 같은 형제자매로 태어나더라도 모두가 이 법을 말할 수 있는 능력을 갖추게 되는 것은 아닙니다. 그 이유는 맑은 물방울의 개념에서 열 명이 똑같은 자식으로 한 집안에 열 명이 태어날 수가 없어서 그렇습니다.

또 하나는 지구 상에 이치에 맞는 말을 하는 자의 자식으로 맨 처음(윤회가 아닌 것) 태어난다는 것은 낙타가 바늘구멍을 들어가는 것처럼 매우 어려워서 지구 상에 생명체의 숫자를 생각해보면 화현의 부처님 자식으로 태어난다는 것이 얼마나 어려운가를 알 수 있을 것입니다. 나는 화현 부처님의 부인(선현이)이 된 선현이도 진리 이치를 아는 자는 아니고, 한두 번 윤회하는 과정에서 화현의 부처님을 만나게 되었고, 그 옆에서 화현 부처님의 부인으로 살면서 여자로서의 본분을 다했기 때문에 그것이 선업이 되고, 인연이 되어 화현의 부처님이 이생에 태어날 때마다 부처의 부인으로 살 수 있는 것입니다.

이것 보고 바로 법연(法緣)이라고 하는 것인데 그래서 나는 여러분에게 '각자의 본분을 다해야 한다, 각자의 자리에서 이 법에 도리를 다해야 한다'는 말을 한 것입니다. 그 이유는 이치에 맞는 도리를 다할 때 이 법과의 법연의 인연이 이어지기 때문에 그렇습니다.

결국, 일반적인 사람의 삶은 이치에 벗어난 업연으로 만나 살게되고 그 과정에 자식이 태어나도 결국 어떤 업인가에 따라 하나의가족으로 만나는 것이지만, 개인적인 업연 보다는 법의 인연이 상위법이기 때문에 여러분이 인생을 살면서 법연을 만나고 인연을 만들어가는 것이 여러분의 신상에 도움이 됩니다. 그런데 보통 사람은 법이라는 것이 뭔지를 모르기 때문에 혈연이라는 핏줄을 앞세우고, 또 감성적인 것에 끌려다니는 마음을 가지고 사는 것이 보통이어서 결국 개인적인 업연에 따라 돌고 도는 윤회를 하는 것이 전부입니다.

부모와 자식의 업연이 어떤 것인가에 따라 대부분 자식은 그 인연으로 태어나고 성장을 하게 됩니다. 그래서 장애를 가지고 태어났다면 부모가 전혀 관련이 없는 것이 아니라 부모, 자식 간에 업연에따라 그렇게 진행되는 것이어서 부모는 잘못이 없고 장애를 가지고 태어나는 그 자식만 문제가 있다고 말할 수는 없는 것입니다.

1365 장애

　이생에 장애가 있는 자식을 낳고, 그 자식을 수발하는 과정에 부모는 괴로움을 느끼는데 그렇게 해서 부모가 지은 전생의 업을 장애가 있는 자식이 부모에게 그 업을 되갚는 일도 있습니다. 이 개념으로 나는 사람이면 몸에 이상이 없는 상태로 살다가 죽는 것이 제일 좋다는 말을 한 것이고, 정상과 다른 뭔가의 문제를 몸에 가지고 살아간다면 그것에는 반드시 그렇게 되어야 할 이유가 있어서 그렇게 나타난 것이어서 이런 이치를 알고 고쳐가는 것이 중요한데 이거 말은 쉽지만 쉽게 고쳐가지 못합니다. 그 이유는 만약 이생에 내 말을 잘 듣는 사람이라면 전생에 몸에 이상이 오는 업을 짖지 않았을 것이기 때문에 그렇고, 거꾸로 말하면 똥고집으로 전생에 업을 지었다면 그 마음은 이생에 그대로 가지고 태어나기 때문에 이생에도 그런 똥고집을 가지고 있을 것인데 그런 사람이 이생에 내가 한 말을 잘 따를까의 문제인데 매우 어렵습니다.

　그래서 사람이 어떤 성향을 보이고 이생에 태어났다는 것은 매우 중요하고, 각자의 고집을 버리고 새로운 것을 마음에 담고 산다는 것도 매우 어려운 것입니다. 내가 말하는 것은 전생에 업으로 그렇다고 하지만 이생에 인간으로서 의식하고 있다면 자신이 가진 관념이 틀릴 수 있다는 생각을 가지고 어떤 것이 맞는다고 한다면 맞는 것으로 그 마음을 바꾸어야 하는데 대부분 사람은 '나'라는 관념을 쉽게 버리지 못합니다. 흔히 '하심하고 살자'는 말 많이 하는데 이게 쉬운 것이 아닙니다. 말이야 쉽게 하겠지만 '네가 가진 관념, 생각이 잘못되었다.'고 하면 이 말 수용할 사람이 얼마나 있겠는가를 생각해보라는 이야기입니다.

그래서 '나'라는 아상에 찌들어 있으면 그 마음에 화현의 부처님 마음이 여러분에게 작용할 수가 없는데 마음에 문이 단단하게 잠겨 있으면 그 문을 열고 들어갈 수 없는 것과 이치는 똑같다는 이야기입니다. 사실 여러분이 이해하기 쉬운 논리로 말하는데 이런 말도 이해하지 못하고 실천하지 못하면서 자신의 운명이 바뀌고 이치가 바뀔 것으로 생각한다면 대단한 착각입니다.

'순종하고 살라'는 말 종교적으로도 많이 말하는데 여러분은 이 말 어떻게 생각하는가? 이치에 맞지 않는 것을 따르는 것은 맹신이고, 이치에 맞는 말을 따르는 것이 순종입니다. 그래서 누가 무슨 말을 했다고 해서 그 말 분별도 하지 못하면서 무조건 그 말을 믿는 것은 맹신인데 문제는 스스로 맹신하고 있는지조차도 모르고 사는 사람이 이 세상에 넘쳐납니다. 예를 들어 '아버지'라는 존재가 이 현실에 존재하는데 하늘에 대고 울고불고하면서 '아버지'를 찾는 사람, 또 우주 어디에 어떤 세상이 있다고 설정하고 그것을 믿고 따르게 하는 사람 등등 무수한데 이게 바른 의식인가를 생각해보라는 이야기입니다.

그래서 나는 인간으로서 가지고 있는 이 〈의식〉이라는 것은 매우 중요하다고 말한 것입니다. 사람이라는 것은 현실을 사는 존재인데 사차원에 빠져 살면 이 현실을 망각하게 되어 있고, 그런 의식을 가지고 있는 사람이 제대로 된 의식을 갖게 한다는 것은 매우 어려운 일입니다.

그래서 자식을 낳기 전 나 자신의 의식을 올바르게 만들지 못하면 결국 그 자식에게 부모의 의식은 대물림되게 되어 있습니다. 이같이 잘못된 의식으로 자식을 낳아봐야 별 볼 일 없고, 그 자식이 올바른 인간으로 사는 삶을 살지 못하게 된다는 이야기입니다. 이것이 내가 말하는 태교의 개념인데 이같이 하지 않고 명곡이나 좋은 책이라는 것을 부모가 읽는다고 해서 그 자식에게 영향을 준다고 생각하는 것은 잘못된 생각입니다.

인간으로서 가져야 하는 윤리·도덕·양심이라는 것은 다 사라졌고, 나라는 이기주의적 아상만 가득한 세상에서 자식을 이치에 맞게 키우는 사람이 있을까? 이같이 말하면 다들 부모로서 최선을 다하고 있다, 다했다고 말하는 사람도 있겠지만 그것은 물질적인 것으로 잘 가르쳤다는 것을 의미하는 것이지 인간으로서의 기본 가치관, 의식을 잘 가르쳤다고 말할 수는 없을 것입니다.

물질이라는 것은 당장 그 효과를 눈으로 확인할 수 있지만, 마음을 바로잡는다는 것, 의식을 바로잡는다는 것은 사람마다 차이는 있지만 상당한 시간이 흐른 뒤에 나타나는 것이어서 내가 아무리 여러분의 마음을 잡아 주어도 변하는 그 시간을 지탱하지 못하고 이 법당을 떠나는데 참으로 안타까운 일입니다. 그래서 뭔가 잘 풀리지 않아 이 법당에 오는 것이겠지만 법에 순종하고 일정 시간이 지나면 자신이 인지하든 인지하지 못하든 분명하게 변하는데 그 시간을 견디지 못하고 결국 자신의 관념에 따라갈 길을 가버리는데 이것이 바로 어리석은 인간이라고 하는 것입니다.

그렇다면 내가 말하는 화현의 부처님 법 말고 다른 것으로 각자의 마음을 알고 '치유'라는 것을 할 수 있는가인데 없고, 지금까지 도인이라는 사람 무수하게 존재했지만 결국 그들은 인간의 마음이라는 것을 치유하지 못했고, 그 세월이 오늘에 이른 것입니다. 그래서 인간의 근본이 되는 이 마음이라는 것을 알고 치유하는 곳은 지구 상에 이 '마음 법당'밖에는 없다고 해야 맞는 말이 됩니다.

따라서 내가 말하는 화현의 부처님 법을 믿고 순종을 한 사람은 (여기서 순종이라고 하니 맹신, 무조건 믿으라고 하는 의미는 아니고 내 말이 맞기 때문에 따르는 것을 말함) 이 법을 알기 전과 알고 난 이후 오늘날까지 자신을 되돌아보면 상당하게 마음이 편해졌음을 알게 될 것이고, 그 마음에 따라 각자의 환경은 이치에 맞게 변했다는 것을 스스로 체득하게 됩니다. 그래서 똑같은 시간, 이 법을 어떤 마음으로 마음에 두는가에 따라 그 결과는 차이가 다 다른데 이것은 사람의 마음이라는 것은 보이지는 않지만, 그 마음에 차이가 다 다르므로 그렇습니다.

그래서 내 말을 관망만 하다가 한세월 다 가는 사람이 있기도 하고, 또 적극적으로 자신의 마음을 고쳐가는 사람도 있는데 이 결과는 똑같은 시간을 보내지만 다 다르게 나타납니다. 여러분이 마음 법당은 신통력이 없는 것으로 알지만 앞서 말한 대로 긴 시간, 이 법을 믿은 사람은 마음 법당에서의 신통력이라는 것이 뭔가를 체득한 사람이 있고, 나는 이 부분을 앞세워 여러분에게 미리 말하지 않았는데. 그 이유는 스스로 체득하지 못한 것을 강조한다면 일반 종교와 다르지 않을 것입니다.

1366 능력

신통력, 어떠한 능력이라는 것에 대하여 여러분은 어떻게 생각하는가? 사전에 신통력(神通力)이라는 말에 의미를 '무슨 일이든지 해낼 수 있는 영묘하고 불가사의한 힘이나 능력. 불교에서는 선정(禪定)을 수행함으로써 이를 얻을 수 있다고 한다'고 되어 있는데 그렇다면 긴 시간 종교적인 수행을 통해 이러한 능력을 갖춘 사람이 있느냐인데 답은 '없다'고 해야 맞습니다. 참으로 안타까운 일인데 여러분은 인생을 살아오면서 이런 능력을 갖춘 사람을 찾았을 것이나 결국 허상을 찾아다녔다고 해야 맞는 말이 되는데 그 이유는 이런 말 자체가 진리적으로 존재할 수 없고, 통용될 수 없는 말이어서 그렇습니다.

그래서 어리석은 인간들은 이치에 맞지 않는 허상의 것을 찾아 오늘을 살아가고 있으니 그 의식이 과연 올바른 의식인가를 생각해보라는 이야기입니다. 사실 인간이 이런 부분을 믿을 수밖에 없는 이유 중에 하나는 중국 영화 같은 것을 보면 입에서 불이 나오고, 이산 저산을 넘나드는 축지법, 혹은 손에서 장풍이 나가는 것을 실감나게 표현하고 있는데 이런 것이 여러분의 의식을 멍들게 한다는 것을 알아야 할 것입니다.

앞서 말했지만 내가 말하는 화현의 부처님 법에서는 허무맹랑한 말을 하면서 화현의 부처님이 그러한 능력을 갖췄다고 말하지 않았습니다. 나는 미꾸라지라고 하면 온전한 미꾸라지가 되어야 한다는 논리를 말하는 것이지, 미꾸라지가 용이 되는 방법을 여러분에게 말하지 않았습니다. 사실 이 세상을 살면서 무수한 사람들이 말하는 용(龍)이라는 것을 본 적이 있는가? 답은 '없다'입니다. 상상 속에 존재하는 동물인데 알 수 없는 사람들이 이런 동물이 있다고 전제하고 그것에 무수한 의미를 두는데 참으로 갑갑한 일이 아닌가?

그래서 상상 속에 있는 이 용을 꿈에 봤다고 한다면 그 사람은 빙의가 작용하고 있다고 해야 맞는 말이 됩니다. 의식이 약하고 타력적인 타성에 의식이 젖어 있으면 이런 것을 꿈에 자주 보게 되고, 이런 것을 보면 재수가 좋다고 생각하고 복권을 잔뜩 사는 것이 일반 사람들의 의식인데 그런 의식을 가지고 있는 여러분에게 '마음을 고쳐라.'라고 하니 이 말이 여러분 귀에 들어오겠는가?

사람이 각자의 본분을 알고 인생을 산다는 것은 사실 매우 어렵고, 반대로 자신의 본분을 알고 살면 앞서 말한 대로 온전한 미꾸라지가 된다는 것이 내가 말하는 화현의 부처님 법입니다. 담아야 할 그릇이 각자에게 있는데 그 그릇을 스스로 모르니 주워담으려고만 하다가 결국 그 항아리는 깨지게 되어 있어서 나 자신의 본분(本分)을 알고 사는 것이 중요합니다. 그래서 사업을 하는 사람도 자신이 '여기까지다.'라는 것을 모르기 때문에 욕심을 부리다가 망하는 것이고, 각자의 인생도 다 마찬가지입니다.

따라서 나와 선율이는 이런 부분을 알기 때문에 각자에게 맞는 최선의 길을 제시하는 것인데 여러분으로서는 그 말을 따르기 싫어하니 각자의 이치가 바뀌지 않는데 말해주면 고치기는 싫고, 바라고 원하는 것은 있으니 이것은 아이러니한 상황이 아닌가를 생각해보라는 이야기입니다.

그래서 내가 해주는 말이 맞는다고 한다면 '나 잘못되게 하겠는가?'라는 다부진 믿음이 있어야 하는데 또 이게 여러분으로서는 쉽지 않을 것인데 그 이유는 나라고 하는 〈아상〉이 있어서 그렇습니다. 그래서 이 아상을 내리고 이치에 맞는 말을 따른다는 것은 매우 어려운 것이고, 아상이 클수록 아집이 강해서 그런 사람이 화현의 부처님 법에 마음을 의지한다는 것은 매우 어렵습니다. 그래서 이 법당에 오는 사람도 아상이 큰 사람은 그 마음을 그대로 두고 요행수를 바라고 오는 사람도 있고, 반대로 내 말이 맞다 확신하고 오는 사람의 마음은 다 다를 수밖에 없고 그 결과 또한 다 다르게 나타납니다.

이같이 서로 다른 마음에 따라 그 결과 또한 다 다르게 나타날 수밖에는 없다는 이야기입니다. 그래서 처음에 이 법당에 와서 뭔가가 좋아지면 그대로 뒤돌아보지 않고 가버리는 사람도 있고, 이런 이치를 알고 꾸준하게 인내심을 가지고 오는 사람도 있는데 이 두 가지의 결과는 다른데 그것은 마음에 중심이 어디에 있는가에 따라 다 다릅니다.

이 말을 쉽게 말하면 예를 들어 여러분의 몸(물질)이라는 것이 어디가 얼마만큼 아픈가에 따라 치료하는 기간도 다르고, 또 이생에서 그 병을 고칠 수 없기도 합니다. 마찬가지로 여러분의 마음은 보이지 않지만, 마음에 병이 뭔가에 따라 단시간에 마음 병이 치유되기도 하지만 시간이 오래 걸리기도 하는 것과 이치는 똑같다는 이야기입니다. 그래서 물질 이치, 진리 이치 이 두 가지를 정립해야 하는데 기본적인 것도 정립하지 못하고 그저 자신이 먹은 대로만 뭔가가 이루어지기만을 바라는 것은 어리석음입니다.

그러니 각자가 자신의 고집에 따라 살아가는 처지기 때문에 강제로 그 마음을 내가 어떻게 할 수는 없는 것이 아닌가? 그래서 나는 이런 이치를 말할 뿐이고, 실천하든지 말든지 그것은 각자의 몫이 되는 것이고, 다시 말하지만, 이 법을 안다고 해서 화현의 부처님이 여러분 마음에 작용하여 어떻게 해줄 것이라는 기대는 하지 않는 것이 좋습니다.

자식이 엄마의 품으로 파고들어 와야 젖이라도 한 모금 더 얻어

먹는 것이 아닌가? 그런데 여러분의 마음은 움직이지 않고 막연하게 화현의 부처님이 신통력으로 여러분을 굽어살펴 주리라 생각하는 것은 이 법당에는 존재하지 않고, 불교에 가면 여러분의 소원을 다 들어준다는 존재들이 무수하게 많으니 그런 곳에 가는 것이 좋을 듯합니다. 그래서 내가 처음으로 이 법을 말할 때 이 법이 생소하므로 직설적으로 '나는 화현의 부처님의 자식인 아난존자다'라는 말을 일성으로 맨 처음에 여러분에게 말한 것이고, 이 법이 이러하니, 선택은 여러분이 하면 된다는 논리로 오늘날까지 이 법을 말하고 있는 것입니다.

내가 하는 말을 들어보니 논리적으로는 맞는 말이기는 하지만 정작 각자의 마음을 온전하게 이 법에 의지하는 것은 싫다는 여러분의 입장이기 때문에 나는 내가 할 말을 하는 것이고, 각자의 인생살이에서 어떤 것을 취하고 버릴 것인가는 어차피 각자의 인생이기 때문에 각자의 의식으로 알아서 정리하고 살면 됩니다.

1367　　　　　　　　　　　　　　　　　　　　# 부부

사람이 부부로 살면 자식이라는 것이 생깁니다. 물론 부부로 살아도 자식이 생기지 않는 일도 있는데 이것은 인간이 지구 상에 존재하면서부터 일어나는 일이기 때문에 자연스러운 현상입니다. 그런데 문제는 왜 부부로 만나야 하고, 어떤 사람은 자식이 생기고, 어떤 사람은 자식이 없는가의 문제는 오늘날까지 누구도 이 부분을 말

하지 못하고 있는데 이 부분 여러분은 어떻게 생각하는가? 자식이 생기면 보통은 '그 자식은 나와 인연이 있어서 태어난 것이다.'라고만 말합니다.

어떤 사람이 아들만 낳았는데 딸이 있어야 할 것 같아서 또 자식을 낳았고, 결국 몇 명을 낳고 나서야 원하는 딸이 생기게 되기도 하고, 어떤 사람은 자식을 낳고자 해도 자식이 생기지 않으니 인공수정이라는 것을 해서 인위적으로 자식이라는 것을 만들기도 합니다. 어찌 되었든 세상사를 가만히 보면 사람이 살아가는 것은 천태만상인데 바로 이런 상황이 진리적으로는 '그렇게 될 수밖에 없어서 이것 보고 지은 대로 거두는 자연스러운 현상'이라고 해야 맞는 말이 되고 이런 이치를 아는 것을 깨달음이라고 하는 것입니다.

문제는 부부 사이에 자식으로 태어나는 것은 진리적으로 부부와 업연의 관계로 태어나는 것이고, 지금 이 글을 보는 여러분도 부모 아래서 태어나 오늘에 이른 것이기 때문에 부모와 나는 반드시 축복받아 태어난 것이 아니라 업연의 이치가 그렇게 되어 있어서 그 몸을 빌려 내가 세상에 나온 것이라고 정립해야 하고, 반대로 태어나지 않아야 할 업이라면 여러분은 이 세상에 태어나지 않습니다.

따라서 대부분 윤회를 돌다가 엄마의 뱃속에서 자라나지만, 문제는 이생에서 엄마가 잉태한 조건이 어떤 것인가에 따라 니 자신의 본성이라는 것이 만들어지지 않고, 윤회를 도는 입장이라면 '나'라는 존재는 전생에 지은 업이 있고, 그 업과 관련된 곳에서 태어나는 것이며 윤회하지 않고 처음으로 태어나는 입장이라면 처음(윤회가 아닌 것)에 인간으로 태어날 때의 환경에 영향을 받아 여러분의 본성은 만들어지기 때문에 지금 여러분의 부모가 여러분의 본성을 만든 것은 아닙니다.

따라서 태초냐, 윤회를 돌다 태어나는가에 따라 다 다릅니다. 그래서 나 스스로 '좋은 조건'이라는 것을 선택할 수는 없다는 이야기입니다. 세상에 자식으로 태어나는 환경을 보면 이 또한 천태만상임을 알 수 있는데 누구는 부잣집에서, 누구는 아주 빈천한 집안에서 태어나는 것도 다 내가 지은 업에 따라(윤회하는 입장이라면) 그 환경은 만들어지고 선택되어 집니다.

이것은 조물주가 있어 그렇게 선별을 한 것이 아니라는 것이고 자연의 섭리가 그렇게 되어 있다는 이야기입니다. 그래서 자식이 태어나면 '축복이다.'라고 하는 말, '복을 받아서 태어났다.'고 말하는 논리는 모두 인간들이 그렇게 생각하는 것뿐이고, 진리적으로는 '안타까운 일이다.'라고 해야 맞는 말이 되는데 그 이유는 그가 그렇게 태어나야 할 업이 있어서 태어난 것이기 때문에 그렇습니다. 그러니 인간적으로 좋은 환경에서 태어났으면 다행이나 몹시 가난한 나라에 비참한 환경에서 태어나는 것은 참으로 안타까운 일인데 이 자체의 문제는 돈이라는 물질로 모든 사람이 다 아파트에 살게 한다고 해서 해결될 수 없습니다.

자연의 이치가 그렇게 되어 있어서 그렇고, 문제는 그러한 윤회에서 태어나지 않는 것이 중요한데 그렇게 하기 위해서는 반드시 내가 말하는 진리 이치를 알고, 그에 부합하는 마음을 만들어야 하는데 이게 쉽지 않습니다.

이생에 어찌해서 인간으로 태어나 산다고 해도 어리석은 사람들은 그 환경에 적응하고 그럭저럭 살다가 죽는 것이 보통이지 누가 여러분 자신의 본질을 알고 개선해 가라고 말해주는 사람이 과연 이 지구 상에 있을까? 그래서 나는 지금 내가 말하는 것을 듣는 여러분은 지금 내 말을 듣고 그나마 진리 이치를 알고 자신을 개선 시킬 수 있는 환경에 있으니 이것을 축복이라고 해야 맞고, 자식을 낳는 것을 축복이라고 하는 말은 잘못된 말입니다. 따라서 자식을 낳아서가 아니라 이런 말을 들을 수 있고, 볼 수 있다는 지금의 이 자체가 진정한 축복이라고 해야 맞는데 여러분은 이 말 어떻게 생각하는가?

만약 내 말을 긍정한다면 여러분은 이 법과 법연이 있는 것이고, 나는 무슨 말인지 모르겠다고 한다면 이 법과 깊은 법연은 아니라고 해야 맞는 말이 됩니다. 거꾸로 자식을 낳지 못한 사람은 인간의 도리를 다하지 못한다는 말이 되는데 자식을 낳고 낳지 못하고에 따라 이분법적으로 인간을 편 가르기를 한다는 것은 이치에 맞지 않습니다.

진리적으로 자식을 낳아야 할 업을 가졌는가, 아니면 자식을 낳지 못할 업을 가졌는가의 차이만 다를 뿐이라고 해야 맞고, 또 이생에 결혼해야 할 업을 가졌는가, 아닌가만 다를 뿐이라고 해야 맞고, 결혼하고 하지 못하고, 자식을 낳고, 낳지 못하고를 가지고 인간 자체를 평가하는 것은 잘못된 생각입니다. 예를 들어 과거 흥부는 많은 자식을 두었다고 하는데 그가 그렇게 가난하게 살면서 많은 자식을 두고 사는 것은 '그렇게 살아야 할 이유(업)'가 있어서 그렇다고 해야 맞는데 사람들은 자식을 많이 두었으니 '다복하다'고 생각하는데 잘못된 생각입니다.

그래서 사람마다 다 다르게 나타나는 삶에 현상은 반드시 그 사람이 그렇게 살아야 할 업을 지어서 이생에 그대로의 삶이 전개되고 있는 것이라고 해야 맞는 것이어서 이생에 장애를 가지고 태어나고 사는 것도, 누구는 부잣집에서 태어나고 누구는 빈천하게 사는 집에 태어나는 것도 '그게 그렇게 되어야 할 이유(업)'가 있어서 이기 때문에 이 자체는 자연스러운 진리의 작용입니다.

여러분이 진리 이치를 알아야 하는 이유는 지금 여러분이 살아가는 환경, 인지하고 있는 이 마음이라는 것은 과거 생에 내가 지은바 그대로의 환경과 마음을 기반으로 만들어져 있다고 해야 맞는 말이 됩니다. 그래서 이런 이치를 모르고 이치에 벗어난 것에 마음을 끄달리고 산다면 반드시 그로 인해 패가망신하게 되어 있고, 여러분의 이치는 절대로 바뀌지 않습니다. 따라서 세상 사람들이 잘못 말하고 있는 것이 여러분이 이생에 태어나 지금의 환경에 영향을 받아서 지금 그 마음이 만들어졌다고 말하는데 말도 안 되는 소리를 하는 것이고 이생에 환경적으로 여러분의 본성이라는 것이 만들어지지는 않습니다.

타고난 운명이라는 것은 반드시 존재하고, 그 운명 줄에 따라 여러분의 오늘 하루는 진행됩니다. 그래서 나는 '시시때때로'라는 말을 많이 하는데 전생에 지어놓은 그것(업)은 이생에 그때가 되고 시기가 되면 그대로 그 업은 발현(發現)되고, 그 결과가 오늘날 여러분의 삶이고 환경이고 지금의 마음이라고 해야 맞고, 이런 이치를 아는 것을 깨달음이라고 하는 것입니다.

1368 　　　　　　　　　　　　　　　　발톱

앞장에서 나는 전생에 지어 놓은 것이 이생에 그대로 발현된다고 말했고, 이것은 각자가 타고난 운명이라고 하는 것입니다. 그래서 이생에서 사는 자신의 환경을 보면 전생에 내가 어떠한 사람이었다는 것은 쉽게 알 수 있고, 이것을 스스로 아는 것이 무수한 사람들이 그토록 말하는 〈나를 아는 것, 나를 알자〉입니다. 이것을 확대해서 보면 지금 사회적 문제가 되는 코로나라는 질병도 시시때때로 맞추어 지금 이 시기에 나타나야 할 이유가 있어서 그렇다고 해야 맞는 말이 됩니다.

그런데 일반 사람들이나 불교에서 말하는 '나를 알자'는 것은 자신이 어떠한 행동을 했을 때 그 행동을 생각해보는 것이지 내가 말하는 것처럼 '나 자신의 본성의 뿌리'를 아는 것을 말하지 않습니다.

이게 무슨 말인가 하면 수박 껍질에 줄이 그어진 모양을 보고 말하는 것이고, 내가 말하는 것은 수박의 표면에 줄이 그어지게 된, 나타나게 된 원인이 뭔가를 말하고 있어서 불교에서 말하는 '나를 알자'는 의미와는 전혀 다른 말을 하고 있어서 이 부분이 전무후무한 일이라고 해야 맞는 말이 됩니다.

그래서 인생을 사는 여러분의 관점에서 '본성'이라는 것을 누구나 다 가지고 있는데 이 본성을 스스로 아는 것이 '나를 알자'인데 이같이 말하면 누구는 '나는 이런 본성을 가지고 있다.'고 말하는 사람이 있을 것이나 내가 말하는 것은 그러한 본성이 어떻게 만들어졌는가를 말하는 것이어서 이 부분 새겨봐야 할 것입니다. 예를 들어 부부가 한집에 살면 한집에 함께 살기 전에 느끼지 못했던 것, 발견하지 못했던 것을 알게 됩니다.

숨겨진 상대의 본성을 알게 되는데 이때는 이미 함께 살아 버렸기 때문에 결혼이라는 것을 되돌릴 수 없는 상황에 이르게 됩니다. 왜 이 말을 하느냐면 사람이 어떠한 목적을 이루기 위해서 철저하게 자신을 숨기지만 목적 달성을 하고 나면 자신의 본성은 그대로 나타나게 되어 있는데 이것은 마치 고양이가 평소에 자신의 날카로운 발톱을 숨기고 있는 것과 이치는 똑같습니다.

그래서 사람이 어떠한 상황에 부닥치면 자신도 인지하지 못하는 사이에 숨겨졌던 그 사람 본성의 행동이 나타나게 되어 있고, 평소의 행동 속에서도 그 사람만의 본성이 녹아 있는 행동을 하므로 자신이 인지하든 하지 못하든 간에 사람의 하는 모든 행동 속에는 반드시 그 사람만이 전생에 했던 그 행동을 그대로 다 하고 있어서 이생에서 여러분이 행동하는 것을 보면 전생에 했던 그 행동을 그대로 하고 있음을 쉽게 알 수 있습니다. 그런데 문제는 그 행동이 이치에 맞는 행동이라면 문제가 되지 않겠지만, 이치에 벗어난 본성을 가지고 행동하고 있다면 그것은 반드시 고쳐야 하는데 이게 쉽지 않습니다.

그 이유는 여러분이 행동하는 그 행위는 스스로 생각하기에 '맞는 행동, 맞는 마음'이라고 생각하고 살기 때문에 그렇습니다. 그래서 나 자신의 근본을 알고 그것을 이치에 맞게 고친다는 것이 매우 어려운데 어찌 되었든 이생에 그것을 고쳐가면 괴로움은 줄어들겠지만 고치지 못한다면 그 괴로움은 여러분을 패가망신하게 만든다는 점 명심해야 합니다.

부모가 연애해서 자식이라는 것을 낳으면 앞서 말한 대로 전생에 부모와 어떠한 업을 지었는가에 따라 그 자식의 본성은 임신 단계에서 이미 전생에 그 본성이 형성되고 드러나는 것이기 때문에 지금 여러분의 본성이라는 것은 이생에서 단순하게 부모의 행동을 보고 닮은 것은 아닙니다. 문제는 현실에서 어떤 사람이 악독한 짓, 행위를 했다고 하면 사람들은 그를 낳은 부모의 잘못을 이야기합니다.

'부모가 자식을 잘못 가르쳐서 그렇다.'는 식의 말 무수하게 말하지 않는가? 그런데 내가 말하는 것은 그 자식의 본성(업)이 그렇게 되어 있어서 그 원인은 그 자식에게 있는 것이고, 또 하나는 부모의 업과 자식의 업이 뭔가에 따라 아무리 부모가 나쁜 짓을 하지 말라고 해도 그 자식이 타고난 업 때문에 그 자식 본성의 행동을 해버리는 것일 수 있고, 여기에 빙의가 작용하게 되면 극단적인 상황이 발생하기도 합니다.

어찌 되었든 이생에서 사람이 제각각 행동으로 나타내는 모든 것은 그 사람이 전생에 했던, 지었던 업과 아주 깊게 관련이 있다 할 것입니다. 불교에서 '나는 부모가 연애해서 이생에 우연히 태어난 것이다.'라는 논리를 말하는 것은 대단한 착각인데 여러분은 이런 말 어떻게 생각할지 모르겠지만 무슨 공부를 한다면 최소한 이런 부분은 의식으로 정리해가는 것이 공부라고 할 수 있는데 여러분은 이런 것은 안중에도 없고 자신이 생각하는 것이 그대로 이루어지기만을 바라는데 그게 그렇게 되지 않는 것입니다.

다시 말하지만, 여러분의 본성은 현실의 환경, 여러 조건에 따라 다르게 영향을 받을 수도 있지만 문제는 그 이전에 각자가 전생에 지었던 그 본성이 이생에 그대로 나타나는 것이어서 이 부분 새겨봐야 할 것입니다. 그래서 나 자신의 본성을 알고 그것을 고쳐나가는 것이 이생에서 여러분이 해야 할 마음공부라고 해야 이치에 맞는 말이 되는 것입니다.

'참 나를 알자'는 말 무수하게들 말합니다. 하지만 구체적으로 이 '참(眞) 나'라고 하는 것이 뭔가를 여러분이 모르고 있는데 안타까운 일이 아닌가? 다시 말하지만 '참 나'라고 하는 것은 구체적으로 내 성향에 대하여 '나는 이런 성향에 사람이구나.'라는 것을 아는 것이 참 나를 아는 것인데 문제는 여러분이 어떤 사안에 대하여 행동했다면 그 행동이 '이치에 맞는가?'를 알아야 하고, 그다음 이치에 벗어난 만큼 '나는 이런 사람이구나, 이만큼 내가 어긋난 마음을 가지고 있구나'까지를 알아야 하는데 이것은 두 가지로 하나는 현실적으로 윤리·도덕·양심에 반하는 것을 기준으로 하여 보통 사람들은 '내가 그것을 잘못했구나'를 반성하는 차원에서 '나를 알았다'고 말하는 것이고 나는 이보다 상위법을 말하고 있습니다.

예를 들어 똑같은 강아지라고 해도 강아지마다 특징적인 행동을 다 다르게 하는데 내가 말하는 것은 왜 강아지마다 성향이 다 다른가의 문제를 말하고 있고 이것은 그 강아지의 본성이 서로 다르므로 그렇습니다.

1369   말법(末法)

세월이 가면 사람이 사는 환경은 반드시 변하게 되어 있고, 이 변함의 끝은 반드시 있습니다. 이 말은 판타지 같은 세상, 꿈같은 환상일 뿐이고, 이미 사람들 입에서 3차원, 4차원이라는 말이 쉽게 나오는데 그렇다면 5, 6차원의 세상도 있다는 말인데 진리적 입장에서 보면 그게 그렇지 않습니다. 다시 말하지만, 과학이 아무리 발전을 해도 인간의 마음마저 인위적으로 조작하는 세상은 올 수 없고,

마음에 든 병이라는 것은 아무리 과학이 발달해도 어떻게 할 수 없다는 것이 진리적 입장이어서 이 부분 새겨봐야 할 것입니다.

코로나라는 것을 어떻게 해결할 수 없으니 이제는 독감처럼 달고 함께 살자고 하는 세상이 되어 버렸습니다. 현대 의학으로 예방할 방법이 없으니 결국 '죽을 사람은 죽고 살 사람은 살면 되지.'라는 의식으로 세상이 변질되어 버리지 않았는가? 따라서 마음이라는 기운이 극에 달해서 생기는 현상은 앞으로도 일어날 것이고, 이것은 인간의 힘으로 어찌할 수 없다는 점 명심하고 살아야 할 것입니다.

그래서 오늘날 말법 시대에 '마음'에 대한 말을 하는 내 말 여러분이 어떻게 생각할지 모르겠지만 화현의 부처님이 맨 처음 일성으로 '전무후무한 일이다.'라고 하는 이 한마디에 깊은 의미가 있음을 알아야 할 것입니다.

말법(末法)은 이 세상에 자연의 질서가 파괴된 시기를 말하는 종교는 이 말법이라는 말을 뭐라고 하는가 하면 정법, 상법, 말법 이같이 세 가지로 나누고 지금은 부처의 올바른 가르침이 끊겨졌다는 의미로 이 말법이라는 말을 하고 있는데 각각의 시기를 정법·상법·계법(季法), 또는 정법 시(時)·상법 시·말법 시라고도 하고, 석가가 입멸한 뒤에 교법이 유행하는 시기를 3단계로 나누어 설명하는 것으로, 삼시(三時)라고 말하기도 하는데 그 내용을 보면 ① 정법 시: 교법·수행·증과의 삼법(三法)이 완전한 시대. ② 상법 시: 교법과 수행은 있으나, 증과하는 이가 없는 시대. ③ 말법 시: 교법만 있고 수행과 증과가 없는 시대를 말합니다.

따라서 이 새 시대를 지나면 교법까지도 없어지는 시대가 오게 된다고 하는데 이를 법멸(法滅) 시대라고 하는데 문제는 정법 시의 기간에 대해서는 5백 년설·1천 년설이 있다고 말하고, 〈어떤 종교는 정법·상법 시대를 지나고 말법 시대가 돌아와서, 대종사가 탄생하여 불일(佛日)을 거듭 밝히고, 법륜을 다시 굴린다고 한다. 법멸 시대를 인정하지 않는다.〉는 입장을 가지고 있습니다.

이 말은 곧 자신들의 입장에서 '종사'라는 부처가 다시 탄생했기 때문에 정법, 상법, 말법이라는 것을 인정하지 않는다는 이야기인데 여러분은 이 말 어떻게 생각하는가? 문제는 석가가 말했다는 그 내용을 기반으로 종교는 새롭게 이 법이라는 것을 말하고 있는데 내가 말하는 것은 석가는 이 법이라는 것을 하나도 말하지 않았고 사람들에 의해 사상으로 만들어지고 꾸며진 말이어서 석가가 말했다는 그 말을 기반으로 '부처의 말, 진리의 말'이라고 생각하는 그 자체는 사실 이치에 맞지 않는 말이어서 진리의 말, 부처가 한 말이라고 할 수는 없기 때문에 새롭게 누가 탄생을 했다는 말은 의미 없습니다.

다시 말하지만, 일반적으로 말법(末法)이라는 것을 〈대도정법(大道正法)이 쇠약한 시대. 오탁악세(汚濁惡世). 부처님이 열반한 후 정법(正法)·상법(像法)을 지나서 오게 되는 혼란하고 어지러운 세상. 부처님 열반 후 1천 년까지를 정법(일설에는 5백 년), 그다음 1천 년까지를 상법, 그 후 1만 년까지를 말법이라 한다. 윤리와 도덕이 타락한 시대. 인간이 올바른 가치관을 상실한 시대〉가 말법이라고 말하고 있지만, 이 말에는 구체적으로 '부처님 열반 후 1천 년까지를 정법(일설에는 5백 년), 그다음 1천 년까지를 상법, 그 후 1만 년까지를 말법이라 한다'는 말이 됩니다. 그렇다면 누가 이같이 시기를 정했다는 것인가의 문제가 있는데 이런 시기를 구체적으로 말하는 자체가 모순인데 그 이유는 과거에는 오늘날과 같은 시계, 날짜의 개념이 명확하지 않았기 때문에 의미 없고, 이 부분에 화현의 부처님은 '때(時)'를 이야기했고, 구체적으로 몇 천 년이라는 식으로 말하지는 않았습니다.

화현의 부처님도 2600년 전 아난, 선율과 헤어질 때 '우리는 말법 시대에 다시 만날 수 있다'는 말을 했는데 이때 화현의 부처님은 500년 천 년이라는 식으로 날짜와 시기를 구체적으로 말하지 않았고 〈그때〉라는 말을 했습니다. 이 말은 '만나야 할 때, 만날 수 있다'는 것을 의미했고, 내가 이 법을 말하는 때가 화현의 부처님과 아난, 선율이 만나야 할 때가 되는 것입니다, 또 하나는 나는 어떤 종교처럼 '석가의 법'을 말하는 것이 아니라 순수하게 화현의 부처님 말을 그대로 하는 것이어서 진리를 깨달았다는 석가를 팔아서 석가가 말했다는 그 말을 따라 비슷한 말을 하지 않습니다. 여기서 '순수한 법'이라고 하는 의미는 화현의 부처님이 말한 것을 누구도 말하지 않았고, 지금 이때 내가 말하고 있어서 그 자체로 '순수하다'고 말하는 것이고, 일반 종교는 모두 석가가 말했다는 그 말을 법이라고 재탕, 삼탕을 해서 각색하여 그것을 법이라고 말하지만 나는 석가는 이 법이라는 것을 하나도 말하지 않았다는 것을 말하고 있으니 이 부분은 결국 여러분이 판단하면 됩니다.

그래서 앞에 말법(末法)이라고 하여 '① 대도정법(大道正法)이 쇠약한 시대. 오탁악세(汚濁惡世). 부처님이 열반한 후 정법(正法)·상법(像法)을 지나서 오게 되는 혼란하고 어지러운 세상. 부처님 열반 후 1천 년까지를 정법(일설에는 5백 년), 그다음 1천 년까지를 상법, 그 후 1만 년까지를 말법이라 한다. ② 윤리·도덕이 타락한 시대. 인간이 올바른 가치관을 상실한 시대'를 말법 시대라고 하는데 내가 말하는 것은 숫자로 시기를 말하는 것 자체가 잘못된 것이고, 또 중요한 것은 '대도정법이 쇠약한 시대'를 말법 시대라고 한다면 여기서 말하는 '대도정법(大道定法)'이라는 것은 무엇을 말하는가를 여러분이 알아야 하는데 여기서 말하는 정법(定法)이라는 말은 '정해진 말'의 의미로 '이렇게 하자라고 정한 말'이기 때문에 사람들이 사상으로 만들고 그것을 '법이라고 하자'라는 의미의 말에 불과합니다.

1370　　　　　　　　　　　　　　　　업연

그래서 나는 화현의 부처님 법에서의 정법(正法-바른 법)이라는 것은 '이치에 맞는 말이다.'라고 정의하고 있기 때문에 이 부분 새겨봐야 할 것입니다. 여러분이 불교에 가면 팔만사천경이라는 것이 있는데 이 말 여러분은 다 석가라는 부처가 말한 것으로 생각할 것인데 대단한 착각을 하는 것이라고 해야 맞고, 그 많은 경전의 글을 봐도 어디에서 생명체의 본질에 대한 부분은 한 구절도 없는데 이것은 무엇을 의미하는가?

그래서 오늘날 상황을 보면 이치에 벗어난 말, 법이라고 할 수도 없는 말을 가져다가 누가 어떻게 해석하고 말하는가에 따라 또 무수한 말들이 만들어지고 있는 것입니다. 그래서 '부처'라는 말은 다 같이 쓰지만 깨달음의 내용은 종파마다 다 다르고, 실제 그들이 무엇을 깨달았는가에 대한 부분은 구체적으로 말한 사람은 없고, 고작 한다는 말이 '무와 공이다'라는 말만 하니 이 얼마나 안타까운 일이 아닌가?

그런데도 여러분은 부처가 있다는 '그곳'에 가서 울고불고하면서 '나 잘되게 해달라'고 허리가 부러지도록 절을 하는데 그렇게 해서 여러분은 타력적인 대상을 믿음으로써 위로가 되겠지만 중요한 것은 이치에 맞지 않는 것에 마음을 끄달리면 그 마음에 빙의만 작용하게 되어 있다는 점 명심해야 할 것입니다. 불교 자체는 정법·상법 시대를 지나고 말법 시대가 돌아온다는 입장이고, 어떤 종교는 부처라는 말을 하고 있으면서 누가(종사) 탄생하여 불일(佛日)을 거듭 밝히고, 법륜을 다시 굴린다고 말하면서 '법멸시대'를 인정하지 않고 있는데 이것은 앞서 말했지만 각자 입장에 따라 누구는 말법을 인정하고 누구는 말법을 인정하지 않고 있어서 이것만 보더라도 각기 다른 해석을 하는 이것은 무엇을 의미하는가?

다들 부처가 한 말이 하나도 없다는 것을 모르고 지금까지 전해져 오는 그런 말을 끌어다 각자의 입장에서 재해석을 하고 종교라고 이름을 붙인 것이 전부가 아닌가를 생각해보라는 이야기입니다. 그러니 여러분이 아는 '불법(佛法)'이라는 것은 모두 가짜의 말임을 알아야 하는데 여러분 자체가 이런 부분을 정립하지 못하고 있으니 안타까운 일이 아닌가? 다시 말하지만, 여러분이 알고 있는 부처라는 것은 인간들에 의해 석가를 그렇게 부처라고 만든 것이 전부이며, 실제 석가는 이 법이라는 것과 아무 관련이 없다는 점을 알아야 할 것입니다.

그래서 나는 부처가 말했든 누가 말했든 그것이 중요한 것이 아니라 그 말, 법(法)이라고 하는 것은 '이치(理致)에 맞는 말이다.'라고 말하고 있어서 이것을 기준으로 석가가 말했다는 무수한 말을 대입해서 생각해보면 무엇이 맞는 말인가를 알게 될 것인데 이 부분은 여러분의 의식이 깨어 있어야만 확인할 수 있습니다. 여러분이 일상을 살면서 누가 어떠한 행위를 했을 때 그 행위가 맞는가, 틀리는가는 무엇으로 판단하는가인데 우선 개인이 인지하고 있는 윤리·도덕·양심이라는 것을 기준으로 해서 잘잘못을 따질 것입니다.

그다음 현행법에 지촉되는가 되지 않는가로 따지는 것이 전부이고, 이것으로도 불분명한 것은 그 행위를 판단하는 판사가 결론을 내리게 되어 있는데 그렇다면 결국 판사가 내리는 판단이라는 것이 최후의 보부가 되는데 나는 판사가 판단했다고 해도 그 판사의 이념·사상·관념에 따라 그 결과는 달라집니다. 이 부분은 결국 인간사회에서 일어나는 문제는 판사가 판단할 수밖에는 없지만, 인간사회에서 인간이 하는 행위는 결국 각자의 본성에 따른 행위를 하고 있어서 이 부분 정립해봐야 할 것입니다. 다시 말하지만, 법으로 해결되지 않는 부분은 일상을 살면서 무수하게 일어납니다. 그래서 이 경우 양보, 배려심이라는 것이 일상에 자리 잡고 있는 것이고, 이것을 넘어서는 행위는 결국 현행법으로 정리하는 수밖에는 없는 것이 현실입니다.

따라서 나는 지구 상에 모든 인간이 〈이치〉를 안다면 서로 이치에 맞는 행동을 한다면 사실 앞서 말하는 무수한 법이라는 것은 필요하지 않다고 말했습니다. 집안을 구성하고 있는 가족 사이에도 서로 각자의 입장에서 이치에 맞는 행위를 한다면 그 집안은 조용하고, 이같이 되었을 때 가정에는 평화라는 것이 찾아오고 이것을 확대해서 보면 국가 간에 전쟁이라는 것도 필요하지 않습니다.

그래서 전쟁을 할 때 반드시 그 이면에는 서로 다른 관념·사상·이념이 있어서 전쟁이 나는 것인데 여러분은 이것은 생각하지 않고 어떤 나라가 어떤 나라를 쳐들어가면 먼저 쳐들어가는 그 나라가 잘못된 나라라고 생각하고, 나쁜 나라라고 말하는 것이 전부 아닌가? 최근에 러시아가 우크라이나를 침략했는데 어찌 되었든 이것에 시발점은 서로 다른 이념, 사상, 관념이 자리하고 있어서 이 사상이라는 것은 여러분이 생각하는 것보다 매우 심각한 것이어서 집안이 시끌시끌한 것도 결국 서로 다른 이념·사상·관념이 있어서 그런 것입니다.

부모와 자식 간이라고 해도 각자의 업연으로 만난 것이고, 개인적으로 가지고 있는 이념·사상·관념이라는 것은 다 다르기 때문에 어떤 문제가 생기거나 어떠한 사안에 대하여 의견대립이 일어나는 것입니다. 현실적으로 각기 다른 종교들도 각기 다른 사상을 가지고 있어서 절대로 하나로 통합될 수 없고, 잘못된 이념 사상에 빠지면 그것을 바로 잡기란 매우 어렵습니다. 과거 지구 상에 무수한 전쟁이 일어난 그 이면에는 서로 다른 사상이 있어서 일어난 것이고 오늘날에는 과거 정리되지 않았던 이념·사상이 다 제자리를 잡아서 과거와 같은 전쟁은 일어나지 않고 있는 것입니다. 구소련이 붕괴한 것도 강제적으로 통합했던 것에 억눌려 살았던 민족들이 사상·이념의 독립을 외쳤기 때문에 나라가 시끌시끌했고, 서로 독립을 외치고 있는 상황을 무력으로 억누를 수 없어 결국 제각각 나라로 분할을 해버린 것입니다.

1371 　　　　　　　　　　　이념·사상

그래서 〈소련〉이 아니라 〈러시아〉라는 나라로 세력이 축소(축소되었다는 의미는 제각각 독립성을 부여했다는 의미)되었는데 이 바탕에는 이념·사상의 대립이 항상 있었다 할 것입니다. 서로 다른 언어, 관습, 문화 등이 있었고, 이 개념으로 북한과 남한도 대립이 계속되고 있어서 우리가 말하는 평화통일이라는 것은 매우 어렵고 사실 불가능하다고 해야 맞는 말이 되는데 그 이유는 앞서 말한 대로 북한과 남한이 가진 기본적인 이념, 사상이 달라서 그렇습니다. 그래서 사람들이 남북통일을 희망하지만, 지구가 멸하는 그 순간까지 평화적 통일이라는 것은 없다고 해야 맞고 이 부분은 진리적으로 더 구체적인 말을 해야 하지만 문제가 될 수 있어 진리적인 부분은 훗날 말할 때가 있을 것입니다.

다시 말하지만, 러시아는 연방 체계이기는 하지만 내부적으로는 사상·이념·관념·언어·관습·문화 등이 달라서 하나의 국가로 통제하지 않고 내부적으로는 제각각 독립성을 부여해서 독립국으로 분리되었습니다. 결국, 인간이 기본적으로 가지고 있는 이념·사상이라는 것은 강제로 통제한다고 해서 하나로 뭉쳐지는 것은 아니라는 이야기입니다. 이 개념으로 한 가정에 자식이라는 것도 성장하면서 제각각 서로 다른 이념·사상·관념이라는 것이 성숙하여지면 결국 그 자식은 독립해서 따로 가정을 꾸리고 살게 되는 것과 이치는 똑같습니다.

그래서 가족으로 뭉쳐지는 것은 업이 비슷하거나 같은 업을 지어서 뭉쳐지는 것이지만 제각각 가지고 있는 성향이라는 것은 비슷할 수도 있지만, 전혀 다른 성향의 자식이 있을 수 있어서 이 부분을 생각하면서 각각의 가족 구성원으로 모여 사는 것을 보면 내가 무슨 말을 하는가를 알 수 있을 것입니다.

다시 말하지만 '내가 낳은 자식이지만 나와 닮지 않았다는 것'을 알 수 있는데 이것은 업의 인연으로 만난 것이기 때문에 자식이라고 해서 그 자식의 성향이 100% 나를 닮을 수는 없는 이유가 여기에 있어서 사실 여러분이 쉽게 업, 업연 등과 같은 말을 하는데 이 업의 끌림이라는 것은 실로 엄청난 것이어서 성향이 같은 사람이 자식으로 온다고 할 수는 없는데 그 이유는 성향이 다르다고 해도 각자가 어떤 업을 지었는가가 우선이기 때문에 그렇습니다.

'금쪽같은 내 새끼'라는 것은 내 몸을 통해 자식이라는 것이 태어났기 때문에 이것은 물질 이치에서 지극히 인간적인 감성으로 이런 말을 하는 것이고, 반대로 진리적으로는 그 자식과 부모의 사이에는 반드시 업연이 있어서 태어나는 것이다, 라는 이 두 가지의 상황을 여러분이 반드시 정립해야 합니다. 이것을 이해하고 자식을 키우는 입장과 막연하게 인간적인 감성만 가지고 키우는 것과는 분명한 차이가 있습니다.

자식을 낳고 그 자식이 성장하면 부모는 죽고, 그 자식은 어른이 되어 자식만의 인생길을 갑니다. 이것은 누구라도 다 말할 수 있는 부분인데 이 과정을 가만히 보면 금쪽같은 내 새끼라고 해도 그 자식이 성장함에 따라 결국 자식은 자식이 살아야 할 삶(길)을 사는 것이고, 내가 죽을 때 무덤 속까지 데리고 갈 수는 없다는 것을 알 수 있는데 그렇다면 그 업연의 고리를 반드시 끊어야 하는데 이것을 끊는 방법은 뭔가? 여기서 끊어야 한다고 말하니 자식과 헤어지는 것으로 생각하면 잘못된 것이고, 그 자식과의 집착, 애착을 지나치게 갖지 말라는 의미입니다. 법회 때도 수차 한 밀인데 '너는 너의 인생, 나는 내 인생이 있다.'는 말을 나는 많이 말했는데 이 말은 자식이라고 해도 자식의 인생이 있는 것이고, 부모는 부모의 인생이 다르다는 이야기입니다. 이 말은 업연으로 한 가족으로 만났지만, 내부적으로는 각자의 업의 이치가 다르다는 의미입니다. 그래서 자식이라는 이름하에 금쪽으로만 본다면 그 사람의 의식은 진리적으로 매우 잘못된 것입니다.

그래서 자식이라고 해서 금쪽으로만 볼 것이 아니라 이 세상 모든 것을 봤을 때 그것에 지나치게 치우친 감성의 마음을 가진다는 것은 올바른 삶이 아니라 할 것이고, 진리적으로나 현실적으로 지나친 탐, 진, 치심의 마음을 갖지 않는 것이 중요하다는 이야기입니다. 여러분이 탐, 진, 치심의 마음을 버려야 한다는 말 많이 들었을 것인데 이것은 물질에만 해당하는 말이 아니라 돈에 욕심을 부리지 말라는 말이 아니라 앞서 말했지만, 세상 그 어떤 것을 봐도 객관적으로 보려고 하는 것도 탐, 진, 치심의 마음을 버리는 것이어서 이 부분 정립해봐야 합니다.

입으로는 탐, 진, 치심의 마음을 버리자는 말 쉽게들 말하는데 이게 말은 쉽지만, 실제 매우 어려운 부분이어서 온전하게 탐, 진, 치심의 마음을 버리고 산다는 것은 말 그대로 하늘의 별 따기라고 해도 무리는 없을 것입니다. 따라서 지금 이 세상 생명체로 존재하는 모든 것은 결과적으로 탐, 진, 치심의 마음을 버리지 못해서 그 마음에 맞게 갖가지 생명체로 윤회하는 것이고 지금 여러분의 삶에 현실로 적나라하게 나타나 있는 것입니다.

그래서 돈 많이 벌고 자식 잘되는 것만 생각하고 사는 것이야 인간으로서 기본 의식이겠지만 내가 말하는 것은 그것에 지나치게 치우친 일방적인 마음만 가지고 산다면 이생에 혹은 다음 생에 여러분은 그 대가를 진리적으로 반드시 받게 되어 있어서 내가 말하는 것은 잘살아 보려고 노력하는 것도 중요하지만 반대로 내 마음을 진리 이치에 맞도록 고쳐가면서 사는 것도 중요해서 이 개념을 나는 '철길의 두 갈래 길'에 비유해서 무수하게 말했습니다.

지금 주변을 보면 나이가 지긋하고 자식을 어느 정도 다 키웠다고 하는 여자들을 보면 그 입에서 나오는 말이 뭔가? 내 자식은 어떻게 되었고, 집은 어떻고, 남편은 어떻고 등등의 말 무수하게 하고, 그다음 어디에 가면 어떤 것이 맛있고, 어떤 곳에 뭔가 있다는 식의 말이 대부분입니다. 물론 사람이기 때문에 이런 말 할 수는 있지만 내가 보기에는 대부분 말이 다 쓸데없는 말 영양가 없는 말이고, 그런 말은 '나 잘났다'는 아상의 극치를 나타내는 것입니다.

1372　해탈·흔적

그래서 '나라는 아상을 버리자'는 말을 입으로 말하면서 정작 일상을 사는 입장을 보면 여러분이 인지하고 있는 이 '나'라는 아상이 얼마나 강한가를 쉽게 알 수 있는데 상을 내리는 방법은 일상과 별도로 하는 것이 아니라 일상을 살아가면서 의식적으로 자기 행동을 들여다보고 '나'를 내세우는 것을 인지하고 그것을 자제해야 하는데 보통 사람들의 삶은 그렇지 않습니다. 따라서 인생을 살면서 '나'라

고 하는 아상을 세우지 않고 산다는 것은 매우 어려운 일이나, 문제
는 이 아상을 내려놓지 않으면 내가 말하는 화현의 부처님 법을 죽
을 때까지 봐야 여러분에게 별로 도움이 되지 않습니다. 보통 사람
들이 하는 말을 보면 한 마디 한 마디 하는 그 말속에 〈나〉라는 아
상을 세우는 말이 다 들어 있는 것을 쉽게 알 수 있어서 내가 일상
을 살면서 꼭 필요한 부분이 아니면 나는 가급적 다른 사람과 접촉
하지 않습니다.

그 이유는 어떤 관계에 의해서 상대가 말하는 그 한마디 말속에는
가시가 솟아나 있어서 그렇습니다. 하지만 인간이기에 인간사회를
떠나서 살 수는 없기 때문에 상대의 그 속마음을 다 알면서도 부딪
치며 산다는 것은 또 다른 아픔이라고 해야 맞는 말이 될 것입니다.
그래서 사람이 하는 그 말에 상대의 마음에 상처를 주는 말인지도
모르고 입 밖에 나오는 말이라고 해서 아무 생각 없이 말하는 사람
이 세상에 무수하게 존재합니다. 업이 있어서 인간으로 태어나 살
면서 뭐가 그렇게 살만하고 재미가 있어서 온갖 소리를 다 하며 사
는 것인지는 모르겠지만, 어찌 되었든 하나의 인간으로 태어나 살
다가 죽는 것은 각자가 알아서 처신하고 하면 될 일이지만 문제는
그 결과는 여러분이 상상할 수 없을 만큼 괴로운 것입니다.

'역지사지(易地思之)'라는 말이 있습니다. 이 말은 말 그대로 상대
의 입장이 되어서 생각해보라는 의미로 이 말을 하는데 과연 인생을
살면서 상대의 입장을 생각해보고 사는 사람이 얼마나 있을까?

내가 이 말을 하면 상대는 이 말을 어떻게 받아들일까를 생각하지 못하고, 내 입장에 상대를 끌어들이고 사는 것이 일반적입니다. 부부로 살면서 상대를 이해하고 배려하는 것이 아니라 상대를 내 마음에 끌어들여 자신의 이득을 취하려고 하는 것이 보통입니다. 상대에게 얻어먹을 것이 있으면 그것을 취하기 위해 온갖 짓을 다 하고, 단맛 쓴맛을 다 빼먹으면 상대를 헌신짝처럼 버리는 것이 일반적이지 않은가? 따라서 〈나〉라고 하는 존재는 분명하게 몸을 가지고 살지만 〈나〉라는 아상을 세우지 않고 사는 사람 세상에 없다고 해도 무리는 없을 것인데 그 이유는 인간으로 태어나 살면 반드시 나, 내 것에 집착하게 되어 있어서 그렇습니다. 그래서 나라는 아상이 없이 산다는 것은 매우 어려운데 결국 〈나〉라는 아상이 없어야만 여러분이 없앤 그 상만큼 마음이 편해지고 마음이 편해지면 여러분의 환경이 바뀌는 것입니다.

나라고 하는 아상은 자기 얼굴 눈앞에 쓰고 있는 안경과 같은 것이어서 안경에 먼지가 가려지면 그 너머로 보는 것은 깨끗하게 볼 수 없는 것과 이치는 똑같습니다. 그래서 아상을 없애는 것은 눈앞에 안경에 낀 때를 없애는 것과 같아서 이 부분 생각해보면 아상이 뭔기를 알 수 있을 것입니다. 결국, 내가 말하는 마음공부라는 것은 눈앞에 가려진 안경의 때를 없애는 것인데, 인간이 세상에 태어나면 기본적으로 가지고 나오는 것이 아상이기 때문에 이 아상을 없앤다는 것은 눈앞에 안경을 벗는 개념이 아니라 그 안경을 얼마나 투명하게 만드는가를 말하는 것이어서 안경에 때가 많이 끼면 그 안경 너머를 똑바로 볼 수 없는 것과 이치는 똑같은데 말이야 이게 쉽지만, 대단히 어려운 부분입니다.

불교에서도 '아상을 없애자, 탐, 진, 치심을 없애자'는 말 무수하게 말하지만, 과연 그들이 말하는 수행을 한 사람은 아상을 없애고 탐, 진, 치심을 없애 해탈을 한 사람이 있을까? 답은 '없다'입니다.

그 이유는 뭘까? 이치에 맞지 않는 방법, 행위를 하는 것으로 윤회에서 벗어나는 해탈이라는 것을 한다는 것은 근본적으로 이치에 맞지 않아서 그렇습니다. 예를 들어 '전봇대가 부처다'라고 믿고 있는 사람이 부처가 뭔가를 알 수 있겠는가? 산에는 산신이 있고, 바다에는 용왕이 있다고 믿는 사람은 절대로 마음에 괴로움을 없앨 수 없으며, 해탈이라는 것을 절대로 할 수 없기 때문에 이치에 맞지 않는 것을 생각하면서 입으로 해탈을 말한다는 것 자체가 모순이기 때문에 이 부분 새겨봐야 할 것이고, 또 알 수 없는 경(經)이라는 것을 하면서 그런 행위를 하면 도를 깨닫는다는 것 자체가 불가능합니다.

내가 말하는 해탈이라는 것은 나라고 하는 아상을 없애지 않으면 안 되는 것이어서 이치에 맞지 않는 행동, 행위, 수행한다고 하면서 해탈을 입으로 말하고 있는 것은 매우 잘못된 것입니다.

현실을 사는 인간이 이치에 벗어난 행위를 하면서 한편으로 해탈이라는 것을 한다고 말하는 이 자체가 모순이어서 이 부분 새겨보라는 이야기입니다. 해탈은 내 마음에 흔적을 모두 지워야만 할 수 있는 것인데 인간으로 태어나 인간다운 삶을 살지 못하고 현실을 도피, 회피해서 산속에 들어가 무슨 도를 닦고 산다고 해서 해탈을 할 수 있는 것은 아닙니다. 만약 그들이 말하는 대로 산속에 들어가야만 도를 얻는다고 한다면 지구 상에 있는 모든 인간이 현실을 떠나 산속에 들어가서 도를 닦으면 될 터인데 이게 말이 되는가? 따라서 이 부분이 잘못된 근본 원인은 석가가 수행(명상)한 지 일주일 만에 도를 깨달았다고 한 말에 끄달려 모든 사람이 도라는 것을 닦는다고 하는 것이 아닌가?

그렇게 하면 석가 같은 도를 깨닫는다고 생각하고 있기 때문에 그놈에 도가 뭔지는 모르겠지만 다들 수행한다고 하는데 내가 말하는 것은 그렇게 해서 도(진리 이치를 아는 것)를 깨달을 수는 없기 때문에 지금도 석가처럼 도를 닦는다고 하는 사람들은 모두 이치에 맞지 않는 행위를 하고 있다고 해야 맞는 말이 됩니다.

1373 약과 업(業)

사람이라는 것은 누구나 다 의식을 가지고 사는 데 문제는 이치에 맞지 않는 것에 끄달리는 의식을 가지고 있는 사람은 그 의식이 잘못되었는가 그 자체를 인지하지 못하고, 자신이 생각하는 그것이 맞는다고 치우친 마음을 가지고 있어서 이런 마음을 바로잡기란 매우 어렵고, 그 의식을 바로잡지 못하면 결국 그 인생은 허수아비의 인생이 될 수밖에는 없습니다.

그래서 '내가 생각하고 있는 관념, 의식이 잘못되었구나'를 스스로 아는 것이 내가 말하는 화현의 부처님 법에서의 '나를 알자'입니다. 그런데 어리석은 사람은 이같이 자신의 마음을 되돌아보지 않고, 그저 자신이 가진 관념, 의식이 맞고, 옳은 것으로만 생각하고 사는 사람이 상당한데 참으로 안타까운 일입니다. 어떤 사람의 의식이 문제가 있고, 몸에 이상한 현상, 증상이 나타난다면 먼저 그 원인을 아는 것이 중요한데 이 원인은 알려고 하지 않고 현대의학으로, 혹은 무당이나 어떤 사람의 말을 듣고 그 말대로 하면 그 몸에 병이라는 것이 다 해결될 것으로 생각하는데 그것은 매우 잘못된 것이고 인간에게 나타나는 모든 현상을 현대의학으로 다 해결할 수 있다면 무엇을 걱정하고 살 것인가?

그래서 약으로 해결되는 것도 있지만 같은 질병이라도 약으로도 해결되지 않는 부분이 반드시 있는데 이것은 진리적인 업과 깊게 관련이 있어서 그렇습니다. 예를 들어 암(癌)이라는 것은 현대 의학으로 완치할 수 없는 병인데 치료하다 보면 누구는 호전되는 경우도 있고, 누구는 호전되지 않기도 하는데 근본적인 그 이유는 그 사람이 지은 업(業)과 관련이 있어서 그렇습니다. 자식을 낳아 놓으면 자식의 몸이 정상이 아닌 경우도 있는데 이 원인도 그들의 업이 그렇게 되어 있어서 그렇습니다.

또 각자의 업에 따라 빙의라는 것이 작용해도 그렇게 될 수 있는데 사람에게 나타나는 다양한 증상, 현상이라는 것은 결국 각자의 업과 깊게 관련이 있습니다. 또 나이가 들어가면서 몸이 점점 좋아지지 않고 뭔가의 문제가 생긴다면 이것도 그 사람의 업이 그때 발현되어서 나타나기도 하므로 결국 인간은 각자가 어떠한 업을 지었는가에 따라 나타나는 현상도 다 다르게 되어 있습니다.

인생을 **살면서** 일단은 내 몸에 어떤 현상이 나타나지 않고 온전한 육체를 가지고 살다가 죽는 것만으로도 다행이라고 해야 맞고, 진리적으로는 정신, 의식에 이상 없이 살다가 죽는 것도 다행입니다. 사실 각자의 몸에 나타나는 현상은 돈이라는 물질이 많고, 적음과는 아무 관련이 없습니다. 거꾸로 말하면 돈이 많다고 해서 그 몸에 나타나는 업에 따른 현상이 다 없어진다고 하면 돈이 없는 사람은 모두 질병을 달고 살다가 죽는다는 말이 되는데 이게 말이 되는가를 생각해보라는 이야기입니다.

그래서 물질은 이생에 의식주를 해결하는 데 도움이 되는 것이고 (물질 이치), 진리적으로 물질은 아무 도움이 되지 않습니다. 따라서 돈이 많다고 마음에 병이 없으라는 법이 없기 때문에 돈도 적당하게 있어야 하겠지만, 그 마음이라는 것도 반드시 이치에 맞는 마음을 가지고 사는 것이 내가 말하는 화현의 부처님 법에서익 중도(中道)라고 하는 것이어서 이 부분 정립해봐야 할 것입니다.

사람이라는 것이 제각각 가지고 있는 의식이라는 것은 사람마다 다 다르고, 그 의식이 뭔가에 따라 쉽게 의식을 바꿀 수도 있지만, 영원히 그 의식을 바꾸지 못하고 살 수도 있습니다. 어쩌다 이 법에 인연이 되었다고 해도 애당초 잘못된 의식이 깊게 뿌리를 내렸다면 이 사람이 스스로 자신의 의식을 알고 그 의식을 이치에 맞게 고친 다는 것은 매우 어렵다는 이야기입니다. 그런데 문제는 인간으로서 살아 있으니 〈의식〉이라는 것이 다 있다, 혹은 나는 맞는 의식을 가지고 있다고 말할 수 있겠지만, 이것은 대단한 착각입니다.

다시 말하지만, 여러분이 숨을 쉬면서 과거와 현재, 어제와 오늘, 오늘과 내일이라는 것을 인지한다고 해서 의식이 깨어 있다고 할 수는 없다는 이야기입니다. 매우 중요한 말인데 이것은 김치이며, 저것은 고기라는 것을 구분할 수 있다고 해서 진리적으로 현실적으로 의식이 깨어 있다고 말할 수는 없다는 이야기입니다.

나는 사람의 의식을 깨어나게 하려고 화현의 부처님 법을 말한다고 했습니다. 그런데 이같이 말하면 누구는 '나는 의식이 깨어 있는데 무슨 의식을 또 깨어나게 해야 하는가?'라는 말을 할 수 있는데 그게 그렇지 않습니다. 의식이 깨어나면 '내가 이런 사람이구나.'라는 것을 알게 되어 있고, 의식이 깨어나지 않으면 지금의 여러분 마음 그대로를 가지고 살게 되어 있는데 이 말은 의식이 깨어 있지 못하면 '다름과 차이'가 뭔가를 알 수 없어서 의식은 매우 중요합니다. 그래서 인간으로서 밥 먹고 똥을 가리고 산다고 해서 의식이 깨어 있다고 말할 수는 없어서 이 부분 정립해봐야 하고, 문제는 여러분의 의식이 깨어나 다름과 차이가 뭔가를 알지 못하면 여러분의 이치는 절대로 바뀌지 않는 것이어서 내가 말하는 마음공부라는 것은 결국 의식을 깨어나게 하는 것이고, 의식이 깨어나야만 괴로움도 소멸할 수 있는 것입니다.

예를 들어 의식이 깨어 있지 않은 사람은 자신 앞에 놓인 일이 무슨 일인가, 어떻게 처리해야 하는가, 무엇이 우선순위 인가 자체를 인지하지 못합니다. 그러다가 그 상황이 내 눈앞에 닥쳤을 때 그때서야 우왕좌왕하게 되어 있다는 이야기입니다. 이 말을 이 글을 보는 여러분의 일상에 대입해보면 여러분이 어떤 의식을 가지고 사는가를 쉽게 알 수 있습니다.

　누가 질문에 '회사에 다니며 사람을 보다가 회사 사람들이 대체로 애매하게 말을 한다는 것을 알게 되었다. 여러 가지 상황이 있을 때 어떤 것을 선택할 것인지 아니면 누구를 선택할 것인지 등등에 대해 그 상황이 닥칠 때까지 확실하게 결정을 못 내리는 모습을 보면서 처음에는 그런 것을 모르고 있다가 최근에 제가 결정할 수 있는 부분을 결정하면서 그런 모습을 알게 되었다.'는 말을 했는데 이것은 직설적으로 의식이 조금 깨어나니 과거 자기 모습과 현재 자기 모습에 차이가 보이는 것입니다. 만약 의식이 변하지 않았다면 자신의 이런 모습을 볼 수 없다는 이야기입니다.

1374　　　　　　　　　　　　　　　　　　신통력

　만약 여러분에게 '인생을 사는 목적을 어디에 두고 사는가?'라는 것을 묻는다면 여러분은 이 말에 대해 뭐라고 답할 수 있는가? 70억의 인간에게 똑같은 질문을 한다면 질문은 하나지만 그에 따른 답은 70억 개로 다 다르게 말할 것입니다. 지금 다시 한 번 자신을 되돌아보면서 '내 인생의 목적은 뭔가, 어디에 있는가?'라는 물음을 던진다면 여러분은 어떠한 답을 할 수 있겠는가를 생각해보라는 이야기입니다.

크게 보면 '돈 벌어서 성공하고 싶어서, 결혼해서 자식 낳으려고, 좋은 것 많이 먹고 살려고 이성적인 상대를 만나 연애나 실컷 하려고 등등의 무수한 말'을 할 것입니다. 어찌 되었든 보통 사람의 경우 앞서 말한 의식을 가지고 인생을 살아가고 있어서 이 부분 자체를 내가 뭐라고 할 일은 아닙니다. 내가 말하고자 하는 것은 각자 주어진 환경에서 인생을 살아가겠지만, 각자가 인생을 사는 목적을 어디에 두는가에 따라 인생에서 진급도 되고 강급도 되는 것이어서 이부분 새겨봐야 할 것입니다.

어떤 병원에 가니 조용한 복도에서 회색 옷을 입은 승려가 어떤 여자와 통화하면서 스피커폰으로 말을 주고받습니다. 조용한 병원 복도에서 그 내용은 마치 그 병원이 자기 집안 양 시시덕거리면서 내가 보기에 쓰잘떼기 없는 말인데 한참 동안을 그렇게 통화하면서 주변에 있는 남을 전혀 의식하지 않습니다. 부처라는 이름을 팔며 굿이나 하고 밥을 빌어먹고 사는 처지에 회색 옷만 입으면 마치 그들은 수행이고 도를 닦는다고 생각하는 여러분의 관념은 무엇인가?

그러면서 불법을 수행하는 자를 승보(僧寶)라고 하여 보물 취급을 하고 사는 사람이 이 세상에 널려 있는데 이런 사람의 의식이 바르다고 생각한다면 그렇게 생각하는 여러분의 의식은 반드시 문제가 있다는 이야기여서 이 말 새겨봐야 할 것입니다. 다시 말하지만 나는 종교 자체를 비하하여 말하지는 않고, 다만 그들이 말하고 있는 말들이 이치에 맞는 말, 행동인가를 말하는 것이어서 이 부분 정립해야 합니다.

여러분이 '신통력'이라는 말을 많이 하는데 그렇다면 여러분이 생각하는 '신통력, 가피, 자비' 등을 뭐라고 생각하는지 모르겠지만, 지금까지 여러분이 알고 있는 신통력이라는 것은 모두 잘못된 것이라고 하면 여러분은 또 이 부분에 대하여 뭐라고 할 것인가의 문제입니다. 사실 나는 지금까지 여러분에게 화현의 부처님과 관련된 무수한 말을 했는데 그 말속에 여러분이 일반적으로 알고 있는 '신통력, 가피, 자비' 등과 같은 단어를 사용하면서 화현의 부처님도 그런 능력이 있다는 식으로 말하지 않았습니다.

왜 그럴까? 과연 화현의 부처님은 그런 능력이 없을까? 문제는 여러분이 생각하는 일반적인 '신통력, 가피, 자비' 등과 같은 것은 인위적으로 사람들에 의해서 꾸며지고 설정된 말인데 여러분은 그것을 기준으로 해서 내 말을 보기 때문에 그렇습니다.

나는 화현의 부처님은 지금까지 '내가 이렇게 했다, 내가 이렇게 되게끔 했다.'는 식의 말 한 번도 한 적이 없다고 나는 모임 때 무수하게 말했는데 이같이 말하는 것 여러분은 별 관심을 두지 않았을 것이고, 혹은 누구는 그렇다면 실제 능력이 있을까? 반신반의했을 것입니다. 지금도 이 글을 보면서 여러분은 내가 무슨 말을 하는가?

혹시 뭔가 특별한 '신통력, 가피, 자비' 등과 같은 말을 하지 않을까를 생각하고 내 글을 보는 사람도 있을 것인데 그것은 잘못된 생각이고, 기존에 가지고 있던 관념을 버리지 못하면 내 말은 여러분에게 아무런 도움이 되지 않습니다.

나는 여러분의 마음이 이치에 맞게 변하면 반드시 진리는 그 마음에 맞게 반응해준다는 말을 수없이 했는데 이런 말도 여러분은 '어떻게 진리가 반응하지?'라는 생각을 할 것입니다.

예를 들어 여러분이 어떤 경계에 이르러서 결정해야 할 부분이 있다면 그 순간 많은 마음이 올라오겠지만 '이것은 이렇게 하고 싶다'는 마음이 순간 일어날 수 있고, 그 마음에 따라 행동했더니 결과가 좋게 나왔다고 한다면 그렇게 마음이 일어나게 한 것도 화현의 부처님 법에서의 '신통력, 가피, 자비'라고 말할 수 있을 것입니다.

그런데 여러분은 이런 것은 알아차리지 못하고, 신통력이라고 하면 불교에서 말하는 것과 같은 상황이 일어나야만 신통력이라고 생각하는데 지금 내가 말하는 것과 일반적으로 여러분이 아는 '신통력, 가피, 자비' 등을 비교해보면 사실 내가 말하는 것은 여러분의 입장에서 대수롭지 않게 생각할 것인데 이것은 아직 여러분이 화현의 부처님 법을 깊게 알지 못하고 있다고 해야 맞는 말이 되는데 다시 말하지만, 일반적으로 말하는 부처나 보살이 어떻게 해주는 것은 하나도 없고, 오로지 여러분 마음이 이치에 맞게 변하면 그것에 맞게 진리는 반응하기 때문에 만약 여러분 주변에 뭔가 문제가 있다고 하면 여러분 마음이 이치에 맞지 않는 마음이어서 그렇게 나타나는 것입니다.

　나는 사람의 마음을 '진리의 기운'이라고 말했습니다. 지금 이 글을 보는 여러분도 마음이라는 것을 인지하고 있는데 마음은 보이지 않지만 분명하게 여러분 의식으로 '내 마음'이라는 것을 느낍니다. 이 말은 공기는 보이지 않지만 분명하게 여러분은 숨을 쉬고 있는 사실이고, 이것은 물질 개념으로 하는 말이지만 진리의 기운이라는 것도 공기와 같아서 물질처럼 보이지 않지만 분명하게 여러분에게 작용하고 있다는 이야기입니다.

　그래서 여러분 의식으로 마음을 고치면 진리는 고쳐진 그 마음에 반드시 좋게 작용하고, 이 법을 알고 있다고 해서 무조건 여러분의 마음이 이치에 맞게 변하지는 않기 때문에 의식을 바르게 하지 않으면서 내가 말하는 것을 죽을 때까지 본들 의미 없다는 말을 한 것입니다. 그래서 어느 정도 시간을 가지고 내가 말하는 것을 보면 그 과정에 여러분이 어떻게 할 것인가를 선택해야 하고, 무의미하게 글을 보면 어떤 전환점에서 여러분은 이 법을 떠나게 되는데 이 부분은 그동안 이 법당에 왔다가 말없이 간 사람들을 보면 쉽게 이해될 것입니다.

마음과 빙의

여러분이 인생을 살면서 무한한 '신통력, 가피, 자비'를 부처는 베푼다는 말 많이 들었을 것인데 이 말 맞는다고 생각하는가? 부처이기 때문에 가능한 일이라고 생각하는가? 불교에서는 이 자비에 대하여 뭐라고 말하는가를 보면 자비(慈悲) '남을 깊이 사랑하고 가엾게 여김, 또는 그렇게 여겨서 베푸는 혜택. 불교에서 중생에게 행복을 베풀며, 고뇌를 제거해 주는 것을 가리키는 말'이라고 자비에 대해 말하고 있는데 이 말과 화현의 부처님 법에서의 자비(慈悲)는 '이치에 맞는 말로 여러분의 의식을 깨워주는 것'을 자비라고 말하고 있어서 이 두 가지를 가만히 생각해보면 어느 말이 더 현실적인 말인가를 알 수 있을 것이고, 이것을 이해하지 못한다면 아직 여러분의 의식은 깨어있지 않는다고 해야 맞는 말이 됩니다.

그런데 여러분은 '남을 깊이 사랑하고 가엾게 여긴다. 중생에게 행복을 베풀며, 고뇌를 제거해 주는 것'을 자비라고 하니 여러분의 입장에서 어떤 말에 마음이 더 끌리는가를 생각해보면 기존에 여러분이 가지고 있던 그 관념에 따라 마음이 끌릴 것입니다.

사람이 인생을 살아가는 시간 끊임없이 마음에 뭔가가 일어나게 되는데 이 마음은 우연히 일어나는 것이 아니라 뭔가에 의미가 있는 마음입니다. '마음이 고요하다'고 하는 말도 많이 하는데 인간의 마음이라는 것은 조용한 호수와 같이 잠잠할 수 없고, 앞서 말한 대로 뭔가의 마음은 끊임없이 올라오게 되어 있습니다.

그래서 화현의 부처님 법에서 '마음이 고요하다'는 의미는 끊임없이 일어나는 그 마음에 의구심을 하나씩 풀어버리는 것이 마음을 고요하게 만드는 방법인데 이같이 하기 위해서는 마음에서 일어나는 문제의 본질을 명확하게 알아야 하고, 본질을 알았다고 하면 그 문제를 이치에 맞게 풀면 마음은 고요해집니다. 그래서 인생을 살면서 온갖 마음이 다 일어나게 되어 있고, 이것은 전생에 자신이 지었던 업이 진행되는 과정에서 일어나기 때문에 막말로 내 마음에서 일어난 그 마음은 우연히 일어나는 것은 아닙니다.

이 경우 빙의가 여러분 마음에 소리 없이 작용해도 여러분은 그 본질을 모르기 때문에 표면에 나타나 일어나는 그 마음만 인지하게 됩니다. 그래서 각자의 마음에 어떤 마음이 일어나면 여러분은 그 마음을 〈내 마음〉이라고 인식하고 사는 것이 일반적입니다. 예를 들면 내가 쓴 글을 보고도 어떠한 마음은 다 일어나게 되어 있는데 이때 일어나는 마음도 전생에 여러분이 이 법을 대했던 그 마음에 따라 똑같이 일어나게 되어 있어서 이 법을 보고 어떤 마음이 드는가를 되돌아보면 전생에 이 법과 여러분이 어떠한 업연을 맺었는가를 짐작해 볼 수 있을 것입니다. 그래서 인간이라는 몸을 움직이고 행동하는 것은 모두 전생에 지었던 각자의 업에 따른 행동을 하는 것이지 우연히 일어나는 마음이라는 것은 없습니다. 세상에 이유 없이 존재하는 것은 없다, 이유 없이 일어나는 마음이란 없다는 이야기입니다.

사람이 인생을 살면서 무수한 상황과 접하게 됩니다. 살면서 죽을 때까지 무수한 마음이 일어나고 무수한 경계에 부딪히며 그것을 여러분의 의식으로 나름대로 정리해가면서 인생의 시간을 사는데 이 과정에서 여러분은 '내 마음'이라는 것이 반드시 작용하게 되는데 자식이 어떠한 말을 듣지 않았을 때 보통은 '너는 왜 내 말을 듣지 않느냐?'라고 뭐라고 합니다. 그런데 자식이 '내 마음'에 들게 행동하면 여러분은 마음이 편안해지겠지만 반대로 말을 듣지 않으면 그런 것을 보고 괴로움이라는 마음이 일어납니다.

이런 부분이야 자식이 있든 없든 일상을 사는 입장이기 때문에 누구라도 이와 비슷한 마음은 다 일어나는 데 문제는 막연하게 자식이 내 말을 들어 편하고, 말을 듣지 않아 편하지 않다고 이분법적으로만 생각해버리는 것이 보통인데 내가 말하는 것은 자식이 어떠한 행동을 한 것이 이치에 맞는가, 아닌가를 나 스스로 되돌아보고 내 생각이 이치에 맞으면 자식에게 뭐라고 하는 것이 맞습니다.

그런데 문제는 여러분이 자식에게 뭐라고 하는 그것은 본인이 생각하기에 '당연히 맞다'는 관념을 가지고 있어서 부모 된 입장에서 자식에게 자신의 관념, 생각에 따라 뭐라고 야단을 치는데 이것은 단순한 사고방식이어서 잘못된 것이고, 내가 말하는 것은 자식이 어떠한 행동을 했을 때 그 행동이 이치에 맞는다고 한다면 뭐라고 하면 안 됩니다. 그런데 보통은 이것을 보지 않고 부모의 관념에 들지 않으면 무조건 야단을 치는 것은 잘못된 것입니다.

'부모가 자식에게 화풀이한다'는 말도 있습니다. 부모가 하는 일이 잘 안되면 자식이 하는 행동이 눈에 거슬리게 보이고, 더불어 그 자식에게 화풀이하는 경우 흔하게 보는데 잘못된 것이고, 내 문제는 내가 풀어야 하는 것이 맞지만, 스스로 문제를 풀지 못하니 가만히 있는 주변 사람에게 화풀이하는 사람 무수하게 존재합니다. 결혼하여 자식을 낳으면 보통 사람들은 그 자식이 부모의 말대로 잘 따라주기를 바라지만 그게 마음대로 되지 않는 이유는 그 자식과 나 사이에 어떠한 업연이 있는가에 따라 말을 듣는 정도 차이가 다 다릅니다.

그래서 열 명의 자식을 키워도 부모의 의중을 알고 잘 따라주는 자식이 있지만 그렇지 않고 뺀질뺀질하게 행동하는 자식도 있는데 이것은 그 자식과 나 사이에 업연이 뭔가에 따라 나타나고 행동하는 것이 다 다릅니다. 그래서 나는 진리적으로 업연에 따라 존재한다고 해도 부모가 자식을 낳고 나서 그 자식에게 '이치에 맞는 행동'을 하면 아무리 업연이 있어도 그 업을 다스릴 수 있는데 부모 자체가 이치에 맞지 않게 행동하면서 자식이 하는 행동이 자신의 마음에 들지 않는다고 뭐라고 야단을 치는 것은 옳은 사고방식은 아닙니다.

그래서 나는 사람으로서 진리를 모른다고 해도, 먼저 인간이면 인간다움의 마음씨를 가지고 있어야 한다고 했고, 사실 공자, 맹자, 순자 등이 말한 '인간으로서의 기본적인 행동'만이라도 할 수 있다면 인간으로서의 기본은 하고 산다는 말을 한 것인데, 거꾸로 말하면 인간으로서 몸은 가지고 있지만 그 몸, 마음으로 인간의 기본기를 다하지 못하고 살면서 죽음 이후가 어떻고를 말하고 운명 타령이

나 하고 신세타령을 하는 사람 세상에 넘쳐나는데 안타까운 일이 아닌가?

1376   정신질환

  공자의 말 중에 '산 사람도 섬기지 못하는데 어찌 죽은 이의 영혼을 섬기겠는가? 삶에 대해 모르는데 어찌 죽음에 대해 알 수 있겠는가?'라는 말이 있습니다. 이 말의 의미는 '살아 있는 사람이 인간의 도리도 다 못하고 살면서 죽은 사람을 생각하는 것은 이치에 맞지 않는다.'고 해야 맞는 말이 될 것입니다. 또 '인간이 어떻게 살아야 하는가도 모르면서 죽음 이후를 말하는 것은 이치에 맞지 않는다.'고 해야 맞는데 이 부분 여러분은 어떻게 생각할지 모르겠지만 내가 말하는 마음공부는 이런 말 한 구절을 생각하면서 그 말이 이치에 맞는 말인가 아닌가를 정립해가는 것이 화현의 부처님 법에서의 마음 공부법입니다.

  사실 이런 부분은 책상머리에 앉아서 시간을 버려가며 배우는 것이 아니라 세상에 무수한 말을 보면서 여러분의 의식으로 순간순간 정리를 해가면 됩니다. 길가에 수많은 간판을 보면서 그 말에 의미를 생각하고, 그 말이 뭐가 문제가 있는가, 어떤 말, 단어들이 새롭게 만들어지고 있는가를 보고 잘잘못을 가려내는 것이 내가 말하는 '살아 있는 공부'가 됩니다.

그래서 나는 인간들의 마음으로 표현되고 있는 이 세상의 모든 것을 보면 진리의 흐름이 어떻게 진행되고 있는가를 쉽게 알 수 있다고 말했는데 이 말은 각자의 마음을 표현해서 세상에 무수한 말이 만들어지기 때문에 그렇습니다. 다시 말하지만, 여러분이 오늘을 사는데 오늘을 사는 그 환경은 여러분의 마음에 따라 만들어지고 있다고 해야 맞는 말이 되어서 이 개념으로 부부간에 갈등이 있다고 한다면, 또 자식과 갈등이 있다면, 혹은 회사, 친구 등 모든 어떤 것하고도 뭔가의 갈등이 있다고 한다면 그 속에, 이면에는 반드시 여러분의 마음이 그렇게 작용하고 있다는 이야기입니다.

  '마음＝진리의 기운'이라는 것을 이해하면 오늘은 또 여러분의 마음이 어떻게 흘러가는가를 쉽게 알 수 있는데 이런 흐름을 볼 수 있다면 의식이 깨어 있는 것이고, 이런 것 신경을 쓰지 않고 그저 마음에 일어났으니 그 마음에 따라 행동해버리는 것은 의식 없는 행동입니다.

  왜 이런 말을 하느냐면 빙의(憑依)라는 것을 여러분이 이해하려면 반드시 여러분의 의식이 깨어 있어야만 이해할 수 있는 부분이어서 결국 강한 의식, 이치에 맞는 의식을 가지고 있지 않으면 빙의를 다스릴 수 없어서 의식은 매우 중요한데 거꾸로 의식이 흐려 있으면 빙의는 내 마음에 작용하고 결국 나 자신은 이치에 벗어난 행동을 하게 되어 있어서 이 부분 정리해봐야 합니다. 더 말하지만, 빙의가 작용하여 내 인생에 영향을 주는 것을 알지 못하고 무당들이 하는 굿이나 절간에서 하는 의식으로 빙의를 어떻게 할 수 없고, 오직 나의 의식으로만 빙의를 치유할 수 있음을 명심해야 합니다.

그런데 요즘 세상을 보면 '빙의'에 대한 말들을 아무 거리낌 없이 사용하는데 이런 현상은 매우 좋지 않은 것으로 그만큼 빙의들이 세상을 지배하고 있다는 의미입니다. 다시 말하지만, 빙의는 죽은 사람의 마음이고, 이 마음이 살아 있는 사람의 마음에 작용하는 것인데 이 개념으로 보면 빙의라는 말은 사실 좋은 것은 아님에도 요즘 사람들은 아무 거리낌 없이 이런 말을 사용합니다.

인터넷에 보면 '빙의 글'이라는 말이 많은데 이 말은 말 그대로 '빙의들이 쓴 글, 말'이라는 의미가 있어서 이런 말 사용한다는 자체가 이미 빙의들이 자신들의 모습을 인간을 통해 드러내고 있다는 것인데 인간들은 또 이런 말들을 호기심 있게 재미삼아 심심풀이쯤으로 생각하고 보는데 안타까운 일입니다. 보통 '정신질환자'라고 하면 여러분은 무엇을 기준으로 '정신질환자'라고 생각하는가?

이 말은 '이치에 맞지 않는 행동을 하는 자'를 보고 '정신질환자'라고 해야 맞습니다. 그런데 어떤 종교를 믿는 사람이 같은 종교를 믿지 않는 다른 사람을 보고 '정신질환자'라고 말하는데 이 경우 종교를 믿는 자신은 그 종교의 관념에 상대가 맞지 않은 행동을 하므로 그 상대를 보고 이상한 사람이라고 생각하는 것입니다.

거꾸로 말하면 두 사람이 같은 종교를 다닌다면 이 경우 상대를 '정신질환자'로 보지 않는다는 이야기입니다. 그래서 젊은 사람들이 반드시 알아야 할 것은 '종교를 갖지 않는 것이 좋다.'는 것을 명심해야 합니다. A 종교를 믿는 사람과, B 종교를 믿는 사람이 있다면 이 사람들의 사이는 무난할까? 이런 상태에서 결혼한다면 원만한 삶을 살 수 없음을 명심해야 합니다. 그래서 나는 이 세상에 종교, 사랑, 희망 등과 같은 것은 모두 잘못된 것이고 존재해서는 안 되는 것이라는 말을 한 것입니다.

이같이 말하면 누구는 또 '종교는 인간 잘되라고 존재하는 것이 아닌가?'라고 생각하는 사람도 있을 것이나 내가 말하는 것은 종교가 되었든 명언이 되었든 신이 되었든 그것이 이치에 맞지 않는 말이라면 그 자체로 인간에게 해를 주는 것이라고 말한 것이어서 이 부분 새겨봐야 할 것입니다.

그래서 나는 사람이면 사람다워야 하고 이것을 기반으로 '이치에 맞게 삶을 살면 된다.'는 말을 한 것입니다. 더 말하면 학교를 다 나왔다고 해서 그 사람의 행동이 이치에 맞는 행동은 아니라 할 것이고, 또 학교를 나오지 못했다고 해서 그 사람의 삶, 말이 모두 이치에 벗어났고, 인간답지 않다고 생각하는 그 자체는 모순이라고 말한 것입니다. 그런데 요즘 사회를 보면 지도자라는 사람이 '배우지 못한 사람은 인간 취급하지 않는다.'는 말을 거리낌 없이 말하는데 참으로 의식 없는 행동이 아닌가?

그래서 여러분이 반드시 알아야 할 것은 자식을 낳아 서울로 보내야 한다는 식의 말은 모두 의식 없는 말이고, 내가 말하는 것은 지식의 배움이 중요한 것, 우선이 되어서는 안 되고 인간이면 인간다움이 뭔가를 알게 한 것이 중요한 것이어서 아마 이런 부분도 요즘 사람들의 생각과는 차이가 있을 것입니다. 과거 무지했던 시기 화현의 부처님은 자식에게 돈을 버는 방법을 가르친 것이 아니라 '지혜'를 먼저 가르쳤고, 그 결과 나는 오늘날 여러분에게 법이라는 것을 말할 수 있어서 이 부분 새겨봐야 할 것입니다.

바닷가에 있는 무수한 모래알도 다 똑같은 것은 하나도 없고 서로 다른 모습을 가지고 그 자리에 있어서 여러분은 그것을 보고 자연스러움이라고 하는 것입니다. 이 말은 사람도 다 제각각 다른 성향을 보이고 있을 수밖에는 없어서 그 자체가 자연스러움인데 어리석은 인간은 그 자연스러움은 생각하지 않고 삽니다. 이 말을 왜 하느냐면 서로 다른 모습을 가지고 있어도 제각각 그 자리에서 이치에 맞게 산다면 자연스러움이 되겠지만, 그 무리 중에 이치에 벗어난 행동을 하고 사는 사람이 있다면 이 사회는 자연스러움이라고 할 수는 없다는 이야기입니다.

1377 무의식

나는 이날까지 여러분에게 '의식을 깨어나게 해야 한다'는 말을 수 없이 말했고, 이것이 화현의 부처님 법에 핵심이라고 말했는데 의식을 깨어나게 하기는 매우 쉽지만, 반대로 매우 어려운 것이어서 결국 의식이 깨어나지 못하면 여러분의 괴로움은 사라지지 않습니

다. 그렇다면 의식이라는 것이 뭔가의 문제인데 내가 말하는 의식
은 간단합니다. 예를 들어 여러분이 일상을 살면서 '어떤 것이 옳다,
어떤 것이 옳지 않다.'는 것만 분별할 수 있다면 그 자체로 의식이
있는 것입니다.

여기에 옳고, 옳지 않은 것을 판단하는 기준은 반드시 '이치에 맞
는 것'을 기준으로 삼아야 하는데 이같이 할 수 있다면 여러분은 순
탄한 삶을 살아갈 수 있습니다. 그래서 의식이 뭔가에 따라 괴로움
을 달고 사는 사람이 있지만, 의식이 깨어 있지 않으면 구더기와 같
은 삶을 살 수밖에는 없습니다. 재래식 화장실에 가면 구더기가 부
글부글한데 여러분은 이것 보고 무슨 생각을 해본 적이 있는가?

막연하게 더럽다, 구역질 난다는 생각만 했을 것입니다. 그런데
만약 여러분이 죽어서 윤회하는 입장이라면 이 구더기의 몸을 가지
고 태어났다면 여러분은 어떤 마음이 들 것인가? 이거 말은 쉽지만,
윤회의 입장에서 보면 남의 일로 보이지 않을 것입니다. 역지사지
라는 말 여러분도 다 알겠지만, 마음공부라는 것은 상대, 세상의 모
든 것을 보면서 '내가 그 입장이라면'이라는 생각을 항상 하고 살아
야 합니다.

그래서 의식 없이 한평생을 산다면 여러분 자체가 구더기로 윤회
할 수 있어서 이 부분도 역지사지의 입장에서 생각해볼 수 있는 의
식이 있어야 할 것입니다. 그런데 구더기를 보면 막연하게 더러운
것, 나와는 아무 관련이 없는 것이라고만 생각한다면 여러분의 의식

은 잘못되었다 할 것이어서 이 부분 깊게 정립해봐야 할 것입니다.

자신이 그것을 보기에는 지저분하고 나는 그렇게 되기는 싫고라는 단순한 생각 누구라도 다 하고 삽니다. 그렇다면 구체적으로 '나는 그렇게 되지 않기 위해 어떻게 해야 할 것인가'를 생각해보는 것이 내가 말하는 화현의 부처님 법에서의 '의식'이라고 하는 것입니다. 이같이 말하면 누구는 '나는 그렇게 생각해본다'고 말할 수 있겠지만 생각해보는 것도 중요하지만 문제는 '그렇다면 나는 어떻게 마음을 만들어야 하는가?'라는 것을 생각하고 그것에 맞게 행동을 하는 것까지 마무리해야 진정한 의식이 깨어 있다 할 것입니다.

따라서 나는 〈생각하고 마음의 결정과 행동하는 그것까지〉 마무리해야만 여러분의 이치는 바뀐다고 말한 것이고, 생각만 해보는 것은 사실 아무 의미 없다는 이야기입니다. 여러분이 알아야 할 것이 있는데 그것은 말만 무성하게 하는 사람이 있고, 말이 없어도 말을 앞세우지 않아도 행동으로 먼저 나타내는 사람이 있는데 내가 말하는 것은 말없이 행동으로 나타내는 사람이 의식이 깨어 있는 사람이고, 말만 무성하게 하고 행동으로 나타내지 않으면 그 말은 썩은 나무와 같다 할 것입니다.

이 세상에는 말로 먹고사는 사람들이 있습니다. 학교 선생이나 교수 등이 이에 해당할 것인데 그들이 강단에 서면 어떤 말이든 할 수밖에 없을 것입니다. 중요한 것은 그들이 그렇게 말하는 것은 자신의 분야에서 알고 있는 지식을 말하는 것에 지나지 않습니다. 문제는 그들이 자신의 영역 밖으로 나가면 일반 범부와 다를 바 없기 때문에 자신과 관련 없는 분야에서는 입을 닫고 있을 것입니다. 그런데 여러분은 교수나, 어떤 직함을 가지고 전문적인 그 분야를 말하면 여러분은 포괄적으로 '그 사람의 말이 맞는다'고 생각해버린다는 점입니다.

이게 무슨 말이냐면 지식을 배우면 일단 말이 많아지는데 그것은 배운 것이 많아서 그렇습니다. 그렇다면 지식으로 배운 그 사람의 말이 이치에 맞는가인데 이게 그렇지 않습니다. 앞서 말했지만 전문 분야를 배웠다면 이것은 물질 이치에서 먹고 사는 하나의 수단에 불과한 것이고, 그렇다고 해서 그들이 말하고 생각하는 논리가 진리적으로 보편적인 인간의 가치관에 부합되는가는 별개의 문제라는 점 명심해야 할 것입니다.

내가 지식은 부족하다고 해도, 나는 지혜는 여러분보다 많습니다. 이 말은 인간이라는 하나의 생명체로 존재하기 때문에 생명체가 존재하는 것은 결과적으로 '지혜'를 얼마만큼 가졌는가에 따라 결정되기 때문에 지식은 지혜를 능가할 수 없다는 점 명심해야 합니다. 다시 말하지만, 세속적 지식이 많다고 하여 진리를 아는 것은 아니며, 진리는 세속적 앎(지식)과 무관합니다. 그렇다면 무엇이 진리인가의 문제인데 그것은 '너와 내가 그렇게 존재할 수밖에 없는 작용'을 진리의 작용이라고 합니다.

불교는 거룩한 진리라고 해서 괴로움의 진리, 괴로움의 발생의 진리, 괴로움의 소멸의 진리, 괴로움의 소멸로 이끄는 진리를 말하고 있지만, 이 말은 '생명체가 왜 존재하는가?'의 뿌리를 말하지 못하고 있어서 이것은 네 가지 진리라고 말하는 것 자체는 모순입니다. 따라서 진리라는 말은 함부로 사용하는 말이 아닌데 여러분은 부처가 네 가지의 진리를 말했다고 하면 그 말이 진리 이치에 맞는 말인 것으로 생각하는데 대단한 착각입니다.

사람이 인생을 사는데 학문을 배워야 하는 것은 맞지만 그것으로 자기 우월주의를 내세우는 것은 옳지 않으며 결국 죽을 때는 지식을 찾는 것이 아니라 지혜를 찾게 되어 있어서 이 부분 새겨봐야 하고, 많이 배웠다고 하여 반드시 지혜로운 자는 아닌 것을 알아야 합니다.

또 하나는 나이를 먹었다고 해서 다 어른이고 어른 대접을 받으려고 하는 것은 잘못된 것이고, 어른이 되려면 어른다운 행위를 해야 하는데 문제는 어른다운 행위가 뭔가의 문제인데 이것은 각자의 의식에 따라 다 다르게 말할 수 있는 부분이어서 한마디로 정의하기 어렵지만 '이치에 맞는 행위'를 하는 자를 어른이라고 해야 맞고, 나이가 들었어도 이치에 맞지 않는 행위를 한다면 그것은 어른이라고 할 수 없습니다. 나이 든 사람이 운전한다고 해서 '어르신이 운전하는 차'라는 스티커를 차에 붙이고 다니는 사람이 있는데 이것은 잘못된 것이고, 그렇게 표현하면서까지 어른 대접을 받아야 한다는 그 의식은 문제가 있는 의식입니다.

산송장

　사람이라는 것은 누구나 의식이라는 것을 가지고 있지만 그 의식이 어느 시점에 굳어져 멈추어 있다면 그것은 산송장이라고 해야 맞는 말이 됩니다. 그래서 나는 인간의 의식이라는 것은 맑은 시냇물 속에 굴러가는 자갈과 같이 항상 깨어 있어야 하고, 이 돌이 한자리에 박혀 있으면 그 돌에는 반드시 이끼가 끼게 되어 있습니다. 마찬가지로 사람이라는 것도 '나는 배웠다'는 생각만으로 자신이 좋은 사람이고, '나는 너보다 더 배웠다.'라는 관념만 가지고 산다면 그 틀에서 벗어나기란 매우 어렵습니다.

　인간의 사고 의식이 어느 시점에 딱 굳어 있다면 그 사람은 스스로 발전할 기회를 놓치게 되는 것이고, 쓸데없는 목소리만 커지게 되어 있습니다. 반대로 침묵한다고 하여 성자가 되는가의 문제인데 내가 말하는 것은 말을 해야 할 때 입을 꼭 다물고 있다면 이는 무지하기 때문이라고 볼 수 있고, 아는 것이 없어서 말을 못 하는 것이 됩니다. 그래서 그 상황에 맞는 말을 하는 것이 의식이 깨어 있는 것이라고 해야 맞는 말이 됩니다.

　그래서 이 말이라고 하는 것은 어떤 상황에서 어떤 말을 어떻게 할 것인가를 알아야 하는데 보통 사람들은 입(口)이라는 것이 달려 있으니 생각이 일어나니 그 생각으로 나불거리는 것은 말이 아니라 소음이 되는 것입니다. 사람으로 태어나 사람답게 산다는 것은 매우 어려운 것이고, 지난 세월 무수한 사람들이 인간의 가치관을 찾으려고 노력은 했지만, 그 답을 찾지 못했습니다. 그래서 나는 아주 간단한 말로 '이치에 맞게 살면 된다'는 말을 한 것이고, 이치를 알아가는 과정을 화현의 부처님 법에서의 수행이라고 말한 것이며, 이치를 다 알았을 때를 깨달음을 얻었다고 해야 맞는 말이 되어서 이 말 새겨봐야 할 것입니다.

이같이 말하면 다른 사람들도 대부분 과거와 현재, 어제와 오늘, 오늘과 내일이라는 것을 안다고 말할 수 있겠으나 그것은 지금 내가 말하는 것과는 다른 이야기고, 내가 말하는 것은 과거와 현재, 어제와 오늘, 오늘과 내일을 살면서 그 속에 '내가 이렇게 변했구나.'라는 것을 아는 것을 말하는 것이어서 자고 나니 오늘이고, 오늘은 또 과거로 돌아간다는 논리는 누구라도 말할 수 있어서 내가 말하는 것과는 다릅니다.

인생을 살면서 제일 어리석은 사람은 '상황이 닥칠 때까지 확실하게 결정을 못 내리는 마음'을 가지고 있는 사람이고, 현명한 사람은 어떤 상황이 닥치기 이전에 미리 대비하는 행동을 하는 사람입니다. 이 말은 내 앞에 어떤 일이 있을 때 미리미리 그 일을 처리하는 사람은 현명한 사람이고, 그 일이 닥칠 때까지 기다리는 사람은 어리석은 사람이므로 이 글을 보는 여러분은 현명한 삶을 사는가, 어리석은 삶을 사는가를 보면 여러분이 어떤 삶을 사는가, 어떤 마음, 의식을 가지고 사는 사람인가를 쉽게 알 수 있을 것입니다.

따라서 내가 이 법을 말하는 것을 처음으로 볼 때와 지금 여러분의 마음 상태를 되돌아보면 그 당시와 뭔가 변했다는 것을 느끼고 있는 사람이 있겠지만 그 처음 그때와 지금 변한 것이 없다고 한다면 똑같은 글을 봐도 결국 마음에 차이 때문에 그렇습니다.

　지금까지 이 글을 본다는 것은 내가 말한 것으로 인해 자신의 마음에, 혹은 의식에 변화가 있다는 이야기고 그 변화에 따라 자신들의 주변, 혹은 자신의 마음이 뭔가 편해지고 있어서 내 글을 보는 것인데 그렇다면 여러분이 종교를 믿어서 얻어지는 편함이라는 것과 내가 말하는 것을 보고 마음에 편안함으로 나타나는 그 차이를 생각해보면 어떤 생각이 드는지 모르겠지만 타력적으로 뭔가를 기대서 얻어지는 편안함이라는 것은 모래성과 같은 것이고, 내 글을 보면서 '그렇구나'하고 긍정하는 과정에서 뭔가 조금씩 변하는 것을 알았다면 어떤 것이 이치에 맞는 편함인가를 알 수 있을 것입니다.

　그래서 나는 여러분의 마음이 이치에 맞게 변하면 반드시 진리는 그 마음에 맞게 반응한다고 말했고, 이치에 맞지 않게 변하면 아무리 화현의 부처님이 있다고 해도 그 마음에 반응하는 것을 여러분은 알아차리지 못하게 되어 있습니다. 배고프니 무작정 배를 채우려고 먹는 사람과 내가 왜 이 음식을 먹어야 하는가의 의식을 갖고 먹는 사람은 똑같은 밥을 먹더라도 그것이 피와 살이 되기도 하지만, 먹었으니 똥으로 그냥 나오는 사람도 있다는 이야기입니다.

　여러분이 인생을 살면서 무수한 상황 속에 의식 없이 일을 처리하고 사는 사람이 시간이 지나면서 스스로 결정할 수 있는 부분을 결정하면서 과거와 지금 내가 변했다는 것을 알게 되면 이전의 마음과 이후의 마음 차이를 알 수 있을 것입니다. 그런 모습을 통해서 다른 사람과 나 자신의 차이, 또 과거의 나와 현재의 나를 대입해서 볼 수 있는 눈이 조금은 떠져 가고 있음을 아는 사람이 의식이 깨어 있는 사람입니다.

따라서 맹한 정신으로 하루 눈을 떴으니 일상적인 행위를 반복하고 사는 사람도 있고, 뭔가 마음에 하나씩 정리를 해나가면서 과거와 지금의 내가 변했다는 것을 안다면 이같이 변하게 한 이유는 의식이 변했기 때문이라고 해야 맞고, 이 부분은 지속해서 관찰하면서 자신의 의식으로 일상의 행동에 반영되어야 합니다. 그러므로 인생을 살면서 자신의 마음을 알아가는 과정에 나는 이런 사람이라는 것을 조금씩이라도 알아가는 것은 똑같은 밥을 먹고 살지만, 그 늪에서 벗어 날 기회, 희망을 얻은 것이어서 다행이지만 똑같은 시간이 지나지만, 처음과 오늘 내 마음에 변함이 없다는 것은 아직 의식이 깨어나지 않았음을 의미합니다.

이 부분은 바늘 하나로 큰 얼음을 깰 수 있는 것과 같아서 이같이 적은 차이지만 자신의 의식이 확대되어가면 나 자신이 어떤 사람이라는 내 마음 그릇, 나라는 존재를 조금이라도 이해하게 됩니다. 이같이 말하면 나 자기 행동이 윤리·도덕·양심에 반하는 것을 기준으로 '나는 내 마음을 안다.'고 말하는 사람이 있을 것인데 그것은 인간으로서의 기본에 해당하는 것이고, 내가 말하는 것은 과거와 현재 자신의 마음이 어떻게 변했는가를 아는 것이 '나를 알자'입니다.

인생을 살면서 이런 부분도 이해하지 못하고 사는 사람 무수한데 그저 날이 바뀌니 단순하게 과거와 현재, 어제와 오늘, 오늘과 내일이 있다는 것을 인지하는 것은 숨을 쉬는 사람이라면 누구라도 말할 수 있고, 과거와 현재, 어제와 오늘, 오늘과 내일 속에 나, 내 마음, 내 환경은 이렇게 변했구나, 이게 내 모습이라는 것을 알아가는 것이 '나를 알아가는 법'이라는 이야기입니다.

1379　　　　　　　　　　　　　　　　진급

따라서 똑같은 하루를 살지만, 긍정적으로 변하는 마음을 인지하고 살면 사실 인생 사는 재미가 있습니다. 이것은 구구단 2단의 개념을 이해하면 구구단을 배우는 과정, 시간이 의미 있게 느껴질 것이고, 이 자체를 모른다면 구구단 배우는 시간이 괴롭게 느껴질 수밖에는 없습니다. 문제는 각자의 의식이 어떤 것인가에 따라 이런 변화도 모르고 인생을 사는 사람이 상당한데 그것은 바로 각자의 의식에 차이입니다.

그래서 이 법을 알고 이제라도 나와 다른 사람의 차이를 조금이라도 알아간다는 것은 좋은 현상이고, 나를 알면 내 그릇이 뭔가를 알수 있어서 자기 자신에게 맞는 자리, 환경은 그것에 맞게 변하게 됩니다. 여기서 변한다는 의미는 인생에서 '진급'이 되는 것을 의미하는 것이고, 반대로 인생이 점점 더 고달파지는 경우도 있는데 이 개념이 '강급'이 된다고 해야 맞습니다.

결국, 내 마음이 이치에 맞게 변하는가, 변하지 않는가에 따라서 여러분의 환경은 변하기 때문에 과거와 현재 여러분의 환경을 비교해 보면 진급된 인생으로 변하는가, 강급되는 인생으로 변하는가는 쉽게 알 수 있을 것입니다. 이런 차이를 안다면 여러분이 지금 당장 어떠한 마음으로 생활해야 하는가를 알 수 있다는 이야기입니다. 내가 말하는 화현의 부처님 법의 논리는 매우 간단한 논리인데 이런 말 자체를 이해하지 못하면 누가 여러분을 지켜주고 보살펴준다는 대상을 찾아서 울고불고 매달리고 살면 됩니다.

따라서 인생을 사는 입장에서 인간이 가진 〈의식〉이라는 것은 매우 중요한데 '의식'이라고 하는 것은 뭔가 의도적으로 뭘 해야겠다고 생각하는 것도 의식이지만 내가 말하는 의식은 일상을 살면서 누구, 어떤 말이 이치에 맞는가 아닌가를 분별하는 것을 말하는 것이어서 이것을 분별할 수 있다면 여러분의 의식은 깨어나 있다고 해야 맞는 말이 됩니다.

하루를 사는 입장에서 지금은 이것을 처리하고, 이후 저것을 처리하자고 생각하고 그것을 차질 없게 하나씩 처리해가는 것도 물질 이치에서 몸을 움직여야 하므로 의식은 맞고, 진리 이치에서 나의 정신을 어떻게 사용하는가를 생각하는 것도 의식입니다. 여러분이 화현의 부처님 법을 보면서 마음이 편해진다, 마음이 편하다고 하는 부분은 여러분의 의식이 깨어나서 그렇게 인지하는 것이고, 화현의 부처님 법을 보면서 나는 뭐가 뭔지 아직은 모르겠다고 한다면 아직 의식이 깨어나지 않아서 그렇습니다.

그래서 똑같은 밥(글을 봐도)을 먹어도 그 밥의 맛을 알고 먹는 사람과 맛도 모르고 먹는 사람의 차이는 반드시 있습니다. 따라서 여러분 자신이 어떻게 하겠다고 의도하고 행동을 하는 것이 의식이고, 순간 어떤 마음이 올라온다고 해서 그 마음대로 움직이는 것은 잘못되었는데 다시 말하면 인간이 어떤 마음이 올라오면 그 마음이 맞는 마음인가 아닌가를 생각하고 맞는다고 한다면 그 마음에 따라 일을 처리하는 것이 이치에 맞는 행동입니다.

다시 말하지만 '의식'이라는 것은 내 현실에서 '이것은 이렇게 해야지.'라고 생각하고, 그 생각대로 일을 처리해나가는 것이 의식입니다. 화장실에 가서 용변을 볼 때 그 짧은 시간에도 '내가 화장실에서 나가면 무엇부터 해야지.'라고 생각을 정리하고 나가서 그 일을 처리하는 것이 의식입니다. 그런데 화장실에서 가만히 있다가 막상 밖으로 나오면 '뭘 해야지?'라고 생각하고 행동하면 그것을 생각하는 시간은 낭비입니다. 그래서 준비성 있게 계속해서 생각하고 자신이 처리해야 할 것은 꾸준하게 생각하고 그날 할 일은 그날 처리하고 나면 마음이 개운해질 것이고, 이것이 내가 말하는 마음에 흔적 지우는 방법인데 그날 할 일을 그날 처리하지 못하면 내일 할 일로써 흔적이 남는 데 문제는 그렇게 일을 남기고 오늘 밤에 죽었다고 할 경우 오늘 마무리를 하지 못한 그 일은 반드시 마음에 흔적으로 남게 됩니다.

이 부분 매우 중요한 말인데 이 말을 확대·축소해서 각자의 인생에 대입해보면 왜 오늘 처리해야 할 일은 오늘 처리해야 하는가를 알 수 있을 것입니다. 마음에 흔적이 남으면 그 마음에 따라 죽어서도 그 마음에 끄달려지게 되어 있고, 빙의가 되는 이유 중에 하나도 앞서 말한 대로 마음에 어떤 흔적이 남는가에 따라 죽어서 빙의로 되는 경우도 있습니다. 물론 죽어서의 문제도 문제지만 오늘 할 일을 처리하지 못하면 그 일이 밀리고, 또 내일이 되면 내일 일이라는 것이 있어서 결국 자신이 감당해야 할 일의 한계를 넘어버리게 됩니다.

따라서 큰일이든 적은 일이든 나 자신이 처리해야 할 일이라면 반드시 생각이 날 때 처리해버리는 것이 현명한 사람이고, 오늘 할 일임에도 저것은 내일 해야겠다고 미룬다면 그것은 반드시 자신에게 해(害)가 된다는 점 명심해야 할 것입니다. 이게 내가 말하는 화현의 부처님 법인데 이게 쉬운 것 같지만 사실 매우 어렵습니다. 당장 생각해서 한두 번은 그렇게 할 수 있다고 하겠지만 꾸준하게 평생을 하고 산다는 것은 매우 어렵다는 이야기입니다.

이런 것을 왜 해야 하는가? 그것은 여러분의 이치를 바꾸기 위해서 매우 중요한 기초가 되는데 이같이 하지 않으면서 나 자신의 운명이 바뀌기를 바란다면 여러분은 잘못된 생각을 하는 것이고, 이같이 하지 않고 기도나 염불하면서 여러분이 변하기를 바란다면 그것은 꿈에 불과합니다. 따라서 회사가 되었든 집이 되었든 법당이 되었든 그 상황에 맞게 자신이 해야 할 일은 바로 하면 되고, 아직은 시간이 있는 일이라면 그것을 잊지 말고 의식으로 계속 생각하면서 잠시 미룰 수 있으나 기본적인 것은 내가 오늘 해야 할 일, 내 눈앞에 보이는 일이라면 순차적으로 그 일을 처리하는 것이 맞는다는 이야기입니다.

의식은 '내가 이렇게 해야지.'라고 마음으로 정리하고 그것을 의지로 실천하는 것이고, 내가 뭘 해야 한다고 마음을 먹지 않고 마음에서 우연히 올라오는 것을 행동하는 것은 내가 말하는 의식은 아닙니다.

1380 망아지

사람은 누구라도 마음에 어떤 것이 올라오게 되어 있고, 그 마음에 따라 행동하는 것은 의식은 아니어서 이 부분 정립해야 합니다. '의식이라고 하는 것은 뭔가 의도적으로 뭘 해야겠다는 생각'이 의식입니다. 자신이 어떻게 하겠다고 의도한 게 아니라면 그것은 의식이 아니라고 정립해야 합니다. 마음에 일어났으니 행동하는 것하고, 내가 이렇게 해야겠다고 의식으로 정립하고 행동하는 것은 다르다는 이야기입니다.

그래서 사람이 행동하는 것은 세 가지의 경우가 있는데 하나는 자신이 이렇게 해야 한다고 정립하고 난 후 행동하는 것, 다른 하나는 마음에서 그렇게 하고자 일어난 마음이 있어서 그 마음 따라 행동하는 것, 그다음 무의식으로 자신이 어떠한 행동을 하고자 하지 않았는데 은연중에 '이것은 이렇게 해야지.'라는 마음이 급하게 일어나서 행동하는 것, 이 세 가지의 마음이 작용하여 모든 사람은 그 마음에 따라 행동하고 삽니다.

그런데 문제는 이렇게 일어나는 마음 중에 어떤 마음이 맞는가는 반드시 여러분 의식으로 정립해야 하고, 막연하게 마음에서 일어났으니 행동을 하는 것은 옳지 않습니다. 그래서 무수한 마음이 올라오지만 어떤 마음이 이치에 맞는 마음인가를 의식으로 분별하고 행동을 하는 것이 올바른 마음 사용법인데 이것을 따져보지 않고 마음에 올라왔으니 행동을 해버리는 것은 이치에 맞지 않습니다.

남자, 여자가 아무도 없는 곳에 둘이 있다고 할 경우 남자가 '이 여자를 어떻게 해야지.'라는 마음이 순간 올라왔다고 합시다. 그 마음에 따라 남자가 여자에게 이치에 벗어나게 행동을 하면 이게 말이 되는가? 그래서 마음이라는 것은 끊임없이 뭔가가 올라오게 되어 있고, 마음을 다스린다는 것은 마음에 어떤 마음이 올라와도 그 마음이 이치에 맞는 마음인가, 아닌가를 분별하는 것이 의식이고, 그러한 마음이 올라왔다고 해도 그 마음을 잠잠하게 하는 것이 내가 말하는 마음 다스리기라는 것입니다.

마음은 고삐 풀린 망아지와 같아서 신경을 쓰고 살지 않으면 그 마음은 망나니처럼 이리저리 뛰어다닙니다. 이 마음을 다스릴 수 있는 것은 '나 자신의 의식'이고, 의식이 깨어 있지 않으면 결국 어떤 마음이든 일어나면 그 마음에 따라 이리저리 몸만 움직이는 인생을 살 수밖에는 없습니다. 그래서 나의 정신을 다스리지 못하는 사람은 결국 '정신이상자'가 되어 있어서 이 부분 깊이 생각해봐야 할 것입니다. 인간의 몸을 다 가지고 살지만, 의식에 따라서 정신 이상자도 되는 것이고, 이치에 맞는 행동을 하는 사람도 되기 때문에 인간의 의식이라는 것은 매우 중요합니다. 따라서 어떤 마음이 여러분에게 작용하는가는 매우 중요한 것이고, 어떤 사안에 대하여 순간적으로 올라오는 마음은 다 있지만 그 마음을 누가 무엇이 작용했는가는 매우 중요합니다.

진리의 기운인 이 '마음'이라는 것은 누구나 다 가지고 있어서 오로지 나 자신의 의식에 따라 그 마음은 이치에 맞는 마음일 수 있고, 빙의의 마음, 혹은 나 자신의 본성에 따른 마음일 수 있어서 이것을 따지기 이전에 일어난 그 마음을 관찰해보고 이치에 맞는 마음인가 아닌가는 여러분의 의식으로 반드시 정립해야 합니다. 그래서 빙의가 이치에 맞지 않게 마음을 작용한다고 해도 여러분의 의식이 올바르면 빙의는 그 마음에 작용할 수 없기에 이같이 하지 않고 막연하게 빙의 타령만 하는 것은 매우 어리석은 사람이라고 해야 맞습니다.

따라서 어떤 사안에 대하여 나의 의식으로 '이것은 이렇게 해야지.'라고 생각하지 않았는데 어떤 마음이 갑자기 올라와서 그대로 행동했는데 '결과가 좋다'라고 한다면 이것은 이치에 맞는 마음이 작용해서 그렇습니다.

그래서 일상을 살면서 무수한 마음이 일어나도 진리의 기운 속에 사는 인간이기 때문에 어떠한 기운이라도 내 마음에 작용할 수는 있고, 그 기운 중에 어떤 기운을 선택해서 쓸 것인가는 오직 여러분의 의식에 달려 있습니다. 여러분의 마음은 무수한 마음(진리의 기운)이 작용하고 있어서 거대한 진리의 기운 통속에 사는 입장에서 여러분에게 어떤 기운이든 영향을 줍니다. 예를 들어 수만 가지 음식이 차려진 '뷔페' 식당에 가면 내가 이것을 먹고 싶다고 한다면 먼저 그 음식을 먹으면 되는데 많은 음식이 차려져 있으니 이것저것 다 먹다 보면 정작 내가 먹어야 할 음식을 배가 불러 먹지 못하는 것과 이치는 똑같습니다.

이 경우 '나는 이것을 먹어야지.'라고 강한 의식을 갖지 않으면 결국 이것저것 먹다가 배가 불러 정작 내가 먹어야 할 것은 먹지 못하는 것과 같이 마음이라는 것도 무수하게 일어나지만, 그 마음 중에 나의 의식으로 그 상황에 맞는 마음을 골라 쓰는 것이 마음을 잘 쓰는 사람이라고 해야 맞는 말이 됩니다.

그런데 문제는 여러분의 마음에 무수한 마음이 일어나는 것은 당연하겠지만, 문제는 그 마음 중에 어떤 마음이 그 상황에 맞는 마음인지를 모르기 때문에 여러분이 자신에게 일어난 마음대로 하더라도 결과적으로 즐거움을 줄 수 있고, 그 마음 따라 행동했지만 괴로움의 결과로 나타날 수 있는데 이것은 결국 마음을 잘 골라서 사용하지 못했기 때문에 그렇습니다. 그로 인해 현실에서 괴로움은 몸에 병으로 혹은 가족 간에 불화로, 직장, 사회에서 그 괴로움에 따라 결과는 나타나게 되어 있는데 이것은 결국 '나'라는 아상이 강하면 그다음 올라오는 마음에는 신경을 쓰지 않는 것이 보통 사람의 마음입니다. 다시 말하지만 어떤 사안에 대하여 1순위로 올라오는 마음이 있고, 그다음 마음이 올라오는데 보통 사람은 어떤 사안에 대하여 크게 솟아오른 그 마음을 따라가는 것이 보통 사람들의 마음입니다.

1381 빙의와 인간

내가 말하는 마음을 골라 쓰는 방법은 어떤 경계에 이르러서 처음 크게 올라오는 마음도 있고, 그다음 또 그 이후 무수하게 올라오는 마음이 있는데 이 마음 중에 어떤 마음이 그 상황에 맞고(현실적으로), 또 진리 이치에 맞는가(진리적으로)를 여러분은 모릅니다. 만약 이것을 안다면 여러분은 그 자체로 깨달은 자가 되는데 결국 어리석은 중생은 '내 마음에서 크게 일어난 마음'을 따라가는 것이 어리석은 중생의 삶입니다. 그래서 인생을 살다 보면 어떤 때는 내 마음대로 해서 잘되는 경우도 있지만 어떤 경우는 그 마음에 따른 행동을 하더라도 그것은 나 자신에게 패가망신으로 돌아와 괴로움만 안겨줍니다.

지난 역시를 보면 무수한 인간들이 이런 마음 따라 살다가 죽었고, 지금도 그렇게 죽어가는 사람 무수합니다. 이런 마음을 이용해 빙의가 여러분 마음을 장악하게 되면 빙의는 진리 이치를 모르기 때문에 결국 빙의의 마음은 여러분의 몸을 마음대로 가지고 놀게 되는 것이고, 다 가지고 놀면 그 몸을 내팽개치게 되어 있습니다.

그래서 이같이 무수하게 작용하는 그 마음을 알고 스스로 의식으로 마음을 다스리지 못하면 이생에 어찌어찌해서 살아는 갈 수 있겠지만 그런 삶이 과연 인간으로서 제대로 된 삶이 되겠는가를 생각해 봐야 합니다. 어떤 기운이 내 마음에 작용하는가에 따라 여러분의 몸은 그것에 맞게 행동하게 되는데 이 말은 실 가는데 바늘은 자동으로 따라간다는 이야기입니다. 다시 말하지만, 마음 따로 몸 따로 움직이지 않는다는 이야기고, 나 자신이 이치에 맞게 살려는 의식을 가지고 있으면 여러분의 그 마음을 진리가 그 의식에 맞게 반응하는 경우도 있어서 이것이 마음에 따라 진리는 그것에 맞게 반응한다고 해야 맞는 말이 됩니다. 그래서 어떤 경우는 어떤 것에 대하여 전혀 생각하지 않았던 부분인데 순간 생각이 올라오고 그 마음에 따라 움직이면 결과는 좋게 나오게 되어 있는 경우도 있습니다.

물론 제일 좋은 방법은 각자의 의식으로 이치에 맞는 행을 하는 것이 좋겠지만, 순간 어떤 마음이 일어나서 그 마음대로 처리했더니 좋은 결과가 나올 수도 있고, 나쁜 결과가 나올 수도 있습니다. 다시 말하지만, 일상을 사는 입장에서 그날 해야 할 일은 여러분의 의식으로 그 일을 미루지 말고 다부지게 처리해가고 그러한 행동이 습관이 되면 나중에 각자의 마음에서 자연스럽게 일을 처리해야겠다는 마음이 올라오는 것이고 그 마음에 따라 처리를 하게 되면 결과적으로 마음이 편안해지게 됩니다.

세상 사람들이 과거와 현재, 어제와 오늘, 오늘과 내일이라는 식의 말 무수하게 합니다. 그런데 이 말을 가만히 들여다보면 뭔가의 공통점이 있다는 것을 알 수 있는데 그것은 '서로 다른 상황'이 그것입니다. 무슨 말인가 하면 '과거와 현재'라는 말을 보면 변하지 않고 그대로 있는 것이라면 과거와 현재를 비교할 수 없을 것입니다.

만약 오늘과 같은 날이 변하지 않고 지속된다면 어제와 오늘이라는 것, 또 내일은 오늘과 다르리라는 것을 알 수 없습니다. 왜 이 말을 하냐면 과거와 현재라는 것은 '변함이 있기 때문에' 과거와 현재가 있는 것입니다. 예를 들어 태양이라는 것 자체는 변함이 없는데 지구가 태양을 돌면서 밤과 낮이라는 것이 바뀌고, 그 과정에 오늘 내일이 있는데 이 과정에 살아 있는 생명체의 환경, 모습은 변하게 됩니다.

그래서 사람들은 이 변함 때문에 과거 현재를 알 수 있고, 만약에 생명체가 변하지 않고 그대로 존재한다면 과거 현재는 없는 것이 아닌가? 이 과정에 여러분이 인생을 되돌아보면 태어나 어린 시절을 지나 어른이 되고 결국 늙어 죽는 것을 스스로 아는데 이것도 과거와 현재라는 것이 반복되어서 오늘로 나타나는 것입니다. 지금, 이 순간도 시간이 조금 지나면 과거가 되는 것이고, 또 다른 내일이라는 것이 찾아오게 되는데 이 과정에서 세월의 흐름을 알 수 있는 것은 나 자신의 변화가 있어서 시간의 흐름이 있는 것입니다.

그래서 내가 말하는 화현의 부처님을 처음 봤을 때와 오늘날 여러분의 상황을 비교해보면 어떤 식으로든 변했다는 것을 알 수 있을 것인데 이것도 여러분이 살아 있는 생명체이기 때문에 과거와 현재를 비교해 볼 수 있는 것입니다. 어떤 사람이 '과거에는 상황이 닥칠 때까지 확실하게 결정을 못 내리는 모습이었는데 최근에 자신이 결정할 수 있는 부분을 결정하면서 자신을 알아갈 수 있었다.'는 말을 했는데 이것도 앞서 내가 말한 대로 '과거와 현재, 어제와 오늘, 오늘과 내일'이라는 것과 같은 의미임을 알 수 있을 것인데, 이 말은 곧 '변한다'는 것을 의미합니다.

중요한 것은 긍정으로 자신의 마음이 변했는가? 좋은 결과로 나타났는가를 판단해보고 긍정으로 변했다면 지금의 그 마음을 잃지 않고 사는 것이 중요합니다. 반대로 이 법당을 다녔지만, 과거와 비교해도 달라진 것이 별로 없다고 한다면, 더 나빠졌다고 한다면 그 마음에 심각한 문제가 있다, 그 의식에 문제가 있다고 해야 맞는 말이 됩니다.

예를 들어 학교에 다닐 때 학교 선생은 수십 명의 학생에게 똑같은 교과서를 기반으로 말을 하지만 그 말을 어떤 의식으로 듣는가에 따라 그 말을 마음으로 받아들여지는 것이 다 다릅니다. 결국, 학업의 성취도는 다 다를 수밖에는 없는데 그 결과는 사람마다 다 다르게 나타나는 것과 똑같은 개념입니다.

이같이 말하면 다른 사람들도 대부분 과거와 현재, 어제와 오늘, 오늘과 내일이라는 것을 인식하고 있다고 말할 수 있겠으나 그것은 지금 내가 말하는 것과는 다른 이야기고, 내가 말하는 것은 과거와 현재, 어제와 오늘, 오늘과 내일을 살면서 그 속에 '내가 이렇게 변했구나.'는 것을 아는 것을 말하는 것이어서 자고 나니 오늘이고, 오늘은 또 과거로 돌아간다는 논리는 누구라도 말할 수 있어서 내가 말하는 **것과**는 다른 말입니다.

그래서 나는 인생을 살면서 제일 어리석은 사람은 '상황이 닥칠 때까지 확실하게 결정을 못 내리는 마음'을 가지고 있는 사람이고, 현명한 사람은 어떤 상황이 닥치기 이전에 미리 대비하는 행동을 하는 사람이라는 말을 한 것입니다.

여러분도 잘 아는 불교에서는 연기(緣起)라는 말을 많이 합니다. 그런데 이 '연기'에 대해 뭐라고 하느냐면, '모든 현상은 무수한 원인(因)과 조건(緣)이 상호 관계하여 성립되므로, 독립·자존적인 것은 하나도 없고, 모든 조건·원인이 없으면 결과(果)도 없다.'라고 말합니다.

불교를 조금이라도 안다면 이런 말쯤은 쉽게 들었던 말일 수 있는데 문제는 이같이 말하면 여러분은 이 연기설이라는 것은 석가가 한 말로 생각하겠지만 사실 이 연기(緣起)라는 말은 고대 인도 사회에 있었던 〈베다〉 사상에 이미 이런 말이 있었던 것을 대승불교로 만들면서 새롭게 '12 연기법'이라는 것을 만들어 냅니다. 다시 말하지만, 여러분이 아는 불교라는 것은 몇 번의 결집 과정으로 만들어졌고, 그것이 중국을 통해 우리나라에 들어오면서 무속신앙을 더하여 오늘날의 대승불교라는 것으로 그 내용이 바뀝니다.

그렇다면 이 연기법에 따르더라도 여러분이 이 세상에 존재하는 처지기 때문에 여러분이 이 세상에 존재해야 하는 이유, 원인을 알고 말해주어야 하는데 불교의 말 어디에도 생명체의 본질에 대한 말은 하나도 없는데 이것을 여러분은 어떻게 정리하고 있는가의 문제입니다. 참으로 답답할 노릇이 아닌가? 다시 말하면 '원인(因)과 조건(緣)이 상호 관계하여 성립되므로, 독립·자존적인 것은 하나도 없고, 모든 조건·원인이 없으면 결과(果)도 없다.'라는 이 말대로라면 반드시 여러분이 이 세상에 존재해야 할 이유가 있을 것이 아닌가?

그런데 거창하게 연기법이라는 것을 말하면서도 여러분이 전생을 알고자 해서 도를 닦는다, 수행한다는 사람에게 '나는 왜 존재하는가?'라는 것을 물으면 한다는 소리가 "부모가 연애해서 존재한다."라고 하니 이게 말인지 막걸리인지 알 수 없다는 이야기입니다.

그래서 중간에 생겨난 것이 무속, 민속 사상 등이고, 이런 사상에서는 신이라는 것이 단답형으로 여러분의 운명을 말해준다고 하는데 이것은 모두 빙의 현상이어서 석가도 말하지 못한 것을 빙의가 말한다는 이 논리 자체가 모순되는 상황이 아닌가를 생각해보라는 이야기입니다. 사람들이 참 어리석은 것이 뭔가 하면 나에게 전화해서 '내 전생이 무엇인가를 알고 싶다.'라는 말을 쉽게 하는데 그렇다면 전생만 알면 여러분의 문제가 다 해결되는가? 다시 말하지만, 각자의 전생은 각자가 이생에서 살아가는 그 환경이 본인들의 전생에 환경 그대로입니다.

이것은 마치 거울 속에 자기 모습을 보는 것과 같은데 이것을 스스로 보지 못하고 막연하게 '내 전생이 무엇인가?'만 알려고 하는데 안타까운 일입니다. 다시 말하지만, 이생에 각자가 살아가는 현재의 모습이 여러분 전생의 모습과 똑같다는 것이고, 여러분은 스스로 자신의 전생을 보지 못하는 것이고, 나는 여러분이 사는 이생에 모습에서 여러분의 전생을 봅니다.

이게 무슨 차이인가? 그것은 바로 '나'라고 하는 아상이 있는가? 없는가에 차이인데 아상이 없으면 이 세상 삼라만상(森羅萬象)을 보면 '그렇게 존재하는 이유'를 쉽게 알 수 있고, 아상에 찌들어 있으면 스스로 모습을 보지 못하는 것입니다. 따라서 마음속에 아상이 있다는 것을 알고 그 아상을 내려놓아야, 없애 버리는 것이 중요하고, 이것이 내가 말하는 마음공부의 핵심입니다. 이치에 맞는 말을 따르면 이생에 사는 여러분의 이치는 바뀌고, 나 잘났다고 살면 전생의 그 이치에서 벗어나지 못하고 추락하는 삶을(강급되는 삶) 살게 되어 있습니다.

이 개념으로 여러분의 삶이 조금씩 좋아지는가, 좋아지지 않고 있는가를 보면 여러분의 삶이 강급되는가, 진급되는가는 쉽게 알 수 있습니다. 갈수록 좋아진다, 마음이 편안해진다면 다행이겠지만 변함없이 점점 고통만 심해지고 삶이 힘들어진다면, 되는 일이 없다고 한다면 여러분은 강급되어가기 때문에 그렇습니다.

따라서 여러분이 잘못 사는 부분이 '이치에 맞지 않는 말'을 마음에 두고 살기 때문에 과거의 그 삶에서 벗어나지 못하는 것이고, 이치에 맞는 마음을 만들고 그 마음에 따른 행동을 하게 되면 알게 모르게 여러분의 삶은 변합니다. 실제 이 부분은 이 법당에서 갈수록 마음이 편안해지고 마음 편해진다는 사람들을 보면 쉽게 알 수 있고, 십 년 동안 내 글을 봤는데도 별 볼 일 없다고 한다면 여러분의 의식에 반드시 문제가 있고, 나라고 하는 아상이 살아 있어서 그렇습니다.

아닌 것은 아니라고 의식으로 정리해버리고 그것을 쉽게 놓아 버려야 하는 데 아닌 것을 맞는다고 움켜쥐고 있다면 그 마음은 절대로 변하지 않고, 각자의 이치는 절대로 바뀌지 않기 때문에 다들 뭐가 그리 잘났는지는 모르겠지만, 똥고집 어지간히 부리고 살아야 할 것입니다. 어차피 인간으로 태어난 인생이라면 각자가 타고난 운명대로(속된 말로 팔자대로) 흘러가게 되어 있어서 남들 다 하니 나도 할 수 있다는 똥고집 부리며 살아봐야 허송세월만 하게 되어 있다는 점 명심해야 할 것입니다.

전생에 지은 바가 없으면 이생에 아무리 용 써봤자 될 일 없다는 이야기입니다. 그래서 이생에 어찌어찌해서 물질이라도 조금 가지고 살면 다들 자신들의 생각하는 바가 맞다고 그럭저럭 살아가겠지만 대단한 착각이고, 뭔가가 이생에 마음에, 몸에 혹은 가족 간에 문제가 있으면 그것만 어떻게 해결하고자 하는데 그게 그렇게 되지 않습니다. 그래서 이치를 알고 살면 순탄한 인생을 살 수 있지만, 이치에 맞지 않는 마음으로, 자신이 생각하는 것이 맞다 고집부리며 사는 사람은 뒤로 넘어져도 입에 재갈이 물리는 상황만 반복될 것입니다.

문제는 모든 종교가 다들 인간은 위대하고 온전하고 잘났다고 추켜세우고 있는 처지고, 또 누구는 믿으면 죄를 다 사해준다고 하는 처지기 때문에 마음을 이치에 맞게 뜯어고쳐야 한다는 내 말이 여러분 마음에 쉽게 와 닿지 않을 것이나 결국 시간이 지나 인생 말년쯤 되면 내 말이 맞는다는 것을 알 수 있을 것입니다.

인간이 이 세상에 살면서 의식이라는 것을 가지고 살지만, 죽을 때는 의식이 무의식으로 바뀌게 되는데 의식이 무의식으로 바뀌는 그 경계점에서 반짝하고 순간 자신이 살아온 인생길을 정리하게 되고 바로 무의식에 빠지게 됩니다. 이 과정은 매우 짧은 시간에 삶과 죽음의 경계점에서 뇌리를 스치며 이루어지기 때문에 여러분이 기억할 수 없고, 스친 그것에 결과로 여러분은 다음에 무엇으로 태어날 것인가가 진리적으로 정해집니다. 죽음의 그 상황에서 여러분의 의식은 없어지고 무의식의 기운만 남는데 무의식의 상황에서는 의식이라는 것이 없으므로 일반적으로 그 상황을 기억하지 못합니다.

그래서 삶과 죽음이라는 것은 살아 있을 때는 마음을 기반으로 해서 몸이 있고, 몸이 있으므로 의식이 있지만 죽으면 몸이 없어서 무의식의 기운만 남고, 이 무의식의 기운은 업연에 따라 빙의가 되어 살아 있는 인간의 마음에 작용하는 것입니다. 이런 이치를 모르면 신, 귀신, 절대자 등과 같은 것이 별도로 존재하는 것으로 알지만, 반대로 진리(마음)의 작용을 알면 일반적으로 말하는 것이 왜 모순인가를 알게 됩니다. 따라서 마음 작용을 이해하는 것이 중요하고 이런 이치를 알고 인생을 사는 자가 현명한 자이며 지혜 있는 자라고 해야 맞고, 결론은 운명이라는 것은 존재하지만 그 운명은 얼마든지 바꿀 수 있다는 것이 진리적 입장이어서 이 판단은 오직 여러분의 의식으로 정리하는 수밖에 별도리 없습니다.

책을 마치며

본문의 내용은 필자가 인터넷 카페에 집필하고 있는 '마음을 말하다'의 강의 내용의 일부입니다. 많은 회원분들이 카페 글을 보지만 책으로도 출간되었으면 하는 의견이 많아 출간하게 되었습니다.

「빙의와 인간의 마음, 의식과 무의식」본문내용 중 부족한 부분은 인터넷 카페 '마음을 말하다'를 참고하면 도움이 될 것입니다. 끝으로 이 책을 출판하기까지 많은 도움을 주신 모든 분께 감사한 마음을 전합니다. 감사합니다.

저자 정산야

빙의와 인간의 마음
의식과 무의식 II

초판 1쇄 인쇄 2022년 11월 01일
초판 1쇄 발행 2022년 11월 10일
지은이 천산야

펴낸이 김양수
책임편집 이정은
교정교열 채정화

펴낸곳 도서출판 맑은샘
출판등록 제2012-000035
주소 경기도 고양시 일산서구 중앙로 1456 서현프라자 604호
전화 031) 906-5006
팩스 031) 906-5079
홈페이지 www.booksam.kr
블로그 http://blog.naver.com/okbook1234
이메일 okbook1234@naver.com

ISBN 979-11-5778-571-1 (04110)
      979-11-5778-569-8 (SET)